M&A 法制の羅針盤

TOB、三角合併、
金融商品取引法
施行を踏まえた

M&A 手法と防衛策

奈良輝久
山本浩二
清水建成　編著
日下部真治

青林書院

は　し　が　き

　本書は、一言でいえば、証券取引所に上場している企業（ここでは、旧来から慣れ親しんだ呼称に従い、「上場企業」と呼んでおく。）に関するM＆A法制の最新の制度状況・理論状況を考察し、現時点における到達点を明らかにした書物である。

　平成18年（2006年）5月1日に、最低資本金制度の撤廃、発行可能な種類株式の多様化、自己株式の取得規制の緩和、企業再編制度の整備等を含んだ会社法（平成17年成立）が施行されたのと相前後して、上場企業をめぐるM＆Aの状況は俄かに活況を呈し、「敵対的買収」などといったものも、巷をにぎわすようになった。具体的な事案として見れば、平成17年（2005年）、ライブドアがニッポン放送に対し買収を仕掛け、ニッポン放送がフジテレビと共にライブドアを排斥しようとした一戦や、村上ファンドによる阪神電鉄株式の買収騒動に代表されるアクティビスト・ファンドによる短期利益追求目的の買収劇、TBSと楽天との間の事業提携・買収案件（この案件は現在も継続中である。）、翌平成18年（2006年）には、大手国内企業間では初の敵対的買収案件となった王子製紙の北越製紙に対する敵対的買収、更には、紳士服AOKIのフタタに対する敵対的買収、イオン対ドン・キホーテによるオリジン東秀の買収合戦、今年（2007年）に入ってからも、外資系投資ファンドであるスティール・パートナーズによるブルドックソースの買収騒動等、多くの案件が世間の耳目を集めることとなり、裁判に持ち込まれた案件も相当数にのぼっている。今や、テレビニュース、新聞等のマスコミ報道を通じて、M＆A、敵対的買収という言葉は勿論のこと、TOB、買収防衛策、グリーンメイラー、更にはホワイト・ナイトといった専門用語まで家庭に普及していると言って過言ではない。法制度面をみても、証券取引規制の急速な改革がなされており、証券取引法もこの平成19年（2007年）9月30日に金融商品取引法へと刷新された。

本書の執筆者は、ビジネス・ローを主たる業務としている弁護士、公認会計士であるが、やはり、会社法の施行と相前後して、リーガル・オピニオンの作成や、リーガル・アドバイス、敵対的買収防衛策の作成、税務対策、デュー・ディリジェンス等、M＆A案件に関与する機会が増加した。新しい法律問題に対しては、専門の法律雑誌等に掲載されている他の商法・証券取引法の学者や専門家の論文等を参照しながら、個別的に案件に取り組んできたものであったが、いずれも、大局的な観点から、法制度、理論の到達点を整理し、今我々が置かれている状況と進むべき方向を俯瞰する必要性を痛切に感じていた。

　そこで、平成17年（2005）年4月にM＆A法制の最新の理論状況を勉強するべく研究会を発足させ、以来、四樹総合法律会計事務所の会議室を使って、テーマごとに研究会メンバー各自の経験・意見を持ち寄って議論し、多数回にわたって研究会を重ねてきたが、その成果は、M＆A戦略・対策に取り組む弁護士、会社の皆さんにも参考となるものであると思い、今回、青林書院からM＆A関連の書籍を刊行する運びとなったものである。

　本書は、その目次を見ていただければ分かると思うが、平時、有事の敵対的買収防衛策は勿論のこと、最新の公開買付規制（金融商品取引法。平成19年（2007年）9月30日施行）や三角合併（平成19年（2007年）5月1日施行）、MBO規制、M＆Aにおける取締役の善管注意義務、M＆Aをめぐる最新の税制など、多くのビジネス・パーソンが高い関心を抱いている点に関しても、相当深い考察を加えたものとなっている。そして、さらに、スティール・パートナーズ対ブルドックソース事件などの裁判事案等の具体的な紛争事案についても一章（第6章）を割いており、かつ、単行本との制限はあるものの、「注」や「主要参考文献」で、最新の議論状況を明らかにする法学者、弁護士等の論文を可能な限り掲げるようにしてある。

　編集者としては、読者の皆様は、本書を読むことで、現時点における最新のM＆A法制の制度状況・理論状況を正確に把握することができると確信している。

本書の上呈にあたって多くの人々の尽力を受けたことは言うまでもない。まず、四樹総合法律会計事務所に配属された加藤雄士司法修習生〈新第60期〉は執筆陣に名を連ねてもらったが、他にも、同じく四樹総合法律会計事務所に配属された石田晃士司法修習生〈新第60期〉、パラリーガル・スタッフの大金理恵さん〈中央大学法科大学院卒〉、斎藤一祐君〈千葉大学法科大学院卒〉、福田夕輝君〈早稲田大学法学部卒〉、岩崎舞さん〈早稲田大学法学部在〉は、法規制の改正による原稿のアップデート、リーガル・リサーチ等に多いに力を発揮してくれた。また、四樹総合法律会計事務所の秘書スタッフである池内香与さん、阿部明美さんは、資料の作成、整理、研究会のメンバーの日程調整等、骨の折れる地味な仕事を惜しまずにしてくれた。いずれも、この場を借りて感謝の意を表したい。そして、何よりも、青林書院編集部の倉成栄一さんは、法改正や新たな裁判例の度重なる登場等で一向に出版の目途が立たない我々の作業ぶりを叱ることなく、より良い本になるよう常に笑顔で励ましてくれ、原稿執筆に関する裁量についても極めて寛大にしてくれた。本書が陽の目をみたのは、何と言っても倉成さんの献身的な協力の賜物である。

　最後になるが、M＆A法制は今後も日々改正され、また、新たな理論的、実務的な問題点が登場することは間違いない。執筆者一同は、今後とも自らの実務経験を積み重ねるとともに、研究を惜しまず、必要の都度、本書をアップデートして、そのタイトルどおり、M＆A法制の「羅針盤」たらしめたいと思っている。

平成19年（2007年）9月吉日

弁護士　奈　良　輝　久
公認会計士　山　本　浩　二
弁護士　清　水　建　成
弁護士　日下部　真　治

編集者・執筆者

編　集　者

奈良　輝久	弁護士（四樹総合法律会計事務所）
山本　浩二	公認会計士・税理士（四樹総合法律会計事務所）
清水　建成	弁護士、ニューヨーク州弁護士（神谷町法律事務所）
日下部　真治	弁護士、ニューヨーク州弁護士 （アンダーソン・毛利・友常法律事務所）

執　筆　者

山本　浩二	公認会計士・税理士（四樹総合法律会計事務所）
奈良　輝久	弁護士（四樹総合法律会計事務所）
若松　亮	弁護士（四樹総合法律会計事務所）
日下部　真治	弁護士、ニューヨーク州弁護士 （アンダーソン・毛利・友常法律事務所）
清水　建成	弁護士、ニューヨーク州弁護士（神谷町法律事務所）
琴浦　諒	弁護士（アンダーソン・毛利・友常法律事務所）
沢崎　敦一	弁護士（アンダーソン・毛利・友常法律事務所）
石井　亮	弁護士（四樹総合法律会計事務所）
加藤　雄士	司法修習生（新第60期）

（執筆順）

凡　例

I　法令等の引用表記

原則としてフルネームで引用したが、次の「法令等略語例」での引用もした。また、同一法令の条文番号については、ナカグロ（・）で、異なる法令の条文番号は、読点（、）で区切っている。

【法令等略語例】

会	会社法（平成17年法律第86号）
施行令	会社法施行令（平成17年政令第364号）
施行規	会社法施行規則（平成18年法務省令第12号）
計算規	会社計算規則（平成18年法務省令第13号）
公告規	電子公告規則（平成18年法務省令第14号）
整備法	会社法の施行に伴う関係法律の整備等に関する法律（平成17年法律第87号）
会更	会社更生法
旧商	平成17年改正前商法
金商法	証券取引法等の一部を改正する法律（平成18年法律第65条）第3条に基づく改正後の証券取引法（金融商品取引法）
証取	証券取引法等の一部を改正する法律（平成18年法律第65号）による改正前の証券取引法（昭和23年法律第25号）
担信	担保附社債信託法
独禁	私的独占の禁止及び公正取引の確保に関する法律
振替	社債、株式等の振替に関する法律（社債等の振替に関する法律（平成21年まで））
保振	株券等の保管及び振替に関する法律
金商法施行令	証券取引法等の一部を改正する法律及び証券取引法等の一部を改正する法律の施行に伴う関係法律の整備等に関する法律の施行に伴う関係政令の整備等に関する政令による改正後の金融商品取引法施行令および金融商品販売法施行令
金販法施行令	

業府令	金融商品取引業等に関する内閣府令案	自社株府令	発行者による上場株券等の公開買付けの開示に関する内閣府令
定義府令	証券取引法第2条に規定する定義に関する内閣府令等の一部を改正する内閣府令による改正後の金融商品取引法第2条に規定する定義に関する内閣府令	大量保有府令	株券等の大量保有の状況の開示に関する内閣府令
		開示府令	企業内容等の開示に関する内閣府令
		電子開示府令	開示用電子情報処理組織による手続の特例等に関する内閣府令

要綱　証券取引法等の一部を改正する法律案要綱（平成18年3月10日閣議決定・3月13日国会提出）
　　http://www.fsa.go.jp/common/diet/index.html

他社株府令　発行者以外の者による株券等の公開買付けの開示に関する内閣府令

　金融商品取引法施行令その他の金融商品取引法に関連する政令・内閣府令については、平成19年4月に公表された金融商品取引法制に関する政令案・内閣府令案に基づいて解説する。

II　判例の引用表記

　判例の引用は、次の「判例引用例」により、また、裁判所および判例集等は、「判例集等略語例」によった。

【判例引用例】
　平成18年4月10日、最高裁判所判決、最高裁判所民事判例集60巻4号1273頁
　　→　最判平18・4・10民集60巻4号1273頁

【判例集等略語例】

大判	大審院判決	下民集	下級裁判所民事判例集
最判（決）	最高裁判所判決（決定）	新聞	法律新聞
高判（決）	高等裁判所判決（決定）	判時	判例時報
地判（決）	地方裁判所判決（決定）	判タ	判例タイムズ
民録	大審院民事判決録	金判	金融・商事判例
民集	大審院民事判例集・最高裁判所民事判例集	商事法務	旬刊商事法務
		ジュリ	ジュリスト
高民集	高等裁判所民事判例集	百選	会社法判例百選

主要参考文献

岩井克人『会社はだれのものか』(平凡社、2005年)
岩田規久男『そもそも株式会社とは』(ちくま新書、2007年)
江頭憲治郎『株式会社法』(有斐閣、2006年)
小倉正男『M&A資本主義』(東洋経済新報社、2006年)
金子宏『租税法〔第十一版〕』(弘文堂、2006年)
神崎克郎=志谷匡史=川口恭弘『証券取引法』(青林書院、2006年)
神田秀樹『会社法〔第九版〕』(弘文堂、2007年)
清原健『詳解 公開買付けの実務』(中央経済社、2007年)
中里実『タックスシェルター』(有斐閣、2002年)
服部暢達『実践M&Aマネジメント』(東洋経済新報社、2004年)
服部暢達『M&A最強の選択』(日経BP社、2005年)
二味巌『持株会社解禁のすすめ』(産能大学出版部、1995年)
前田庸『会社法入門〔第11版〕』(有斐閣、2006年)
松井和夫『M&A20世紀の錬金術』(講談社現代新書、1991年)
ブルース・ワッサースタイン(山岡洋一訳)
　『ビッグディール　アメリカM&Aバイブル(上)(下)』(日経BP社、1999年)

相澤哲編著『一問一答　新・会社法』(商事法務、2005年)
相澤哲編著『立案担当者による新・会社法の解説』(商事法務、2006年)
相澤哲=葉玉匡美=郡谷大輔編著
　『論点解説　新・会社法　千問の道標』(商事法務、2006年)
アンダーソン・毛利・友常法律事務所編著『新会社法の読み方』
　(金融財政事情研究会、2005年)
太田洋=中山龍太郎編著『敵対的M&A対応の最先端』(商事法務、2005年)
尾関純=小木恵照編著『M&A戦略策定ガイドブック』(中央経済社、2003年)
神田秀樹=武井一浩編著『新しい株式制度　実務・解釈上の論点を中心に』
　(有斐閣、2002年)
近藤光男=志谷匡史編著『新・アメリカ商事判例研究』(商事法務、2007年)

主要参考文献

鈴木義行編著『M&A実務ハンドブック〔第3版〕』(中央経済社、2006年)
武井一浩＝太田洋＝中山龍太郎編著『企業買収防衛戦略』(商事法務、2004年)
武井一浩＝中山龍太郎編著『企業買収防衛戦略Ⅱ』(商事法務、2006年)
宮島英昭編著『日本のM&A　企業統治・組織効率・企業価値へのインパクト』(東洋経済新報社、2006年)

新井富雄＝日本経済研究センター編『検証　日本の敵対的買収　M&A市場の歪みを問う』(日本経済新聞出版社、2007年)
家近正直編『現代裁判法大系17会社法』(新日本法規、1999年)
稲葉威雄編『実務相談株式会社法（補遺）』(商事法務、2004年)
上柳克郎＝鴻常夫＝竹内昭夫編集代表『新版注釈会社法(6)』(有斐閣、1987年)
河本一郎ほか編『第三者割当増資』(有斐閣、1991年)
商事法務研究会編『会社の合併ハンドブック（新訂第3版）』(商事法務、2000年)
中野通明＝宍戸善一編『ビジネス法務大系Ⅱ　M&A　ジョイント・ベンチャー』(日本評論社、2006年)
長島・大野・常松法律事務所編『アドバンス　新会社法　第2版』(商事法務、2006年)
西村総合法律事務所編『M&A法大全』(商事法務、2001年)
日本公認会計士協会編『株式等鑑定評価マニュアルQ&A』(商事法務、1995年)
小塚荘一郎＝高橋美香編『落合誠一先生還暦記念　商事法への提言』(商事法務、2004年)

江頭憲治郎ほか編『会社法判例百選』(有斐閣、2006年)
野村修也＝中東正文編『M&A判例の分析と展開』〔別冊 金融・商事判例〕(経済法令研究会、2007年)

『M&A法制の羅針盤』　目　　次

はしがき
編者・執筆者紹介
凡　　例
主要参考文献

第1章　M&Aと買収防衛策の動向

1　M&Aの推移・現状 〔山本　浩二〕……3

【問題意識】①M&Aはどのように推移しているか。②米国と日本におけるM&Aの歴史の概況。③M&Aにはどんな功罪があるか。④M&Aルールとはどのようなものか。

第1　はじめに……………………………………………………………3
第2　米国のM&Aの歴史…………………………………………………5
　　1　第1次ブーム－19世紀末～20世紀初頭……………………………5
　　2　第2次ブーム－1920年代……………………………………………5
　　3　第3次ブーム－1960年代……………………………………………5
　　4　第4次ブーム－1980年代……………………………………………6
　　5　第5次ブーム－2000年前後…………………………………………7
　　6　第6次ブーム－2004年～現在………………………………………7
第3　日本のM&Aの歴史…………………………………………………7
　　1　1960年代（資本自由化期）…………………………………………7
　　2　1980年代後半（バブル期）…………………………………………8
　　3　2000年前後（産業再編期）…………………………………………8
　　4　2004年～現在…………………………………………………………8
第4　M&Aの功罪…………………………………………………………9

　　　　第5　M＆Aルール………………………………………………………11
2　買収防衛指針と企業価値報告書……………………〔奈良　輝久〕…13
　　　【問題意識】①買収防衛指針とはどのようなものか。②企業価値報告書とはどのようなものか。③買収防衛指針と企業価値報告書とではどのように違うのか。④裁判例との関係はどのようになっているか。
　　　第1　はじめに………………………………………………………………13
　　　第2　指針の内容……………………………………………………………14
　　　　1　概　説……………………………………………………………………14
　　　　2　企業価値・株主共同の利益の確保・向上の原則………14
　　　　3　事前開示・株主意思の原則………………………………15
　　　　4　必要性・相当性確保の原則………………………………15
　　　　5　株主総会決議による導入と取締役会決議による導入……17
　　　第3　企業価値報告書の概要………………………………………………18
　　　　1　4つの基本理念…………………………………………………18
　　　　2　日本法下における欧米並み防衛策導入の可能性………18
　　　　3　「企業価値基準」の確立……………………………………19
　　　　4　買収防衛策の合理性を高める基準………………………20
　　　　5　指針の作成と残された制度改革（第4章第4節）………21
　　　第4　指針と企業価値報告書の評価………………………………………22
　　　　1　両者の相違点……………………………………………………22
　　　　　(1)　株主総会の位置づけ／(2)　企業価値と株主共同の利益
　　　　2　株主総会の決議による買収防衛策の導入………………23
　　　　3　客観的な買収防衛策解除要件の設定……………………23
　　　　4　独立社外者の判断の重視……………………………………24
　　　第5　近時の裁判例との関係………………………………………………25
　　　　1　ニッポン放送新株予約権発行差止仮処分事件…………25
　　　　2　ニレコ新株予約権発行差止仮処分事件…………………26
3　「企業価値報告書2006」とその後の企業買収…………〔若松　亮〕…28
　　　【問題意識】①「企業価値報告書2006」とは何か。②企業価値報告書公表後の買収防衛策の開示ルール、上場ルール、買収者側のルールの内容は。③企業価値報告書公表後の企業買収の動向は。④「企業価値報告書

　　　　　2006」公表後に残された課題は。
　第1　「企業価値報告書2006」の概要 ································28
　　　1　「企業価値報告書2006」とは ································28
　　　2　買収防衛策の開示ルール ····································29
　　　3　買収防衛策に関する上場ルール ······························29
　　　4　買収ルールのあり方 ··30
　　　5　株主・投資家と経営者の対話の充実 ··························30
　　　6　企業社会における今後の取組みに寄せる期待 ··················31
　第2　企業価値報告書公表後の防衛者側のルール整備 ··················31
　　　1　買収防衛策の開示ルール ····································31
　　　　（1）　事業報告等による開示／（2）　有価証券報告書による開示／（3）
　　　　東京証券取引所の適時開示による開示
　　　2　買収防衛策と上場ルール ····································33
　第3　企業価値報告書公表後の買収者側のルール整備 ··················35
　　　1　公開買付制度の改正 ··35
　　　2　大量保有報告制度の改正 ····································36
　　　3　買収者による適時開示 ······································37
　第4　企業価値報告書公表後の企業買収の動向 ························38
　　　1　買収防衛策の導入状況 ······································38
　　　2　機関投資家の動向 ··39
　　　　（1）　国内機関投資家／（2）　海外機関投資家の動向
　　　3　財界等の動向 ··40
　　　4　M＆A研究会の活動 ··41
　　　　（1）　M＆A研究会とは／（2）　敵対的買収防衛策
　　　5　敵対的買収事例の顕在化 ····································43
　　　6　買収防衛策に対する司法判断 ································44
　第5　「企業価値報告書2006」公表後に残された課題 ··················45
　　　1　委任状争奪戦（プロキシー・ファイト） ······················45
　　　2　株主・投資家との対話の充実 ································46
　　　　（1）　実質株主の把握／（2）　ＩＴの活用

　　　　3　MBOの増加とその問題点‥‥‥‥‥‥‥‥‥‥‥‥‥‥‥‥‥47

第2章　会社法および金融商品取引法下の買収手法とその問題点

1　株式取得‥‥‥‥‥‥‥‥‥‥‥‥‥‥‥‥‥‥‥‥〔奈良　輝久〕‥‥51
　　　　【問題意識】①既発行株式の取得にはどのような特徴があるのか。②どのような手続によって実行されるのか。③公開買付け（TOB）の規制内容はどのようなものか。
　　第1　序　　論‥‥‥‥‥‥‥‥‥‥‥‥‥‥‥‥‥‥‥‥‥‥‥‥‥‥‥‥51
　　　　1　意　　義‥‥‥‥‥‥‥‥‥‥‥‥‥‥‥‥‥‥‥‥‥‥‥‥‥‥‥‥51
　　　　2　株式譲渡（取得）の態様‥‥‥‥‥‥‥‥‥‥‥‥‥‥‥‥‥‥‥‥52
　　第2　既発行株式の取得‥‥‥‥‥‥‥‥‥‥‥‥‥‥‥‥‥‥‥‥‥‥‥‥53
　　　　1　対象会社が非公開会社である場合‥‥‥‥‥‥‥‥‥‥‥‥‥‥‥‥53
　　　　　　(1)　既発行株式の取得の方法／(2)　相対取引により取得する方法
　　　　2　対象会社が公開会社である場合‥‥‥‥‥‥‥‥‥‥‥‥‥‥‥‥‥54
　　　　　　(1)　対象会社が公開会社である場合／(2)　市場内買付け／(3)　市場外買付け
　　　　3　公開買付け（TOB）‥‥‥‥‥‥‥‥‥‥‥‥‥‥‥‥‥‥‥‥‥‥56
　　　　　　(1)　公開買付けとは／(2)　公開買付けの規制／(3)　規制の内容
　　　　4　公開買付手続‥‥‥‥‥‥‥‥‥‥‥‥‥‥‥‥‥‥‥‥‥‥‥‥‥66
　　　　　　(1)　買付開始日1か月から開始日まで／(2)　買付開始日前日および当日／(3)　買付開始日の翌日以降、買付期間終了まで／(4)　買付期間終了日翌日以降
　　　　5　株式取得後の手続‥‥‥‥‥‥‥‥‥‥‥‥‥‥‥‥‥‥‥‥‥‥‥68
　　　　　　(1)　株券発行会社の場合／(2)　株券不発行会社の場合
　　　　6　まとめ‥‥‥‥‥‥‥‥‥‥‥‥‥‥‥‥‥‥‥‥‥‥‥‥‥‥‥‥70
2　第三者割当株式発行‥‥‥‥‥‥‥‥‥‥‥‥‥‥‥‥〔山本　浩二〕‥‥71
　　　　【問題意識】①第三者割当株式発行は、どのような特徴を有するか。②第三者割当株式発行は、どのような局面での買収方法として利用されるか。③会社法により、第三者割当株式発行はどのように改正されたか。また、どのような問題があるか。
　　第1　概　　要‥‥‥‥‥‥‥‥‥‥‥‥‥‥‥‥‥‥‥‥‥‥‥‥‥‥‥‥71

　　　　　1　意　　義 …………………………………………………71
　　　　　2　特　　徴 …………………………………………………72
　　第2　買収手法として利用される局面 …………………………73
　　第3　問題点および会社法による状況の変化…………………74
　　　　　1　株主総会の議決権の基準日について……………………74
　　　　　2　特に有利な払込金額について …………………………75
　　　　　3　著しく不公正な方法による株式発行について ………76

3　新株予約権……………………………………〔山本　浩二〕…79

　　【問題意識】①新株予約権の発行には、どのような特徴を有するか。②新株予約権はどのような局面での買収方法として利用されるか。③会社法により、新株予約権制度はどのように改正されたか。また、どのような問題があるか。

　　第1　概　　要 ………………………………………………………79
　　　　　1　意　　義 …………………………………………………79
　　　　　2　特　　徴 …………………………………………………80
　　第2　買収手法として利用される局面 …………………………80
　　第3　問題点と会社法による状況の変化………………………81
　　　　　1　現物払込みの認容 ………………………………………81
　　　　　2　強制転換条項付新株予約権付社債の認容 ……………81
　　　　　3　新株予約権の発行無効の訴え …………………………82
　　　　　4　ＭＳＣＢの有利性の判断について ……………………82
　　　　　5　著しく不公正な方法について …………………………84

4　株式交換・株式移転 ……………………………〔日下部真治〕…86

　　【問題意識】①株式交換・移転制度は、どのような特徴を有する組織再編制度であるか。②株式交換・移転制度は、どのような局面で買収手法として有効であるか。③会社法により、株式交換・移転制度はどのように改正されたか。それは買収手法として同制度の利便性にどのように影響するか。

　　第1　株式交換・移転制度の概要 ………………………………86
　　　　　1　意　　義 …………………………………………………86
　　　　　2　特　　徴 …………………………………………………87
　　　　　(1)　事業への影響／(2)　少数株主の完全排除／(3)　株主総会決議の

　　　　　　必要性
　　第2　株式交換・移転制度が買収手法として利用される局面 ‥‥88
　　第3　株式交換・移転制度の問題点および会社法の下での
　　　　　状況の変化 ‥‥‥‥‥‥‥‥‥‥‥‥‥‥‥‥‥‥‥‥90
　　　　1　交付対価の柔軟化 ‥‥‥‥‥‥‥‥‥‥‥‥‥‥‥‥90
　　　　2　債務超過会社を完全子会社とする株式交換 ‥‥‥‥‥92
　　　　3　完全子会社となる会社の新株予約権および
　　　　　　新株予約権付社債と債権者保護手続 ‥‥‥‥‥‥‥‥93
　　　　4　外国会社と内国会社の間の株式交換 ‥‥‥‥‥‥‥‥94
　　　　5　簡易株式交換・略式株式交換 ‥‥‥‥‥‥‥‥‥‥‥94
　　　　6　税務上の取扱い ‥‥‥‥‥‥‥‥‥‥‥‥‥‥‥‥‥96

5　合　　併 ‥‥‥‥‥‥‥‥‥‥‥‥‥‥‥〔山本　浩二〕‥‥98

　　【問題意識】①合併は、どのような特徴を有する組織再編制度であるか。②合併は、どのような局面での買収手法として有効であるか。③会社法により、合併制度はどのように改正されたか。それは買収手法としての利便性にどのように影響するか。

　　第1　概　　要 ‥‥‥‥‥‥‥‥‥‥‥‥‥‥‥‥‥‥‥‥‥‥98
　　　　1　意　　義 ‥‥‥‥‥‥‥‥‥‥‥‥‥‥‥‥‥‥‥‥‥98
　　　　2　特　　徴 ‥‥‥‥‥‥‥‥‥‥‥‥‥‥‥‥‥‥‥‥‥99
　　第2　買収手法として利用される局面 ‥‥‥‥‥‥‥‥‥‥‥100
　　第3　問題点と会社法での状況の変化 ‥‥‥‥‥‥‥‥‥‥‥100
　　　　1　合併対価の柔軟化 ‥‥‥‥‥‥‥‥‥‥‥‥‥‥‥‥100
　　　　　(1)　現金による買収合併（Cash-out Merger）／(2)　三角合併
　　　　2　債務超過会社を消滅会社とする合併（合併差損）‥‥‥102
　　　　3　合併に伴う新株予約権の承継 ‥‥‥‥‥‥‥‥‥‥‥102
　　　　4　簡易合併・略式合併 ‥‥‥‥‥‥‥‥‥‥‥‥‥‥‥103

6　三角合併 ‥‥‥‥‥‥‥‥‥‥‥‥‥‥‥‥〔奈良　輝久〕‥‥105

　　【問題意識】①三角合併とはどのようなものか。なぜ導入されたのか。②三角合併は、具体的にどのような手順および方法で行われるか。③三角合併の税法上の取扱いはどのようになっているか。④三角合併と敵対的買収。

　　第1　三角合併の意義・内容と導入の経緯 ‥‥‥‥‥‥‥‥‥105

          1 三角合併の意義……………………………………*105*
            (1) 会社法上の三角合併／(2) 税法上の三角合併
          2 導入の経緯………………………………………*108*
      第2 三角合併の手順および方法 ………………………*110*
          1 子会社による親会社株式の取得………………*110*
            (1) 取得の時期、範囲および相手方／(2) 取得に係る資金調達／(3) Ｐ社が国外企業である場合
          2 子会社による合併契約承認……………………*113*
            (1) 決議要件／(2) 情報開示／(3) Ｐ社が国外企業である場合
          3 合併対価の割当て………………………………*116*
            (1) 交付株式に係る端数処理／(2) Ｐ社が国外企業である場合
      第3 三角合併の税制 ……………………………………*118*
          1 総論－適格要件一般－…………………………*118*
          2 事業性要件および事業関連性要件……………*119*
      第4 まとめ──付論・三角合併と敵対的買収 …………*121*

7 **会社分割・事業譲渡** ……………………………〔清水　建成〕…*123*
      【問題意識】①会社分割・事業譲渡は、どのような特徴を有する組織再編行為であるか。②会社分割・事業譲渡は、どのような局面での買収手法として有効であるか。③会社法制定により、会社分割・事業譲渡はどのように改正されたか。それは買収手法としての同制度の利便性にどのように影響するか。
      第1 制度の概要…………………………………………*123*
          1 意　義……………………………………………*123*
          2 特徴：会社分割と事業譲渡の相違……………*124*
            (1) 特定承継と包括承継／(2) 対価／(3) 承認手続／(4) 債権者保護手続／(5) 労働者保護手続
      第2 買収手法として利用される局面 …………………*127*
      第3 問題点および会社法制定における状況の変化…*128*
          1 事業譲渡…………………………………………*128*
            (1) 株主総会決議を要する事業の「重要な」一部／(2) 事後設立規制の緩和／(3) 事業全部の譲受けに際しての自己株式取得／(4) 略式事業譲渡

　　　　2　会社分割 …………………………………………………… *129*

　　　　　(1) 人的分割の廃止／(2) 対価の柔軟化／(3) 債務超過会社を消滅会社とする会社分割／(4) 承継会社（買収者）による分割会社（対象会社）の発行する新株予約権の承継／(5) 簡易会社分割・略式会社分割

8　LBO（レバレッジド・バイアウト）とMBO（マネジメント・バイアウト）

………………………………………………………〔奈良　輝久〕… *131*

【問題意識】①LBOの意義、特徴。②LBOのプロセスはどのようなものか。③MBOの意義、特徴。MBOはいかなる場面において効果を発揮するのか。④MBOを行う際の注意点は何か。⑤企業買収防衛策としてのMBOの効用と限界。⑥企業価値研究会のMBO報告書について。⑦MBOと取締役の善管注意義務。

　　第1　はじめに ……………………………………………………… *131*
　　第2　LBOの意義およびメリット・デメリット ………………… *132*
　　第3　LBOのプロセス ……………………………………………… *134*
　　第4　MBOの意義 …………………………………………………… *134*
　　第5　MBOのメリット・デメリット ……………………………… *136*
　　第6　MBOの基本スキーム ………………………………………… *139*
　　第7　MBOを行う際の注意点 ……………………………………… *140*
　　　　1　対象会社の買収にかかわる注意点 ………………………… *140*
　　　　2　金融機関からの資金調達にかかわる注意点 ……………… *141*

　　　　　(1) リミテッド・リコース（ノン・リコース）／(2) ローン実行の先行条件／(3) 誓約条項／(4) 債務不履行事由（期限の利益喪失事由）／(5) 劣後債・劣後ローン／(6) 担保権の設定

　　第8　企業買収防衛策としてのMBOおよび
　　　　　その資金調達手段としてのLBO ……………………………… *143*
　　第9　企業価値研究会のＭＢＯ報告書について ………………… *144*
　　第10　ＭＢＯにおける取締役の善管注意義務について ……… *147*
　　　　1　問題状況 ……………………………………………………… *148*
　　　　2　ＭＢＯにおける取締役の善管注意義務に関する代表的な
　　　　　　考え方 ………………………………………………………… *148*

9　ゴーイング・プライベート ……………………〔日下部真治〕… *153*

【問題意識】①ゴーイング・プライベートとは何を意味し、何を目的とするもの

か。②上場廃止の手法とその問題点はどのようなものか。③会社法施行以前においては、少数株主の完全排除の手法はどのようなものであったか。その問題点はどのようなものであったか。④会社法施行により、少数株主の完全排除の手法はどのように変容するか。どのような問題点があるか。

第1 ゴーイング・プライベートの意義および目的…………*153*
1 意　義…………………………………………………*153*
2 目　的…………………………………………………*154*
(1) 上場廃止の目的／(2) 少数株主の完全排除の目的

第2 上場廃止……………………………………………………*155*
1 制度上の上場廃止手法………………………………*155*
2 具体的にみられる上場廃止手法……………………*156*
3 金融商品取引法上の継続開示義務に関する問題点……*158*
4 近時の問題点…………………………………………*159*

第3 少数株主の完全排除………………………………………*160*
1 会社法施行以前における手法および問題点………*160*
(1) 少数株主の完全排除の手法／(2) 株式交換・移転制度の問題点／(3) 代替的手法とその問題点
2 会社法施行後の手法および問題点…………………*163*
(1) 株式交換・移転制度における交付対価の柔軟化／(2) 簡易株式交換・略式株式交換／(3) 他の少数株主完全排除のための代替的手法への影響／(4) 近時の問題点

10　M＆Aと税務………………………………〔山本　浩二〕…*168*
【問題意識】①M＆Aにおいて税務はどう位置づけられるか。②買収手法について税務ではどのような取扱いをしているか。③買収防衛策について税務ではどのような取扱いをしているか。④M＆Aにおける租税回避の問題。

第1 はじめに……………………………………………………*168*
第2 買収手法に係る税務の取扱い……………………………*169*
1 通常の資産譲渡に該当する場合……………………*170*
(1) 配当課税の取扱い／(2) 営業権の取扱い／(3) 繰越欠損金と資産の含み損の取扱い（欠損等法人規制）
2 税法上の組織再編に該当する場合…………………*173*
(1) 適格要件について／(2) 株主の課税関係について／(3) 繰越欠

　　　　　　損金と資産の含み損の取扱い
　　　　3　その他の場合 …………………………………… *179*
　　第3　買収防衛策に係る税務の取扱い …………………… *180*
　　　　1　買収者の議決権比率を引き下げる防衛策 ………… *180*
　　　　2　企業価値自体を引き下げる防衛策 ………………… *181*
　　　　3　その他の防衛策 ……………………………………… *181*
　　第4　M＆Aにおける租税回避の問題 …………………… *182*
　　　　1　税法の否認規定による否認 ………………………… *183*
　　　　2　私法上の法律構成（事実認定・契約解釈）による否認 … *185*

第3章　企業買収のプロセス

1　総　論 ………………………………………………〔清水　建成〕… *191*

　　【問題意識】①企業買収はどのようなプロセスで進行するのか。②基本合意書には、どのような条件を定めれば良いのか。③デュー・ディリジェンスでは、どのようなことに注意すれば良いのか。④最終契約書には、どのような条件が定められるのか。

　　第1　企業買収のプロセス ………………………………… *191*
　　第2　買収交渉の開始から基本合意書締結まで ………… *192*
　　　　1　基本的条件の交渉 …………………………………… *192*
　　　　2　基本合意書 …………………………………………… *193*
　　　　3　買収手法の決定 ……………………………………… *195*
　　　　4　公表のタイミング（適時開示との関係） ………… *196*
　　第3　デュー・ディリジェンスの開始から最終契約書の締結まで
　　　　　…………………………………………………………… *196*
　　　　1　デュー・ディリジェンスの種類 …………………… *196*
　　　　2　デュー・ディリジェンスの目的と範囲 …………… *197*
　　　　3　デュー・ディリジェンス結果の検討 ……………… *197*
　　第4　最終契約書の締結から取引の完了まで …………… *198*
　　　　1　最終契約書 …………………………………………… *198*
　　　　2　クロージング ………………………………………… *199*

2 財務デュー・ディリジェンス……………………〔山本　浩二〕…201

【問題意識】①財務デュー・ディリジェンスの目的はどのようなものか。なぜ財務デュー・ディリジェンスが必要か。②財務デュー・ディリジェンスは、具体的にどのような手順および方法で行われるか。③財務デュー・ディリジェンスにあたっては、どのような点に注意すべきか。④買収対象企業の事業リスクをどのように把握すべきか。

第1　財務デュー・ディリジェンスの目的と特徴……………201
(1)　調査対象の範囲／(2)　調査項目の範囲／(3)　調査手法

第2　財務デュー・ディリジェンスの手順および手法………203
1　秘密保持契約、基本合意書の締結……………………203
2　開示資料の調査……………………………………………203
3　現地調査……………………………………………………204
4　報告書の提出………………………………………………204

第3　財務デュー・ディリジェンスにおける注意点…………204
1　資料の開示に係る秘密保持……………………………204
2　基本的調査事項……………………………………………205

第4　事業リスクの調査…………………………………………207

3　法務デュー・ディリジェンス…………〔日下部真治＝琴浦　諒〕…209

【問題意識】①法務デュー・ディリジェンスの目的はどのようなものか。なぜ法務デュー・ディリジェンスが必要か。②法務デュー・ディリジェンスは、具体的にどのような手順および方法で行われるか。③法務デュー・ディリジェンスにあたっては、どのような点に注意すべきか。

第1　法務デュー・ディリジェンスの目的と必要性…………209

第2　法務デュー・ディリジェンスの手順および方法………212
1　基本合意書、秘密保持契約の締結……………………212
2　資料開示……………………………………………………212
3　インタビュー………………………………………………214
4　報告書の作成、提出………………………………………214

第3　法務デュー・ディリジェンスにおける注意点…………215
1　総論…………………………………………………………215
2　法務デュー・ディリジェンスを行うこと自体に関わる注意点……………………………………………………………215

(1) 買収対象企業が負う秘密保持義務／(2) 個人情報保護法／(3) インサイダー取引規制

　　3 個別項目ごとの具体的注意点 …………………………… *217*
　　　(1) 組織関係／(2) 事業、契約関係／(3) 資産、負債関係／(4) 労務関係／(5) 訴訟および紛争関係／(6) 子会社、関連会社関係／(7) その他

第4章　買収防衛策の新展開

1 敵対的買収の標的とならないための基本的な対応 ……〔山本　浩二〕… *223*

　　【問題意識】①敵対的買収の標的となるのはどんな会社か。②基本的な買収防衛策にはどのようなものがあるか。

　第1　敵対的買収の標的となる会社とは ………………………… *223*
　第2　基本的な防衛策 …………………………………………… *225*
　　1　収益性の向上とＩＲ（Investors Relationship） ………… *225*
　　2　株主還元策と資本再編 ……………………………… *226*
　　3　安定株主対策 ………………………………………… *228*

2 敵対的な企業買収の手段 …………………………………〔奈良　輝久〕… *229*

　　【問題意識】①敵対的な企業買収とは。②公開買付け（ＴＯＢ）の意義、手続と最新の規制内容。③二段階合併の意義、少数株主の締め出しとその対処。④委任状合戦の意義、委任状合戦の具体例。

　第1　株式の買収（公開買付け）（二段階合併（少数株主の除去）も含む） …………………………………………………………… *229*
　　1　敵対的な企業買収とは ……………………………… *229*
　　2　株式取得の手法 ……………………………………… *230*
　　3　公開買付け …………………………………………… *231*
　　　(1) 公開買付けとは／(2) 公開買付けの規制／(3) 規制の内容
　　4　公開買付手続 ………………………………………… *234*
　　　(1) 買付開始日1か月から開始日まで／(2) 買付開始日前日および当日／(3) 買付開始日の翌日以降、買付期間終了まで／(4) 買付期間終了日翌日以降
　　5　敵対的公開買付け（敵対的ＴＯＢ）の具体的事例 …… *236*

6　二段階合併（少数株主の排除）……………………………………238
　　　　(1)　平成16年改正による現金合併の可能化／(2)　少数株主の締め出しについて
　　第2　委任状合戦－プロキシー・ファイト………………………………239
　　　1　委任状合戦とは……………………………………………………239
　　　2　委任状勧誘制度の概観……………………………………………240
　　　3　委任状争奪戦の具体的事例………………………………………241
　　　4　株主名簿の閲覧・謄写請求………………………………………243
3　事前防衛策(1)　新株予約権等の発行による方法………〔清水　建成〕…244

【問題意識】①新株予約権を利用した防衛手法はどのようなものか。②ニレコ型ライツ・プランは、なぜ裁判で違法とされたのか。③新株予約権を利用した適法な買収防衛策を設計するには、どのような点に留意すべきか。④現在、どのような新株予約権が発行されているか、また、どのような問題点があるか。

　　第1　新株予約権を利用した防衛手法はどのようなものか……244
　　　1　ライツ・プラン……………………………………………………244
　　　2　ライツ・プランの種類……………………………………………244
　　第2　ニレコ型ライツ・プランは、なぜ裁判で違法とされたのか
　　　　………………………………………………………………………245
　　　1　ニレコ型ライツ・プランの内容…………………………………245
　　　2　ニレコ型ライツ・プランの抱える問題点………………………246
　　第3　新株予約権を利用した買収防衛策を設計するには、どのような点に留意すべきか…………………………………………………248
　　　1　証券取引所規則との関係…………………………………………248
　　　2　著しく不公正な方法による発行…………………………………249
　　　3　企業価値防衛指針…………………………………………………249
　　第4　現在、どのような新株予約権が発行されているか、また、どのような問題点があるか………………………………………………251
　　　1　信託型ライツ・プランの内容……………………………………251
　　　2　適法な行使条件と消却条件………………………………………252
　　　3　ＳＰＣ方式による信託型ライツ・プラン………………………254

4　信託型ライツ・プランの限界と問題点……………255
　　　　　⑴　発行可能株式総数の制限／⑵　ライツ・プランの消却の是非における判断要素
4　事前防衛策⑵　取得条項付株式、取得請求権付株式または取得条項付新株予約権を利用した方法……………………………〔琴浦　諒〕…259
　　　　【問題意識】①取得条項付株式、取得請求権付株式または取得条項付新株予約権を利用した防衛手法はどのようなものか。②取得条項付株式、取得請求権付株式または取得条項付新株予約権を利用した買収防衛策を設計するにあたり、どのような点に留意すべきか。
　　第1　はじめに………………………………………………259
　　第2　発行の方法と効果……………………………………260
　　　　1　取得条項付株式………………………………………260
　　　　2　取得請求権付株式……………………………………262
　　　　3　取得条項付新株予約権………………………………263
　　第3　問題点…………………………………………………263
5　事前防衛策⑶　株式の買取りによる方法……………〔清水　建成〕…265
　　　　【問題意識】①買収防衛策に株式の買取りを利用することができるか。②第三者に株式を買い取ってもらう方法にどのような効果があるか。③対象会社自体が自社株を買い取る方法の利点と欠点は何か。④対象会社自体が自社株を買い取るにはどのような手続が必要か。⑤対象会社の経営陣が自社株を買い取るマネジメント・バイアウトを買収防衛に利用できるか。
　　第1　買収対象会社の株式を買い取る方法を利用した買収防衛策
　　　　…………………………………………………………265
　　第2　第三者に株式を買い取ってもらう方法………………266
　　第3　対象会社自体が自社株を買い取る方法………………267
　　　　1　自己株式取得………………………………………267
　　　　2　自己株式取得の効果………………………………267
　　　　3　自己株式取得の手続………………………………268
　　第4　対象会社の経営陣が買い取る方法……………………269
6　事前防衛策⑷　組織再編による方法……………………〔山本　浩二〕…271
　　　　【問題意識】①組織再編はどのような目的で利用されるか。②事前防衛策としての組織再編の各種手法にはどのような特徴があるか。

第1　はじめに …………………………………………………*271*
　　第2　事前防衛策としての組織再編の内容 ……………………*272*
　　第3　組織再編の各種手法の特徴 ……………………………*273*
　　　1　持株会社化の手法 ………………………………………*273*
　　　　(1)　株式交換／(2)　会社分割／(3)　事業譲渡
　　　2　安定株主対策および資本再編──合併・株式交換 ……*276*

7　**事前防衛策(5)　定款規定またはその他の会社内部規則による方法**
　……………………………………………………〔琴浦　　諒〕…*277*

　　　【問題意識】①定款その他の会社内部規則により設定することができる企業買収の防衛策にはどのようなものがあるか。②外国において採用されている定款その他の会社内部規則による買収防衛策は、日本の会社法上許容されるか。

　　第1　はじめに …………………………………………………*277*
　　第2　東証ガイドラインの概要 ………………………………*278*
　　　1　尊重義務 …………………………………………………*279*
　　　2　東証適時開示規則の解釈指針 …………………………*280*
　　　3　東証株券上場廃止基準の解釈指針 ……………………*280*
　　第3　定款その他の会社内部規則による主要な買収防衛策とその問題点 ………………………………………………………*281*
　　　1　決議条件の変更、議決権の質または量の相違設定等による決議段階での予防策 ……………………………………*281*
　　　　(1)　決議要件の加重（super majority clause）／(2)　累積投票制度／(3)　複数議決権株式（super voting stock）／(4)　拒否権付株式（黄金株・Golden Share）／(5)　取得条項付株式／(6)　議決権制限株式／(7)　小括
　　　2　買収を条件として生じる事態の牽制による予防策 ……*294*
　　　　(1)　取締役に対する多額の退職慰労金の支払（Golden Parachute）／(2)　従業員に対する多額の退職慰労金の支払（Tin Parachute）
　　　3　その他の防衛策 …………………………………………*297*
　　　　(1)　授権資本枠の拡大／(2)　取締役の期差任期制（スタッガード・ボード staggered board）／(3)　取締役の定員限定および資格制限

8　事前防衛策(6)　第三者との契約による方法
　　　………………………………………〔日下部真治＝琴浦　　諒〕…301

　　【問題意識】①第三者との契約その他の合意により設定することができる企業買収の防衛策にはどのようなものがあるか。

　第1　はじめに………………………………………………………301
　第2　第三者との契約その他の合意による主要な買収防衛策とその問題点………………………………………………………303
　　　(1)　敵対的買収自体を困難にする手法－処分禁止条項（Lock Up）／(2)　資本拘束条項（Change of Control）／(3)　違約金条項（Break-up Fee）

9　有事防衛策(1)　株式等の発行、増配による方法………〔奈良　輝久〕…307

　　【問題意識】①第三者割当増資、新株予約権の発行、増配による有事防衛策の概説。②各防衛策の使用可能性・注意点。

　第1　はじめに………………………………………………………307
　第2　有事における注意点…………………………………………307
　第3　株式等の発行による有事の防衛策…………………………308
　　　1　第三者割当増資………………………………………………308
　　　　(1)　前説／(2)　問題点
　　　2　新株予約権の発行……………………………………………312
　　　　(1)　前説／(2)　問題点
　第4　増配による有事の防衛策……………………………………315

10　有事防衛策(2)　取得条項付株式、取得請求権付株式または取得条項付新株予約権の発行を利用した方法…………………〔琴浦　　諒〕…316

　　【問題意識】①取得条項付株式、取得請求権付株式または取得条項付新株予約権の発行による有事防衛策の概説。②各防衛策の使用可能性、注意点。

　第1　前　　説………………………………………………………316
　　　1　友好的な第三者に割り当てる方法…………………………317
　　　2　株主全員に割り当てる方法…………………………………318
　第2　問題点…………………………………………………………319
　　　1　友好的な第三者に割り当てる方法…………………………319
　　　2　株主全員に割り当てる方法…………………………………320

11　有事防衛策(3)　組織再編・資本再編による方法 ……〔山本　浩二〕…322
　　　【問題意識】①組織再編にはどのような効果や問題点があるか。②クラウン・ジュエルとはどのような手法か。③資本再編とは何か、どのような効果や問題点があるか。
　　第1　はじめに………………………………………………………322
　　第2　組織再編（Restructuring）……………………………………323
　　　　1　合併・株式交換−買収者の議決権比率を引き下げる方法
　　　　　…………………………………………………………………323
　　　　2　会社分割・事業譲渡−買収者に魅力的な事業や資産を切り離す方法………………………………………………325
　　第3　クラウン・ジュエル（Crown Jewelry）……………………325
　　第4　資本再編（Recapitalization）…………………………………326
12　有事防衛策(4)　交渉戦略その他による方法 …………〔日下部真治〕…328
　　　【問題意識】①交渉戦略その他の方法による有事防衛策にはどのようなものがあるか。②そのような方法にはいかなる問題が内在しているか。
　　第1　はじめに………………………………………………………328
　　第2　交渉戦略その他による主要な買収防衛策とその問題点…329
　　　　1　友好的第三者による買収提案……………………………329
　　　　2　買収者との交渉過程における買収価格の釣り上げ……329
　　　　3　買収者との交渉の意図的遅延……………………………330
　　　　4　買収者に対する逆買収……………………………………330
　　　　5　買収案における法的障害の発見・作出…………………331
　　第3　考　察…………………………………………………………332

第5章　買収防衛策の導入・発動と取締役の責任

1　買収防衛策の導入・発動と取締役の責任……………〔沢崎　敦一〕…337
　　　【問題意識】①取締役は買収防衛策の導入・発動について、どのような場合に、どのような責任を負うか。②取締役の責任追及の方法としてどのような方法があるか。③買収防衛策の導入・発動について取締役の責任が追及された裁判例としてどのような裁判例があるか。
　　第1　取締役の買収防衛策導入・発動についての責任………337

　　　　1　取締役の善管注意義務・忠実義務……………………*337*
　　　　2　どのような場合に取締役に善管注意義務違反があるかと判断されるか………………………………………………*338*
　　　　3　取締役の会社に対する責任、取締役の第三者に対する責任……………………………………………………………*340*
　　　　　(1)　取締役の会社に対する責任／(2)　取締役の第三者に対する責任
　　第2　取締役の責任追及の方法……………………………………*341*
　　　　1　取締役の会社に対する責任の追及方法…………………*341*
　　　　2　取締役の第三者に対する責任の追及方法………………*341*
　　第3　買収防衛策の導入・発動について取締役の責任が追及された裁判例…………………………………………………………*343*
　　　　1　募集株式の発行等…………………………………………*344*
　　　　2　上場廃止……………………………………………………*346*
　　　　3　自己株式取得………………………………………………*347*
　　　　　(1)　旧商法下の場合／(2)　会社法下の場合

第6章　企業買収に絡む裁判例・紛争事例の分析

1　新株発行に関する裁判例（宮入バルブ事件、ベルシステム24事件、ダイソー事件）………………………………〔奈良　輝久＝加藤　雄士〕…*353*
　　第1　問題の所在（*353*）
　　第2　有利発行に関する裁判例：東京地決平成16年6月1日判時1873号159頁＝宮入バルブ事件（*354*）
　　　　1　事案の概要（*354*）
　　　　2　決定内容の概要（*354*）
　　　　3　検　討（*355*）
　　　　　(1)　有利発行が問題となる場合／(2)　裁判例の変遷／(3)　宮入バルブ決定の意義
　　第3　不公正発行に関する裁判例①：東京高決平成16年8月4日金判1201号4頁＝ベルシステム24事件（*358*）

　　　　　1　事案の概要 *(358)*

　　　　　2　決定内容の概要 *(359)*

　　　　　3　検　　討 *(359)*

　　　　　　(1)　裁判例の変遷／(2)　ベルシステム24事件決定の意義

　　　第4　不公正発行に関する裁判例②：大阪地決平成16年9月27日
　　　　　金判1204号6頁＝ダイソー事件 *(363)*

　　　　　1　事案の概要 *(363)*

　　　　　2　決定内容の概要 *(364)*

　　　　　3　検　　討 *(364)*

  2　新株予約権の発行に関する裁判例（ニッポン放送事件）
　　　　　………………………………………〔若松　　亮＝石井　　亮〕…366

　　　第1　問題の所在 *(366)*

　　　第2　事案の概要 *(367)*

　　　第3　抗告審決定（東京高決平成17年3月23日判タ1173号125頁）判旨
　　　　　 (368)

　　　　　1　新株予約権の発行が不公正発行と判断されるのは、どのような場合か *(368)*

　　　　　2　経営支配権の維持・確保を主要な目的とする新株予約権の発行が許容される場合があるのか *(369)*

　　　　　3　本件新株予約権の発行は、経営支配権の維持・確保を主要目的とするものか *(370)*

　　　　　4　本件新株予約権の発行に、新株予約権発行を正当化する特段の事情はあるか *(370)*

　　　　　5　買収による企業価値の毀損の有無を新株予約権の発行の適否の判断にあたって考慮すべきか *(370)*

　　　　　6　ライブドアの時間外取引の問題を新株予約権発行を正当化する特段の事情として考慮すべきか *(371)*

　　　　　7　敵対的買収に対する事前の対抗策を設けることは可能か *(371)*

　　　第4　検　　討 *(372)*

　　　　　　1　本件抗告審決定は、主要目的ルールを採用するものか
　　　　　　　（372）
　　　　　　2　特段の事情（375）
　　　　　　3　企業価値の比較検討について（379）
　　　　　　4　事前の対抗策（381）
　　　　　　5　ライブドアによる本件株式買収の証券取引法上の問題
　　　　　　　（382）
　　　　第5　補足－有利発行該当性（原審決定）－（384）
　　　　　　1　有利発行該当性の判断基準（384）
　　　　　　2　本件におけるあてはめ（386）
　　　　　　　(1)　オプション価額の算定／(2)　新株発行と同様の基準を用いた判
　　　　　　　断
3　ニレコ事件………………………………………〔琴浦　諒〕…388
　　　　第1　はじめに（388）
　　　　第2　事案の概要（389）
　　　　第3　裁判所の判断（392）
　　　　　　1　原審決定（東京地決平成17年6月1日）（392）
　　　　　　2　原審異議決定（東京地決平成17年6月9日）（394）
　　　　　　3　保全抗告決定（東京高決平成17年6月15日）（394）
　　　　第4　検　　討（396）
　　　　　　1　要件か総合考慮の視点か（396）
　　　　　　2　株主の不測の損害（398）
　　　　　　3　保全の必要性（399）
　　　　　　4　その他（企業価値・株主共同の利益の確保または向上のための買
　　　　　　　収防衛策に関する指針）（400）
4　住友信託vs.東京三菱ＵＦＪ事件……………………〔清水　建成〕…402
　　　　第1　問題の所在（402）
　　　　第2　事案の概要（403）
　　　　　　1　事案の概略（403）
　　　　　　2　本件事案の経緯（404）

第3　判　　旨（406）
　　　1　保全事件最高裁決定（406）
　　　2　本案事件東京地裁判決要旨（408）
第4　検　　討（408）
　　　1　独占交渉義務の法的拘束力（408）
　　　2　独占交渉義務の失効（411）
　　　3　仮処分の必要性（413）
　　　4　損　　害（414）

5　夢真ホールディング対日本技術開発事件……………〔琴浦　諒〕…421
第1　はじめに（421）
第2　事案の概要（423）
第3　裁判所の判断（427）
第4　検　　討（428）
　　　1　公開買付けの対象に発行前の分割新株が含まれるか（429）
　　　2　株式分割に対する旧商法280条ノ10の適用または類推適用の可否（430）
　　　3　敵対的な買収行為があった場合の対抗策を定める取締役会決議の有効性（431）
第5　証券取引法の改正（432）

6　村上ファンドによる阪神電鉄買収………〔奈良　輝久＝石井　亮〕…434
第1　概　　要（434）
第2　隠密裡の買占め（436）
第3　公開買付け（TOB）によらない買収（437）
第4　阪急ホールディングスによる公開買付け（TOB）（439）
　　　1　ホワイト・ナイトとしての阪急ホールディングス（439）
　　　2　TOB価格と株主代表訴訟リスク（440）
第5　なぜ、阪神電鉄が狙われたのか（440）
　　　1　敵対的買収の標的となる企業とは（440）
　　　2　IR活動の重要性（442）

　　　　　第6　まとめ *(442)*

7　王子製紙対北越製紙 ……………………………〔日下部真治〕…*444*

　　　　　第1　事案の概要 *(444)*

　　　　　　　1　製紙業界の状況 *(444)*

　　　　　　　2　買収戦の経緯 *(445)*

　　　　　第2　検　　討 *(449)*

　　　　　　　1　本統合提案が失敗した原因 *(449)*

　　　　　　　　⑴　友好的アプローチから強行的アプローチへの切換え／⑵　他の関係者の動向／⑶　北越製紙による三菱商事に対する本第三者割当増資への対応

　　　　　　　2　買収防衛策発動の可否と独立委員会の判断 *(454)*

　　　　　　　3　本事案の意義 *(456)*

8　「ＴＢＳ対楽天」会計帳簿等閲覧・謄写仮処分命令申立事件

　……………………………………………………………〔奈良　輝久〕…*458*

　　　　　第1　事案の説明 *(458)*

　　　　　第2　争　　点 *(458)*

　　　　　第3　争点に対する裁判所の判断 *(459)*

　　　　　　　1　閲覧等請求の理由の有無 *(459)*

　　　　　　　2　閲覧等請求の拒絶理由の有無 *(460)*

　　　　　　　3　保全の必要性の有無 *(463)*

　　　　　第4　検　　討 *(464)*

　　　　　　　1　閲覧等請求の理由の有無 *(464)*

　　　　　　　2　閲覧等請求の拒絶理由の有無 *(466)*

　　　　　　　3　保全の必要性の有無 *(469)*

9　スティール・パートナーズ対ブルドックソース事件

　……………………………………………………………〔若松　　亮〕…*471*

　　　　　第1　はじめに *(471)*

　　　　　第2　事案の概要 *(472)*

　　　　　第3　決定要旨 *(473)*

　　　　　第4　検　　討 *(477)*

1　最高裁決定の判断構造 (*477*)
2　買収防衛策と株主平等原則 (*478*)
　(1)　問題の所在／(2)　会社法下における株主平等原則／(3)　本件買収防衛策に株主平等原則の適用があるか／(4)　株主平等原則とその例外（学説等の整理）／(5)　本件買収防衛策と株主平等原則（あてはめ）／(6)　買収防衛の目的の正当性の判断基準／(7)　買収防衛策の相当性の判断基準
3　不公正発行該当性 (*489*)
　(1)　不公正発行該当性につき、最高裁決定が考慮した事情／(2)　事前の防衛策でない点／(3)　目的の点

事項索引
判例索引

第 1 章

M＆Aと買収防衛策の動向

1

M&Aの推移・現状

> **問題意識**
> ① M&Aはどのように推移しているか。
> ② 米国と日本におけるM&Aの歴史の概況。
> ③ M&Aにはどんな功罪があるか。
> ④ M&Aルールとはどのようなものか。

第1 はじめに

　M&A[1]とは、Mergers and Acquisitions（合併と買収）の略で、経営支配権を移動する取引をいう。19世紀末から20世紀初頭にかけて米国で最初にブームが起きてからおおむね20年ごとに数回のブームを経て現在に至っている。世界のM&Aは、2000年に3.5兆ドルとピークを迎え、その後一旦減少したが、2004年以降は再び増加に転じ、2006年は3.8兆ドル[2]と過去最高を更新した。

　日本企業が当事者となるM&Aは、2000年以降増加の一途をたどり、2006年には2,775件と3年連続史上最高を記録（表1参照）し、この10年で4.5倍と大きく発展した。また、2005年以降、ＴＯＢ（株式公開買付け）やＭＢＯ（経営陣による買収）も急増している[3]。

1　M&A&Dという場合もある。Dとは事業の切離し（Divestiture）をいい、切り離された事業は、M&Aの対象となる。
2　Thomson Financial「Merger&Acquisitions Review」公表（Announced）ベース。

M&Aの多くは事業会社による事業再編（事業の統合と分離）という戦略的買収[4]であるが、1980年代後半の米国において企業を売買して利益を上げる転売目的の敵対的買収（対象会社の経営陣の同意がない買収）が増加し、敵対的買収を巡る攻防を経て敵対的買収のルールについて司法の判断基準[5]が確立した。

　わが国では、2004年ＵＦＪを巡る三菱東京グループ（ＭＴＦＧ）と三井住友グループ（ＳＭＦＧ）との争奪戦、2005年ライブドアによるニッポン放送の株買占めを契機として、敵対的買収に対する防衛策を巡って議論が活発化、様々な議論を経て敵対的買収に対する防衛策やＴＯＢのルールの整備が進んでいる。

　わが国のＭ＆Ａは、2006年以降本格的普及の段階に入り、経営戦略上の重要な選択肢、敵対的買収に対する防衛策の導入、中小企業の後継者難への対策などそれぞれの面で重要性が増している。

表1　日本企業が当事者となＭ&Ａ件数の推移

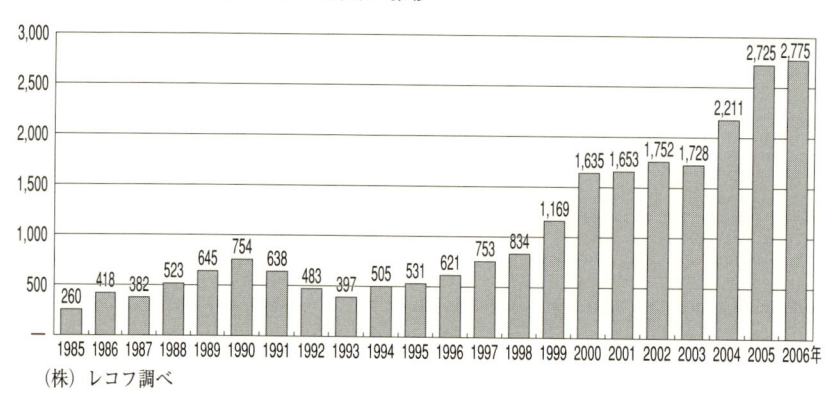

年	件数
1985	260
1986	418
1987	382
1988	523
1989	645
1990	754
1991	638
1992	483
1993	397
1994	505
1995	531
1996	621
1997	753
1998	834
1999	1,169
2000	1,635
2001	1,653
2002	1,752
2003	1,728
2004	2,211
2005	2,725
2006	2,775

（株）レコフ調べ

3　ＴＯＢについては、2004年39件、2005年53件、2006年65件、ＭＢＯについては、2004年43件、2005年67件、2006年80件と増加している（「ＭＡＲＲ」2007年2月号　統計とデータ19～20頁（レコフ））。

4　Ｍ＆Ａは戦略型と財務型（転売型）に大別できる。戦略型は企業の既存事業の強化や新規事業への進出など企業の経営戦略の実行が目的であるのに対して、財務型は投資ファンドなど当初から取得した企業を転売して利益を得ることを目的とするものである。もっとも財務型の転売先は最終的には戦略型のＭ＆Ａを目的とする事業会社となる。

5　いわゆるユノカル基準（1985年）、レブロン基準（1986年）、ブラシウス基準（1988年）など。

第2　米国のM&Aの歴史

過去100年間に米国で起きたM&Aブームは5回あり、現在は第6次ブームとなっている。その概要は以下のとおりである。

1　第1次ブーム―19世紀末～20世紀初頭

鉄道、鉄鋼、石油など基幹産業で同業者間の水平統合[6]が行われ、過当競争から独占の時代に入る。石油王ロックフェラーのスタンダード石油[7]、鉄鋼王カーネギーの製鉄会社を合併して誕生したUSスチール、ゼネラル・エレクトリック（GE）、デュポンなどの巨大独占企業が誕生した。また、金融界では、J・P・モルガンなど投資銀行家が活躍した。このブームは1890年シャーマン反トラスト法の成立、1904年の株価暴落、1907年の金融恐慌で幕を閉じる。

2　第2次ブーム―1920年代

1914年クレイトン反トラスト法の成立で同業種間の水平統合が困難となり、電力・自動車・食品などを中心に垂直統合が行われ、独占から寡占の時代に入る。産業界では、ゼネラル・モータース（GM）、ゼネラル・エレクトリック（GE）が隆盛し、金融界では、投資銀行ゴールドマン・サックス（GS）が勢力を拡大した。このブームは1929年10月24日の株価暴落（暗黒の木曜日）で終了した。

3　第3次ブーム―1960年代

第二次世界大戦後の反トラスト法の強化で、水平統合や垂直統合が困難に

---

[6]　水平統合とは、例えば、自動車メーカー同士の合併など同業者間の統合により規模の経済を追求することをいう。これに対して垂直統合とは、ある製品の販売会社と製造会社の合併など業務の範囲を広げることで経営の効率化を追求することをいう。
[7]　スタンダード石油は1911年解体され、「エクソン」、「モービル」、「シェブロン」、「アモコ」、「コノコ」、「アトランティック・リッチフィールド（ARCO）」となった（ブルース・ワッサースタイン『ビッグディール（上）』52頁～53頁（日経BP社、1999年）。

なり、異業種間の合併など多角化（コングロマリット化）が進んだ。ＩＴＴ、リットン・インダストリー、ＬＴＶ（リング・テムコ・ボイド）、テレダインなどのコングロマリット企業やＩＢＭ、ゼロックス、イーストマン・コダックなどの新興企業が隆盛を誇った。

多角化戦略は、1株当たり利益の成長率の高い会社の株価収益率（ＰＥＲ）は高くなるという成長株理論やコンサルティング会社によって発案されたＰＰＭ[8]（プロダクト・ポートフォリオ・マネジメント）手法によって後押しされた。

また、銀行、証券業者がＭ＆Ａの仲介や資金供給者として活躍し、キャッシュカウ（キャッシュリッチ）企業を買収して新たな買収の資金源とするなど、Ｍ＆Ａは金融志向で短期的・投機的傾向が強くなった。

コングロマリット企業は、負債比率を高めることで株価を上げる手法を利用していたため、1960年代終わりの不況により収益力が低下すると逆に業績を急減に悪化させる方向に作用し、倒産や経営危機に陥った。1968年〜1971年の株価下落でこのブームは終わる。

4　第4次ブーム―1980年代

1980年代前半は石油業界を中心に大型買収が増加し、1980年代後半以降はコングロマリットの解消を目的とした事業の切離し（会社分割と売却）に伴うＭ＆Ａが活発に行われた。

特に1980年代後半は、ジャンク債[9]とＬＢＯ（Leveraged Buyout）[10]の手法を利用した敵対的買収が増加したことが大きな特徴である。ジャンク債はマイケル・ミルケンが率いる証券会社ドレクセル・バーナム・ランベールによって普及したハイリスク・ハイリターンの債券で、ブーン・ピケンズなどグリ

8　ボストン・コンサルティング・グループが提唱した経営手法。製品や事業を市場の成長率と相対的マーケット・シェアを基準として4つに区分し、戦略の意思決定に用いる。この手法は、自社の高シェア成熟商品（金のなる木）で稼いだ資金を低シェア高成長商品（問題児）に回すという多角化戦略を推進する考え方となった。

9　ジャンク債とは、元々は投資適格銘柄であった債券が、債券発行体の財務状態が悪化したため投資適格でなくなった、いわゆる「堕ちた天使」といわれるものであった。しかし、新規発行の段階から高利回りの債券としてのジャンク債は、1983年頃から増加しはじめ、1986年から急増して、ＬＢＯなどの資金源となった。

10　ＬＢＯとは、買収対象会社や事業部門の資産またはそれが将来生み出すキャッシュフローを担保にして買収資金を調達する買収手法をいう。

ーンメイラーやＬＢＯの手法を利用した敵対的買収の資金源となった。ジャンク債を利用したＬＢＯのブームは、1990年のドレクセル社の倒産で終わった。

この時期の代表的な事例として、ロナルド・ペレルマンによる化粧品会社レブロンの買収（1985年）、カール・アイカーンによるＴＷＡの買収（1986年）、ＫＫＲ（コールバーグ・クラビス・ロバーツ）によるＲＪＲナビスコの買収（1988年）がある。

5　第 5 次ブーム―2000年前後

米国におけるＩＴバブルと欧州におけるユーロブームを背景に、大型買収が増加した。この時期は世界的な規制緩和と経済のグローバル化が進み、国境を越えた（クロスボーダー）大企業同士の合併が盛んになり、2001年ＩＴバブルの終焉によってブームが終わった。

代表的に事例として、独ダイムラーベンツと米クライスラーの合併（1998年）、アメリカンオンライン（ＡＯＬ）とタイムワーナーの合併（2000年）などがある。

6　第 6 次ブーム―2004年～現在

2004年以降は、第 6 次ブームともいわれており、世界同時的な景気回復を背景にＭ＆Ａが急増し、米国企業が当事者となるＭ＆Ａは2004年に 1 兆ドルを突破、2006年は1.9兆ドルに達している[11]。

第 3　日本のＭ＆Ａの歴史

1　1960年代（資本自由化期）

貿易・資本の自由化を背景として、同業者間の水平的合併が進み、石川島重工と播磨造船との合併による石川島播磨重工の誕生（1960年）、八幡製鉄と

11　Thomson Financial「Fourth Quarter 2006 Merger & Acquisitions Review」公表（Announced）ベース。

富士製鉄の合併による新日本製鉄の誕生（1970年）など大型合併が行われた。また、この時期は外資による乗っ取り対策として株式の持ち合いが進んだ。

2　1980年代後半（バブル期）

バブル経済と円高を背景として、ソニーによるコロンビア・ピクチャーズ買収（1989年）、三菱地所によるロックフェラー・グループ買収（1989年）など、日本から海外へのクロスボーダーの買収が増加した。

また、この時期は、ブーン・ピケンズによる小糸製作所株の買占め、秀和による忠実屋株といなげや株の買占め、小谷光浩率いる光進グループによる国際航業株の買占めなど仕手筋やグリーンメイラーによる買占めが横行した。

3　2000年前後（産業再編期）

バブル崩壊後の不良債権処理と経済再生のための法制度の整備[12]を背景に、金融と産業の再編が進む。みずほグループの統合、三井住友銀行の合併、ＵＦＪ銀行の統合、東京三菱グループの統合により4大メガバンクが誕生し、産業界では同業者間の水平的統合によっていくつかのグループに集約された。また、投資ファンドによる企業再生を目的としたＭ＆Ａも増加した。

この時期の特徴は、敵対的ＴＯＢが現れたことである。英国ケーブル＆ワイヤー（Ｃ＆Ｗ）による国際デジタル通信（ＩＤＣ）へのＴＯＢ、村上世彰氏の率いるＭ＆Ａコンサルティング（ＭＡＣ）による昭栄へのＴＯＢ、独ベーリンガーインゲルハイムによるエスエス製薬へのＴＯＢ、米投資ファンド、スティール・パートナー・ジャパンによるユシロ化学工業とソトーへのＴＯＢなど敵対的ＴＯＢが行われた。

4　2004年～現在

2004年以降は、Ｍ＆Ａが一段と活発化してきており、とくに、敵対的買収

12　独禁法の改正による持株会社の解禁（1997年）、商法改正による合併手続の簡素化（1997年）・株式交換制度の創設（1999年）・会社分割制度の創設（2000年）・金庫株解禁（2001年）、法人税法改正による企業再編税制の整備（2001年）、連結納税制度の導入（2002年）、産業活力再生特別措置法（1999年制定、2003年改正）など。

に対する関心が高まった。2004年ＵＦＪホールディングを巡る三菱東京グループと三井住友グループの争奪戦、2005年ライブドアによるニッポン放送株の買付けに始まったライブドアとフジテレビの攻防がマスコミをにぎわせた。また、2005年はワールドやポッカコーポレーションなど大型のＭＢＯも行われた。

2006年は、王子製紙による北越製紙に対する敵対的ＴＯＢをはじめ老舗企業による敵対的ＴＯＢ、すかいらーくやレックス・ホールディングなど投資ファンドと組んだＭＢＯ、ソフトバンクによるボーダフォン日本法人に対するＬＢＯなど、Ｍ＆Ａが本格的に普及してきた。

第4　Ｍ＆Ａの功罪

Ｍ＆Ａは、株主、経営者、従業員、取引先など会社の利害関係者に大きな影響を及ぼすため、どのような影響を受けるかによってＭ＆Ａの功罪に対する見方も異なる。多くのＭ＆Ａは事業の統合と分離によって会社経営の効率性や収益性を向上させ、競争力を高めるという目的のために行われるものであり、その意味で企業の事業戦略にとって大きなメリットがあるといえる。

しかし、敵対的買収[13]については、経営陣に規律を与え、コーポレート・ガバナンス[14]を改善させるというメリットが指摘される一方で、敵対的買収の脅威にさらされると、経営陣が短期的リターンを求める株主の意向に敏感にならざるを得なくなる結果、研究開発や企業特殊的な人的資産[15]への長期的視点の投資を行わなくなり、企業の競争力を低下させるというデメリットも指摘される。

13　敵対的買収の功罪に関連して、そもそも「会社はだれのものか」という議論がある。文献として、岩井克人『会社はだれのものか』（平凡社、2005年）、岩田規久男『そもそも株式会社とは』（ちくま新書、2007年）。
14　経営者は株主の代理人であるとする「エージェンシー（代理人）理論」からみると、敵対的買収の脅威は経営者に株主の利益に沿って行動させるという意味でコーポレート・ガバナンスを改善する効果がある。
15　「企業特殊的な人的資産」とは、特定の企業に長期間勤務することによって形成される当該企業の中でのみ価値を持つ知識、能力をいう。敵対的買収の人的資産に対する影響については、「信頼の裏切り」または「ホールド・アップ」といわれる理論がある。

とくに、次のような類型の買収は弊害のある買収（濫用的買収）[16]といわれる。これらは、いずれも、株主、従業員など利害関係者の利益を犠牲にして買収者自らの利益を得る行為である。

① グリーンメイル[17]

株式を買い占めて対象会社などに高値での買取りを要求し、対象会社に損失を与え自らの利益のみを追求するもので、株主権を濫用するタイプである。

② 強圧的な方法による買収

二段階買収など株主に不合理な行動を強圧し、株主の利益を犠牲にして買収者が自らの利益を得るものである。二段階買収とは、ＴＯＢに際して第一段階の買収条件のみを有利にすることで買収条件に納得しない株主に売り急ぎを強要する方法をいう。そのほかに、株主に熟慮する期間や必要十分な情報を提供しない方法や対象会社の現経営陣に買収提案の是非や代替案を提示する時間を与えない方法など株主が十分な情報に基づく適切な判断を行えない状況を作り出す方法による買収[18]がある。

③ 企業特殊的な人的資産を破壊する買収

買収後に従業員の大量解雇や賃下げによって従業員の利益を株主に移転し、買収者が利益を得るものをいう。企業の短期的利益のみを追う買収者の場合は、従業員を解雇することで短期的な利益を計上し、株価を高めて売り抜ける可能性があることは否定できないが、経済合理的な判断をする買収者が企業の重要な人的資産をあえて破壊することが自らの利益になると考えるかどうかは疑問であり、とくに、従業員保護が徹底している日本の労働法制の下で従業員の大量解雇には大きな費用が発生する可能性がある。

16　ニッポン放送事件（東京高決平17・3・23判タ1173号125頁）では株主の利益を毀損する買収として、①株価をつり上げて引き取らせるグリーンメイラー、②知的財産権や企業秘密などを奪う焦土化経営を目的とした買収、③会社資産を買収者自らの債務返済などに流用する目的の買収、④不動産などの資産売却益による高配当を狙った買収の4つの類型を示している。

17　グリーンメイルに関する判例として、小谷光浩による蛇の目ミシン株式の買占めに係る株主代表訴訟の控訴審判決（東京高判平15・3・27判タ1133号271頁）がある。

18　「企業価値報告書」33頁では、「代替案喪失型」「株主誤認型」と表現している。

第5　M&Aルール

　敵対的買収の場合、買収者と対象企業の経営陣との攻防に際し双方の公平性が確保されていなければ、濫用的買収や対象会社の経営陣の過剰防衛を招き、一般株主の利益が損なわれるおそれがある。また、友好的買収でも、MBOのように対象企業の経営陣[19]と一般株主とで利益相反の問題が生じる場合では、買収者が一般株主を犠牲にして自己の利益をはかるおそれがある。そのため、M&Aルールによって一般株主の利益を保護[20]することが必要となる。M&Aルールには、一般株主や投資家の適切な判断を可能とするための情報開示ルール、敵対的買収において濫用的買収を防止するためのTOBルールと経営陣の過剰防衛を抑制するためのルール、友好的買収における利益相反問題を解消軽減するためのルールなどがある。

　M&Aルールのあり方は一様ではないが、基本的には英国型と米国型に分けることができる。英国型はTOBに際し買収者に全部買付義務（入口規制）を課す代わりに買収対象会社による防衛策を原則として認めない。英国ではパネルと呼ばれる自主機関がシティコードというルールに基づき株主の利益を保護する役割を担っている。

　一方、米国型は買収者に対する規制が緩い代わりに社外取締役が半数以上を占める取締役会に強力な防衛策を認める。また、買収時に全部買付義務はないものの買収後の事業結合を制限するなど州法レベルで買収者への規制[21]もある。米国では当事者同士の様々な攻防を通じて裁判例が積み重なってルールが確立してきた。

19　実際には、経営陣だけで上場会社を買収することは資金的に難しく、投資ファンドと協力し、あるいは投資ファンドが主導して買収することが多い。
20　自民党　企業統治に関する委員会「公正なM&Aルールに関する提言」平成17年7月7日では、情報開示による透明性の確保や株主だけでなく多様なステークホルダーの利益確保も掲げている。
21　買収者に対する規制として、対象会社の取締役会の承認を得ない限り買収後の一定期間は買収対象会社との合併、買収対象会社の解散、資産の処分を制限する事業結合制限法（デラウェア州など）や他の株主に公正な価格が支払われない限り事業結合を行うためには他の株主による株主総会の特別決議を必要とする公正価格法（メリーランド州など）などの法規制がある。

わが国のM&Aルールは、敵対的買収に対する防衛側のルールの議論が先行[22]した。その後、会社法施行規則の制定[23]と証券取引所の規則の改正[24]によって情報開示ルールと上場ルールが整備され、買収側のルールとして証券取引法（金融商品取引法）のＴＯＢ規制の改正[25]も行われた。わが国のM&Aルールは、ＴＯＢにおいては全部買付義務を一部導入する一方で、買収防衛策も認めており、英国型と米国型を折衷する方向で整備が進んでいると言えよう。

〔山本　浩二〕

【参考文献】
① ブルース・ワッサースタイン『ビッグディール（上）（下）』（日経ＢＰ社、1999年）
② 松井和夫『M＆A20世紀の錬金術』（講談社現代新書、1991年）
③ 服部暢達『M＆A最強の選択』（日経ＢＰ社、2005年）
④ 武井一浩＝太田洋＝中山龍太郎編著『企業買収防衛戦略』（商事法務、2004年）
⑤ 武井一浩＝中山龍太郎編著『企業買収防衛戦略Ⅱ』（商事法務、2006年）
⑥ 太田洋＝中山龍太郎編著『敵対的M＆A対応の最先端』（商事法務、2005年）

22　経済産業省「企業価値報告書」（平成17年5月27日）、経済産業省・法務省「企業価値・株主共同の利益の確保又は向上のための買収防衛策に関する指針」（平成17年5月27日）
23　会社法施行規則（平成18年2月7日）127条で、株式会社が「株式会社の支配に関する基本方針」を定めている場合は、事業報告で開示することが義務付けられた。
24　㈱東京証券取引所「買収防衛策の導入に係る上場制度の整備等に伴う株券上場審査基準等の一部改正ついて」（平成18年3月7日）
25　証券取引法の改正（平成18年6月14日）により、ＴＯＢが強制される範囲の見直し、投資家への情報開示の充実、全部買付義務の一部導入、ＴＯＢの撤回・変更の柔軟化が図られた。

2

買収防衛指針と企業価値報告書

> **問題意識**
> ① 買収防衛指針とはどのようなものか。
> ② 企業価値報告書とはどのようなものか。
> ③ 買収防衛指針と企業価値報告書とではどのように違うのか。
> ④ 裁判例との関係はどのようになっているか。

第1 はじめに

　経済産業局長の私的研究会である企業価値研究会（座長：神田秀樹東京大学大学院法学政治学研究科教授）は、平成16年9月以降、企業価値向上につながる公正な敵対的買収防衛策のあり方について議論を重ねてきた。そして、平成17年5月27日に「企業価値報告書」を、平成18年3月31日に「企業価値報告書2006～企業社会における公正なルールの定義に向けて～」を公表した。また、経済産業省と法務省は、買収防衛策に関する判例や学説、企業価値研究会での議論等を踏まえて、平成17年5月27日に「企業価値・株主共同の利益の確保又は向上のための買収防衛策に関する指針」（以下「指針」という。）を策定・公表した。「企業価値報告書」、「企業価値報告書2006」、「指針」は、法的な拘束力はないものの、買収防衛策に関する判例・裁判例を含め実務的には大きな影響を及ぼしている。例えば「指針」は、企業価値報告書や判例学説等を踏まえて策定されたものであって、適法かつ合理性の高い平時導入型の買収防衛策のあり方を示しており、買収防衛策に関するベンチマークを示

したものと評価することが可能である。本稿では、「指針」、「企業価値報告書」について取り上げることとし、「企業価値報告書2006」については、次項「3 「企業価値報告書2006」とその後の企業買収」で取り上げる。

第2 指針の内容

1 概　説

指針は、企業価値、ひいては株主共同の利益を害する買収に対する合理的な買収防衛策について、それが満たすべき原則を提示することにより、企業買収に対する過剰防衛を防止するとともに、買収防衛額の合理性を高め、もって、企業買収および企業社会の公正なルール形成を促すことを目的として、定められた（指針前文）。指針は、企業価値報告書および日本における判例や学説を踏まえて策定されたものであり、欧米のルールや機関投資家の買収防衛策に対する評価を踏まえて策定された企業価値報告書と、日本における学説や判例の双方を加味することによって、指針は、国際的にみても株主配慮型・経営者保身型の防衛策を、日本の法体系と整合性がある形で示したものであり[1]、平時導入・有事発動型の買収防衛策を対象としている。

指針は、買収防衛策が①企業価値・株主共同の利益の確保・向上の原則、②事前開示・株主意思の原則、および③必要性・相当性確保の原則の三原則に従うことを求めている。

2 企業価値・株主共同の利益の確保・向上の原則

買収防衛策の導入、発動および廃止は、企業価値（会社の財産、収益力、安定性、効率性、成長性等株主の利益に資する会社の属性またはその程度）、ひいては、株主共同の利益（株主全体に共通する利益の総体）を確保し、または向上させる目的をもって行うべきであるとする原則である。この原則に適う買収防衛策の代表的なものとして、東京高裁平成17年3月23日決定（ニッポン放送事件。詳

---

[1] 日下部聡「企業社会における公正なルール形式を目指して─企業報告書と指定策定の問題意識」商事法務1734号4頁以下、特に9頁。

細は、第6章2参照）において「会社を食い物にしようとしている場合」の例として指摘された4つの買収類型（グリーン・メール、焦土化経営、高値売り抜け等）などに対する買収防衛策、強圧的二段階買収などに対する買収防衛策、および株主の誤信を正すために情報を提供したり、会社が代替案を提示する機会を確保したりするための買収防衛策が挙げられている。また、この原則との関係では、経営者が特定の買収者の買収提案に賛成している場合で、他の買収者が出現したときは、取締役は善良な管理者として、当該買収者の競合提案も検討することが求められ、会社が株主から買収者による競合提案を検討する機会を完全に奪うような買収防衛策を発動することは適当でないとしており、米国の「レブロン義務」[2]に似た考えが示されている。

3　事前開示・株主意思の原則

買収防衛策は、適法性および合理性を確保するために、導入に際して目的、内容等が具体的に開示され、株主等の予見可能性を高めるとともに、株主の合理的な意思に依拠すべきであるとする原則である。このために要請される第一の原則が、事前開示の原則である。買収防衛策は、その導入に際して、株主や投資家あるいは潜在的な買収者の予見可能性を高めるために、その目的、具体的な内容、効果などを開示し、予見可能性を高める必要がある。指針では、開示の方策として、商法や証券取引法、証券取引所の規則などが定める最低限の開示ルールに従うのみならず、営業報告書や有価証券報告書などを活用して自主的に買収防衛策の開示に努めることが、適法性を高め、市場の理解と納得を得る上できわめて重要であるとしている。

その第二が、株主意思の原則である。買収防衛策は、株主の合理的な意思に依拠すべきことが求められる。

---

[2]　Revlon,Inc.v.MacAndrews & Forbes Holdings,Inc.,506A.2d 173（Del.Supr.1986）、近藤光男＝志谷匡史編著『新・アメリカ商事判例研究』247頁以下（商事法務、2007年）。レブロン義務とは、会社の解体（break-up）が避けられないことが明らかになったとき（ないし会社を現金で売りに出す（for sale）のと同様の状況となったとき）、取締役会の職責は、会社を防衛することではなく、株主の利益のために会社の売却価格を最大化することに変化するとの判示による。つまり、取締役は会社の売却価格を最大化するという職務を忠実義務・注意義務（これに加えて誠実義務が言われることがある）を尽くして遂行しなければならないという義務のことであり、我が国では「レブロン基準」とも言われる（三浦治「レブロン判決」野村修也＝中東正文編『M&A判例の分析と展開』（別冊金融・商事判例）250頁（経済法令研究会、2007年））。

買収防衛策には、株主総会の承認を得て導入する場合と、取締役会の決議で導入する場合がある。このうち、買収防衛策の導入時に株主総会の承認を得れば、株主意思の原則に合致する。

　他方、取締役会の決議で買収防衛策を導入する場合には、株主の総体的意思によってこれを廃止できる手段（消極的な承認を得る手段）を設けることが求められる。消極的な承認を得る手段とは、導入後の株主総会などの機会を活用して、買収防衛策の是非およびその内容に関して、株主総体の意思が反映できるような工夫を指す。こうした工夫にはさまざまなものがあろうが、指針では、株主意思原則に反する不公正な例示として、いわゆる取締役の選解任を通じて消却する途も閉ざすようなデッドハンド条項を、株主意思原則に合致することが相当明白で公正性を高める例示として、株主総会や株主の一定割合以上の意思表示で株主の同意が得られれば防衛策を延長し、得られなければ消却する旨の条項を挙げている。

4　必要性・相当性確保の原則

　買収防衛策は、株主平等の原則、財産権の保護、経営者の保身のための濫用防止等に配慮し、必要かつ相当な方法によるべきであるとする原則である。

　買収防衛策は、株主共同の利益を確保し、向上させるためのものであるが、買収防衛策における株主間の異なる取扱いは、株主平等の原則や財産権に対する重大な脅威になりかねず、また、買収防衛策が株主共同の利益のためではなく経営者の保身のために濫用されるおそれもある。こうした買収防衛策による弊害を防止することは、その適法性および合理性を確保する上で不可欠なことから要請される原則である。

　新株予約権者が一定割合以上の株式を有しない株主（買収者以外の株主）であることを行使条件とする新株予約権（差別的行使条件付新株予約権）の発行、買収者以外の株主に対する新株・新株予約権の発行、および特定の者に拒否権付株式等の種類株式を発行することは、いずれもそれ自体は株主平等の原則に違反しないとする。

　また、差別的行使条件付新株予約権の株主割当による発行は取締役会の決議で行うことができるが、その新株予約権の内容が買収者に過度に財産上の

損害を生じさせるおそれがあるようなものである場合には、いわゆる有利発行規制等の脱法行為と判断されるリスクがあるので、新株予約権の内容について適法性を高めるための様々な工夫を講じる必要があるとする。

更に、経営者の濫用防止を図る観点からは、特に、有事においては、時間的な制約から株主総会を開催することは難しく、買収防衛策を解除するかどうかの判断は取締役会が担うことになる。その際、取締役会は、企業価値ひいては株主共同の利益に対する脅威があると合理的に認識した上で（防衛策発動の必要性の存在）、こうした脅威に対して過剰でない内容の防衛策を発動する必要（相当性の確保）がある（指針（注6））とする。

5　株主総会決議による導入と取締役会決議による導入

株主総会決議を経て導入される買収防衛策、例えば新株予約権制度を活用した定款記載型または第三者有利発行型のライツ・プラン、種類株式制度を活用した黄金株や複数議決権株式は公正であるとされる可能性が高いとし、消却条項や定期的に株主総会の承認を得る機会を確保する条項などを付加することにより、更に合理性が高まるとする。

一方、株主総会決議を経ないで取締役会決議のみで導入する買収防衛策、すなわち新株予約権を活用したライツ・プランなどについては、指針で示された三原則に合致するかどうかが、買収防衛策としての新株予約権の発行がいわゆる不公正発行にあたるとして裁判所により差し止められるかどうか等の判断基準となるとする[3]。また、買収防衛策の合理性を高め、市場の支持を得るためには、取締役会の裁量権の濫用を排除するために、客観的な買収防衛策廃止要件を設定したり、独立社外者の判断を重視したりする措置が必要であるとしている。

なお、補足説明（11）で、客観的な買収防衛策廃止要件を設定する場合の

---

[3]　「新株予約権者が一定割合以上の株式を有する株主でないこと」といった差別的行使条件を付した新株予約権を全株主に発行・割当てを行うことも、取締役会で条件付発行決議をしておくような方策を含めて、いわゆる株主割当てとして、取締役会決議により行うことができるが、株主が消却できる条項を設け、デッドハンド条項は適法性がなく、株主投票などによって消却する条項があれば適法性が高まる、買収者以外の株主は原則差別せず、平時において過度に株主に財産的損害を生じさせないよう設計した上で、取締役会の恣意的な運用を排除するための措置を採用することが求められる。

うち、買収者から買収提案の具体的な情報が提示され、かつ、取締役会が買収者との交渉や代替案を提示するために必要な時間が確保され、十分な情報が株主に提供された場合には、取締役会が買収防衛策を廃止し、TOB等に移行するという仕組み（いわゆる株主判断支援型＝弱毒型）については、原則としてすべての買収についてTOB等の道をも確保している点で優れており、他の買収防衛策（いわゆる株主判断代替型＝強毒型）とは異なり、社内取締役の判断のみで買収防衛策の是非を決定したとしても十分合理性があるとしている。

第3　企業価値報告書の概要

企業価値報告書は、日本において確立すべき敵対的買収に関する公正なルールを提示する第4章を中核とする。[4]

1　4つの基本理念

企業価値報告書は、企業価値向上、グローバルスタンダード、内外無差別および選択的拡大の4つの基本理念に基づき、敵対的買収が企業価値向上に役立つことがある点を認めた上で、日本においては何が公正な防衛方法なのかについて企業社会の関係者が共有する行動規範が確立されていないことから生じる過剰防衛や過少防衛の弊害を指摘し、欧米のルールを参考にしながら、日本における公正なルール作りを提唱している。

2　日本法下における欧米並み防衛策導入の可能性

欧米で認められている買収防衛策は、旧商法の下でも日本法流にアレンジすれば、ほとんど実現可能であるとし、会社法により新株予約権についてきわめて詳細な設定を整備することで、買収防衛策の選択肢が広がったとする。

---

[4] 企業価値報告書の第1章では、日本において公正な企業社会のルール形成が求められる背景が明らかにされ、第2章では、M&A市場における公正なルールとは何か、特に企業価値を高める買収防衛策とは何かという点について、経済合理性の観点から取り上げられ、第3章では、欧米の経験を概観し、日本が今後ルール整備を図る上での教訓を導き出している。なお、日置純子「日本のM&A市場における公正なルール形成を目指して―企業価値報告書及び買収防衛策に関する指針の解説」金融法務事情1744号9頁参照

また、買収防衛方法の開示制度の整備が遅れていることによる弊害や混乱（株主・投資家の投資判断に影響を与えたり、企業や株主に過度の負担が生じたりすること等）が生じることがないよう、買収防衛策の開示ルールについては、必要かつ十分な制限を適時かつ従属的に分かりやすくするなどの工夫が求められるとする。

3　「企業価値基準」の確立

　企業価値報告書は、株主平等原則や主要目的ルールについて触れた上で、買収防衛策の合理性の判断基準について検討し、企業価値を損なう買収提案を排除するものであれば認められるべきであるが、反対に企業価値を高める買収提案は排除しないという「企業価値基準」をより一層明確にして、企業社会が共有する常識とすることが必要であるとする。

　企業価値基準は、米国のいわゆる「ユノカル基準」[5]をベースに、企業価値への脅威の存在（敵対的買収により企業価値が損なわれるという脅威があること）、防衛の過剰性（脅威に対して過剰な内容となっていないこと）、取締役会の慎重かつ適切な行動（脅威の内容の証明や防衛策の内容の適法性を証明する意思決定のプロセスが慎重かつ適切であること）の3つの判断基準により構成すべきであるとする。

　第一の判断基準（企業価値への脅威の存在）については、買取りによって発生するであろう会社の効率性等に対する脅威や株主の適正な判断への脅威などを企業価値に対する脅威とし、構造上強圧的な買収類型（グリーン・メールや二段階買収など）、代替案喪失類型（現経営陣に代替的な提案を考えるだけの十分な時間的余裕を与えないような買収）、株主誤信類型（企業価値を損なう買収提案であるに

---

[5]　Unocal Corp.v.Mesa Petroleum Co.,493A.2d946(1985)、近藤光男ほか編著・前掲『新・アメリカ商事判例研究』294頁以下、伊藤靖史「ユノカル判決」野村修也＝中東正文編『M＆A判例の分析と展開』（別冊金融・商事判例）246頁（経済法令研究会、2007年）。Unocal基準とは、判示中の「経営判断の原則は、会社買収の脅威に対応する取締役の行為にも適用される。しかしこの場合、取締役会が、会社と株主の利益を犠牲にして個人的利益に基づいて行動するかもしれないという利益衝突の可能性が存し、「どこにでも出現する妖怪」(omnipresent specter) が出現する。そこで取締役としては、経営判断原則の適用を受ける前提として、会社の政策と効率性に対する危険があると信ずるに足る合理的な根拠を有していたことを立証しなければならない。ただし、この立証は誠実と合理的な調査とで満たすことができる。また、取締役が採った防衛手段は生じた脅威との関係で相当なものでなければならないので、取締役は会社買収の性質と会社に対する影響を分析しなければならない」との基準のことである。

もかかわらず、株主が十分な情報がないままに誤信して買収に応じてしまう場合）の三類型を挙げている。

　第二の判断基準（防衛の過剰性）については、原則として、非強圧性（買収者以外の株主の平等な取扱い）と非排除性（委任状合戦などの株主の選択肢の確保）が満たされなければならないとしている。また、会社の売却が既に決まっている局面においては、指針と同様に「レブロン義務」に似た考え方が示されている。

　第三の判断基準（取締役会の慎重かつ適切な行動）については、十分な時間をかけた検討、外部専門家の分析および第三者の関与の三点が必要であるとしている。

　このうち、第一の判断基準に関しては、公開買付け（TOB）に関する金融商品取引法の公開買付けルールの大幅な整理（5％ルール（金融商品取引法27条の2第1項2号）、3分の1（特定買付け・金融商品取引法27条の2第1項5号））により、近時、公開買付けの強制が相当程度図られる等している。なお、公開買付け（TOB）制度の整備の詳細については、次項「3　「企業価値報告書2006」とその後の企業買収」および「第2章　1　株式取得」、「第4章　2　敵対的な企業買収の手段」を参照されたい。

4　買収防衛策の合理性を高める基準

　平時導入・内容開示（買収防衛策は平時に導入してその内容を開示し、説明責任を全うする）、消却可能性の確保（買収防衛策は1回の株主総会の決定次第で消却が可能なものとする）、有事における取締役の恣意的判断の排除（有事における判断が「保身目的」にならないよう最大限の工夫をする）の三つの要件を満たした買収防衛策であることが、当該買収防衛策が公正なものであるかどうか、また当該買収防衛策の導入および有事の発動にかかる取締役等の判断が取締役等の善管注意義務・忠実義務に違反していないかどうかを裁判所が判断するにあたっての重要な材料にもなると考えられるとする。

　第一の要件（平時導入・内容開示）については、有事において新株や新株予約権の発行を現に行う仕組みであっても、平時において有事になれば新株や新株予約権を発行する可能性があることを警告しておく方策（事前警告型）や

取締役会で条件付発行決議をしておく方策（条件付発行決議型）は、平時導入であるとしている。

　第二の要件（消却可能性の確保）については、消却条項を付して委任状合戦での消却を可能にすべきであるとしている。また、公開買付けと委任状合戦の併用が可能となるような公開買付制度の柔軟化を検討することが妥当であるとしている。

　第三の要件（有事における取締役の恣意的判断の排除）については、独立社外チェック型（有事における防衛策の維持・解除に関する判断について、独立性の高い社外取締役や社外監査役の判断を重視して、取締役会が買収防衛策の維持・解除を決定する仕組み）、客観的解除要件設定型（有事における買収防衛策の扱いに関して買収防衛策の解除要件―交渉期間や判断権者などをあらかじめ極力客観的に設定し、買収提案に応じるか否かの判断を最終的にはTOBによって株主に委ねるなどして、企業価値を高める可能性が高い買収への抵抗力を弱める仕組み）、および株主総会授権型（平時において買収防衛策を導入するにあたり株主総会の承認を受け、有事における取締役会の判断プロセスを株主総会から授権する仕組み）の3つの仕組みが提案され、これらの仕組みの単独型、組合せ型の買収防衛策の設計が推奨されている。

5　指針の作成と残された制度改革（第4章第4節）

　企業価値報告書の趣旨を具体化した「企業価値指針」を行政が明確に定め、実質的な強制力を確保すべきであるとする。

　また、残された制度改革として、全部買付義務の是非、事業結合規制、独立性の概念など企業統治に関する論点、ライツプランなどの買収防衛策が導入されることを前提とした公開買付けルールのあり方などにつき引き続き検討を深めることとしたいとし、また、企業価値基準の観点からインフォームド・ジャジメントを可能とするインフラ整備が不可欠であるとし、これらの検討は、企業価値研究会でも引き続き行われ、その成果は、なお途上ではあるが「企業価値報告書2006」、「企業価値の向上及び公正な手続確保のための経営者による企業買収（MBO）に関する報告書」（2007年8月2日）等で発表され、金融商品取引法等による公開買付けルールの改正等に結実している。

第4　指針と企業価値報告書の評価

1　両者の相違点

　指針と企業価値報告書の評価については、M＆Aを専門とする弁護士が優れた分析を行っている。その内容は以下のようなものである。[6]
　(1)　株主総会の位置づけ
　企業価値報告書では、株主総会授権型は、独立社外チェック型や客観的解除要件設定型と同列に位置づけられており、有事における判断が「保身目的」にならないための工夫の一つとされている。他方、指針では、事前開示・株主意思の原則の観点から、まず、買収防衛策導入に当たり株主総会の決議を経たかどうかで大きく区分し、株主総会の決議を経ない場合には、株主の合理的な意思に依拠しているというための追加的方策を要求している。
　指針の整理の方が論理的にすっきりしており、ニッポン放送事件高裁決定で示された権限配分論的な考え方、ブルドックソース事件最高裁決定の論旨とも親和性がある。しかし、その結果、株主判断支援型＝弱毒型などの一定の場合を除き、買収防衛策には株主総会の決議を経ることが望ましいとのニュアンスがより強く出ていると言える。
　(2)　企業価値と株主共同の利益
　指針と企業価値報告書とでは、主要概念として「企業価値」という概念が使用されている。企業価値とは、「会社の財産、収益力、安定性、効率性、成長性等株主の利益に資する会社の属性又はその程度」（①）と定義されており、企業価値報告書ではこれに加えて、「換言すると、会社が生み出す将来の収益の合計のことであり、株主に帰属する株主価値とステークホルダーなどに帰属する価値に分配されるとされている」（②）(34頁) と定義される。[7]
一方、指針では「企業価値」と並べて「株主共同の利益」という概念が使われており、その定義は、「株主全体に共通する利益の総体」（③）と定義され

---

[6]　三笘裕（当時：東京大学法科大学院助教授）「「買収防衛指針」と「企業価値報告書」の解説」ビジネス法務2005年8月号10頁。以下の記述は基本的に同論文によっている。

このうち、②の意味の「企業価値」の確保・向上と「株主共同の利益」の確保・向上とは必ずしも一致しないのではないかといった疑問が出されている。指針と企業価値報告書とでは、株主の利益保護を重視するのか、それとも会社の企業体としての経済的価値の維持・向上を重視するのか、という点で立場の違いが出てくる可能性がある。

2 株主総会の決議による買収防衛策の導入

株主総会の決議により買収防衛策を導入しようとする場合、会社法295条2項は、株主総会の決議事項は、会社法または定款に定めるものに限るとされているので、新株予約権について有利発行決議（会社法238条2項・239条1項・240条1項・309条2項6号）等を経ない場合には、定款を変更して買収防衛策の導入・維持を株主総会の決議事項にするなどの工夫が必要になる。

特定の買収防衛策導入・維持に賛同する旨をあらかじめ表明している取締役を選任する株主総会決議を経た場合に、株主総会決議を経て導入したことになるのか——すなわち、新株発行、新株予約権発行による買収防衛策（ライツ・プラン）の発動の決定に対して、株主より差止請求を受けた場合に、当該発動の有効性を認め、差止請求を排斥する上でのプラス・ファクターになるかについては、株主総会による間接的な承認は経ていると考えて、プラス・ファクターになると解することも可能であろう[8]。

3 客観的な買収防衛策解除要件の設定

企業価値報告書では、①買収者との交渉期間を確保する類型（例：買収者から買収提案の具体的な情報が提示され、かつ、取締役会が買収者と交渉したり代替案を提

---

[7] 近藤弘康「企業価値報告書における企業価値、買収防衛策の経済的合理性に関する考え方」NBL 813号19頁、特に22頁「『企業価値の概念』と買収防衛額の経済合理性」参照。

[8] なお、ニレコ事件東京地裁決定（東京地決平17・6・1金判1218号8頁）およびニレコ事件東京地裁異議決定（東京地決平17・6・9金判1219号26頁）は、平時に企業防衛策として新株予約権の発行を決定することが認められる要件として、①株主総会による防衛策廃止の可能性の確保、②取締役会による防衛策行使条件の成就に関し、取締役会の恣意的判断を防止する仕組みの確保、③株主に不測の損害を与える仕組みでないことの三点を挙げている（ニレコ事件については、第6章3参照）。

示したりするために必要な時間が与えられて、十分な情報が株主に提供された場合には、取締役会が買収防衛策を解除し、公開買付けに移行する仕組み）と全株式・現金買収については外部評価を尊重して解除する類型（買収提案の内容が部分的買付けの場合には、買収防衛策を解除せず、買収提案の具体的な情報が開示され、かつ、その内容が全株式を現金で買収する提案の場合には、買収価格などの適正さなどを外部専門家が分析し、その結果を社外取締役がチェックし、企業価値を高める可能性が高い買収提案であると判断された場合には、取締役会が買収防衛策を解除する仕組み）が紹介されている。

4　独立社外者の判断の重視

指針では、「内部取締役の保身行動を激しく監視できる実態を備えた独立性の高い社外取締役や社外監査役」を「独立社外者」と呼ぶが、該当者がいない場合や、該当者がいてもその人数が十分でない場合に、取締役や監査役でない単なる有識者（弁護士、会計士、学者など）で補うことが許されるか、という実務的な問題がある。[9]

社外取締役や社外監査役は、会社法の規定に従い、株主総会で選任されるという法律上のプロセスを経るのに対し、単なる「有識者」はこのようなプロセスは経ず、法律上の善管注意義務・忠実義務も負っておらず、株主代表訴訟の対象にもならない。したがって、正当性の点で、社外取締役や社外監査役とはかなり異なる。

また、指針は、独立社外者の判断を尊重する仕組みが必要であると入っても、独立社外者の判断に拘束力を持たせることまでは要求していない。

買収防衛策の解除については、会社法上、取締役会の決議が必要となることが多いが、取締役会が独立社外者から構成される企業統治委員会などの機関の判断に拘束されるという仕組みは適切ではないと思われる反面、参考意見として尊重される程度では要件として緩すぎるきらいがある。

指針では、「買収防衛策を監視する「独立社外者」として適切か否かについては、その実態を慎重に精査し、防衛策の内容に応じて、株主の納得と理

---

[9] 独立社外者に関する近時の論文として、中川紘平「買収防護策及びMBOにおける独立委員会に関する考察」マール2006年10月号17頁、牛島信「独立委員会についての試論」The Lawyers 2007年7月号11頁等がある。

解が得られるものでなければならない」としている。社外取締役、社外監査役に独立性を求めると、必然的に当該会社の業務執行から一定の距離を置くことになるが、そのような立場の人が企業買収のような高度な経営判断が要求される事項を適切に判断するためには、企業買収に関する豊富な知識や経験を有している人物であることが実際上不可欠ではないかと思われる。要するに、①実質的独立性、②会社に対する責任と権限、③高度な経営事項を理解する能力、④株主には入手困難な情報へのアクセス可能性の4点を慎重に検討して「独立社外者」として適正か否かを判断することになろう。

第5　近時の裁判例との関係

1　ニッポン放送新株予約権発行差止仮処分事件

ここでは、まず、ニッポン放送新株予約権発行差止仮処分事件について触れておこう。本事件の一連の決定（平成17年3月11日（東京地裁仮処分）、16日（東京地裁異議）、23日（東京高裁）。なお、「第6章　2　新株予約権に絡む裁判例（ニッポン放送事件）」参照）に関し、企業価値報告書においては、同決定についての言及も盛り込まれているが、同決定で示された裁判所の考え方と企業価値基準との整合性についての検討は、なお、行う必要がある。

まず、高裁決定においては、「上記の機関権限の分配を前提としても、今後の立法によって、事前の対抗策を可能とする規定を設けることまで否定されるわけではない。」、また「新たな立法がない場合であっても、事前の対抗策としての新株予約権発行が決定されたときの具体的状況・新株予約権の内容・発行手続等といった個別事情によって、適法性が肯定される余地もある」としており、平時導入の買収防衛策を否定しておらず、ただ、基本的には立法で救済するのが本則であるという趣旨と解するのが自然であろう。

また、高裁決定の中に、「会社を食い物にする場合」としてグリーン・メイラーは含まれているが、二段階買収、代替案喪失類型、株主誤信類型など、企業価値報告書で「脅威」と認定するものは含まれていない。

そして、同決定は、「一般論としても、取締役自身の地位の変動がかかわ

る支配権争奪の局面において、果たして取締役がどこまで公平な判断をすることができるのか疑問である」とし、さらに、買収された場合の企業価値と買収されなかった場合の企業価値との比較検討は、「事業経営の当否の問題であり」、「結局、株主や株式取引市場の事業経営上の判断や評価にゆだねざるを得ない事柄である。そうすると、それらの判断は、事業経営の判断に関するものであるから、経営判断の法理にかんがみ司法手続の中で裁判所が判断するのに適しないものであり、上記のような事業経営判断にかかわる要素を、本件新株予約権の発行の適否の判断において取り込むことは相当ではない」と、「経営判断の原則」に類似した姿勢を示している。

確かに、同事件がいわゆる有事導入型の買収防衛策の事案であったことや新株予約発行の結果、特定の株主の支配権が確立してしまう事案であったことなど、指針や企業価値報告書が対象としている買収防衛策とは異なる点があるが、買収防衛策を平時に導入しても実際に発動させるのはあくまで有事であるから、仮に有事に発動する際に高裁決定の考え方が適用されるとすると、買収防衛策の発動の可能性は著しく狭められる可能性が高い。

裁判所が今後、指針や企業価値報告書に基づいたルールをどの程度尊重するのかはなお明らかでないところがあり、指針や企業価値報告書の内容に全面的に依拠することについて法的な不安定さが残っている。もっとも、最近出たスティール・パートナーズ対ブルドックソース事件に関する最二小平成19年8月7日付け決定（金判1273号2頁）は、その射程距離は慎重に検討する必要があるが、買収防衛策の判断基準として、企業価値報告書、買収防衛指針を基本的に採用したと推定され、今後、裁判所が企業価値報告書・指針に立脚する傾向は強まるものと思われる。

2　ニレコ新株予約権発行差止仮処分事件

次に、ニレコ新株予約権発行差止仮処分事件（東京高決平成17年6月15日、原原審東京地決平成17年6月1日、原審東京地決平成17年6月9日。なお、「第6章　3　ニレコ事件」参照）をみておく。本事件は敵対的買収に対する事前の対抗策としてのいわゆるポイズン・ピルによる新株発行差止めをめぐる初の司法判断であり、注目すべき事例であったといえる。

ニレコ高裁決定は、新株予約権1個につき1円を払い込むことにより、議決権付株式1株が発行されて債務者の発行済議決権付株式総数が即時に約3倍に増加して、敵対的買収者の有する議決権割合を希釈するという方法により、現在の取締役らが債務者の経営権を維持・継続するというものであり、このような方法により本件新株予約権が発行された場合には、債務者の株式の価格が将来計算上3分の1程度に下落する可能性を持ち、それが株価下落ないしは株価上昇を抑制する要因となり、今後、債務者株式の株価が長期間低迷する結果を招く可能性があり、買収とは無関係の既存株主が、株価値下がりの危険やキャピタルゲイン獲得の機会喪失の危険を負担することになる上、既存株主は新株予約権を譲渡することを禁止されているから、株価低迷による損害を回復する手立ても有しておらず、このような既存株主に不測の損害を与えるおそれある本件新株予約権の発行は、著しく不公正なる発行に当たるとしたものである。

　本件のように、将来、敵対的買収者が出現した場合に、持株比率を一気に希釈して現在の取締役会の構成員が会社の経営権を維持・継続するという目的で新株予約権を発行し、これによって敵対的買収者から企業を防衛するという方策は、持株比率の低下という危険を新規に株式を購入する者に負担させることになるから、株価低迷の原因となって、そのことによって既存株主が不測の損害を被るおそれが高いといえる。したがって、このような方法での本件新株予約権の発行が著しく不公正なる発行に当るとする本決定の判断は、指針、企業価値報告書に即した妥当なものであった。

〔奈良　輝久〕

【参考文献】
本文掲記の各論文のほか、
① 　武井一浩「買収防衛指針および企業価値報告書の解説」武井一浩＝中山龍太郎編著『企業買収防衛戦略Ⅱ』85頁（商事法務、2006年）
② 　日置純子「日本のM＆A市場における公正なルール形式を目指して―企業価値報告書および買収防衛策に関する指針の解説―」金融法務事情1744号9頁

③
「企業価値報告書2006」と その後の企業買収

> **問題意識**
> ① 「企業価値報告書2006」とは何か。
> ② 企業価値報告書公表後の買収防衛策の開示ルール、上場ルール、買収者側のルールの内容は。
> ③ 企業価値報告書公表後の企業買収の動向は。
> ④ 「企業価値報告書2006」公表後に残された課題は。

第1　「企業価値報告書2006」の概要

1　「企業価値報告書2006」とは

　「企業価値報告書2006」は、企業価値研究会が平成17年5月に公表した企業価値報告書に引き続いて、平成18年3月31日に公表した買収防衛策の開示ルールや上場ルール、買収ルールのあり方などに関する報告書である。
　企業価値報告書は、経済産業局長の私的研究会である企業価値研究会（座長：神田秀樹東京大学大学院法学政治学研究科教授、以下「研究会」という。）が公正であると考える買収防衛策のあり方を公表したものであり（詳細は、「②　買収防衛指針と企業価値報告書」参照）、買収防衛策が公正なものとして認容されるべきものであるかは、「企業価値を高める買収は実現し、企業価値を損ねる買収は実現しない」という企業価値基準によるべきであると提唱するものである。[1]

「企業価値報告書2006」は、この企業価値基準という考え方に基づきながら、企業買収に関する公正なルールの形成・定着に向けて企業価値報告書公表後の動向と残された課題を明らかにした後[2]、①買収防衛策の開示ルールと上場ルール、②公開買付制度などの買収ルール、③経営者と株主・投資家の対話の充実の主に３つのテーマに関する研究会の考え方を公表したものである。

2　買収防衛策の開示ルール

研究会は、買収防衛策の導入にあたって、「企業価値を高める買収は実現し企業価値を損ねる買収は実現しない」という企業価値基準の考え方に基づく買収ルールを定着させるためには、買収防衛策の内容について明確な開示ルールを設けることが不可欠であるとする。

そして、研究会は、買収防衛策の開示に関する基本的な要件として、①導入した目的および内容等の主要な事項が明らかにされるべきであり、②導入から廃止までの間、継続して開示されるべきであるという２つの要件を挙げている。

研究会は、その上で、具体的な開示ルールとして、①開示対象：少なくとも買収防衛を目的とした新株又は新株予約権を発行した場合、②開示すべき内容：防衛策導入の目的とその具体的内容（発動・廃止の判断基準など）、③開示期間：防衛策の導入が決定されてから廃止されるまで、証券取引所の適時開示や会社法の事業報告等を利用して開示すべきであると提言している。

3　買収防衛策に関する上場ルール

研究会は、証券取引所の規則等における防衛策の取扱いについては、基本的には各証券取引所の上場政策に委ねられるべきものとしながら、導入された防衛策が企業価値基準を満たすものであれば、その企業の上場は認められてよいと提言する。ただ、研究会は、上場を認める前提条件として、買収防

1　企業価値報告書の公表と同時に、経済産業省・法務省も、企業価値報告書を踏まえて「企業価値・株主共同の利益の確保又は向上のための買収防衛策に関する指針」（以下「指針」という。）を公表している。
2　企業価値報告書後の企業買収の動向については、後述する。

衛策に株主総会や取締役会決議による無効化措置、サンセット条項などの仕組みを設けるなどの工夫を講ずることを求めている。

なお、研究会は、防衛策のうち、買収者以外の株主に対しても不利益を与え得る防衛策（拒否権付株式など）については、導入には慎重であるべきものの上記の工夫を講ずればそのような企業の上場は認められてよいとする。

4　買収ルールのあり方

研究会は、防衛策の導入や敵対的買収の試みの増加などの状況変化を踏まえて新たな買収ルールを整備する必要性が生じていることを指摘した上で、買収ルールの整備を考えるにあたっては、①買収側と防衛側のバランスを確保する、②株主や投資家の十分な情報に基づいた判断（インフォームド・ジャッジメント）を可能とする制度・慣行を確立するという2つの観点から検討すべきであるとする。

そして、研究会は、買収ルールの整備を検討するにあたっては、①の観点から防衛策の発動時等における公開買付けの撤回・条件変更の容認、十分な買付期間の確保、MBO等の際の配慮（情報提供の充実、一定の買付期間の確保等）などを、②の観点から買収者および対象会社からの情報開示の充実、大量保有者に関する情報提供の充実などの点につき配慮すべきであると提言している。

5　株主・投資家と経営者の対話の充実

研究会は、企業価値を向上させる観点から、防衛策の導入にあたっては、株主・投資家と経営者が十分議論を行い、両者が納得した上で導入されることが重要であるとして、株主・投資家と経営者の対話の充実を重視する。

そして、研究会は、対話の充実のためには、実質株主の把握や定時株主総会開催時期の柔軟化（開催時期の後送り）、委任状合戦等における公平な情報提供などの課題について、ルール整備も含めた検討が必要であると指摘する。

その上で、企業によるIR活動等による防衛策の理解の促進、定時株主総会招集通知の早期発送、外国語による株主総会招集通知の送付、定款変更議案の分割決議、早期の株主総会の確定・公表といった取組みや、機関投資家

による考え方の明示といった取組みを相互の理解を促進するための選択肢として評価している。

6　企業社会における今後の取組みに寄せる期待

研究会は、「企業価値報告書2006」の末尾において、企業価値報告書や指針の発表等により大きく進展した企業買収に関する制度やルールが企業・株主・投資家などの企業社会の関係者によって尊重され、日本の企業社会の行動規範になるとともに、その制度・ルールに基づき、長期的企業価値の向上やその適切な評価に向けた関係者の行動を通じて、日本の企業社会の進化を促すことが期待されるとして、報告書を締めくくっている。

第2　企業価値報告書公表後の防衛者側のルール整備

1　買収防衛策の開示ルール

(1)　事業報告等による開示

会社法施行規則（以下「施行規則」という。）127条は、買収防衛策等の事業報告での開示を義務付けており、多くの上場会社において平成19年度の定時株主総会から適用されている。[3]

同条は、株式会社の支配に関する基本方針（以下「基本方針」という。）に係る開示事項について定めるものであるが、買収防衛策に関する開示事項もこの中に含まれる。

施行規則127条は、買収防衛策について、株式会社の支配に関する基本方針を定めている場合には、当該防衛策が株主の利益を傷つけず、役員の地位保全を目的とするものでない理由を事業報告に記載しなければならないと定めた上で、開示すべき事項として、①買収の防衛に関する基本方針、②基本方針に照らして不適切な者が支配権を獲得することを防止するための取組（いわゆる買収防衛策）の具体的内容、③買収防衛策の合理性に対する経営陣の

---

[3]　施行日である平成18年5月1日以降に末日が到来する事業年度に適用されている。

評価と意見を挙げる。

　買収防衛策が記載された事業報告は、監査役等の監査対象とされ、買収防衛策が記載されている場合には、監査役等の意見が監査報告に必ず記載されることとなっているので（施行規則129条1項6号・130条2項2号・131条1項2号）、買収防衛策については、経営陣の意見が事業報告に、監査役等の意見が監査報告に記載され、株主や投資家の判断資料として活用されることとなる。

　なお、施行規則127条3号により開示内容には、買収防衛策が①基本方針に沿うものであること（同号イ）、②株主の共同の利益を損なうものではないこと（同号ロ）、③会社役員の地位の維持を目的とするものではないこと（同号ハ）という要件に対する要件該当性についての取締役等の判断内容が含まれるが、立法担当者の解説によれば、同号の要件該当性の判断については、買収防衛策が指針に準拠しているだけでは不十分であると指摘されている。[4]

(2) 有価証券報告書による開示

　平成18年12月12日に発行者以外の者による株券等の公開買付けの開示に関する内閣府令等の一部を改正する内閣府令において企業内容等の開示に関する内閣府令の改正が行われ、[5]　開示会社が組織再編行為を行う場合の開示の充実の観点から、有価証券報告書等の開示事項の見直しが行われ、買収防衛策も開示事項の対象となった。[6]

　同改正により、ライツプランについては、有価証券報告書に「ライツプランの内容」の欄を設けて発行済みの新株予約権について記載することを要し、いわゆる事前警告型の買収防衛策についても「対処すべき課題」欄に施行規則127条各号に掲げる事項の記載が求められることとなった。

(3) 東京証券取引所の適時開示による開示

　東京証券取引所（以下「東証」という。）の上場会社は、有価証券の投資判断に重要な影響を与える会社の業務、運営または業績等に関する情報を「上場有価証券の発行者の会社情報の適時開示等に関する規則」（以下、「適時開示規

4　別冊商事法務「立案担当者による新会社法関係法務省令の解説」56頁および57頁参照。
5　同府令の改正は、平成18年12月13日から施行され、施行日以後に終了する事業年度に係る有価証券報告書および施行日以後に終了する中間会計期間に係る半期報告書から適用される。
6　改正内容の詳細は、商事法務1787号18頁以下「企業内容等の開示に関する内閣府令の改正の概要」参照。

則」という。）に従い公表しなければならないことになっている。[7]

　上場会社の業務執行を決定する機関が新株または新株予約権を発行することまたは、当該機関が「公表」済みの当該発行を行わないことを決定した場合には、適時開示規則に基づく開示が義務付けられており、従前の適時開示規則では、発行価額の総額が1億円を下回る場合には、株主割当による発行の場合を除き、開示を要しないこととされていたが、平成18年3月8日の適時開示規則の改正により、買収防衛策の導入または発動に伴い新株または新株予約権を発行する場合については、発行価額の大小にかかわらず開示を要することとされた。[8]

　東証は、「会社情報適時開示ガイドブック」等において、買収防衛策の目的、スキームの内容（発動・廃止等の判断主体やその判断基準）について詳細に記載するとともに、買収防衛策の合理性を高めるための工夫（たとえば、導入に際しての総会決議、全株式・全現金買収の場合には廃止するといった客観的な廃止基準の設定、独立社外者の判断が重視される委員会の設置、第三者専門家の意見の取得、サンセット条項など定期的な見直し状況、取締役の選解任要件および任期等）に関する開示、導入に係る手続および日程、買収者出現時の手続および株主・投資家に与える影響といった事項を開示事項として定めている。

　ただ、現在の証券取引所の適時開示システムの開示期間が最大1か月であることから、例えば株主総会直後に取締役会の決定で買収防衛策を導入した企業は、次年度に事業報告により開示をするまでの間、法定開示が求められない空白期間が生じてしまうことになるという問題点が残されている。[9]

2　買収防衛策と上場ルール

　買収防衛策は、株主・投資家の自由な株式売買に影響を与えるおそれがあ

---

[7] 東証は、適時開示規則において上場会社が買収防衛策を導入する場合に尊重すべき事項として①開示の十分性、②防衛策の発動および廃止の条件の透明性、③流通市場への影響を考慮すること、④株主権の尊重を挙げている。

[8] 改正の詳細については「買収防衛策の導入に係る上場制度の整備」商事法務1760号18頁以下参照。

[9] この点につき、研究会は、各証券取引所が買収防衛策の導入の有無を確認できるサービスの提供を行うことや買収防衛策を導入する企業がホームページ決算短信等、株主・投資家が広く一般的に閲覧可能な手段を活用して開示に努めるのが望ましいとしている。

るので、どのような買収防衛策であれば問題がないのかにつき一定のルールを定め、このルールに従わない企業には上場廃止をしてもらう必要がある。東証は、買収防衛策の導入等に係る上場制度の改正案をとりまとめ、平成18年3月8日から改正規則を施行している。[10,11]

東証は、改正規則の1つである上場廃止基準により、上場銘柄について、株主の権利内容およびその行使が不当に制限されていると東証が認めた場合において、6か月以内に当該状態が解消されないときには、その上場を廃止するとしている。

そして、東証は上場廃止基準の対象となる場合の具体例を3つ掲げている。

第1に随伴性のないライツプラン、すなわち「ライツプランのうち、行使価額が株式の時価より著しく低い新株予約権を導入時点の株主等に割り当てておくもの」の導入である。

第2がデッド・ハンド型のライツプラン、すなわち「株主総会で取締役の過半数の交代が決議された場合においてもなお廃止または不発動とすることができないライツプラン」の導入である。

第3が拒否権付種類株式のうち、取締役の過半数の選解任その他の重要な事項について種類株主総会の決議を要する旨の定めがなされたものの発行に係る決議または決定である。[12]

10　改正案の詳細については、注8に引用の文献を参照のこと。
11　その他、買収防衛策の一手法としての議決権に関する種類株式の上場についての東証における検討状況については、「種類株式の上場制度に関する検討状況」商事法務1800号15頁以下を参照のこと。また、東証は、上場制度の整備についての基本的な考え方を「上場制度総合整備プログラム」、「上場制度総合整備プログラム2007」において明らかにしている。これらは、東証のホームページ（http://www.tse.or.jp//rules/seibi）から閲覧することができる。
12　東証は、会社の事業目的、拒否権付種類株式の発行目的、割当対象者の属性および権利内容その他の条件に照らして、株主および投資者の利益を侵害するおそれが少ないと東証が認める場合には、例外的に拒否権付種類株式の発行は許容されるとする。しかし、東証が例外として想定している事案は、民営化企業が、その企業行動が国の政策目的に著しく矛盾することがないよう、国を割当先として発行するような事案であり、買収防衛目的での拒否権付株式の発行が例外として認められる可能性は極めて低いと考えられる。

第3　企業価値報告書公表後の買収者側のルール整備

1　公開買付制度の改正

　研究会においても、制度の改正が提言されていた公開買付制度が、平成18年6月14日に公布された「証券取引法等の一部を改正する法律」の第2条改正（以下、改正後の法律を「法」という。）、[13] 同年12月8日に公布された証券取引法施行令（以下、「施行令」という。）および同年12月12日に公布された発行者以外の者による株券等の公開買付けの開示に関する内閣府令（以下「他社株府令」という。）[14] によって改正された。[15,16] 改正の主な内容は以下のとおりである。

　①　公開買付規制の対象範囲等
　A　取引所有価証券市場内外の取引等を組み合わせた取引により株券所有割合が3分の1超となる場合について、公開買付規制対象となる範囲を明確化（法27条の2第1項4号・6号）
　B　他の者が公開買付けによる買付け等を実施している期間中は、買付者間の公平性の観点から、すでに3分の1超を保有している者が公開買付期間内に5％を超える株券等の買付け等を行う場合に公開買付けを義務化（法27条の2第1項5号）
　②　公開買付けにおける透明性の確保・公開買付期間等の確保
　A　公開買付届出書等における開示内容の充実（他社株府令12条・13条・25条）
　B　対象会社による意見表明報告書の提出の義務化（法27条の10第1項）
　C　対象会社から公開買付者への質問と公開買付者からの回答の制度化

---

[13]　改正内容の詳細は、「公開買付制度・大量保有報告制度」商事法務1774号38頁以下参照。
[14]　改正内容の詳細は、「公開買付制度の見直しに係る政令・内閣府令の一部改正の概要」商事法務1786号4頁以下参照。
[15]　平成18年の改正に先立つ平成17年5月の証券取引法改正により、ライブドアがニッポン放送株を大量取得する際に利用して問題となった時間外取引が公開買付規制の対象となっている。
[16]　証券取引法等の一部を改正する法律、証券取引法施行令および発行者以外の者による株券等の公開買付けの開示に関する内閣府令のいずれも平成18年12月13日から施行されている。

（法27条の10第2項1号・第11項、施行令13条の2第2項、他社株府令25条4項）

　　D　公開買付期間

　　a　暦日ベースから営業日ベースへの変更（施行令8条1項）。[17]　期間は、20日間－60日間）

　　b　対象会社の請求による公開買付期間（30営業日への）延長（法27条の10第2項2号・3項、施行令9条の3第6項）

　③　買収防衛策が発動された場合等の公開買付けの撤回ないし条件変更

　　A　買収防衛策が発動された場合や買収防衛策が解除されないことが確実となった場合に公開買付けの撤回を容認（施行令14条1項）

　　B　買収防衛策の発動により株価が希釈化された場合に、希釈化分に係る公開買付価格の引下げを容認（法27条の6第1項1号、施行令13条1項、他社株府令19条1項）

　④　全部買付義務の一部導入

　公開買付後の株券等所有割合が3分の2以上となる場合に全部買付けを義務化（法27条の2第5項・27条の13第4項、施行令8条5項3号）

2　大量保有報告制度の改正

　さらに研究会において、公開買付制度同様、改正が提言されていた大量保有報告制度についても、「証券取引法等の一部を改正する法律」の第2条改正[18]、証券取引法施行令および発行者以外の者による株券等の公開買付けの開示に関する内閣府令[19]　によって改正された。[20]　主な改正事項は以下のとおりである。

　①　機関投資家に認められる特例報告の制度について、報告期限・頻度を

---

[17] 今回の改正により公開買付期間の計算については、公開買付開始公告を行った日を起算日として（すなわち初日参入で）公開買付期間を計算するものとされたことに注意が必要である。
[18] 改正内容の詳細については、注11記載の文献を参照のこと。
[19] 改正内容の詳細については、「大量保有報告制度の見直しに係る政令・内閣府令の一部改正の概要」商事法務1787号10頁以下参照。
[20] 大量保有報告制度の見直しに係る施行日は、まず、重要提案行為等に関係する規定については、平成18年12月13日、それ以外の部分については、基本的に平成19年1月1日から施行されている。ただし、大量保有報告制度のEDINETによる電子提出義務化については、平成19年4月1日から施行されている。

現行の原則3か月ごと15日以内からおおむね2週間ごと5営業日以内へと短縮する（法27条の26第1項～第3項）。

②　特例報告制度が適用されない「事業支配目的」について「事業活動に重大な変更を加え、又は重大な影響を及ぼす行為（重要提案行為）を行う目的」へと明確化を図る（法27条の26第1項）。

③　機関投資家が10％超保有している状態から、10％を下回るような取引を行った場合について、従来認められてきた特例報告ではなく、一般報告の対象とする（法27条の26第2項3号）。

④　証券市場の効率性向上等の観点から大量保有報告書の電子提出を義務化し、EDINET（電子開示手続）を通じた迅速な公衆縦覧の一層の促進を図る（法27条の30の2）。

3　買収者による適時開示

東証は、平成18年12月13日に、合併等の組織再編行為、公開買付け、MBO等に関する適時開示の取扱いの見直しを行い、上場会社各位に対して適時開示の充実に関する以下の内容の要請を行っている。[21]　買収者が要請された情報の開示を充実させることは、株主・投資家のインフォームドジャッジメントに資することになる。

①　合併等の際における開示について、合併等の比率算定の概要を記載するなど、合併等の比率の相当性等に関する説明を充実すること。

②　公開買付けや意見表明等の際における開示について、法定開示制度における公開買付届出書・意見表明報告書の記載内容の充実等を踏まえ、公開買付けの目的、公開買付けに関する意見の理由等に関する説明を充実すること。

③　MBO、親会社による公開買付けまたは親会社との合併等の際における開示について、対価の公正性や株主との利益相反回避措置等に関する説明を充実すること。このほか、公開買付けまたは合併等によって上場廃止となることが見込まれる場合には、上場廃止を目的とする理由等に関する説明を

21　東証による見直しの詳細は、「合併等の組織再編行為、公開買付け、MBO等に関する適時開示の見直しの概要」商事法務1789号37頁以下参照。

充実すること。また、いわゆる二段階買収の場合には、可能な範囲で、二段階目の合併等の行為に関する透明性の確保に配慮すること。

第4　企業価値報告書公表後の企業買収の動向

1　買収防衛策の導入状況

　上場企業の一部において企業価値報告書や指針に沿った内容の事前警告型買収防衛策や信託型ライツプランなどの買収防衛策の導入が行われている。株式会社レコフの調査によれば、平成17年から平成19年6月末日までに買収防衛策を導入した企業は380社で上場企業の約9.6%にのぼる[22]。

　導入された買収防衛策としては、企業があらかじめ買収者に対しルールを公表し、買収者がルールを守らない場合に対抗策を発動する事前警告型が368社と全体の96.8%を占め、信託型ライツプランは9社にとどまっている。

　買収防衛策の大半を占める事前警告型の内容は、企業によって様々だが、(1)防衛策の導入をどこで機関決定するか、(2)対抗策発動の判断者を誰にするかという2つの点から分析することができる。

　(1)については、株主総会の承認を得て導入する企業が321社であるのに対し、取締役会決議で導入した企業は47社と株主から承認を得て導入する方法が主流である。[23]

　(2)については、株主意思確認型が16社であるのに対し、取締役会決定型が、323社、両者の折衷型が29社と取締役会で対抗策発動を決定するものが多い。ただし、取締役会決定型の323社のうち、289社については、外部委員会を設置して、対抗策を発動するか否かの判断に関与させており、取締役会のみで対抗策発動を判断する企業は、34社と少ない。

　本来、ルールを明示することで判断プロセスに客観性を持たせている事前

22　買収防衛策の動向に関するデータと分析の詳細については、MARR2007年9月号32頁以下を参照。
23　取締役会で導入を決定する場合でも、防衛策導入を支持する取締役の選任をもって、あるいは対抗策発動時の新株予約権の無償割当を総会決議とする定款変更を行うことで間接的に株主の意思を問うなど何らかの方法で株主の意思を確認する仕組みが盛り込まれているものが多い。

警告型でも、外部委員会を設置することによって判断者の中立性を高めることにより取締役会の恣意性を排除しようとしていることがうかがわれる。

2 機関投資家の動向[24]

(1) 国内機関投資家

　企業年金連合会が平成17年4月28日に、「企業買収防衛策に関する株主議決権行使基準」(以下「行使基準」という。) を策定・公表して以降、地方公務員共済、野村アセットマネジメント、日興アセットマネジメントといった主要な機関投資家が買収防衛策に関する議決権行使ガイドラインを策定・公表している。

　企業年金連合会は、行使基準において①防衛策が長期の株主利益に資することを十分に説明すること、②株主総会で事前承認をとること、③有事における防衛策の発動、解除および維持について利害を一切有しない独立社外取締役等によりチェックが行われること、または、発動、解除および維持の具体的な条件が明確に定められており、経営者の恣意的な判断で決定される余地がないこと、④期間を限定したものであり (2年から3年)、更新の場合には改めて株主総会の承認を求めることの要件を満たす買収防衛策には賛成をする旨、黄金株式や複数議決権株式の発行、デッド・ハンド型の防衛策などは原則反対である旨を表明している。

　また、企業年金連合会は、平成18年4月に行使基準の改訂版を公表し、株主総会による承認を得ることなく取締役会の判断で導入する買収防衛策については、長期的な株主利益の向上や経営者の恣意性を排除する仕組みであることの説明がない限り、原則として導入を決定した取締役の再任議案に反対する旨を新たに明示している。

　企業年金連合会は、平成18年6月の株主総会において、事前警告型82件のうち7件、授権資本枠の拡大66件中45件に反対し、取締役の解任要件の過重については19件全てに反対している。

24　機関投資家の近時の動向については、「敵対的買収防衛策の導入状況」商事法務1809号31頁以下が詳しい。同誌によれば平成19年6月の株主総会において企業年金連合会は事前警告型136件のうち2件のみに反対したとされる。

(2) 海外機関投資家の動向

企業の株主総会議案の賛否を海外機関投資家に推奨するISS社は、日本企業の買収防衛策に対する議決権行使推奨方針を公表しており、以下の条件を全て満たす場合にのみ、買収防衛策に賛成するとしている。

① 防衛策の発動が、経営者から独立委員会の評価により実施されたか
② 買収者が20％以上株式を取得しないと防衛策が発動されないか
③ 防衛策の有効期間は3年以内か
④ 取締役会には最低2名以上、20％以上の独立取締役がいるか、また取締役は毎年選任されるか
⑤ 会社は新株予約権を発行する条件や企業価値の向上策を情報開示しているか
⑥ その他の防衛策を採用していないか
⑦ 防衛策に関する提案を含む招集通知を株主総会の3週間前までに発送しているか

また、ISS社は、買収防衛策について株主総会に議案として提案されない場合には、当該企業の代表取締役選任議案に反対する場合もあるとし、株主の承認なく防衛策を発動した場合には、全ての取締役の選任に反対するとしている。[25]

こうした厳しい基準により平成18、19年度の株主総会に提案された買収防衛策の大半につき、ISS社は反対の推奨をした。[26]

3 財界等の動向

社団法人日本経済団体連合会（以下「経団連」という。）は、平成18年12月12日に「M＆A法制の一層の整備を求める」とのコメントを公表した[27]。

経団連は、企業価値を毀損したり、技術流出等国益を損なうM＆Aに対す

---

25 ISS社は、一般に経営陣には買収案件を拒否するインセンティブがあるものと捉え、買収防衛策への賛否を決するにあたり、「取締役会の構成」を最重要視しているという（「ISSに今年の議決権行使方針を聞く」商事法務1795号35頁〔ゴールドスタイン発言〕）。
26 前掲注24・42頁。前掲注25・34頁〔ゴールドスタイン発言〕。
27 経団連は、平成16年11月16日にも企業買収に対する合理的な防衛策を早急に整備すべきとのコメント「企業買収に対する合理的な防衛策の整備に関する意見」を公表している。

る全体的な法整備が未だ脆弱であり、平成19年5月に施行された会社法の合併等対価の柔軟化（いわゆる「三角合併」の解禁）を踏まえ、会社法施行規則のみならず、幅広くM＆A法制全般を見直し、総合的な法整備を早急に行うべきであるとし、米国や欧州のM＆A法制を紹介した上で以下の点に関するM＆A法制の早急な整備を求めている。

①　合併等対価の柔軟化に対する規律の強化

現金または日本上場有価証券以外を対価とする合併の決議要件を特殊決議（議決権の3分の2以上＋総株主の半数）とするなど厳格化すること。

②　事業結合規制立法の整備

米国各州法のように、敵対的買収者による合併を制限すべきこと。

③　TOB制度の見直し

TOBの対価が現金又は日本上場有価証券以外の場合、欧州のように、株主に現金との選択権を義務づけるべきこと。

④　上場規則の見直し

多様な種類株式や防衛策の利用を許容すべきこと。

⑤　外為法等の強化

規制対象とすべき生産・技術基盤の範囲等を早急に見直すべきこと。

⑥　税制適格要件の維持

現行制度を維持し、ペーパーカンパニーについては課税繰延べを認めるべきでないこと。

また、政界においても、自由民主党総合経済調査会の企業統治に関する委員会が平成17年7月7日に「公正なM＆Aルールに関する提言」を公表し、TOB制度の改革や買収防衛策の開示制度の創設などを提言している。

4　M＆A研究会の活動

(1)　M＆A研究会とは

M＆A研究会は、内閣府経済社会総合研究所が、平成15年12月から開催している各界の有識者や企業関係者と関係各府省のオブザーバー等により構成される研究会である（座長：落合誠一東京大学大学院法学政治学研究科教授）[28]。

企業価値研究会の目的が主に敵対的買収防衛に主眼を置いた、公正な買収

防衛策および買収ルールの確立にあったのに対し、M＆A研究会は、我が国におけるM＆A活動が経済の持続的な発展に果たす役割とその課題と対応について幅広い観点から検討を加えるものである。

　M＆A研究会は、平成18年10月に約2年半の検討結果の総合的とりまとめとして研究会報告「本格的な展開期を迎えたわが国のM＆A活動」を公表し、わが国企業のM＆A活動の現状分析や評価とともに、企業経営、企業価値、法制度等とその改正、プロフェッショナル、ヒューマン・キャピタル、地域活性化、クロスボーダーM＆A、事業再生、企業会計等の各般の分野から、わが国企業のM＆A活動の課題とその対応について検討を加えているが、敵対的買収防衛策についても以下のような検討を加えている。

(2)　敵対的買収防衛策

　M＆A研究会は、まず、敵対的買収には①構造上強圧的な場合、即ち敵対的買収のかけ方に問題があり株主にフェアな扱いをしていないことと、②現経営陣の代替案の提示には時間がかかるのでその時間を確保できない場合があることなどの弊害があることを指摘する。

　そしてM＆A研究会は、防衛策の是非についての大きな判断の枠組みとして①支配権維持であっても「特段の事情」があれば防衛措置は許され得る、②平時すなわち支配権争いが現実化していない状態で有事に効果を発揮する防衛策（例えば米国型のポイズン・ピル）を仕込んでおく方法があるとの敵対的買収防衛策についての考え方を紹介するとともに、他方でこのような考え方につき、①わが国では取締役会が株主の利益をしっかり代表するような組織・仕組みになっておらず、取締役会で会社の命運を決める防衛策をとるようなことが許容されるか、②社外取締役を中心にした独立取締役の取締役会が執行役員を選び、その執行役員に対して株主利益を追求するよう内部統制等によりしっかり監督するという前提がないまま、敵対的買収への防衛策を

28　M＆A研究会は、今回の報告書の公表後も定期的にM＆A白書（仮称）をとりまとめる等のため、引き続き開催されることになっている。また、M＆A研究会の提起を受け、落合誠一教授を代表とする民間の任意団体であるM＆Aフォーラムも設立され、わが国のM＆Aの発展と普及を促す活動を行っていくことが予定されている。
　　M＆A研究会の研究・検討結果については、落合誠一編著『わが国M＆Aの課題と展望』（商事法務、2006年）にも発表されている。

考えるのは不健全ではないか、③会社の利益を考える場合において、究極的に株主の利益、従業員の利益や債権者等のステークホルダーの利益が対立する場合には、どの利益を優先するというルールを決めないとゲームは成り立たない、といった実態を踏まえた課題が残されていることを指摘する。

　M＆A研究会は、その上で、経済の活力を維持・発展させるためには、企業の支配権市場の活性化は不可欠であり、そのために①経営陣が「株主価値の最大化」をしっかり認識していること、②独立取締役の十分な監視が行われていること、③株主還元策やデスクロージャーがしっかり行われていることが必要であるとする。

　そして、M＆A研究会は、敵対的買収防衛策も以上の前提に立って実施されるべきであり、特に防衛目的としての安易な黄金株の導入や株式持合の利用等は、わが国の資本市場ひいてはわが国経済・産業の持続的発展と活力の維持のためには避けるべきであると指摘している。[29]

5　敵対的買収事例の顕在化

　近年の日本におけるM＆A件数が大幅に増加するに伴い、平成17年のライブドアによるニッポン放送に対する敵対的買収、平成18年の王子製紙による北越製紙への敵対的買収などを初めとする多くの敵対的買収が試みられている。

　平成17年以降の主な敵対的買収は以下のとおりである。

〔平成17年〕
　　あ　ライブドアによるニッポン放送に対する敵対的買収
　　い　日本技術開発に対する夢真ホールディングの公開買付け
　　う　村上ファンドによる阪神電鉄株の大量取得
　　え　楽天によるＴＢＳに対する経営統合提案
　　お　新日本無線を巡る村上ファンドと日清紡による買収合戦
　　か　オリジン東秀を巡るドン・キホーテとイオンによる買収合戦

---

[29]　M＆A研究会は、わが国企業の意識として買収の脅威に対し有効と思われる防衛手段は、安定株主の確保や自社株買い（株価の向上）であり、ポイズン・ピルの導入という意見は少数派であると指摘する。

〔平成18年〕
- あ　王子製紙による北越製紙への敵対的買収
- い　スティール・パートナーズによる明清食品に対する敵対的買収
- う　村上ファンドによる阪神電鉄に対する株主提案権の行使
- え　AOKIホールディングスによるフタタに対する経営統合提案

〔平成19年〕
- あ　スティール・パートナーズによるサッポロホールディングスに対する株主提案権の行使
- い　ブルドックソースに対するスティール・パートナーズの公開買付け
- う　天龍製鋸に対するスティール・パートナーズの公開買付け
- え　TOCに対するダヴィンチ・アドバイザーズの公開買付け

6　買収防衛策に対する司法判断

　平成17、18、19年中には、企業の買収防衛策に対する以下の重要な司法判断が下されている。

〔平成17年〕
- あ　ニッポン放送による新株予約権の発行に対するライブドアによる差止めの仮処分（東京高裁：認容）
- い　ニレコの新株予約権の発行に対する株主による差止めの仮処分（東京高裁：認容）
- う　日本技術開発の株式分割に対する夢真ホールディングスによる差止めの仮処分（東京地裁：却下）

〔平成18年〕
- あ　TRNコーポレーションの新株予約権の発行に対する株主による差止めの仮処分（東京地裁：認容）
- い　サンテレホンの新株予約権の発行に対する株主による差止めの仮処分（東京地裁：認容）
- う　オープンループの新株予約権の発行に対する株主による差止めの仮処分（札幌地裁：認容）

〔平成19年〕

あ　楽天のＴＢＳに対する会計帳簿の閲覧・謄写請求仮処分（東京高裁：却下）
　い　ブルドックソースの新株予約権の発行に対するスティール・パートナーズによる差止めの仮処分（最高裁：棄却）

第5　「企業価値報告書2006」公表後に残された課題

1　委任状争奪戦（プロキシー・ファイト）

　平成19年2月22日、東京鋼鐵が開催した臨時株主総会で、同社が大阪製鐵の完全子会社になる旨の会社提案による株式交換議案が否決された。本件では、東京鋼鐵の大株主であるイチゴジャパンファンドエーが、株式交換比率が東京鋼鐵側に不利であるとして議案反対の委任状勧誘を実施しており、上場会社において委任状争奪の結果、経営統合が否決されたわが国初のケースとなった。スティール・パートナーズもサッポロホールディングスに対し、取締役会導入型の買収防衛策の廃止と買収防衛策の導入等につき株主総会の承認を義務づける旨の定款変更を求めるなどしており、今後も委任状争奪戦が増加することが予想される。

　対象会社がライツ・プランなどの買収防衛策を有している場合などにおける効果的な経営支配権獲得の方法として委任状争奪戦は有効であり、会社法の下で取締役の解任を株主総会の通常決議で行うことができるようになった上、取締役の解任要件の過重を内容とする定款変更が機関投資家の強い反対により事実上困難な我が国にあっては、取締役の期差選任制を採用したり、正当な理由がなければ取締役の解任を行うことができない旨を定款に定めている例が多い米国よりもむしろ委任状争奪戦が活用される余地が大きいということができる。

　委任状争奪戦が活発化する今後は、効果的な買収防衛策を導入したからといってそれだけで経営支配権が安泰となるわけではなく、企業側としては、研究会においても指摘されているように企業価値の向上への取組みを継続的に株主・投資家に対し訴えかけていく必要があるといえよう。[30]

2 株主・投資家との対話の充実

　平成18年度の株主総会においては、10社前後の企業で会社提案議案が否決または総会前に撤回されるという事態が生じたといわれている。機関投資家(外国人株主を含む)の存在感はかつてないほどに高まっており、今後企業としては敵対的買収に対処するためのみならず、日常の会社経営を円滑に行っていくためにも株主・投資家との対話を充実させる必要がある。株主・投資家との対話の充実の点では以下の課題がある。

(1) 実質株主の把握

　現在、株主名簿に記載されている株主(形式的な株主)と実際に株式の運用を行いその株式の議決権行使の指図権を有する者(実質株主)とが異なる場合が多くなっている。そのため、会社側は、実質株主を把握することができない結果、株主との十分な対話を欠いたまま提出された定款変更議案等の会社提案が否決されるという結果も生じている。実質株主を把握する手段としては、大量保有報告書制度があり、会社側による株主判明調査なども行われているが、さらに英国[31]のように実質株主の調査の実効性を確保する法的整備が必要ではないかとの声が経済界を中心にして挙がっている。[32]

(2) ITの活用

　会社法は、招集通知(参考書類)や事業報告の記載を充実させるなど、定時株主総会での開示事項を増加させる一方でウェブ開示制度を導入した。

　ウェブ開示制度は、株主総会参考書類、事業報告、個別注記表および連結決算書類等、株主総会の招集通知とともに株主に提供すべき資料に表示すべき事項の一部をインターネットのホームページに掲載するとともに、当該ホームページのアドレスのみを株主に通知することによって、物理的な書面等

30　委任状勧誘に関する実務上問題となる法的問題については、太田洋「株主提案と委任状勧誘に関する実務上の諸問題」商事法務1801号25頁以下が詳しい。
31　英国では、85年会社法212条などに基づき一定程度、実質株主や真の株主を明らかにする制度が存在する。
32　イギリス会社法における実質株主の開示制度を紹介した上で、日本においても会社要求による名義株主に対する実質株主の開示要求制度を会社法に導入すべきであると説く文献として、山田尚武「実質株主の開示制度―イギリス会社法における実質株主の開示制度を参考にして―」商事法務1797号32頁以下、1800号44頁以下がある。

による通知等の省略を認める制度（施行規則94条、会社計算規則161条4項・162条4項等）である。ウェブ開示の利用は今後、会社と株主双方にとって利便性を高めるものであるが、採用する会社としては議決権行使に必要な事項については、要約を設けたり、補足説明資料を加えることによって、株主の利便性を高めることも検討すべきであろう。

また、買収防衛策を導入する企業としてはホームページ上で図表やＱ＆Ａ方式などによる株主向けの説明を行うことなども検討に値するであろう。[33]

3　MBOの増加とその問題点

株主・投資家との対話を充実させていく方策とは、ある意味で逆のベクトルに位置する方策としてMBOがある。敵対的買収事例の増加に比例してMBOの件数も急激に増加しており[34]、平成17年のワールド、平成18年のスカイラーク、キューサイ、東芝セラミックス、レックス・ホールディングス、平成19年のツバキ・ナカシマなどが代表例である。上場企業にとって、敵対的買収を予防するために防衛策を講じ、他方で防衛策に対する理解を得るために株主・投資家との対話を充実させる労力と費用は決して軽視できるものではなく、株式を非公開化するといういわば究極の買収防衛策であるMBOが経営者にとって買収防衛策の選択肢の一つとなるのは当然であろう。

ただし、MBOを実施する際には、買収者と経営陣がほぼ同一であるため、株式の買取価格などの点で既存株主の利益を害する危険性が敵対的買収の場合以上に高いという問題点があり、今後買取価格の適正さの担保を中心にMBOが公正に実施されるためのルールの整備が必要となろう。[35]

〔若松　亮〕

33　資生堂は、買収防衛策を導入するにあたって、個人株主に対しても防衛策をホームページ上で分かりやすいＱ＆Ａ方式で解説するなどの取組みを行い、株主総会において9割以上の賛成を得たと報道されている。
34　平成18年に実施されたMBOは、前年比19.4％増の80件（レコフ調べ）。
35　研究会は、平成19年8月2日、MBOの公正なルールのあり方についての提言をまとめた「企業価値の向上及び公正な手続確保のための経営者による企業買収（MBO）に関する報告書」を発表した。同報告書の内容については、本書「第2章8　LBOとMBO　第9」参照のこと。

第 2 章

会社法および金融商品取引法下の買収手法とその問題点

1

株式取得

> **問題意識**
> ① 既発行株式の取得にはどのような特徴があるのか。
> ② どのような手続によって実行されるのか。
> ③ 公開買付け（TOB）の規制内容はどのようなものか。

第1 序 論

1 意 義

　「株主は、その有する株式を譲渡することができる」（会社法127条）。会社においては株式を取得することで議決権が与えられるのが原則であり（会社法105条1項3号）、会社に関する最も基本的で重要な決定はこの議決権に基づいて行われる（会社法295条1項参照）。

　会社の意思決定や業務執行を行うのは取締役であるが（会社法348条1項・2項・3項）、その取締役を選任・解任するのは株式の議決権によるため（会社法329条1項）、株式を一定量取得することで、その会社を支配することが可能となる。

　このため、会社の支配（経営権の取得）を実現する方法として、株式譲渡・取得が利用されるのである。

　会社の支配といっても、買収側としては、必ずしも対象会社の発行済株式の100％を取得する必要はない。総株主の議決権の3分の2、または4分の

3を保有していれば、特別決議・特殊決議を制することが可能となり[1]、その会社に関するほとんど全ての事項を自ら決定することができるし、議決権の過半数を取得すれば取締役の選任・解任を決議することができる。要するに、通常はそれぞれの条件を満たすだけの株式を取得すればその限度で会社を支配できることになるのであり（会社法309条1項・2項・3項）、とりわけ、議決権の過半数を取得すれば、取締役会設置会社である公開会社においては、設置が強制されている取締役会を事実上支配でき（会社法327条1項・976条22項）、業務執行の決定を行うほか（会社法362条2項1号・4項）、その決定を執行する代表取締役または代表取締役以外の業務執行取締役を選定し、権限を委任し、かつその者の職務の執行を監督することとなるから（会社法362条2項2号・3号・363条1項）、その会社支配力は十分強力である。

2　株式譲渡（取得）の態様

株式譲渡（取得）の方法としては、対象会社が従来から発行している株式を取得するという方法（既発行株式の譲渡・取得）がその基本態様である。[2]

---

[1] 公開会社は、取締役会設置会社であるが、取締役会設置会社の株主総会は、法令に規定する事項または定款に定めた事項に限り決議することができる（会社法295条2項）。そして、定款変更、組織再編行為など株主の地位に重大な影響のある事項、または、支配株主など一部の株主のみが利益を受けることになりがちな事項等、慎重な判断を要する事項に関する決議は、原則として、議決権を行使することができる株主の議決権の過半数を有する株主が出席し、出席した当該株主の議決権の3分の2以上に当たる賛成により成立することとされ（特別決議事項）、更に、株式が定款変更により譲渡制限株式に、または組織再編行為により「譲渡制限株式等」に変わる場合等は、特別決議よりも厳重な要件が株主総会の成立に要求されている（特殊決議事項）。（江頭憲治郎『株式会社法』327頁〜330頁（有斐閣、2006年））。

[2] 広い意味の株式譲渡の方法としては、①対象会社が新たに株式を発行して買い手会社がこれを引き受けるという方法（募集株式の第三者割当て（自己株式の処分を含む））、②株式そのものではなく新株予約権を買い手会社に発行するという方法（新株予約権の発行）が含まれるといえるが、本稿では株式譲渡を、既発行株式の譲渡の場合に限定して検討する。①募集株式の第三者割当ておよび②新株予約権の発行については、それぞれ第2章の2および同3を参照されたい。

第2　既発行株式の取得

1　対象会社が非公開会社である場合

(1)　既発行株式の取得の方法

既発行株式の取得の方法は、買収の対象となる会社（対象会社）が株式を上場しているか否かによって異なる。

対象会社が株式を上場していない非上場会社または非公開会社（定款に、発行する全部または一部の株式の内容として、譲渡による当該株式の取得につき会社の承認を要する旨定めている会社。会社法2条5項（公開会社）参照）である場合に、当該会社の株式を譲渡により取得する方法は、市場というものがないため、相対取引によることになる。具体的には、対象会社の株主との間で株式譲渡契約を締結することによって株式を取得することになる。株式譲渡契約においては、通常、譲渡対象の株式の種類・数、議決権割合、譲渡価格、価格調整、譲渡日、譲渡の実行前提条件、表明保証条項、誓約条項、補償条項などが規定される。

(2)　相対取引により取得する方法

相対取引による株式取得とは、上述のとおり、買収者が対象企業の株主と個別に交渉して、株主一人一人と株式譲渡契約を締結して持株を買い取る方法である。

ア　メリット・デメリット

① 　株主の選別（メリット）

相対取引では、対象企業の株主を選びながら買収交渉を進めることができる。

買収者は交渉時間・コストを計算しながら、所有株数の大きい株主から順に交渉していけば効率よく株式を取得することができる。

② 　価格の柔軟性（メリット）

相対取引では買収者と各株主との個別交渉が行われるため、各株主と合意すれば売買価格は柔軟に決定することができる。

③　株主捜索の困難性（デメリット）

対象会社が公開会社である場合には、数多くの株主がいるのが通常であり、相対取引では、買取相手の株主を探すコストがかかる。

イ　規制　　非上場会社の株式を相対取引によって取得する場合、通常の契約同様、個々の株主に交渉して株式を買い取るのであるが、この時、当該会社が会社法上の非公開会社（会社法2条5号）である場合には、対象会社の取締役会の承認が必要である（会社法107条1条1項・108条1項4号）。

友好的M&Aの場合には、会社が承認することが前提であるためこれが問題となることはありえず、一方、敵対的M&Aの場合、会社の承認が下りることはまず考えられない。

2　対象会社が公開会社である場合

(1)　対象会社が公開会社である場合

対象会社が公開会社である場合に、当該会社の株式を譲渡により取得方法としては、①市場内買付けにより取得する方法、②市場外買付けによる取得する方法、が考えられる。

(2)　市場内買付け

市場内買付けとは、証券取引所に開設された市場を通じて公開企業の株式を取得することである。証券取引所に公開している企業の株式には基本的に譲渡制限はないので、公開企業の株式は誰でも自由に買うことができる。

ア　メリット・デメリット

①　手続の容易性（メリット）

取引市場において対象会社の株式を買い進めればよく、容易な手続により株式を取得できる。

②　株数の確保の困難性（デメリット）

対象企業の株式を市場で買い集める場合、市場に売りに出される株しか買い取ることができないため、買取りに必要な数の株数を確保しにくい。

③　買取価格の不確定（デメリット）

市場内買付けでは、市場の動向によって価格が変動するため、最終的な買収資金が最後まで確定せず、厳密な計画をたてにくい。

④　隠密性の困難（デメリット）

　市場内買付けでは個々の売買取引の当事者などは公表されないが、大量の株式取得によって価格が高騰して相手企業に買収を察知されやすい。また、5％を超えて買い進めると大量保有報告書を提出しなければならないため、結果的に買付けの詳細が開示されることになる。

イ　手続（規制）

① 　大量保有報告書

　誰がどのような目的で大量の株券等を取得・保有・処分しているのか、という情報は、対象会社の支配関係に影響するだけでなく、市場における需要関係を左右し、投資者の投資判断にとっても重要な材料である。そこで、平成2年の証券取引法改正によって、公開買付制度の抜本的見直しとともに、5％ルールと呼ばれる株券等の大量保有報告制度が新設された。その概要は以下のとおりである。

　市場で株式を買い進めた結果、発行済株式数に占める比率が5％を超えた場合、5営業日以内に大量保有報告書を提出しなければならない（金商法27条の23第1項）。大量保有報告書には、保有株式数、保有割合、保有目的、最近60日間の取得・処分状況、取得資金の内訳などを記載する。また、その後1％以上の増減があった場合や記載事項の変更があった場合は変更報告書を提出しなければならない（金商法27条の25第1項）。

　金融商品取引法下では、特例として、機関投資家は3か月ごとに大量保有報告書を提出することになっている。

② 　公開買付け

　取引所市場内取引には立会取引と立会外取引（時間外取引）がある。平成17年（2005年）6月の証券取引法改正以前は、立会外取引は相対取引とはみなされておらず、相対取引に対する規制は立会外取引に適用されることはなかった。

　しかし同年、ライブドアがニッポン放送株式を約35％まで立会外取引（ToSNeT-1）で取得したことが契機となって、同法が改正され、立会外取引で3分の1超の株式を買い付ける場合、公開買付けが強制されることになった。[3]

(3) 市場外買付け

　市場外買付けとは、株式市場を通さずに企業の株式を取得することであり、その方法としては、①相対取引により取得する方法、②公開買付けにより取得する方法が考えられる。

ア　相対取引による取得

① 　メリット・デメリット

　この点、非公開会社における場合と同様である。

② 　規制（強制公開買付制度）

　強制公開買付制度とは、有価証券報告書提出会社が3分の1を超える株式を市場外で買い取る場合は、公開買付けでなければならないとする法規制である。また、3か月以内に特定の取得方法（5％を超える相対取引を含む10％を超える株式取得）を行ったことで3分の1を超える場合の市場内買付にも公開買付けが義務付けられた。

　よって、売り手会社が公開会社である場合には、相対取引によって、当該会社を支配できるだけの株式を取得することは不可能であり、公開買付制度（TOB）を利用し当該会社の株式を買い集めていく方法（下記4参照）を選択しなければならない。

イ　公開買付けによる取得　　下記4において詳しく検討する。

3　公開買付け（TOB）

(1) 公開買付けとは

　公開買付け[4]とは、不特定かつ多数の者に対して、公告により株券等の買付け等を申し込み、あるいは売付け等の申込みの勧誘を行って、取引所外で株券等の買付け等を行うことである。

　法は、上場株式の取引が、株券等の流通の円滑および投資家保護の観点から優れた機能を有する証券取引所を通じてなされることを、原則形と考えて

---

[3] 公開買付制度・大量保有報告制度の改正の詳細については、大来志郎「公開買付制度・大量保有報告制度」商事法務1774号38頁、「公開買付制度の見直しに係る政令・内閣府令の一部改正の概要」商事法務1786号4頁、「大量保有報告制度の見直しに係る政令・内閣府令の一部改正の概要」商事法務1787号10頁・文末参考文献⑥、⑦等参照。

[4] 金融商品取引法27条の2第6項、Take Over Bit、あるいはTOBとも呼ばれる。

いる。

　しかし、証券取引所で特定の上場企業の大量の株式が短期間に買い付けされると、一時的に買いが売りを圧倒し、需要と供給のバランスが崩れて一気に株価が高騰する。

　このような相場では、対象銘柄の公正な価格形成や円滑な流通が望めない。その上、買付者は、買付計画が失敗に終わるか、あるいは不必要に多くの出費を強いられる等の危険を背負うこととなる。

　公開買付け（ＴＯＢ）とは、買付者がこのような望ましくないリスクを回避し、市場外での取引で目的を実現するための手段である。すなわち、ＴＯＢによる株式取得は、自ら買付条件を変更しない限りは買収コストが予定より高額になることもなく、また、応募株券数が買付予定の株件数に満たない場合には全部の買付けを行わないことができる。仮に、予定どおりの買収ができなかったとしても、ＴＯＢであれば大きな損害を被ることはないのである。

　この取引が取引所外で行われることにより、金融商品取引法の目指す公正な価格形成や流通の円滑も維持される。

(2)　公開買付けの規制

　新聞やマスコミ報道では敵対的買収などの華々しい構図で紹介されることが多いが、実際には、上場企業の取締役が会社を非上場とするために自社の株式を市場外で買い付けたり[5]、あるいは上場企業が財務戦略の一環として自社株式を大量に取得したりすることなどにも用いられる。このように、公開買付けは必ずしも企業の経営支配権獲得のためだけに行われるものではない。

　とはいえ、上場会社の支配権獲得を目指しての公開買付けが主流であることに間違いはない。また、企業支配目的がないとしても、特定の会社の株式が大量に取引される場合には、必ず経営支配（議決権の割合）に対する影響を伴うことになる。

　このような企業の支配権変動についての見込みは、一般投資者の投資判断にとって重要な情報であり、買付者との間に情報の格差がある場合には、そ

5　Management Buy Out、あるいはMBOとも呼ばれる。MBOについては第2章8参照。

れによって損害や不当な不利益を受けるおそれがある。したがって取引所の公正な価格形成機能や投資家の保護のために、適切な情報開示が要求されるべきこととなる。

このような観点[6]から、金融商品取引法(および関係政令)は「国民経済の健全な発展及び投資者の保護」を実現するべく、公開買付けの公正性と透明性を確保するため、様々な規制を課している。[7]

(3) 規制の内容

ア 公開買付けの規制の背景　公開買付規制は、もともと昭和46年に米国の制度に倣い、証券取引法下の制度として導入された。その趣旨は、投資者保護のための情報開示と投資者の実質的な平等扱いの確保の要請に基づく。しかし、同年の公開買付制度導入後、実務でこの制度はあまり利用されなかった。なぜなら、米国ではM&Aの際に企業の支配権を取得するためには、公開買付制度がきわめて有用だったため、その存在意義が強かったのに対し、わが国の法制度については使い勝手が悪く、諸外国の制度に加えて公開買付けを行う者に不利で、企業による買収を難しくさせる制度となっていたからである。その後平成2年に企業の合併・買収が急速に伸び、市場における大量の買集め事例等の増加を受けたため、諸外国の制度との調和を図る観点から、大量保有報告制度の導入と併せて公開買付規制は全面的に改正され、現行の規制の全体像が形作られた。

ところが、近年、敵対的企業買収が急激に増加してくる状況の中で、公開買付規制に対する脱法的な取引および公開買付者・対象者間の不公平、投資者に対する情報提供の不十分さといった新たな制度的不備が指摘される事件がたびたび起こり、制度不備の黙認は最早許されない状態となった。

6 　金融審議会金融分科会第一部会公開買付制度等ワーキング・グループ報告「公開買付制度のあり方について」参照。

7 　公開買付制度の改正に関する論文は枚挙に暇がないが、前記注3の大来論文に加えて、とりあえず、内間裕＝松尾拓也「公開買付制度・大量報告制度の改正と実務への影響(上)(中)(下)」商事法務1790号20頁、1791号44頁、1792号12頁、武井一浩＝野田昌毅「企業買収のスピード制限と実務上の留意点」商事法務1790号4頁、寺田昌弘＝寺崎大介＝松田洋志「大量保有報告制度の改正等に伴う実務上の留意点―重要提案行為等を中心に」商事法務1807号70頁を挙げておく。また、座談会として岩原紳作ほか「敵対的TOB時代を迎えた日本の買収法制の現状と課題」MARR2007年1月号6頁以下が改正経緯、残された課題を端的に指摘しており、興味深い内容となっている。

そこで、一般株主・投資者と買付者との不平等・不公正を排除して透明性を図るだけでなく、買付者と対象者の公平確保も考慮するためにも、問題点が明らかになった大量保有報告制度の特例報告とともに、平成18年改正による金融商品取引法では、公開買付制度の見直しが行われたのである（なお、以下においては、証券取引法ではなく、金融商品取引法（単に「法」ともいう。）として条文を引用する。）。

　イ　公開買付規制の適用範囲の見直し　（ⅰ）今回の改正では、公開買付けの適用範囲が拡大されるとともに、その明確化が図られている。つまり、公開買付規制の適用範囲を規定する金融商品取引法27条の2第1項は、①同項本文に規定する取引のうち原則として公開買付規制が適用されるものを、同項同号において列挙し、①の要件に該当する取引であっても公開買付規制の適用除外となるものを、同項ただし書（および大量保有府令6条の2）において列挙するという形をとった。

　（ⅱ）この点、法27条の2第1項1号ないし3号については、条文構造が変更されたものの、実質的には改正前と変わらない[8]。しかし、改正前同条同項4号ないし6号については、立法による変更がなされている。

　まず、取得後の株券等所有割合が3分の1超となる市場内外の急速な株券等の取得（4号）に関する変更がある。これは、取引所市場外への買付けおよび立会外取引、自己株式の処分、新株の第三者割当て等を組み合わせた急速な買付けにより、3分の1ルールを回避しようとする脱法的な行為を防ぐため、今回の改正で立法的に解決されたといえるであろう。

　もっとも、4号の「買付け等」を含め、法において用いられる「買付け等」という用語には、従来から新規発行株券等の原始取得は含まないと解されており、今回の改正においても、この点の解釈に変更はない。ただし、発行者が行う自己株式の処分に伴って株券等を取得する行為は、既発行の有価証券に係る取引であることから、「買付け等」に含まれると解することが、今回の改正に伴う立案担当者解説等で明らかになっていることには留意しておく必要がある。

8　河内隆史「企業買収・組織再編と金融商品取引法」法律時報79巻5号

また、法同条同項4号の「新規発行取得」とは、株券等の発行者が新たに発行する株券等の取得のことである。この「新規発行取得」には、組織再編行為において新たに発行される株券等の取得も含まれることが、パブリックコメントに対する金融庁の考えとして明確に示されている。

(ⅲ) 次に、改正前証券取引法同条同項5号の「公開買付期間中に大株主が行う5％超の買付け等」についてである。

会社支配をめぐって株式の買付け等が行われる場合には、一般株主や投資者は複雑な投資判断を迫られるため、手続の透明性を高める必要がある。そこで、今回の改正では、ある者が株券等の公開買付けを行っている期間中に、発行者以外の者でその株券等所有割合が3分の1を超える者が、6か月を超えない範囲内において政令で定める期間内に政令で定める割合（5％）を超える株券等の買付け等を行うときには、公開買付けによらなければならないとした。

(ⅳ) さらに、改正前証券取引法同条同項6号における株券等買付者およびその実質基準の特別関係者が行う株券等の取得は、株券等買付者が行う株券等の取得とみなして4号が適用される（証取法施行令7条7項）。つまり、株券等買付者およびその実質基準の特別関係者をあたかも一人の買付者ととらえて株券等の取得をカウントするという意味である。

ウ 公開買付け情報の提供の充実　今回の大量保有府令改正では、買付け等の目的の詳細化、公開買付価格の算定の基礎の具体化、算定の経緯の新設などの充実が図られた。また、最近増えているＭＢＯ等では、経営陣等が公開買付者となり、株主との利益相反関係が問題になるため、よりきめ細やかな情報開示が要求される（法27条の9）。

この他にも、当初の公開買付期間が最短の20営業日の場合でも、その前半のうちに延長請求の有無が判明することが望ましいという観点から、公開買付けに関する対象者は、公開買付開始公告の日から政令で定める期間（10営業日）内に、当該公開買付けに関する意見等を記載した意見表明報告書を内閣総理大臣に提出しなければならないとされている（法27条の10第1項）。また、公開買付者によって公開買付期間が短く設定された場合、特に敵対的企業買収であれば、対象者が対抗策をたてて株主・投資者に提示し、それを株

主・投資者が適切に判断する時間が不十分になるおそれがあるため、公開買付期間の延長請求の制度も導入された。

エ　公開買付けの取引規制　　（i）公開買付けは対象株券等の市場価格に大きな影響を及ぼすので、買付者による公開買付けの撤回を広く認めると、安易な公開買付けが行われ相場支配に利用されるおそれがある。そこで、公開買付けの公平のため、公開買付価格の均一の条件（法27条の2第3項）、公開買付期間中の別途買付けの原則禁止（法27条の5）といった具合に、公開買付者は厳格な規制を受ける。また、応募株主は、公開買付期間中であればいつでも公開買付けに係る契約を解除できるのに対し（法27条の12）、公開買付者は、公開買付開始公告後の撤回および契約の解除が原則として禁止される。ただし、「公開買付者が公開買付開始公告及び公開買付届出書において公開買付けに係る株券等の発行者若しくはその子会社の業務若しくは財産に関する重要な変更その他の公開買付けの目的の達成に重大な支障となる事情が生じたときは、公開買付けの撤回等をすることがある旨の条件を付した場合又は公開買付者に関し破産手続開始の決定その他の政令で定める重要な事情の変更が生じた場合には、」公開買付けの撤回等が認められる（法27条の11第1項）。

さらに、近時では買収防衛策を導入する企業が増加しているため、敵対的公開買付けに対して防衛策が発動された場合にも、公開買付けの撤回等を一切認めないと、公開買付者が著しく不利益を被るので、今回（平成18年）の改正で撤回事由を追加している（証取法施行令14条1項1号・2号・5号、公開買付府令26条4項）。

（ⅱ）また、公開買付けの届出の効力発生後、応募株主に不利な買付条件等の変更は禁止されるが（法27条の6第2項）、買収防衛策として株式分割等が行われ、株式価値が希釈化した場合にも買付価格の引下げを認めないのは、公開買付者にとって不公平である。そこで、今回の改正では、公開買付開始公告および公開買付届出書において条件を付すことにより、公開買付期間中に対象者が、①株式の分割または②株主に対する株式・新株予約権の無償割当てを行ったときは、内閣府令で定める基準に従い、買付価格の引下げを行うことを認めている（法27条の6第1項1号、施行令13条1項1号・2号）。ただし、

公開買付条件の実質的変更は認められないので、引下げ割合の下限の定めがあり、①のときにはその分配比率、②のときは割当前の株式数の割当後の株式数に対する比率とされている（公開買付府令19条1項）。もちろん、株式分割により市場が過剰に反応することはあり得るので、株式分割の割合以上に株価が下落した場合には、そこまで買付価格を下げる必要まではないようにも思える。しかし、応募株主のことも視野に入れると、買付者の利益の保護に偏り過ぎているきらいもあるので、そのバランスのとり方は難しいといえるであろう。

　（ⅲ）その他にも、少数株主の株式売却機会を確保するために、全部買付義務が定められている。つまり、改正法では、公開買付後における公開買付者および特別関係者の株券等所有割合が3分の2以上となる場合には、公開買付者は、公開買付期間中における応募株券等の全部について、公開買付開始公告および公開買付届出書に記載した買付条件等により、買付け等に係る受渡しその他の決済を行わなければならないとして、全部買付義務を課して株主の保護を図っているのである（法27条の13第4項）。もっとも、全部買付義務を広く課すと、買付コストを増加させるとともに、買付コストに係る公開買付者の予測を困難にすることともなり、企業の事業再編行為等の円滑性の観点から、過剰な規制にもなりうる。そこで、公開買付後における株券等所有割合が3分の2を超える場合というしばりをかけ、株主保護とのバランスを考慮している。[9]公開買付けに応募しなかったため、公開買付終了後に少数株主となってしまった者の利益保護について特に手当てをしているものではない。[10]

　オ　意見表明報告書提出義務　　対象会社の現経営者が、公開買付けに対してどのような意見を持っており、企業買収についてどのような防衛策を検討しているのかということは、株主が公開買付けに応じるかを決断する際の重要な情報となる。そこで、公開買付けの対象者、すなわち公開買付けに係る株券等の発行者は、内閣府令で定めるところにより、公開買付開始公告が

9　近藤光男「公開買付制度」河本一郎＝龍田節編『金融商品取引法の理論と実務』40頁（別冊金融・商事判例）（経済法令研究会、2007年）
10　清原健「公正・透明な買収ルールを目指す公開買付制度の改正」ビジネス法務2006年12月号34頁

行われた日から政令で定める期間内に、公開買付けに関する意見その他内閣府令で定める事項を記載した書類（意見表明報告書）を提出することが義務付けられた（法27条の10第1項）。

　友好的な公開買付けの場合であっても、対象会社の経営陣が支持するかどうかで株主の判断は大きく影響されるので、金融商品取引法では、対象会社の経営者の意見表明を義務づけている。そして、公開買付けの賛否だけでなく、結論に至るまでの理由や経緯、買収防衛策の発動予定についての記載も求められており（公開買付府令第4号様式）、これにより、公開買付者と対象会社のやり取りが投資者に見える形で行われることが期待されている。

　カ　大量保有報告書の規制　　（ⅰ）大量保有報告制度は、重要な投資情報である上場株券等の大量保有にかかる情報を、投資者に対して迅速に提供することにより、市場の公正性、透明性を高め、投資者の保護を図ることを目的として導入された。ただし、敵対的企業買収における買付者の行動の透明性向上も、この制度の改正の大きな目的となっていることは十分見受けられる。つまり、同制度が認めてきた機関投資家に対する特例を利用して、長期間大量の株式取得を秘し、突如として事業経営に強く働きかける大株主が発生することを防ぐことも、今回の改正の目的として挙げられるのである。

　大量保有報告制度で使用される大量保有報告書には、株券等保有割合に関する事項、所得資金に関する事項、保有の目的その他の事項が記載されるが（法27条の23第1項）、60日間に保有株券等が半分未満となり、かつ、保有割合が5％を超えて減少した場合には、譲渡の相手方および対価も記載した短期大量譲渡の変更報告書の提出義務を負う（同条2項）。そして、公開買付けは有価証券報告書提出義務を負う発行者の株券等を対象とするが、大量保有報告制度は上場会社または店頭登録会社が発行者である株券等が対象であるから、大量保有報告制度の方が適用範囲は狭いといえよう。

　（ⅱ）大量保有報告書を提出する義務があるのは株券等の保有者とされている（法27条の23第1項）が、「保有者」の範囲についてまずここで触れておきたい。

　第一に、株券等の保有者には、自己の名義をもって株券等を所有する者だけでなく、他人（仮設人を含む）の名義をもって株券等を所有する者が含まれる（法27条の23第3項）。そして、①計算の帰属は本人でありながら、取引口

座や株券等の名義を他人名義や架空の名義にして実質的に所有している者や、②名義書換えをしておらず前の所有者の名義となっている者も本人が当該株券等を所有している者と解される。[11]

　第二に、株券等を所有する者には、現に当該株券等を所有している者のほか、株券等の引渡請求権を有する者も含まれる（法27条の23第3項）。そして、①株券等の買付約定を行い株券等の引渡しを受けていない者や②信用取引により買付けを行っている者も、引渡請求権を有する者に含まれる。

　第三に、金銭の信託契約その他の契約または法律の規定に基づき、株券の発行者である会社の株主としての議決権を行使することができる権限または当該議決権の行使について指図を行うことができる権限を有する者であって、当該会社の事業活動を支配する目的を有する者も、株券等の保有者に含まれる（法27条の23第3項1号）。代表的な例としては、信託財産に属する株券等の議決権、または議決権行使の指図権を有し、かつ、当該会社の事業活動を支配する目的を有している委託者などが挙げられる。

　第四に、投資一任契約その他の契約または法律の規定に基づき、株券等に投資をするのに必要な権限を有する者も株券等の保有者に含まれる（法27条の23第3項2号）。代表的な例としては、信託財産に属する株券等の取得、処分を決定する権限を有する委託者等が挙げられる。

　（ⅲ）実務上留意すべき点としては、まず「重要提案行為等」が挙げられる。

　重要提案行為等を行うことを株券等の保有目的とする場合には、特例報告制度の適用はない（法27条の26第1項）。従前、機関投資家に一般報告を義務付ける要件とされていた「会社の事業活動を支配する目的」は、報告書提出者である機関投資家の判断に委ねられる余地が大きかった。そこで、今回の改正により、重要提案行為等に該当する行為を具体的に列挙することで、規定の明確化が図られたのである。

　ここでいう「提案」の具体的内容としては、重要な財産の処分または譲受け、多額の借財、代表取締役の選定または解職、役員構成の重要な変更、会社法上の組織再編行為等、配当に関する方針の重要な変更、資本政策に関す

11　池田唯一＝大来志郎＝町田行人編著『新しい公開買付制度と大量保有報告制度』第Ⅲ版第1章（商事法務、2007年）。以下の記載についても同書該当箇所を参照されたい。

る重要な変更等がある（証取法施行令14条の8の2、大量保有府令16条）。なお、配当政策や資本政策に関する提案が広くこれに該当するとなると、多くの機関投資者が難しい判断に直面することになるので、金融庁もこの点については以下の通り解釈基準としての一定の考え方を示している。

　第一に、提案の内容が政府令列記事項に該当することを要するとされている。政府令では、上記の配当に関する方針や資本政策を含む多くの事項について、「重要な」あるいは「多額の」といった要件が入っており、軽微なものは含まれていないとしている。第二に、提案内容が事業活動に重大な変更を与えたり重大な影響を及ぼしたりすることを目的とされていることを要し、発行者の主体的な経営方針にかかわりなく他律的な影響力を行使する行為がそれに該当するとされている。第三に、「提案」に該当することを要し、政令の本文により、株主総会または役員に対する提案であることも要する旨規定されている。ただし、直接伝える相手が役員でない社員であれば重要提案行為等に該当しないということではなく、実質的に対象会社の社内における意思決定の過程に上程され、役員に伝わることを認識している場合には、やはり役員等に対する提案だと認定される場合もあり得る。

　(iv) また、10％超保有の状態から10％を下回ることとなる場合の報告について、従来は、保有の状況に着目している制度であるという観点から、特例報告対象者が10％超保有している状態から大量に譲渡するような取引を行って保有割合が10％を下回る状態に減少する場合、たとえその減少幅が大きくとも、その取引後の保有の状況に着目して特例報告なのか一般報告なのかを区別し、特例報告の対象とされていた。この点については、短期間に大量に譲渡・処分した状況があれば、迅速に取引状況の明確な開示がされるべきであるから、保有割合が10％超の段階から10％を下回ることとなる取引をした最初の変更報告書については、一般報告によることとなった。

　(v) その他、大量保有報告書の電子提出の義務化（法27条の30の2）、対象有価証券（証取法施行令14条の5の2）、共同保有者間の重複計上のネットアウト（法27条の23第4項、証取法施行令14条の6の2）、変更報告書の提出事由の明確化（証取法施行令14条の7の2、大量保有府令9条の2第2項）、みなし共同保有者に係る軽微基準の見直し（法27条の23第6項、証取法施行令14条の7、大量保有府

令6条1号)、形式的共同保有者の範囲(大量保有府令5条の3・6条)等について、改正がなされた。

4 公開買付手続

公開買付けが実施される場合の一般的な手続は、以下の通りである。

(1) 買付開始日1か月から開始日まで[12]

公開買付者は、ア公開買付代理人の選定、イ公開買付開始公告、公開買付届出書等の作成を行う。

ア 公開買付代理人の選任 公開買付代理人の選任とは、応募株式の保管・返還、買付代金の支払その他の事務についての代理人の選任をいい、証券会社または銀行等に代理させなければならない(法27条の2第4項、施行令8条4項)。代理人との契約書は、下記の公開買付届出書の添付書類として提出しなければならない(法27条の3第2項、他社株買付府令13条1項5号および6号)。

イ 公開買付公告 公開買付公告は、金商法27条の3第1項および他社株買付府令10条に規定される事項について記載し、電子公告または日刊新聞紙を用いて公告する(施行令9条の3第1項)。この公告を行った日に、公開買付者および特別関係者の有価証券の所有および取引の状況、対象会社との関係等を記載した公開買付届出書を提出しなければならない(法27条の3第2項、他社株買付府令12条)[13]。また、買付者は、応募株主に対して、公開買付説明書を交付しなければならない(法27条の9第2項、他社株買付府令24条4項)。

(2) 買付開始日前日および当日

買付者は、通常、買付開始日の前日に、公開買付けの実施に関する取締役会決議が行われる。買付者が上場会社であれば、プレスリリース(適時開示)を行わなければならない(東京証券取引所・上場有価証券の発行者の会社情報の適時開示に関する規則第2条1項)。また、証券会社との間で公開買付代理人ならび

---

12 友好的TOBの場合には、公開買付開始日の1か月前までに、公開買付者側に対象会社に内在するリスクを検討する機会を与える趣旨から、法務、会計、税務にわたるデュー・ディリジェンスが実施されるケースが多い。しかし、敵対的TOBの場合には、事前のデュー・ディリジェンスは難しい。

13 金融商品取引法下においては、この届出書に、買付価格設定の算定根拠を詳細に記載しなければならない。

に事務取扱契約を締結するのも通常前日である。当日は、公開買付公告、公開買付届出書の提出を行い、公開買付説明書の配布を開始する。

(3) 買付開始日の翌日以降、買付期間終了まで

ア　買付者の行為規制　　(1)イに記載したような法定文書について訂正がある場合には、訂正を公告もしくは届け出なければならない。買付条件の変更は、株主に不利となる一定のものを除いて、原則として自由に行うことができる（法27条の6第2項）。買付価格については、証券取引法27条の6によって変更を禁じられてきたが、金融商品取引法は対象会社が株式分割などをすることによって株式の希釈化がなされた場合には、例外的に買付価格の引下げが許されるとしている（法27条の6第1項1号）。

公開買付開始公告後の申込みの撤回および契約の解除についても、原則禁じられている（法27条の11第1項）が、公開買付広告および公開買付届出書に対象会社および対象会社の子会社に重大な変更がある場合には公開買付けの撤回等をすることがある旨の条件を付した場合には撤回が認められる。

イ　対象会社の行為規制　　対象会社は、公開買付開始公告から10日以内に、ＴＯＢに関する意見表明報告書を内閣総理大臣に提出しなければならない（法27条の10第1項、施行令13条の2第1項）。友好的ＴＯＢの場合には、公開買付開始日に賛同の意見表明報告書が提出されるのが一般であるが、敵対的ＴＯＢの場合には、公開買付者に対する質問および買付期間の延長請求（買付期間が30日未満の場合のみ）が記載されることが考えられる（法27条の10第2項、施行令9条の3第6項）。対象会社が質問権を行使した場合、買付者は、意見表明報告書の写しの送付を受けた日から5日以内に対質問回答報告書を内閣総理大臣に提出しなければならない（法27条の10第11項、施行令13条の2第2項）。

公開買付けについて、対象会社の経営陣と買付者がどのような立場をとるかは、株主がいずれに対象会社の経営を委ねるかを検討するうえで、非常に重要であり、両者の主張・反論を株主に公開することで、その保護を図っていると考えられる[14]。

14　また、公開買付届出書、意見表明報告書、対質問回答報告書は、公衆縦覧に供される（法27条の14第1項）。一般投資家に開示することで、判断材料を豊富に提供してその保護を図るとともに、確固たる経営構想のない単なる買占めの横行を防いでいるものと思われる。

(4) 買付期間終了日翌日以降

買付者は、公開買付期間終了日の翌日に、応募株式の数など（他社株買付府令30条1項）の公開買付結果を、公告または公表しなければならない（法27条の13第1項）。また、同じ日に、公開買付報告書（他社株買付府令31条）を内閣総理大臣に提出する必要がある（法27条の13第2項）[15]。

加えて、買付者は、遅滞なく応募株主に買付等の通知書を送付しなければならない（法27条の2第5項、施行令8条5項1号）ほか、大量保有報告書および変更報告書を5営業日以内に内閣総理大臣に提出しなければならない（法27条の23第1項・27条の25第1項）。

5　株式取得後の手続

通常の株式譲渡の方式は、当該株式を発行している会社が株式発行会社か否かによって異なってくる。

(1) 株券発行会社の場合

株券発行会社においては、株式の譲渡は、原則として当事者間の意思表示に加えて当該株式に係る株券の交付が必要となる（会社法128条1項）。したがって、株券が既に発行されているか、または株券を発行すべき株式の譲渡については、株券の交付は当事者間においても権利移転の要件であり対抗要件にとどまるものではない（東京地判昭63・11・24判タ701号251頁参照）。なお、交付は現実の引渡しのみならず簡易の引渡し、占有改定または指図による占有移転によっても行うことができ（民法182条～184条）、保管振替期間に預託された株券については口座簿の記載もしくは記録またはその振替の記載もしくは記録をもって株券が占有されており交付があったものとみなされる（株券保振法27条）。

また、対象会社との関係での株式譲渡の対抗要件は株主名簿への記載もしくは記録である（会社法130条1項・2項）。

以上より、対象会社の株式を取得した場合、当該株式の交付を受け、その事実を示して対象会社に対して、株主名簿への記載を要求する手続が必要で

15　買付者が上場会社の場合には、プレスリリースも行う必要がある（法27条の13第3項）。

ある。

(2) 株券不発行会社の場合

会社法は、企業が株主に対して、株券を発行しないことを原則としている（会社法214条）。

株券不発行会社の株式会社においては、株式の譲渡の効力について明文の規定がおかれていないため、民法の原則どおり、当事者間の意思表示によってその効力が生じることとなる（民法549条・555条・568条など）。この場合、株主名簿への記載または記録が、株式会社およびその他の第三者に対する株式譲渡の対抗要件とされている（会社法130条1項）。

よって、対象会社の株式を取得した場合、対象会社に対し、自己を株主名簿に記載するように要求する必要がある。

上記の原則に対する例外として、株式振替制度導入後の振替株式については、振替の申請により譲受人が自己の口座の保有欄に増加の記載または記録を受けることによってその効力を生ずることになる（社債・株式等振替法140条）。振替株式の譲渡に関する株式会社に対する対抗要件については総株主通知の日に備えられる（同法152条）が、第三者対抗要件については130条1項の適用が排除されており（同法161条3項）、いかなる基準で判断されるのか明らかではない（もっとも、振替株式についても善意取得制度が存在するため、第三者に対する対抗要件が実査間に意味を持つ場面はほとんど想定しえない）。

以上より、株式振替制度導入後の振替株式を取得した場合、取得者が自己の口座の保有欄に増加の記載または記録を受けなければならない。

この点、株式不発行が原則とされたのは平成17年会社法改正からであり（会社法214条）、それより以前から存在する会社で株券の発行について特別の規定がない場合、会社法施行後の会社の定款には、その株式に係る株券を発行する旨の定めがあるものと見なされる（会社法の施行に伴う関係法律の整備等に関する法律76条4項）。よって、多くの会社は株券発行会社として扱われ、株券の交付も必要となるため、上記(1)の手続を踏むことになる。

6 まとめ

　株式譲渡によるM＆Aの場合、既存の会社（対象会社）は存続するわけであるから、合併によるM＆Aとは異なり、従来から得ていた事業に関する免許などを改めて取り直す必要もない。また、事業譲渡によるM＆Aとも異なり、会社の雇用関係も特別の契約を要さずそのまま存続する。そして、対象会社の取締役会の同意を要しない唯一のM＆Aの手法が株式譲渡である。
　このように簡便な手続で、既存会社の経営に変更を伴わず、当該会社を支配することができるということが株式譲渡によるM＆Aのメリットの一つと言える。

〔奈良　輝久〕

【参考文献】
① 　長島・大野・常松法律事務所編『アドバンス　新会社法　第2版』（商事法務、2006年）
② 　村田英幸『M＆Aの法務　主要法制の完全整理』（中央経済社、2006年）
③ 　江頭憲治郎『株式会社法』（有斐閣、2006年）
④ 　坂本恒夫＝文堂弘之編著『図解M＆Aのすべて』（税務経理協会、2006年）
⑤ 　清原健編著『Q＆A金融商品取引法制の要点』（新日本法規、2007年）
⑥ 　石井禎＝関口智弘編著『実践ＴＯＢハンドブック』（日経BP社、2007年）
⑦ 　清原健『詳解　公開買付けの実務』（中央経済社、2007年）
⑧ 　池田唯一＝大来志郎＝町田行人編著『新しい公開買付制度と大量保有報告制度』（商事法務、2007年）

② 第三者割当株式発行

問題意識

① 第三者割当株式発行は、どのような特徴を有するか。
② 第三者割当株式発行は、どのような局面での買収方法として利用されるか。
③ 会社法により、第三者割当株式発行はどのように改正されたか。また、どのような問題があるか。

第1 概　要

1 意　義

　会社法では、「株式会社は、その発行する株式又はその処分する自己株式を引き受ける者の募集をしようとするときは、その都度、募集株式（当該募集に応じてこれらの株式の引受けの申込みをした者に対して割り当てる株式をいう。以下この節において同じ。）について次に掲げる事項を定めなければならない。」（会社法199条1項）と規定し、旧商法の新株発行と自己株式の処分を合わせて「募集株式の発行」と定義している。

　第三者割当株式発行とは、株主割当株式発行と対比した用語で、株主に対して平等に「株式の割当てを受ける権利」（会社法202条1項）を与えないで、縁故者など特定の者に株式を割り当てる方法をいう。ここで、「株式の割当てを受ける権利」とは、旧商法での新株引受権[1]（旧商法280条ノ2第1項5号）

をいい、基本的な性質は新株予約権（会社法2条21号）と共通する。しかし、新株引受権は、発行される株式を優先的に引き受ける権利であって、権利者から会社に対し株式の発行を要求する権利が与えられているわけではない。これに対し、新株予約権は、株式発行とは別に付与ないし発行され、その付与ないし発行を受けた者がその権利を行使することによって株式の交付を受けて株主となるものであって、株式発行契約の予約権（形成権）としての性質を有するものである。

2 特　徴

　会社法の公開会社（会社法2条）では、発行可能株式総数（会社法37条）を定款で定めておき、その授権の範囲内で会社が取締役会決議により株式を発行することを認める授権資本制度（授権株式制度）が採用されている（会社法201条）。この制度の趣旨は、機動的な資金調達を可能にすることと既存株主の持株比率の低下による不利益の保護との調整を図ることである[2]。

　このような授権資本制度の下で既存株主の利益を保護するため、特に有利な払込金額で株式を発行する場合は、株主総会の特別決議を必要とする（会社法199条3項）。

　また、法令もしくは定款に違反し、または著しく不公正な方法で株式を発行したことにより、株主が不利益を受けるおそれがあるときは、株主は会社に対して株式の発行の差止めを請求できる（会社法210条）。「著しく不公正な方法」とは、不当な目的を達成する手段として株式発行が利用される場合をいう[3]。株式発行の無効事由は限定的に解されている[4]ことから株式が発行さ

1　厳密に言えば、旧商法の新株引受権には、株主に対して株式を割り当てるという機能と証券（新株引受権証書）によりその権利の流通が図られる機能があるが、会社法では、前者を「株式の割当てを受ける権利」と定義し、後者の機能は新株予約権に吸収した。
2　日本の第三者割当株式発行の問題点として、「（座談会）敵対的ＴＯＢ時代を迎えた日本の買収法制の現状と課題」（ＭＡＲＲ　2007年1月号）では、授権資本制度は「会社の運命の決定に重要な問題なのに株主は何の発言もできない。これは明らかに行き過ぎ」とし、ニューヨーク証券取引所では新株を20％以上発行する場合は株主総会の承認を得るように上場規則で決めており、また、英国では第三者割当増資により、上場会社の30％の株式の株主になれば、その株式の100％を公開買付けにより買い付ける義務が生じる旨指摘する。
3　江頭憲治郎『株式会社法』682頁（有斐閣、2006年）
4　江頭・前掲書686頁

れた後に株式発行の無効を争うことは困難であり、株式発行前の発行差止めの仮処分で阻止することになる。

　株主総会の決議を経ずに特に有利な払込金額による第三者割当株式発行を行った場合、取締役・執行役は任務懈怠（法令定款違反）として、公正な払込金額との差額につき、会社に対する損害賠償責任を負う（会社法423条1項）。また、法令定款に違反し、または不公正な方法で株式を発行したことによって株主が損害を受けた場合、取締役・執行役に悪意・重過失があれば、株主から損害賠償責任（会社法429条1項）を追及される可能性もある。

第2　買収手法として利用される局面

　企業買収の手法としての第三者割当株式発行のメリットは、証券取引法のＴＯＢ規制の適用を受けないことである[5]。

　他方、第三者割当株式発行による買収コストは既発行株式の取得による買収コストと比較すると持株比率が高くなるほど逓増する[6]というデメリットがある。そのため、第三者割当株式発行は、既存株主の同意が得られず既存株式を取得できない場合や既存株主が株式の譲渡益課税を避けたい場合に実施されることが多い。とくに、買収対象会社が会社法の公開会社であれば、取締役会に授権資本の範囲内で株式発行の権限が与えられているから、有利発行、法令定款違反または不公正発行に該当しない限り、既存株主の同意がなくても現経営陣が同意すれば、第三者割当株式発行によって買収をすることができる。ただし、株式の引受人である買収者が買収対象会社の取締役と通じて著しく不公正な払込金額で株式を引き受けた場合、買収者は払込金額と公正な価額との差額を支払う義務がある（会社法212条）。

　また、第三者割当株式発行による買収には、表明・保証の有効性ついての

---

[5]　証券取引法の改正（平成18年6月14日）により、第三者割当株式発行がＴＯＢ規制の対象に加えられた。この場合、ＴＯＢ規制の対象になるのは株券等の買付け等であって、第三者割当株式発行による株券等の取得自体は規制の対象ではないが、ある者が3か月以内に株券等の買受け等と第三者割当てによる株式の引受けを行っている場合は第三者割当株式発行自体にＴＯＢ規制がかかる場合がある（金融商品取引法27条の2第1項4号）。

[6]　計算式で示すと、$1 \div (1 - 持株比率)$ となり、持株比率30％で1.4倍、50％で2倍、70％で3.3倍のコストがかかる。

問題がある。通常の株式譲渡による買収では売主の表明・保証によって買収者が買収リスクを一定限度回避できるが、第三者割当株式発行では買収者は買収対象会社と株式引受契約を締結するため、会社と株主間で表明・保証契約を締結してもその有効性が争われる可能性がある。

なお、株式譲渡制限会社（公開会社でない会社）については、既存株主による株主総会の特別決議（会社法199条2項・309条2項）がなければ第三者割当株式発行による買収はできない。

第3 問題点および会社法による状況の変化

1 株主総会の議決権の基準日について

企業買収の手法として第三者割当株式発行を行う場合、株式発行が基準日（会社法124条）の後に行われた場合に、株式発行後に開催される株主総会においてその株式について議決権行使が認められるかが問題となる。

これについては、①基準日を変更しない限り議決権を有しないとする説（否定説）、②基準日と関係なく常に議決権を有するとする説（肯定説）、③株式の発行による新株主に議決権の行使を認める旨の定款の定めまたは公告により新株主についてのみ基準日を変更することができるとする説がある。

基準日の制度は、会社の事務処理の便宜のために、会社が一定の日を定め、その基準となる日の株主名簿に記載されている株主に権利行使を認める制度であるところ、会社の最高意思決定機関である株主総会は、本来、株主総会当日の株主をもって構成することが原則であって、基準日制度はこの原則を一部修正するものである。基準日後に株式が発行された場合、株式の交付を受けた株主を会社で容易に把握できるのであって、会社の事務処理の負担を大幅に増やすものではなく、また、基準日はその設定時の既存株主を特定するためのものであって、基準日後の株式発行による新株主にその効力を及ぼすものではない。したがって、否定説のように基準日を硬直的に解する必要はなく、株主平等の原則や株式の不公正発行の問題に触れない限り、基準日と関係なく常に議決権を有するとする肯定説が妥当と考える。

この点について、従来は肯定説が有力であったが、平成13年11月の商法改正で、基準日後の株式発行により取得した株式には議決権がないと解する旨の立法担当者の解説[7]が示された。

その後、会社法で、「株式会社は、当該基準日後に株式を取得した者の全部又は一部を当該権利を行使することができる者と定めることができる。ただし、当該株式の基準日株主の権利を害することができない。」（会社法124条4項）と規定されて、基準日制度の解釈としての問題は解決された。

今後は、企業買収に際して、基準日後に交付された株式に議決権を認めた場合、基準日の株主の権利を害したかどうかが重要な論点となる。

2 特に有利な払込金額について

特に有利な払込金額（発行価額）により株式を発行する場合は、株主総会の特別決議が必要となる（会社法199条3項・309条2項）。これに違反すれば法令違反として株主の差止請求の対象となるが、いかなる場合に特に有利な払込金額に該当するかが問題となる。

特に有利な発行価額とは、公正な発行価額よりも低い価額をいう。公正な発行価額については、株式に市場価格がある場合とない場合では異なる。

上場会社の株式のように市場価格がある場合は、市場価格を基準として、新株を消化し資金調達の目的を達成する見地から、原則として時価よりも少し[8]引き下げて公正な発行価額を算定する。実務上は、日本証券業協会の「第三者割当増資の取扱いに関する指針」（平成15年3月11日改正）に沿っていれば、有利発行に該当しないと解されている。すなわち、「発行価額は、当該増資に係る取締役会決議の直前日の価額（直前日における売買がない場合は、当該直前日からさかのぼった直近日の価額）に0.9を乗じた額以上の価額であること。ただし、直近日又は直前日までの価額又は売買高の状況等を勘案し、当該決議の日から発行価額を決定するために適当な期間（最長6か月）をさかのぼった日から当該決議の直前日までの間の平均の価額に0.9を乗じた額以上の価額とすることができる。」

---

7 「実務相談室　新株の発行等と基準日の制度」商事法務1626号43頁
8 10%～15%程度（東京高判昭46・1・28高民集24巻1号1頁）

さらに、株式の買占めや企業提携の噂などにより株価が高騰しているときに、高騰前の株価を基準にして株式を発行した場合、特に有利な発行価額に該当するかどうかという問題もある。いくつかの裁判例[9]からみると、株価高騰の原因と高騰している期間を基準としていると考えられる。異常な投機や大量買占めによって形成された株価を有利発行の判断基準として利用することは妥当でないとしながらも、高騰した状態が1年以上継続したときは有利発行の算定基礎に含めなければならないとする。つまり、株式の公正な発行価額とは、原則として発行価額決定直前の株価に近接していることが必要であるが、異常な投機または株の買占め等により株価が高騰したような場合で、かつ、株価の高騰が一時的な現象に止まる場合に限り公正な発行価額の算定の基礎から排除できるとする。

一方、非上場会社の株式のように市場価格がない株式について公正な価額の算定は単純ではない。株式の鑑定実務では、「非上場会社の株式のように株式の取引市場を有しない場合は、客観的価格を見いだし難くそれに代わる価格を求めて評価することになる。この求める価格が主体的価格といわれる価格で、株式を有する者にとっての価格または同じ条件の株式を他の者が有したときの価格を意味する[10]」とし、第三者割当て増資の発行価額は、既存の株主を主体とする主体的価格を求めることになるが、既存株主ごとに主体的価格は異なるため、「既存株主の中で最も高い評価額を有する株主を基準に判定すれば、第三者割当て増資の適正な発行価額を見いだすことが可能となる[11]」とする。

3 著しく不公正な方法による株式発行について

株式の発行が著しく不公正な方法により行われる「場合において、株主が不利益を受けるおそれがあるときは、株主は、株式会社に対し、第199条第

---

9 高騰前の価格を公正な価額とした裁判例として、ソニー・アイワ事件（東京地判昭47・4・27判時679号70頁）、第一紡績事件（大阪地決昭48・1・31金判355号10頁）、高騰後の価格を公正な価額とした裁判例として、いなげや・忠実屋事件（東京地決平元・7・25判時1317号28頁）、宮入バルブ事件（東京地決平16・6・1資料版商事法務243号130頁）。
10 日本公認会計士協会編『株式等鑑定評価マニュアルQ＆A』3頁（商事法務、1995年）
11 日本公認会計士協会・前掲書70頁

1項の募集に係る株式の発行又は自己株式の処分をやめることを請求することができる。」（会社法210条）。著しく不公正な方法による株式発行とは、不当な目的を達成する手段として株式発行が利用される場合をいう。現経営陣が支配権を維持する目的で第三者割当株式発行を実施した場合、現経営陣が株式発行を決定した目的のうち、支配権を維持する目的が他の目的に優越する場合に不公正とする主要目的ルールが有力となっている[12]。

　主要目的ルールについて、会社の資金調達のニーズに具体性や合理性があれば、現経営陣に支配権の維持の目的があったとしても、不公正発行にならないとする裁判例[13]がある一方、株式発行により特定の株主の持株比率が著しく低下することを認識しつつ株式発行がされたときは、株式発行を正当化させるだけの合理的理由がないかぎり、不公正発行にあたるとし、不公正発行をより広く解する裁判例[14]もある。

　従来は、いわゆるグリーンメイラーのように株式の買占めにより不当の利益を獲得することを目的としたものが多く、それへの対抗策として第三者割当株式発行を容認する傾向が強かった。しかし、最近、企業価値の向上を目的とする敵対的買収に対して、安易に第三者割当株式発行や新株予約権発行で対抗すれば、不公正発行となる傾向がある。

　これについて、敵対的買収に対する有事の防衛策として実施された第三者割当新株予約権発行についての裁判例[15]では、「商法上、取締役の選任・解任は株主総会の専決事項であり、取締役は株主の資本多数決によって選任される執行機関といわざるを得ないから、被選任者たる取締役に、選任者たる株主構成の変更を主要な目的とする新株等の発行をすることを一般的に許容することは、商法が機関権限の分配を定めた法意に明らかに反するものである。…会社の経営支配権に現に争いが生じている場面において、…経営支配権の維持・確保することを主要な目的として新株予約権が発行された場合には、原則として、著しく不公正なる方法による新株予約権の発行に該当するもの

12　江頭・前掲書683頁
13　ネミック・ラムダ事件（東京地判平10・6・11資料版商事法務173号192頁）、ベルシステム24事件（東京高決平16・8・4金判1201号4頁）
14　いなげや・忠実屋事件（東京地決平元・7・25判時1317号28頁）
15　ニッポン放送事件（東京高決平17・3・23金判1214号6頁）

と解するのが相当である。」とし、「株主全体の利益の保護の観点から新株予約権の発行を正当化する特段の事情がある場合は、(対抗手段として必要性や相当性が認められる限り) 例外的に、経営支配権の維持・確保を主要な目的とする発行も不公正発行該当しない」とする。また、特段の事情のある場合とは、「敵対的買収者が真摯に合理的な経営を目指すものではなく、敵対的買収者による支配権取得が会社に回復し難い損害をもたらす事情があることを会社が疎明、立証した場合」と述べている。

〔山本　浩二〕

【参考文献】
① 西村総合法律事務所編『M&A法大全』(商事法務、2001年)
② 江頭憲治郎『株式会社法』(有斐閣、2006年)
③ 神田秀樹『会社法〔第九版〕』(弘文堂、2007年)
④ 日本公認会計士協会編『株式等鑑定評価マニュアルQ&A』(商事法務、1995年)

③

新株予約権

問題意識

① 新株予約権の発行は、どのような特徴を有するか。
② 新株予約権はどのような局面での買収方法として利用されるか。
③ 会社法により、新株予約権制度はどのように改正されたか。また、どのような問題があるか。

第1 概　要

1　意　義

　新株予約権とは、「株式会社に対して行使することにより当該株式会社の株式の交付を受けることができる権利をいう」(会社法2条21号)。平成13年11月の商法改正により新たに導入された制度で、会社に対して会社の株式の交付を受けることができる権利であって、その権利が行使されたときは、会社がその権利者に対して新株を発行し、または会社が有する自己株式を移転する義務を負うものをいう。新株予約権と類似した概念として新株引受権(会社法では、「株式の割当てを受ける権利」という。)があるが、新株引受権は発行される新株を優先的に引き受ける権利であって、権利者から会社に対し株式の発行を要求する権利が与えられているわけではない。これに対し、新株予約権は、株式発行とは別に付与ないし発行され、その付与ないし発行を受けた者がその権利を行使することによって当然株主となるものであって(会社法

282条)、株式発行契約の予約権（形成権）としての性質を有するものである。

2　特　徴

　会社法の公開会社（会社法2条）では、株式発行と同様に、発行可能株式総数の範囲内（会社法113条4項）で取締役会決議により新株予約権を発行できる。ただし、無償発行および特に有利な払込金額であるときは、株主総会の特別決議が必要となる（会社法240条）。さらに、法令定款に違反し、または著しく不公正な方法で発行したことにより、株主が不利益を受けるおそれがあるときは、株主は会社に対して発行の差止めを請求ができる（会社法247条）。

　株主総会の決議を経ずに無償発行および特に有利な払込金額による第三者割当新株予約権の発行を行った取締役・執行役は公正な払込金額との差額につき、会社に対する損害賠償責任を負う（会社法423条1項）。また、法令定款に違反し、または不公正な方法で新株予約権を発行したことによって株主が損害を受けた場合、取締役・執行役に悪意・重過失があれば、株主から損害賠償責任（会社法429条1項）を追及される可能性もある。

第2　買収手法として利用される局面

　企業買収の手法としての新株予約権の特徴は、基本的には第三者割当株式発行と同様であるが、次のような相違がある。

　①　第三者割当株式発行では発行時に資本の払込みが必要とされるのに対し、新株予約権では状況を見ながら段階的に資本の払込みができる。段階的な第三者割当株式発行でも同様の効果が生じるが、第三者割当株式発行では基本的に株式発行時の時価で払込みをしなければならならないのに対し、新株予約権ではその権利行使時の時価ではなくその発行時に払込金額（行使価格）を決定できる。これにより、買収先企業の経営状態が悪化した場合や偶発債務が顕在化した場合には追加出資をしないことで企業買収に係るリスクを軽減できる。

　②　敵対的買収に対する防衛策の観点からみると、第三者割当株式発行は有事防衛策として利用されるのに対して、新株予約権は事前防衛策として利

用されることが多い。

③　特に有利な払込金額か否かの判断は、株式発行のように払込金額と発行時の株価を比較するのではなく、オプション評価方法[1]など一定の合理的な方法によって評価した新株予約権自体の価値と払込金額を比較して行う。上場会社については新株予約権の価値を評価しやすいが、非上場会社については評価が難しく[2]後日の争いを避けるためには、株主総会の特別決議による授権を得ておいた方が無難であろう。

第3　問題点と会社法による状況の変化

1　現物払込みの認容

旧商法では、新株予約権の発行または行使に際して金銭以外の財産の給付（現物払込み）について、通常の株式発行に係る現物出資の規定を準用していなかったことから、現物払込みは認められないのか、予防的規制である検査役検査が置かれなかっただけで現物払込みは可能であるのか見解が分かれていた。会社法では、新株予約権の発行に際し金銭以外の財産の給付が可能であること（会社法246条2項）、新株予約権の行使に際して金銭以外の財産の給付をする場合は通常の株式発行と同様に現物出資規制が課せられること（会社法284条1項）が明確化された。

2　強制転換条項付新株予約権付社債の認容

旧商法では、強制転換条項付の株式の制度はあったが、新株予約権付社債について同様の制度はなかった。会社法では、新株予約権付社債についても強制転換条項を付すことが可能となった。会社法は、強制転換を取得条項付新株予約権の取得と自己新株予約権の消却として整理し、自己新株予約権の

---

[1]　オプション評価方法には、連続時間型モデルとしてブラック・ショールズモデル、離散時間型モデルとして2項モデルがある。「ストックオプション等に関する会計基準の適用指針」（企業会計基準適用指針第11号平成17年12月17日）

[2]　オプションの価値は本質的価値と時間的価値に分けられるが、非上場会社については、新株予約権の発行時の株価と行使価格との差額である本質的価値のみで評価するという考え方もある。

取得の対価として発行会社の株式を交付する方法で強制転換を行う（会社法236条1項7号）。

3　新株予約権の発行無効の訴え

旧商法では、新株予約権の発行差止めの請求は規定されていたが、新株予約権の発行無効の訴えの規定はなく、民事訴訟の一般原則により、訴えの利益がある限り、無効の訴えを提起できると解されていた[3]。しかし、判決の効力について対世効や遡及効否定があるのかどうかについては明確でなかった。会社法では、新株予約権の発行無効の訴え（会社法828条1項4号）、発行不存在確認の訴え（会社法829条3項）が条文に明記された。

4　ＭＳＣＢの有利性の判断について

転換社債型新株予約権付社債の転換価額について、発行会社の株価が変動した場合に随時修正が行われるタイプのものを、ＭＳＣＢ（Moving Strike Convertible Bond）といい、このうち発行会社の株価が下落した場合における転換価額の下方修正のみが行われるタイプを下方修正条項付転換社債型新株予約権付社債（レッサーＣＢ）という。

平成13年11月の商法改正により導入された新株予約権制度の下で、新株予約権付社債について従来の転換社債と同様の商品性を維持するためには新株予約権の発行価額を無償にすることが必要となった。しかし、新株予約権を無償で発行する場合、有利発行として株主総会の特別決議が必要となり、機動的な資金調達の障害となるという問題が生じた。

これについては、日本証券業協会の転換社債に関するワーキング・グループ「商法改正に伴う転換社債の取扱について」（平成14年2月28日）において、行使条件等の設定如何により、新株予約権の発行価額を無償としても特に有利な発行条件にならない場合があり得るとし、「従来は、行使価額が、条件決定時の時価に比べてどの程度の水準で設定されるかが、その判断基準であったが、（平成13年11月）改正商法下においては、新株予約権付社債の条件

---

[3]　「座談会　新株予約権・種類株をめぐる実務対応〔下〕」商事法務1629号

を総合的に判断する必要がある。現在、証券取引所に上場されている転換社債と同様の条件設定が行われている場合は、有利発行の問題は生じないが、今後は、当初の行使価額の修正条件、社債の年限・利率（普通社債との格差）、行使可能期間等を勘案して、条件設定を行う必要がある。ただし、例えば、修正行使価額の下限が定められていない場合、あるいは著しく低い水準で定められている場合は、有利発行となるおそれがある。」としている。

その後、日本証券業協会の会員における引受審査のあり方等に関するワーキング・グループ「会員における引受審査のあり方・ＭＳＣＢの取扱いのあり方等について」（平成19年2月22日）において、「ＭＳＣＢの方が結果として既存株主負担が小さくなるケースも少なくなく、実際には株価への影響を抑えながら円滑な自己資本の拡充が行われたケースも多いことが実証されている。一方、調達資金による企業価値の向上が見込まれない、あるいは企業価値の向上について十分に説明しない企業がＭＳＣＢを利用することによる株式の希薄化及び株価下落が、既存株主の利益を損ねているのではないか、ＭＳＣＢを買い受けた投資家が、買受け後にとる投資行動（ヘッジのための空売り等）によって、発行後の株価下落を招いているのではないか、など様々な論調による社会的な批判があることも事実である。」とし、証券会社（会員）に対して、観察期間（転換価額の修正を行う際に基準となる株価を参照する期間）等におけるＭＳＣＢに係る空売りを含めた株式の市場売却について一定の規制を設けるとともに、ＭＳＣＢの買取契約において、1か月間にＭＳＣＢの払込日時点の上場株式数の10％を超える株式への転換請求を行えない旨の条項（転換スピード規制）を設けることとしている。

ＭＳＣＢは、引受証券会社が借り株と空売りを組み合わせることで確実に利益を得ることができる手法で既存株主の利益を害する面があるとも言われている[4]ものの、特に有利な発行条件に該当するかどうかの基準が明確でなく、実際には株主総会の特別決議を得ないで取締役会決議で発行している場合が多い。

4　服部暢達『M＆A最強の選択』68頁以下（日経ＢＰ社、2005年）

5 著しく不公正な方法について

　著しく不公正な方法により新株予約権が発行される場合、株主が不利益を受けるおそれがあるときは、株主は新株予約権の発行の差止請求ができる（会社法247条）。著しく不公正な方法による新株予約権の発行とは、不当な目的を達成する手段として新株予約権の発行が利用される場合をいう。

　第三者割当株式発行に関する裁判例では、資金調達の必要性が証明されれば、支配権維持の目的があったとしても、著しく不公正な発行には該当しないとする主要目的ルールが有力となっているが、新株予約権の発行では、通常、資金調達の必要性は要求されないと解される[5]から、現経営陣が支配権を維持する目的で第三者割当新株予約権の発行を実施する場合、第三者割当株式発行のように主要目的ルールでは判断できない。

　敵対的買収に対する事前防衛策として実施された第三者割当新株予約権発行についての裁判例[6]では、「被専任者たる取締役に、選任者たる株主構成の変更を主要な目的とする新株等の発行をすることを一般的に許容することは、商法が機関権限の分配を定めた法意に明らかに反するものである。…事前の対抗策としての新株予約権の発行は、原則として株主総会の意思に基づいて行うべきであるが、株主総会は必ずしも機動的に開催可能な機関とは言い難く、次期株主総会までの間において、…事前の対抗策として相当な方法による限り、取締役会の決議により新株予約権の発行を行うことが許容される場合もある。…その場合であっても、株主総会の意思が反映する仕組みが必要であるというべきであり、また、…取締役会の恣意的判断の防止策も必要である。」とし、①新株予約権が株主総会の判断により消却可能であることなど、株主総会の意思が反映される仕組みとなっていること、②新株予約権の行使条件の成就が、会社に回復し難い損害をもたらす事情がある場合に限定されるとともに、条件成就の公正な判断が確保されるなど、条件成就に関する取締役会の恣意的判断が防止される仕組みとなっていること、③新株予約権の発行が、買収と無関係の株主に不測の損害を与えるものでないこと

5　神田秀樹『会社法〔第九版〕』137頁（弘文堂、2005年）
6　ニレコ事件（東京地決平17・6・1金判1218号8頁）

を要件とする「相当な方法」による場合は、将来における敵対的買収者の持株比率を低下されることを主たる目的とする新株予約権の発行であっても、その発行を差し止めることはできないとする。

なお、敵対的買収に対する有事防衛策として第三者割当新株予約権発行については、第三者割当株式発行と同様に解される[7]。

〔山本　浩二〕

【参考資料】
① 江頭憲治郎『株式会社法』（有斐閣、2006年）
② 神田秀樹『会社法〔第九版〕』（弘文堂、2007年）
③ 服部暢達『M＆A最強の選択』（日経ＢＰ社、2005年）

7　ニッポン放送事件（東京高決平17・3・23金判1214号6頁）

4

株式交換・株式移転

問題意識

① 株式交換・移転制度は、どのような特徴を有する組織再編制度であるか。
② 株式交換・移転制度は、どのような局面で買収手法として有効であるか。
③ 会社法により、株式交換・移転制度はどのように改正されたか。それは買収手法としての同制度の利便性にどのように影響するか。

第1 株式交換・移転制度の概要

1 意　義

　株式交換制度および株式移転制度は、共に、平成11年商法改正により、完全親会社を創設するための制度として導入され、会社法においても引き継がれている。

　会社法においては、株式交換の場合、完全子会社となる会社（A社）の株主の有するA社株式は、株式交換によって完全親会社となる既存の会社（B社）に移転し、A社の株主は、B社が株式交換に際して発行する新株の割当てを受けるか、または、B社からB社株式以外の金銭等の財産を受けることとなる（何も受けない扱いとすることも可能である）[1]。これにより、B社はA社の完全親会社となり、A社の旧株主はB社の株主となるか、または、株式交換

当事会社との資本関係を失う。株式交換は、既存の会社を完全親会社とする制度である（767条以下）。

　株式移転の場合、完全子会社となる会社（A社）の株主の有するA社株式は、株式移転により設立される完全親会社（B社）に移転し、A社の株主は、B社が株式移転に際して発行する株式の割当てを受けるか、または、B社の社債等の交付を受けることとなる[2]。これにより、B社はA社の完全親会社となり、A社の旧株主はB社の株主となるか、または、株式移転当事会社との資本関係を失う。株式移転は、完全親会社を新たに創設する制度である（772条以下）。

2　特　徴

(1)　事業への影響

　他の組織再編制度と比較した場合、株式交換・移転制度は、合併と異なり、法人格の消滅を伴わない。完全子会社となる会社の法人格は従来どおり維持され、株主に変動を来すのみである。そのため、完全子会社が従来有していた取引関係や業務上の許認可等はそのまま維持されることとなる。また、株式交換・移転制度においては、合併や吸収分割と異なり、異なる法人格の下で行われていた事業が同じ法人格の下に集約されることもない。そのため、想定していなかった簿外債務を承継することもなく、従業員の雇用関係や企業文化の統合も直接的には要求されない。その意味で、株式交換・移転制度は、完全子会社の事業に与える影響が少ない制度といえる[3]。

(2)　少数株主の完全排除

　株式交換・移転制度は既存の会社を完全子会社とする制度であるから、完全子会社となった既存の会社からは少数株主は完全に排除される[4]。

1　旧商法においては、株式変換を通じて完全子会社となる会社の株式の対価は完全親会社となる会社の株式に限定されていたため、完全子会社となる会社の株主は完全親会社の株主になることが制度上予定されていた（旧商法352条2項）。

2　旧商法においては、株式移転を通じて完全子会社となる会社の株式の対価は完全親会社の株式に限定されていたため、完全子会社となる会社の株主は完全親会社の株主になることが制度上予定されていた（旧商法364条2項）。

(3) 株主総会決議の必要性

原則として、株式交換の場合は当事会社双方において、株式移転の場合は完全子会社となる会社において、いずれも株主総会の特別決議または特殊決議が要求される（783条1項・795条1項・804条1項・309条2項12号）。そのため、株式交換・株式移転を行うためには、当事会社における特別決議または特殊決議を確保できる程度にその議決権を支配しているか、そのような決議を得られるだけの協力を経営陣から取り付けておくことが必要である。

第2 株式交換・移転制度が買収手法として利用される局面

以上のとおり、株式交換・移転制度は、完全子会社となる会社の事業へあまり影響を与えずに、その少数株主が完全子会社に対して有していた資本関係を完全に排除することができることから、M&Aにおいて有用な制度として頻繁に利用されている。しかし、株主総会の特別決議または特殊決議が原則として必要となるため、利用可能な局面は限定される。

まず、株式交換は既存の会社が他の会社の完全親会社となる制度であるため、実務上、企業買収方法の一つとして利用される。しかし、前述のとおり、原則として完全子会社となる会社において株主総会の特別決議または特殊決議が必要となるため、既に一定の支配を確保している親会社が、子会社から少数株主を排除してその子会社を完全子会社とする局面で利用されることが通常である。

---

3 ただし、上場会社等が株式交換・株式移転により完全子会社となる場合は、上場廃止等の影響が生じるので、事業上の影響は大きい。もっとも、後述のとおり、ゴーイング・プライベートの過程において、上場廃止等を意図して上場会社等が株式交換・株式移転を行うことがある。
　　また、完全子会社となる会社が締結している各種契約上、親会社の変動等を契約の解除事由等とする条項（Change of Control Clause）が含まれている場合、株式交換・株式移転が事業に影響を与える可能性がある。こうした条項の有無は、法務デュー・ディリジェンスにおける調査事項の一つである。

4 株式交換・移転制度導入前においては、公開買付け等により買収者が対象会社の支配権を十分に獲得した後に、その営業の全てを対象会社から譲り受け、最後に対象会社を清算することで、少数株主を排除するという手法が利用されることもあった。しかしこの手法は、株主権の濫用にあたると批判され、あるいは対象会社における営業譲渡のための株主総会において、利害関係人による議決権行使により著しく不当な決議がなされたとの理由で決議取消しの訴え（旧商法247条1項3号）を受けるというリスクがあったため、法的には問題をはらむものであった。

一方、株式移転においては、完全親会社は新たに創設されるに過ぎないので、一会社による株式移転が単独で企業買収手法として用いられることはない[5]。ただし、友好的買収のケースにおいて、株式移転後の完全親会社が完全子会社株式の全部を買収者に譲渡した後に解散し、自らの株主に残余財産として現金を交付することで、買収者と対象会社が株式交換をした場合と同様の効果をもたらす手法が考案されている[6]。

　なお、株式交換・移転制度は、対象会社を完全子会社とするため、上場企業等のゴーイング・プライベート[7]のためにも実務上利用される。ゴーイング・プライベートは、継続開示費用や株主総会費用等のコストを削減し、投資家株主の期待や敵対的企業買収のリスクを気にせずに経営戦略を立案・実行できるようにし、株主総会の簡略化により経営を機動的にし、少数株主対

---

[5] 株式移転のポピュラーな用途としては、経営統合の手段として、複数の会社が共同で純粋持株会社を設立することが挙げられる。このような複数社による共同の株式移転を企業買収手法として利用することも考えられる。例えば、A社とB社が共同で株式移転により完全親会社C社を創設するが、旧A社の株主が、C社に対する持株比率の差から、C社を通じてB社を実質的に支配する、という具合である。企業買収後においてA社とB社がともども持株会社の子会社となっている状況が事業活動などの観点から望ましく、かつ、旧A社の株主がC社を通じて実質的に支配することとなるB社の株主総会において、B社株主による特別決議または特殊決議を得ることができる状況であれば、かかる手法も検討に値しよう。

[6] 買収者が外国会社であるなど、単純に買収者と対象会社の間で株式交換をすることができない場合にこの手法が有用となる。ただし、この手法の場合、株式移転により創設された完全親会社は完全子会社の株式を保有しているだけであるため、その保有株式全部の譲渡は事業全部の譲渡に該当し、株主総会の特別決議が必要になるとも考えられる（467条1項1号・309条2項11号）。そのように考えると、完全子会社となる会社において株式移転のための株主総会決議を経るとともに、完全親会社において事業譲渡のための株主総会決議を経ることとなり、少数株主からの強い反発を受ける可能性がある。また、買収者が完全親会社の大株主である場合、特別利害関係人の議決権行使により著しく不当な決議がなされたと主張され、決議取消しの訴えが提起されるリスクも指摘できる（831条1項3号）。この点、株式移転の段階で、完全子会社となる会社の株主に対して完全親会社の株式ではなくその社債を交付することにより、少数株主が完全親会社に対しても資本関係を有さない状態を創出することができれば、上記の問題点を相当程度に解消することは可能であろう。しかし、株式移転により創設される完全親会社に株主がいない事態は許容されず、また、株主平等の原則（109条）にも配慮する必要があるため、少数株主のみに完全親会社の社債を交付する株式移転を行うことは困難であろう。

[7] 「ゴーイング・プライベート」とは、従来、一般的には「公開会社の非公開会社化」を意味すると説明され、そこにおける「公開会社」とは、上場企業や店頭登録企業を指していた。しかし、会社法の下では「公開会社」とは譲渡制限の付されていない株式の発行を定款で予定している株式会社を意味する用語として定義され（2条5号）、上場や店頭登録といった要素を含まない概念となっている。そのため、会社法施行後は用語法として混乱を来すおそれがあるため、本稿においては「ゴーイング・プライベート」という表現をそのまま用いている。

策を不要にする[8]、といったメリットがあるといわれる。ゴーイング・プライベートについては、本書「第2章　9」にて詳述する。

第3　株式交換・移転制度の問題点および会社法の下での状況の変化

1　交付対価の柔軟化

　株式交換・移転制度によって対象会社は完全子会社となるが、旧商法下では、完全子会社の株主は完全親会社の株主となるものであったため、買収者の視点からは、少数株主の関与が依然として残るものであった。そのため、支配の及ばない少数株主の関与を嫌う買収者にとっては、株式交換・移転制度は問題をはらむものであった。その原因は、完全子会社となる会社の株主に対して完全親会社（となる会社）の株式を発行することが、制度上要求されていたことにある[9]。

　この点、会社法は、旧商法からの実質的な改正点の一つとして、組織再編行為時の交付対価を柔軟にした[10]。株式交換・移転制度との関係について述べると、株式交換の場合、完全子会社となる会社の株主に対して、完全親会

---

[8]　もっとも、完全子会社となる会社の少数株主が完全親会社の株主となる場合は、少数株主対策が不要になるわけではない。しかし、後述のとおり、会社法は組織再編における対価を柔軟にしたため、ゴーイング・プライベートという観点から見た場合の株式交換・移転制度の利便性がより高まったといえる。ただし、株式移転により創設される完全親会社に株主がいない事態は許容されず、また、株主平等の原則（109条）にも配慮する必要があるため、株式移転により少数株主のみを完全親会社との資本関係から排除することは困難であろう。

[9]　もっとも、平成15年4月に改正された産業活力再生特別措置法（産活法）は、認定計画に従った株式交換に際して、完全親会社となる会社の株式の発行に代えて、金銭または他の会社の株式の交付を認めている（12条の9）。そのため、産活法に基づけば現金の支払のみで株式交換を行うことができ、少数株主が完全親会社の株主として残存する事態も避けることが可能である。しかし、そのようにして少数株主から株主としての地位を奪うことが法的に常に許容されるかは、株主権の濫用との関係で疑問の余地がある。そのため、少数株主の強制排除が株主権の濫用には当たらず許容される基準として、少数株主の持株比率が10%以下になることが必要であるとの一応の理解の下、株式交換に先立って対象会社株式の公開買付けを行い、買収者の持株比率を予め90%前後にしておく実務がみられた（藤縄憲一「企業再編における実務上の課題と取組み（下）」商事法務1656号79頁以下が詳しい）。なお、この手法は産活法の定める要件の充足が必要であり、そもそも、常に利用可能なわけではない。

社となる会社の株式を交付せず、金銭その他の財産を交付することが認められた（768条1項2号ロないしホ）。また、株式移転の場合、完全子会社となる会社の株主に対して、完全親会社の株式ではなく、その社債、新株予約権または新株予約権付社債[11]を交付することが認められた（773条1項7号）。これにより、株式交換・株式移転において完全子会社となる会社の株主に対して完全親会社（となる会社）の株式を交付しないことにより、少数株主が完全親会社に持分を有することを完全に排除することが可能となった[12]。

ただし、資本関係から締め出される少数株主の不利益に鑑みると、上記のような少数株主の締出しが法的に常に有効とみられるかは疑問の余地がある。有効性の判断基準については未だ確定した見解はないため、今後の動向を注視する必要がある[13]。

また、現金による株式交換を行う場合、完全子会社となる会社の株式の対価をどのように決定するかという問題がある。旧商法下においては、完全子会社となる会社の株主は完全親会社の株主となったため、組織再編により当事会社が受けるシナジー効果を、完全子会社となる会社の株主は完全親会社の株式の保有によって間接的に享受することが可能であった。しかし、現金株式交換の場合、完全子会社となる会社の株主は当事会社に対する持分を失

10　会社法の施行日は、交付の日（平成17年7月26日）から起算して1年6月を超えない範囲内で政令で定める日とされ（附則1条）、実際には、会社法は平成18年5月1日に施行された。しかし、組織再編行為における交付対価の柔軟化は、会社法の施行日から更に1年を経過する日までの間は利用できない手当てがなされ（附則4条）、実際に利用できるようになったのは平成19年5月1日からである。

11　この場合は、金銭の交付は認められないことに注意が必要である。

12　ただし、株式移転により創設される完全親会社に株主がいない事態は許容されず、また、株主平等の原則（109条）にも配慮する必要があるため、株式移転により少数株主のみを完全親会社との資本関係から排除することは困難であろう。これが可能な局面としては、複数社が共同で株式移転を行い、そのうちの一部の会社の株主に対してのみ完全親会社の社債を交付する場合が考えられる。しかし、これが少数株主の排除に有効であるかは、少数株主がどの会社に存在しているかなど、株式移転を行う前の状況に左右されるので、常に有効であるわけではない。

13　株式交換については、実務上の安全策として、従来の産活法を利用した現金株式交換の場合と同様に、株式交換の前段階として、対象会社の株式に対する公開買付けにより買収者の持株比率を90％程度に高めておく方策が、当面は検討されるのではないかと思われる。なお、90％という数字は、後述する会社法における略式株式交換の可否の判断基準にもなっており、かかる観点からも、この数字が、少数株主の利益保護よりも組織再編行為の円滑化を優先することを正当化する基準となるかと思われる。もっとも、会社法が現金株式交換を正面から認めたことを重視して、これを利用した少数株主の締出しの有効性を広く認める方向での解釈もありえよう。

うため、かかるシナジー効果を踏まえた対価設定を行わなければ不相当と考えられる。しかし、いかにしてかかる対価設定を行うかは難しい問題である。

更に、株式交換完全親会社がその株式以外の財産を完全子会社となる会社の株主に交付する場合、株式交換完全親会社が現に保有する財産が流出するため、一定の場合を除き、完全親会社となる会社において債権者保護手続が要求されることとなった（794条3項等）。その意味で、柔軟な対価の設定は株式交換手続を煩雑にする面があることに注意が必要である。

2　債務超過会社を完全子会社とする株式交換

旧商法下では、資本充実の観点から、株式交換の時点の時価ベースで債務超過となっている会社を完全子会社とする株式交換はできないとみるのが通説であり、実務もこれにならっていた。そのため、財務状況の芳しくない会社を完全子会社とする株式交換を企図する場合、その資産を再評価して債務超過ではないと認識する実務がみられた。しかし、かかる再評価が恣意的であるとの批判があり、また、完全子会社となる会社が、暖簾や含み益を考慮してもなお債務超過である場合には、株式交換を断念せざるを得なかった。

これに関して、会社法は、完全親会社となる会社に差損を生じさせる株式交換であっても、実行が可能であることを認めた（795条2項3号）。ただし、この場合は、簡易株式交換の要件が満たされるとしても、完全親会社となる会社における株主総会の決議が必要とされる（796条3項ただし書）[14]。

以上のとおり、会社法は、完全親会社となる会社に差損を生じさせる株式交換を認めているが、暖簾や含み益を考慮してもなお債務超過である実質債務超過会社を完全子会社とする株式交換まで許容するものかは必ずしも明らかではない[15]。会社法施行後の倒産処理実務を通じて議論が深まることが期待される。

14　ただし、完全親会社となる会社が完全子会社となる会社の被支配会社である場合には、完全親会社において差損が生じるとしても、略式株式交換制度により完全親会社における株主総会決議は不要である（796条1項）。

3 完全子会社となる会社の新株予約権および新株予約権付社債と債権者保護手続

　完全子会社となる会社が新株予約権を発行している場合、株式交換・株式移転の後に新株予約権が行使されると、完全子会社に新たな株主が生じることとなり、株式交換・株式移転を行った意味が相当に失われる。そこで、旧商法下では、一定の要件の下で、完全親会社が完全子会社となる会社の新株予約権にかかる義務を承継することを認めていた（旧商法352条3項・364条3項）。しかし、新株予約権付社債については、その新株予約権にかかる義務は条文上明示的に承継の対象から除外され、その社債にかかる債務については、旧商法下において債権者保護手続が規定されていなかったため、承継は認められないと解されていた。

　この点、会社法は、完全子会社となる会社の新株予約権または新株予約権付社債の保有者に対して完全親会社が自らの発行する新株予約権を交付し、消滅する新株予約権付社債の社債にかかる債務の承継を定めた（768条1項4号および5号・773条1項9号および10号）。しかし、一方、社債にかかる債務の承継は社債権者および債務を承継する完全親会社となる会社の債権者を害するおそれがあるため、こうした社債権者および債権者のための債権者保護手続が新たに規定された（789条1項3号・799条1項3号・810条1項3号）。そのため、会社法下では、株式交換・株式移転後に、完全子会社に新たな少数株主が発生するリスクは解消された反面、煩瑣な債権者保護手続が要求される場合が生じたこととなる[16]。

15　会社法の立法担当官は、会社法における組織再編行為においては、当事会社は債務の履行の見込みに関する事項を事前に開示しなければならないものの（施行規則182条7号等）、債務の履行の見込みがないことは組織再編行為自体の効力を否定するものではなく、また、いわゆる実質債務超過会社の組織再編行為の是非は、債務の履行の見込みの有無の一資料の問題に過ぎず、実質債務超過会社であっても組織再編行為をすることは妨げられないとの考えを示している（相澤哲＝細川充「組織再編行為」商事法務1769号19頁、25頁）。

16　なお、債権者保護手続とは異なるが、完全子会社となる会社の新株予約権を保有していた者を保護するため、一定の場合には、新株予約権の買取請求権が認められることとなった（787条1項3号・808条1項3号）。この改正点も、株式交換・株式移転の手続を煩瑣なものとするおそれがある。

4　外国会社と内国会社の間の株式交換

旧商法下では、外国会社を当事会社とする株式交換については、通説も実務もこれを認めていなかった。そのため、外国会社の株式を完全子会社となる会社の株主に交付する方法での株式交換は不可能と考えられていた[17]。

会社法の下でも、外国会社と内国会社が当事会社となる株式交換は不可能であると考えられる[18]。しかし、前述のとおり、組織再編行為における対価の柔軟化により、株式交換の場合、完全子会社となる会社の株主に対して、完全親会社となる会社の株式を交付せず、金銭その他の財産を交付することが認められた（768条1項2号ロないしホ）。そのため、外国会社が日本に子会社を設立して、その子会社に当該外国会社の株式を保有させ[19]、その子会社を完全親会社とする株式交換を対象会社との間で行い、対価として当該外国会社の株式を交付する手法をとることによって、外国会社と対象会社が株式交換を行った場合と同様の効果をもたらすことが可能となった[20]。

5　簡易株式交換・略式株式交換

旧商法下では、株式交換の手続を簡易にするものとして、完全親会社となる会社の規模に比して完全子会社となる会社の規模が小さい場合に、完全親会社となる会社において株主総会の特別決議を不要とする簡易株式交換の制度が存在していた（旧商法358条）。具体的には、完全親会社となる会社が株式

---

[17] もっとも、産活法に基づく認定計画に沿った株式交換においては、完全子会社となる会社の株式の対価として、外国会社の株式を用いることも許容されると考えられている。そのため、外国会社が日本において子会社を設立し、産活法に基づいてこれを完全親会社とする株式交換を対象会社との間で行い、対象会社の株主に対しては、当該子会社がその保有する親会社の株式を交付することで、外国会社と対象会社が株式交換をした場合と同様の効果をもたらすことができる（なお、日本の子会社は対象会社の完全親会社となるが、不要であれば、両社を合併させることで、企業結合の構造を単純化することができる）。しかし、この手法は産活法の定める要件の充足が必要であり、常に利用可能なわけではない。

[18] 会社法の立法担当官も、かかる株式交換は会社法の下でもやはり不可能であると理解している（相澤哲編著『一問一答　新・会社法』Q192（223頁）（商事法務、2005年））。

[19] 会社法の下では、株式交換完全子会社の株主に対して完全親会社となる会社の親会社の株式を交付する場合には、当該完全親会社となる会社はその親会社の株式を取得しておくことが許容されている（800条）。

[20] すなわち、産活法の下でのみ実施可能であった手法が、一般的に利用可能になったことを意味する。

交換に際して発行する新株の総数が発行済み株式総数の5％以下であり、かつ完全子会社となる会社の株主に支払う株式交換交付金が完全親会社となる会社の現存純資産額の2％以下であることが条件とされていた（旧商法358条1項）[21]。簡易株式交換は、上場企業など株主総会を機動的に開催することが実務上困難な会社が完全親会社になる株式交換を企図する場合に有用な制度であった。

会社法は、上記の簡易株式交換の要件を緩和し、より簡易株式交換を利用しやすくした。具体的には、①完全親会社となる会社が完全子会社となる会社の株主に対して交付する完全親会社となる会社の株式の数に、その一株当たり純資産額を乗じた額に、②同様に交付するそれ以外の財産の帳簿価額を加えた額が、完全親会社となる会社の純資産額の20％[22]以下の場合には、原則として、完全親会社となる会社において株主総会の特別決議が不要となった（796条3項）[23]。その意味では、簡易株式交換の利用可能性は高まり、買収手法としてより便利になったといえる。ただし、完全親会社となる会社が公開会社[24]ではなく、かつ、完全子会社となる会社の株主に対して完全親会社となる会社の譲渡制限株式を交付する場合には、完全親会社となる会社において株主総会の特別決議が必要とされていることには注意が必要である（796条3項ただし書・1項ただし書）。

また、会社法は、議決権支配率90％[25]以上の支配関係にある株式会社間で株式交換を行う場合には、被支配会社において株主総会の決議を不要とする略式株式交換の制度を導入した（784条1項・796条1項）。かかる場合には、被支配会社において株主総会を開催するまでもないと考えられたためである。この略式株式交換制度と上記1において述べた組織再編行為における交付対

21　ただし、完全親会社となる会社の株主のうち、簡易株式交換に反対する株主の議決権が総株主の議決権の6分の1以上になるときは、簡易株式交換手続はとれなかった（旧商法358条8項）。
22　完全親会社となる会社の定款において、これを下回る割合を定めている場合は、その割合。
23　ただし、会社法施行規則197条の定める数の株式を有する株主が簡易株式交換に反対する旨を完全親会社となる会社に通知した場合は、簡易株式交換手続はとれない（796条4項）。
24　会社法においては、「公開会社」とは、譲渡制限の付されていない株式の発行を定款で予定している株式会社を意味する（2条5号）。
25　被支配会社の定款において、これを上回る割合を定めている場合は、その割合（「特別支配会社」を定義する468条1項）。

価の柔軟化により、少数株主と当事会社との間の資本関係を完全に消滅させることが従来よりも容易に行えることとなった[26]。ただし、①支配会社が完全親会社となる株式交換において、対価として譲渡制限株式が用いられ、被支配会社が公開会社で、かつ種類株式発行会社ではない場合、および、②支配会社が完全子会社となる株式交換において、対価として公開会社ではない完全親会社となる被支配会社の譲渡制限株式が用いられる場合は、被支配会社において株主総会の決議が必要とされていることには注意が必要である（784条1項ただし書・796条1項ただし書）。

6 税務上の取扱い

従来は、特に合併の場合には、適格合併として課税繰延べが認められるために多くの要件を充足する必要があり、それが企業再編の足枷となることが多かったのに対し、株式交換・株式移転の場合、合併の場合に較べて課税繰延べの要件の充足が容易であった（改正前の租税特別措置法37条の14・67条の9）。

しかし、平成18年10月1日の税制改正により、株式交換・株式移転も、法人税法の下で、他の組織再編行為と同様の規律に服することとなり、課税繰延要件の充足は従来より困難になった。具体的には、適格株式交換・適格株式移転に該当するための要件は、基本的に、株式以外の資産が交付されないことおよび株式交換・株式移転が企業グループ内でまたは共同事業のために行われることであり、非適格株式交換・非適格株式移転の場合は、完全子会社となる会社につき保有資産の時価評価課税が行われる。また、株式交換・株式移転の適格または非適格の区別とは別に、完全親会社となる会社の発行株式以外の資産が交付される場合には、完全子会社となる会社の株主には損益認識の繰延べが認められない。このような取扱いの変更は、従来株式交換・株式移転が享受できた（他の組織再編行為と比較した際の）税務上の利便を失わせている[27]。

〔日下部真治〕

---

26 ただし、略式株式交換を含む略式組織再編行為については、一定の場合に、被支配会社の株主に差止請求権が認められることに注意が必要である（784条2項・796条2項）。
27 会社法下における組織再編税制については、浅妻敬＝宰田髙志「組織再編（1）」商事法務1777号26頁以下、浅妻敬＝平川雄士「組織再編（2）」商事法務1778号23頁以下、太田洋＝野田昌毅「株式交換・株式移転税制の抜本改正とM&A実務への影響」商事法務1778号33頁以下が詳しい。

【主要参考文献】
① 「事業再生と債権管理」106号84頁以下（金融財政事情研究会）
② 太田洋＝中山龍太郎編著『敵対的M＆A対応の最先端－その理論と実務』141頁以下（商事法務、2005年）
③ アンダーソン・毛利・友常法律事務所編著『新会社法の読み方』（金融財政事情研究会、2005年）
④ 服部暢達『実践M＆Aマネジメント』103頁以下（東洋経済新報社、2004年）
⑤ 西村総合法律事務所編『M＆A法大全』（商事法務研究会、2001年）
⑥ 相澤哲編著『一問一答　新・会社法』（商事法務、2005年）
⑦ 伊藤毅「株式交換、株式移転、会社分割（M＆A取引の手法）」中野通明＝宍戸善一編『ビジネス法務大系Ⅱ　M＆A　ジョイント・ベンチャー』161頁以下（日本評論社、2006年）

5

合　　併

> **問題意識**
> ① 合併は、どのような特徴を有する組織再編制度であるか。
> ② 合併は、どのような局面での買収手法として有効であるか。
> ③ 会社法により、合併制度はどのように改正されたか。それは買収手法としての利便性にどのように影響するか。

第1　概　要

1　意　義

　「会社は、他の会社と合併することができる。この場合においては、合併をする会社は、合併契約を締結しなければならない。」（会社法748条）。会社の合併とは、二つ以上の会社が契約によって一つの会社に合体することである。このような一つの会社への合体には、当事会社の一つが存続して他の会社が消滅する吸収合併と、当事会社のすべてが消滅して新しい会社を設立する新設合併とがあるが、実際には吸収合併がほとんどである。合併は、清算手続を経ず消滅会社の財産は存続会社または新設会社に包括的に承継され、消滅会社の株主は存続会社または新設会社の株主になる[1]。

　合併では、簡易合併および略式合併を除き、すべての当事会社で株主総会の特別決議[2]による承認（会社法783条・795条）が必要とされ、また、1か月以上の期間を定めてその期間内に異議を述べることができる旨の官報公告と

「知れたる債権者への催告[3]」を行う債権者保護手続（会社法789条・799条）は例外なく必要となる。そのため、通常の合併を行うには最低でも2か月位の期間を要する。

さらに、合併には独占禁止法と金融商品取引法の規制がある。独占禁止法により、一定規模以上の合併は公正取引委員会に対する届出が義務づけられ、届出を行った会社は、届出受理日から30日を経過する日までは合併できない[4]（独占禁止法15条）。また、金融商品取引法（平成19年9月施行）により、上場会社（有価証券報告書提出会社）が合併をする場合、合併による株式発行は有価証券の募集に該当せず有価証券届出書の提出は不要であるが、臨時報告書の提出は必要である（金融商品取引法24条の5第4項）[5]。ただし、上場会社（有価証券報告書提出会社）が消滅会社で非上場会社（有価証券報告書の提出義務のない会社）が存続会社となる合併をする場合、有価証券の募集・売出しに該当し、存続会社は有価証券届出書の提出が必要となる（金融商品取引法4条1項）。非上場会社（有価証券報告書の提出義務がない会社）同士の合併では、合併により株式を発行する場合で、増加純資産額が1億円以上のときは、有価証券通知書の提出が必要となる（金融商品取引法4条5項、企業内容等の開示に関する内閣府令6条）。

2 特　徴

合併の大きな特徴は法人格が一体となることである。法人格が一体となる

1　会社法の制定により合併対価が柔軟化されたため、必ずしも消滅会社の株主が存続会社の株主になるとは限らない。
2　消滅会社の譲渡制限のない株式の株主に存続会社の譲渡制限株式が交付される場合は、消滅会社の株主総会の特殊決議（譲渡制限のない種類株主がある場合は種類株主総会の特殊決議）が必要となり（会社法309条3項2号・783条3項）、消滅会社の株主に存続会社である持分会社の持分が交付される場合は、消滅会社の総株主の同意（持分が交付される種類株主がある場合は種類株主全員の同意）が必要となる（会社法783条2項・4項）。
3　日刊新聞紙への掲載など特定の場合は省略可能である。
4　「企業結合審査に関する独占禁止法の運用指針」（企業結合ガイドライン）の改正（平成19年3月28日）により、審査で重視する指標が従来の市場占有率（シェア）から寡占度指数（HHIハーフィンダール・ハーシュマン指標）に移行された。また、国境を越えて地理的範囲が確定され得る商品は国内市場だけでなく海外市場も考慮し、需要者利益を増大するような効率性の向上による競争促進効果も加味することが明確にされた。なお、HHIは、業界内の各企業のシェアをそれぞれ二乗して足し合わせて計算され、数字が高いほど寡占度が高く競争制限的と判断される。
5　さらに、上場会社では、証券取引所規則による適時開示が必要とされる。

ことにはいくつかの意味がある。

① 合併は、会社分割や事業譲渡と異なり、存続会社または新設会社が消滅会社の財産債務、権利義務を包括的に承継するため、承継する財産債務や権利義務を任意に選択できない。そのため、簿外の債務や保証債務など偶発債務も包括的に継承され、引継ぎに伴うリスクを排除できない。

② 合併は、株式交換や株式移転と異なり、役員の処遇、従業員の労働条件の統一、企業文化の融合など人的組織の統合に配慮しなければならず、統合に時間がかかる。

③ 当事会社に税務上の繰越欠損金を抱える会社がある場合、法人税法の適格合併に該当すれば、原則として合併消滅会社の繰越欠損金を引き継げる（法人税法57条2項）。ただし、M＆Aにより新たに子会社とした会社と合併した場合、子会社となった日の属する事業年度前に生じた繰越欠損金は、みなし共同事業要件を満たさない限り適格合併であっても引き継げない。

第2 買収手法として利用される局面

合併は、企業規模が類似する会社同士の対等合併や業績が悪化した会社に対する救済合併を除き、M＆Aの第一段階で行われることは少ない。M＆Aは時間的制約の下で実施されることが多く、法的手続や統合作業に時間を要する合併では迅速な対応が難しいことや税制上の適格合併に該当しなければ課税が生じることから、通常は買収対象会社の株式の大部分を取得して傘下におさめてから、企業グループ内の組織再編として利用される。

第3 問題点と会社法での状況の変化

1 合併対価の柔軟化[6]

旧商法では、合併の対価は、合併交付金を除き存続会社の新株または自己

---

[6] 合併対価の柔軟化の施行は、会社法の施行（平成18年5月1日）から1年間延長され、平成19年5月1日から施行された。

株式に限られると解されていた[7]が、会社法では、吸収合併に限り、現金や親会社株式など金銭その他の財産を交付することができるようになった（会社法749条1項2号・751条1項3号）。

合併対価が柔軟化されたことに対応して、その適正性を担保するため、対価の割当てに関する書面のほか対価の内容を相当とする理由を記載した書面を開示することが必要となる（会社法782条1項、会社法施行規則182条）。

また、存続会社の株式以外の財産を合併対価として利用できるようになったことに伴い、少数株主の強制的追い出し（Squeeze-out）や流動性のない資産の押しつけなど消滅会社の株主が不利益を受ける場合が生じるが、この場合は、反対株主の株式買取請求権（会社法797条）、合併無効の訴え（会社法828条）で対抗することになる。

(1) **現金による買収合併（Cash-out Merger）**

会社法では、消滅会社の株主に存続会社の株式の代わりに現金を交付して合併をする現金による買収合併ができるようになった。旧商法においても、買収対象会社の株式を100％取得した後に合併することで、現金による買収合併と同様な効果を実現できたが、株主が少人数の非上場会社であればともかく、上場会社の株式を100％取得することは不可能であった。なお、現在の税制では、現金による買収合併は非適格合併として課税される（法人税法2条・62条）。

(2) **三角合併（本章6三角合併参照）**

会社法では、消滅会社の株主に存続会社の株式の代わりに存続会社の親会社の株式を交付して、株式交換と同様の効果を実現できるいわゆる三角合併ができるようになった。従来は、日本の会社と外国会社は、合併、会社分割、株式交換などの組織再編行為はできないと解されていた[8]。三角合併は、外国会社が日本の会社を買収する場合に、実質的に外国会社との株式交換した場合と同じ効果がある。具体的には、①外国会社が日本に子会社を設立、②子会社が親会社株式を取得（会社法800条1項）、③子会社と買収対象会社が合

---

[7] 江頭憲治郎『株式会社法』750頁（有斐閣、2006年）
[8] 相澤哲編著『一問一答 新・会社法』223頁（商事法務、2005年）。これに対して、江頭・前掲書757頁では可能であるとする。

併、④消滅会社の株主に親会社株式を交付するという手順を踏むことによって、実質的に外国会社との株式交換を実現できるようになった。

2 債務超過会社を消滅会社とする合併（合併差損）

会社法では、会計上の合併差損[9]が明文で認められた（会社法795条2項）。旧商法では、資本充実の観点から、存続会社において資本金の増加額[10]が受け入れる純資産の価額を超えることはできないと解されていた。すなわち、消滅会社の純資産の帳簿価額が合併による資本金の増加額を下回っている場合は、消滅会社の純資産を評価替えして受け入れなければならず、会計上の持分プーリング法[11]による処理ができなかった。会社法では、合併の会計処理を一般に公正妥当な会計基準[12]に委ねたことから、消滅会社の純資産の時価が合併による資本金の増加額[13]を超えている限り、消滅会社の純資産の帳簿価額で受け入れることにより生じる会計上の合併差損は認められることになった。

しかし、時価による消滅会社の純資産額がマイナスの実質的な債務超過会社を消滅会社とする合併ができるかどうかについては明確にされず、従来通り解釈に任された。従来でも無増資合併の場合は、実質的な債務超過会社を吸収合併できるとする有力説がある[14]。

3 合併に伴う新株予約権の承継

旧商法では、新株予約権を発行している会社が合併する場合の取扱いにつ

---

9 合併差損が生じる場合として、①承継する純資産の消滅会社における帳簿価額がマイナスの場合、②消滅会社の株主に交付する対価の存続会社における帳簿価額が承継する純資産額を超える場合がある。
10 存続会社の保有する自己株式を合併対価として交付する場合は、当該自己株式の帳簿価額を加算した額。
11 存続会社が合併により受け入れる純資産の受入価額を消滅会社の帳簿価額とする方法。
12 企業会計審議会「企業結合に係る会計基準」（平成15年10月31日）。基本的な処理方法として、消滅会社の純資産を、消滅会社の帳簿価額で受け入れる持分プーリング法と時価で受け入れるパーチェス法がある。
13 存続会社の保有する自己株式を合併対価として交付する場合は、当該自己株式の時価を加算した額。
14 江頭・前掲書775頁

いての規定がなかった（登記手続については旧商法414条2項）が、会社法では、合併契約の定めにより、消滅会社の新株予約権を消滅させた上で、新株予約権者に存続会社の新株予約権の交付する形で新株予約権の実質的な承継が可能となり、さらに、消滅会社の新株予約権者に存続会社の新株予約権を交付しない場合は、これに代わる金銭を交付することが必要になった（会社法749条1項4号・753条1項10号）。

また、会社法では、消滅会社の新株予約権者を保護するため、合併に際し、消滅会社における新株予約権の定めに従った取扱いがされない場合、当該定めがない場合または新株予約権に代わる金銭の交付についてその金額等に不服がある場合は、消滅会社の新株予約権者は消滅会社に対して新株予約権の買取請求ができる（会社法787条1項・808条1項）。

4　簡易合併・略式合併

旧商法では、存続会社における株主総会の決議が不要となる簡易合併の要件として、存続会社の合併に際して発行する株式数が発行済株式総数の5％以下であり、かつ合併交付金が現存純資産額の2％以下である場合とされていた（旧商法413条ノ3）。会社法では、簡易合併の要件が緩和されて、消滅会社の株主に交付する存続会社の株式数の発行済株式総数に対する割合と消滅会社の株主に交付する存続会社の株式以外の財産の純資産額に対する割合の合計額が20％以下の場合とされた（会社法796条3項）。ただし、合併差損が生じる場合と株式譲渡制限会社である存続会社が譲渡制限株式を交付する場合は存続会社の株主総会の特別決議が必要となる（会社法796条3項ただし書）。

会社法では、総議決権の90％以上[15]を保有する支配関係のある株式会社間の合併で被支配会社における株主総会の決議を要しない略式合併の制度が導入された（会社法784第1項・796条1項）。この方法と合併対価の柔軟化により、いわゆる少数株主の強制的追い出し（Squeeze-out）が可能となった。ただし、①被支配会社を消滅会社とする合併において、被支配会社が公開会社である場合で、支配会社の譲渡制限株式を合併対価として交付する場合は、被支

15　産業活力再生特別措置法を適用できる場合は、3分の2以上に条件が緩和される。

会社の株主総会の特殊決議が必要となり（会社法784条1項ただし書・783条・309条3項2号）、②被支配会社を存続会社とする合併において、被支配会社が株式譲渡制限会社の場合で、被支配会社の譲渡制限株式を合併対価として交付する場合は、被支配会社の株主総会の特別決議が必要となる（会社法796条1項ただし書）。

　被支配会社の株主は、略式合併が法令または定款に違反し、または著しく不当な条件で行われたことにより、不利益を受けるおそれがある場合は、略式合併の差止めを請求することができる（会社法784条2項・796条2項）。これは、通常の合併では、株主総会決議取消しの訴え（会社法831条）が可能であることとのバランスから、株主総会の決議がない略式合併で被支配会社の少数株主を保護するために設けられた制度である。

〔山本　浩二〕

【参考文献】
① 江頭憲治郎『株式会社法』（有斐閣、2006年）
② 神田秀樹『会社法〔第九版〕』（弘文堂、2007年）
③ 商事法務研究会編『会社の合併ハンドブック（新訂第3版）』（商事法務、2000年）
④ 金融財政事情研究会編「事業再生と債権管理」106号
⑤ 稲葉威雄編『実務相談株式会社法（補遺）』（商事法務、2004年）

⑥ 三角合併

問題意識

① 三角合併とはどのようなものか。なぜ導入されたのか。
② 三角合併は、具体的にどのような手順および方法で行われるか。
③ 三角合併の税法上の取扱いはどのようになっているか。
④ 三角合併と敵対的買収。

第1 三角合併の意義・内容と導入の経緯

1 三角合併の意義

(1) 会社法上の三角合併

三角合併（Triangle Merger）[1]とは、会社の吸収合併の局面において、消滅会社の株主に対し、合併対価として存続会社の親会社株式が交付される場合をいう。たとえば、P社（parent）を親会社とする子会社S社（subsidiary）が存続会社となり、T社（target）を消滅会社とする吸収合併がなされるときに、

---

[1] 会社法制定時に廃止された「銀行持株会社の創設のための銀行等に係る合併手続の特例等に関する法律」（平成9年法律第121号）における銀行等の金融機関が持株会社を新設する手続も「三角合併」と呼ばれていたが、これは「既存の金融機関（A）が銀行持株会社となるべきBを子会社として設立し、かつ、Bが子会社C（存続金融機関）を設立した上で、CがAを吸収合併し、消滅会社Aの株主は、Cから交付されたC株式を合併契約の定めに従い現物出資との目的としてBに給付することにより、Aの旧株主を株主とする銀行持株会社ができる仕組み」であり、会社法で可能となった三角合併とは異なる（江頭憲治郎『株式会社法』、755頁注（8）（有斐閣、2006年））。

その対価としてT社株主にP社株式が交付されることを指す（以下の検討においては、適宜この例を用いる。）。なお、これとは異なり、S社を消滅会社とし、T社を存続会社としてP社株式を交付する「逆三角合併」(Reverse Triangular Merger)[2]は認められていない。

会社法制定前の通説は、合併対価として存続会社株式以外の財産を交付することを認めていなかったが[3]、会社法は明文でこれを認め、存続会社株式（会社法749条1項2号イ）に加えて、それ以外の金銭等を合併対価とすることが可能となった（「合併等対価の柔軟化」）。このような合併等対価の柔軟化の一環として、存続会社の社債（会社法749条1項2号ロ）、新株予約権（同ハ）、新株予約権付社債（同ニ）の他に、「存続会社の株式等以外の財産」を合併対価とすることが認められ（同ホ）、そのような「存続会社の株式等以外の財産」として存続会社の親会社株式を利用する類型が三角合併にあたる。上記の例でいえば、合併契約の当事会社はあくまでS社およびT社であり、対価たる株式の発行主体であるP社は、当該合併に事実上関与するにとどまる[4]。つまり、三角合併の法的な位置付けは、従来の吸収合併と特段異なるものではなく、合併対価に着目したヴァリエーションの一つとして区別されているにすぎない。また、P、S、Tの三社がともに国内企業である場合には、三角合併と同様の経済的実質は、株式交換と合併とを併用することによっても実現可能であり、必ずしも三角合併の制度化をまたなければならなかったものではなかった。とはいえ、合併対価のヴァリエーションが豊富になるということは、会社にとって組織再編行為の選択肢が広がることを意味し、とりわけ三角合併の場合には、S社（実質的にはP社）は現金を必要とせずにT社を買収することが可能となるのであるから、その導入のインパクトは大きい。また、法理論的には、子会社による親会社株式の取得禁止（会社法135条）といった原則を緩和するものでもある。それゆえ、三角合併を他の類型と区別して論じることには、経済的・法的に一定の合理性があるといえよう。

---

2 これとの対比で、会社法が認めるタイプの三角合併を、とくに「Forward Triangular Merger」ということがある。
3 江頭・前掲書750頁注（3）。
4 相澤哲「合併等対価の柔軟化の実現とその経緯」マール2007年7月号27頁。

(2) 税法上の三角合併

　会社法における合併等対価の柔軟化を受けて、「合併親法人株式」を合併対価とする組織再編税制が新設された。すなわち、三角合併を行う場合において、それが「適格合併」（法人税法2条12号の8）に該当するときには、S社がP社株式を合併の対価として交付する際の譲渡益課税・みなし配当課税につき繰延措置が認められる（法人税法62条の2第7項・61条の2第2項、租税特別措置法37条の10第3項1号）。もっとも、当該合併が適格と判断されるためには、後述する通り、P社がS社の完全親会社であることや、S社がペーパー・カンパニーでないことといった「事業性要件」ないし「事業関連性要件」など、会社法では考慮されていない要件が要求されており、これらの適格要件を満たさない三角合併（非適格三角合併）には組織再編税制が適用されない。とりわけ、国外企業への投資という観点からは、まず当該外国にペーパー・カンパニーを設立して、これを国外企業と合併させるという方法にも合理性がある。それにもかかわらずこの種の三角合併に適格を付与せず、結果として会社法と税法とにおいて（有用性ないし実現可能性の点で）三角合併概念に齟齬が生じた点を評して、「法務省は、真正面から新しい制度の構築に取り組んだ。しかし、税制のほうは、既存の組織再編税制の枠組みから脱皮できなかった。その結果、三角合併を動かす車の両輪は、大きさが違うちぐはぐなものになった」との指摘がなされている[5]。

　なお、適格要件を満たさない三角合併においては、T社株主がP社株式を合併対価として取得する際のみなし配当課税につき、繰延措置が認められない（譲渡益課税の繰延べは、適格要件と関係なく認められる。）。また、適格要件を満たすか否かにかかわらず、S社が合併契約日に有する親会社株式および合併契約日後（合併効力発生日前）に一定の事由により取得した親会社株式については、合併契約日または株式取得日の時価で（第三者に）譲渡し、かつ、その価額で再び取得したものとみなされ、合併契約日・株式取得日を基準として、対価として用いられる親会社株式の含み損益をいったん精算する会計処理がなされることとされている（みなし譲渡。法人税法61条の2第22項）。したが

---

[5] 座談会「三角合併解禁と日本のM&Aの今後の課題—株式が国際買収通貨になる時代の幕開け」マール2007年7月号19頁〔川端発言〕。

って、このような親会社株式の価額は、みなし譲渡後の帳簿価額（合併契約日・株式取得日の時価）と評価されることになるから、適格三角合併の場合であっても、このような親会社株式の含み損益については、三角合併の段階で課税対象となる[6]。

以上を整理すると、法的概念としての三角合併は、会社法上の三角合併概念を外延とし、その内包が、税法上の適格要件の充足の有無を基準として、適格三角合併と非適格三角合併とに区分される関係にあるということができる。

2 導入の経緯

三角合併を含む合併等対価の柔軟化は、もともと、経済環境の変化に対応して機動的かつ円滑な組織再編を実現するという経済界の強い要望により検討が始められたものである。すなわち、従来の学説は、前述の通り、三角合併や交付金合併（Cash-out Merger）といった合併対価の柔軟化自体に反対する立場が多数だったが、たとえば、国内からは、クロスボーダーM&Aの隆盛等を背景として、経団連から「吸収合併、吸収分割及び株式交換の場合において、消滅会社等の株主に対して、存続会社等の株式を交付する代わりに、金銭や他の会社の株式などの財産を交付する、合併対価の柔軟化を認めるべきである。」との主張があり[7]、三角合併や交付金合併といった組織再編行為のヴァリエーションを充実させ、その促進を図ることを通じて、M&A市場の育成および市場淘汰による国内経済の活性化が企図されていた。

また、海外からは、旧商法上、国際間の株式交換が不可能とされる一方で[8]、国内企業同士の株式交換がされる場合には広範な税の繰延措置が講じられた

---

[6] 渡辺徹也「三角合併に関する平成19年度税制改正」マール2007年7月号33頁。
[7] （社）日本経済団体連合会「会社法改正への提言」（平成15年10月21日付け）<http://www.keidanren.or.jp/japanese/policy/2003/095.html>
[8] もっとも、解釈論としては、各当事会社の従属法上の要件を満たす限りにおいて、国際間の株式交換を認める立場もあったと指摘されている（中山龍太郎「外国会社による三角合併利用に係る実務上の課題」商事法務1802号31頁注（八）の各文献）。なお、「会社法制の現代化に関する要綱案」策定の過程で、国際的な株式交換の導入は見送られた経緯があることから（江頭憲治郎「会社法制の現代化に関する要綱案」の解説〔Ⅰ〕」商事法務1721号7頁）、会社法の解釈としては認められないのではないかと考える。

ため、国外企業がわが国のM&A市場に参入するにあたり、国内企業に比して不当に不利な立場に置かれるとの不満が強く寄せられていた。もっとも、この点を反映して、海外からの要望は、合併対価の柔軟化それ自体ではなく、もっぱら外国株式を合併対価として用いる際に、組織再編税制で認められる税の繰延措置を講じることであった[9]。

以上のように、三角合併は、組織再編行為の選択肢を増やすという点で、P社が国内企業である場合にも、国外企業である場合にも等しく有益なシステムである。たとえば、国内における三角合併の議論も、そもそも、株式を対価とする公開買付け（TOB）が証券取引法上可能であったにもかかわらず[10]、この場合の課税繰延措置がなかったために事実上実現が不可能であったことが問題の発端であり[11]、問題意識の根底は海外におけるそれと異ならない[12]。

このような国内外からの要望を受けて、三角合併を含む合併対価等の柔軟化は、会社法制定に向けた法制審議会会社法（現代化関係）部会での審議においても主要項目と位置付けられ、これを実現する提案を盛り込んだ「会社法制の現代化に関する要項試案」（平成15年10月）は各界から好意的に受け止められたようである。

ところが、合併等対価の柔軟化のうち、三角合併に関しては、平成16年後半頃から、これを利用した国外企業による国内企業の敵対的買収が増加するのではないかとの懸念が、国内経済界の一部から強く示されるようになり、経団連も従来の立場を180度転換し、株式を対価とする企業再編行為に消極的な姿勢に転じた[13]。このような情勢を受けて、法制審議会の審議と並行し

---

[9] 相澤哲「合併等対価の柔軟化の実現とその経緯」マール2007年7月号27頁。
[10] 神崎克郎＝志谷匡史＝川口恭弘『証券取引法』307頁（青林書院、初版、2006年）。
[11] 座談会「三角合併解禁と日本のM&Aの今後の課題―株式が国際買収通貨になる時代の幕開け」マール2007年7月号23頁〔川端発言〕。この点で、現実的な組織再編行為のヴァリエーションたりうるには、税制の面がいかに重要かがわかる。
[12] もっとも、問題の帰結である対価等柔軟化の意義の点では、国内企業にとっては「金銭を中心とした財産一般を対価として用いることができるようになる選択肢の拡大の面に意味があった」のに対し、国外企業からは「外国株式と日本株式とを交換する類型のM&Aにつき課税の繰延措置を実現するための、もっとも現実的なステップ」と認識され、両者の視点には開きがあった（相澤哲「合併等対価の柔軟化の実現に至る経緯」商事法務1801号15頁注（七））。
[13] （社）日本経済団体連合会「企業買収に対する合理的な防衛策の整備に関する意見」（平成16年11月16日付け）<http://www.keidanren.or.jp/japanese/policy/2004/085.html>。

て行われていた会社法案の与党審査では、当時社会の関心を集めていたライブドアによるニッポン放送株式取得問題の影響もあり、「各株式会社がその決算期のいかんにかかわらず会社法施行後の最初の定時株主総会において定款変更を要する機会を確保することができるようにすること」[14]を理由として、合併対価等の柔軟化に関する部分の施行を、他の部分の施行の1年後とすることを条件に、会社法案の国会提出が了承されることになった。なお、法案の国会提出以降においても、経済界の一部では三角合併に対する警戒論が根強く主張され、たとえば、経団連が平成18年12月に発表した「M＆A法制の一層の整備を求める」においては、「消滅会社が上場会社である場合、現金又は日本上場有価証券（あるいは日本の上場基準を満たす有価証券）以外を対価とする合併の決議要件は、たとえば特殊決議とするなど、厳格化すべきである」とされていた。

　以上のような経緯により、会社法は平成17年6月29日に成立、同年7月26日に公布、平成18年5月1日に施行されたが、このうち対価等柔軟化に関する部分については、平成19年5月1日まで施行が延期されることとなったのである[15]。

第2　三角合併の手順および方法

　三角合併の手続は、①子会社による親会社株式の取得、②株主総会における合併契約承認、③合併対価の割当ての3段階に大別される。

1　子会社による親会社株式の取得

(1)　取得の時期、範囲および相手方

　三角合併においても、合併の当事会社は存続会社（S社）および消滅会社（T社）であるから、合併対価の発行主体であるP社が直接T社株主に対して

14　相澤哲「合併等対価の柔軟化の実現に至る経緯」商事法務1801号10頁。
15　このような対価等柔軟化導入過程における国内経済界の姿勢の変化につき、落合誠一教授は否定的評価を加えられる（同「合併等対価の柔軟化とM＆A法制の方向性」企業会計59巻8号28頁以下）。また、経済ドキュメンタリーであるが、牧野洋『不思議の国のM＆A』10頁以下（日本経済新聞出版社、2007年）は、この経過を如実に描写している。

自社株式を交付することはできず、いったんＳ社がＴ社株式を取得する必要がある。そこで、三角合併の場合には、子会社による親会社株式取得禁止の例外として、Ｓ社によるＴ社株式取得・保有が許容される仕組みが採られている（会社法800条・135条１項、施行規則23条８号）。

親会社株式の取得時期については、あくまで子会社による親会社株式取得は例外的措置であり、合併対価として利用されない親会社株式の取得は禁止されていることからすると、吸収合併契約締結に先行して取得された親会社株式が、吸収合併交渉の不調により宙に浮くことは好ましくないといえるため、吸収合併契約締結後に取得するのが原則と考えられる[16]。

また、Ｓ社が取得できるＰ社株式数の範囲については、文言上「消滅会社等の株主等に対して交付する当該親会社株式の総数を超えない範囲」（会社法800条１項）が上限となっているが、たとえば、合併契約締結から効力発生までの間に、Ｔ社において新株が発行されるような場合には、その増加分に見合う対価（Ｐ社株式）が必要となる一方、そのような増加分を事前に正確に把握することは困難であるため、実務上は最大限必要なところまで親会社株式を取得しておくニーズがあるとの指摘がある[17]。そうすると、Ｔ社株主に交付してもなおＳ社の手許にＰ社株式が残ってしまう事態も想定されるが、会社法800条１項は、組織再編に仮託した親会社株式取得規制の潜脱を防ぐ趣旨であるから、このような残存親会社株式については、相当の期間（会社法135条３項参照）に処理すれば法の問題は生じない[18]。

また、Ｓ社によるＰ社株式取得の方法には特に制限はなく、Ｐ社が新株発行・自己株式処分をすることにより、Ｓ社がＰ社から直接取得する方法のほかに、Ｐ社以外の第三者から市場等を通じて取得する方法も考えられるが、後者の方法はあまり現実的ではない[19]。

(2) 取得に係る資金調達

それでは、Ｐ社から直接親会社株式を取得するとして、その原資はどのよ

---

[16] もっとも、会社法800条２項ただし書の規定ぶりからは、取得時期はあまり重視されていないとも考えられ、たとえば、「相当の時期」（会社法135条３項）に処分される限り、取得の時期自体にはこだわらないものともみえる。
[17] 座談会「会社法における合併等対価の柔軟化の施行」商事法務1799号21頁〔石井発言〕。
[18] 座談会「会社法における合併等対価の柔軟化の施行」商事法務1799号21頁〔相澤発言〕。

うにして調達されるであろうか。

　まず、公開買付け（TOB）と合併による完全子会社化の併用という、いわゆる二段階買収の第二段階として三角合併を利用する場合には、TOB段階でＳ社が取得するＴ社株式を利用することが可能となる。この場合、①当該Ｔ社株式を担保として、Ｐ社以外の第三者から借入れを行い、この借入金を原資としてＰ社から親会社株式を売買で取得する方法、あるいは②当該Ｔ社株式をＰ社に現物出資することにより、その対価として親会社株式を取得する方法が考えられる。

　次に、TOBを介することなく、単発の三角合併を行う場合の方法としては、③Ｓ社がＰ社または第三者から借入れを行い、この借入金を原資として親会社株式を取得する方法、④Ｓ社からＰ社への払込金額を非常に安い価格あるいは無償とすることにより、実質的にＳ社の資金調達を不要とする方法、さらに⑤Ｓ社およびＰ社が相互に新株発行を行い、それに係るそれぞれの払込債権を相殺合意により相殺する方法[20]、または⑥同じくそれぞれの払込債権を現物出資する方法が考えられる。

　もっとも、③の方法において、Ｐ社からの借入れをする場合には、仮装払込みに当たらないかが問題となりうるし、また、④の方法では、そのような価格でのＰ社による新株発行・自己株式の処分が有利発行に当たるのではないかが検討される必要がある。さらに、⑤の方法では、会社からの相殺は明文上否定されていないとはいえ（会社法208条3項）、相殺合意をも禁止していた旧法下での登記通達（昭和39・12・9民事甲第3910号民事局長通達）との関係、

19　その理由として、Ｐ社が上場会社であることを前提に、①合併対価として必要十分な数のＰ社株式取得の困難、②市場から取得する場合の価格高騰の問題が指摘されている（座談会「会社法における合併等対価の柔軟化の施行」商事法務1799号16頁〔石井発言〕）。また、三角合併は、設備投資等で現金需要の高い企業が、現金を用いることなく組織再編を実現できる点にヴァリエーションとしての利点があることからすると、第三者からの有償取得は、一般には三角合併の阻害要因として位置付けられるべきであろう。

20　後述する登記通達（昭和39・12・9民事甲第3910号民事局通達）との関係で疑義はあるが、平成17年2月9日法制審議会「会社法制の現代化に関する要綱」第二部第四3（6）①（注2）では「相殺禁止に関する規定は、金銭等で払い込むべきものと定められている場合における引受人からの相殺を禁止する旨の規定に改めるものとする。」とされていることから、この方法を否定する理由はないとの指摘がある（大石篤史ほか「三角合併の実務対応に伴う法的諸問題」商事法務1802号18頁参照）。

また、⑥の方法に関しては、検査役調査の実効性の観点から疑問が呈されているところである。

(3) P社が国外企業である場合

これまでの検討は、三角合併に関係する三社がいずれも国内企業であることを前提としたものである。ここで、P社のみが国外企業である場合を考えると、子会社による親会社株式取得の可否は、親会社（P社）の従属法によって判断されることとなるため、上記とは別に親会社従属法の規律を検討する必要がある[21]。なお、P社およびS社が外国企業であってT社のみが国内企業である国際的三角合併については、解釈論上、一般には不可能と考えられている[22]。

2　子会社による合併契約承認

(1) 決議要件

三角合併は、対価の点でのみ特徴を有するにすぎないから、その手続的要件は一般の合併手続と特に異ならず、当事会社株主総会の特別決議をもって承認される（会社法783条1項・795条1項・309条2項12号）。三角合併の構造上、存続会社において決議要件を充たさないということは考えられないから、現実に重要となるのは消滅会社の決議要件が充足されるか否かである。

この点、三角合併が濫用的買収に利用されるおそれがあるとの懸念から、とりわけ対価が国外企業の株式である場合に、消滅会社において特殊決議（会社法309条3項）を要求すべきではないかとの提案がなされていた。これは、国外企業の株式を、会社法783条3項および会社法施行規則186条が規定する「譲渡制限株式等」に含めることによって、決議要件の引上げを図ろうとするものである（この場合の決議要件は、会社法309条3項2号の特殊決議となる）。し

21　藤田友敬「企業再編対価の柔軟化・子会社の定義」ジュリスト1268号112頁。
22　落合誠一「国際的合併の法的対応」ジュリスト1175号36頁および同40頁注（6）引用の各文献参照。反対に、国際的な合併が可能であるとの見解もある（国際私法の観点から、早川吉尚「国際M&Aを巡る国際私法上の問題と三角合併」企業会計59巻8号33頁以下、実質法の観点から、江頭・前掲書757頁注（3））。この立場を採れば、本文のような国際的三角合併も考えられるが、この場合は合併手続の規律について、国際的な株式交換と同様の複雑な問題が生じるものと思われる。この点については、江頭憲治郎「「会社法制の現代化に関する要網案」の解説〔1〕」商事法務1721号13頁注(14)参照。

かし、会社法上、組織再編一般の決議要件は原則として特別決議であり、特殊決議は例外的な決議要件であること、株式の上場市場によって決議要件を区別する理由に乏しいことから、国外企業の株式が対価である場合であっても、特別決議で足りるものとされた[23]。

なお、対価が国外企業の株式である場合、それが「持分等」に該当するならば、消滅会社において総株主の同意を得る必要がある（会社法783条2項、施行規則185条）。すなわち、会社法施行規則185条括弧書によれば「譲渡制限株式」が「持分等」から除外される結果、国内企業の株式であって、かつ、「持分等」に該当するものは、そもそも存在し得ない。しかし、ここで除外される「譲渡制限株式」とは、会社法上の「譲渡制限株式」（会社法2条17号）であるから、対価が国外企業の株式である場合には、譲渡性に制約があるにもかかわらず「譲渡制限株式」に該当しない株式がありうることになる。そこで、会社法施行規則185条では、持分会社の持分のほか「法的譲渡性についてこれと同等と認められる『権利の移転又は行使に債務者その他第三者の承諾を要するもの』」を「持分等」と規定し、対価が「譲渡制限株式」に該当しない国外企業であって、かつ、譲渡性に強度の制約がある一定の場合には、特別の規制（消滅会社総株主の同意）をかけることとしたのである[24]。

(2) 情報開示

株主が合併契約への賛否ないし株式買取請求権行使の是非を判断するためには、その資料として必要十分な情報・資料が提供されることが必要である。とりわけ三角合併においては、当事会社でない（存続会社の）親会社の株式が対価として交付されることから、単に当事会社に関する情報が提供されれば足りるものではない。

このような株主保護の観点から、吸収合併等を行う場合に消滅会社等の株主に対して開示される情報の充実を図るべく、消滅会社株主に対して、合併

---

23 会社法中でのバランスという点で、妥当な帰結と評価されている（座談会「三角合併解禁と日本のM&Aの今後の課題―株式が国際買収通貨になる時代の幕開け」マール2007年7月号15頁〔五嶋発言〕、〔落合発言〕）。

24 相沢哲「合併等対価の柔軟化の実現に至経緯」商事法務1801号13頁参照。なお、「持分等」の意義については、相沢哲＝細川充「組織再編行為」相沢哲編著『立案担当者による新会社法関係法務省令の解説』別冊商事法務300号140頁参照。

条件の相当性に関する情報や合併対価の換価方法などが事前開示されることになっている（会社法782条1項、施行規則182条）[25]。とくに三角合併との関係では、「合併対価について参考となるべき事項」（施行規則182条1項2号）として、合併対価の発行主体である親会社の定款や財務状況などの開示を定める会社法施行規則182条4項2号があり、なかでも親会社定款（同号イ）、最終事業年度の計算書類およびそれに関する監査報告・会計監査報告の内容もしくは概要（同号ヘ）、過去5年間の貸借対照表（同号チ）ならびに最終事業年度の事業報告およびそれに関する監査報告・会計監査報告の内容もしくは概要（同号ト）の開示が株主にとって重要である。また、これらの事項は、合併契約の承認議案を提出する際に、株主総会参考書類として株主に提供される（施行規則86条3号）。

さらに、2007年9月に施行された金融商品取引法においては、三角合併は「組織再編成交付手続」（金商法2条の2第2項）の一種と位置付けられ、一定の要件を満たす場合には「特定組織再編成交付手続」（金商法2条の2第5項）として「有価証券の売出し」（金商法4条1項本文かっこ書）に該当することになると考えられる。この場合、T社株式について金融商品取引法に基づく開示が行われており、かつ、P社株式について金融商品取引法に基づく開示が行われていないときには、原則としてP社から有価証券届出書が提出される必要がある（金商法4条1項柱書、同項2号イ・ロ、同条6項、同5条1項）[26]。この有価証券届出書の提出が行われると、P社は三角合併の効力発生以後も継続開示義務を負い、有価証券報告書等所定の情報開示を行うべきこととなる（金商法24条1項3号）。このように金融商品取引法の開示規制は、情報開示の継続性が要求される点で、合併契約承認のための株主総会に付随して行われるスポットの情報開示である会社法上の開示規制とは異なるといえる。

---

25 三角合併を含む合併対価の柔軟化に伴う会社法施行規則の改正については、相澤哲ほか「合併等対価の柔軟化の施行に伴う『会社法施行規則の一部を改正する省令』」商事法務1800号4頁以下参照。

26 たとえば、売出価額総額が1億円未満の場合には有価証券届出書を提出する必要はない（金商法4条1項5号）。なお、P社株式の交付を受けるT社株主数が少ない場合には、そもそも特定組織再編成交付手続に該当しないことになるが、上場廃止基準との関係で、このような「特定組織再編成交付手続に該当しない三角合併」は通常考えられないと指摘されている（横山淳「三角合併の実務上の課題—手続・開示面を中心に」企業会計59巻8号70頁）。

(3) P社が国外企業である場合

P社が国外企業であっても、決議要件をはじめとする合併手続に特段の差異がないことは上述のとおりであり、消滅会社であるT社において事前開示される事項も基本的には同一である[27]。ただ、P社の従属法の内容によっては、必ずしも日本法で要求されている計算書類等が存在するとは限らないため、実質的にこれらに「相当するもの」の開示で代替できるものとし[28]、また、氏名・名称を除いては日本語で表示した事項を開示するものとしている。

なお、「相当するもの」での代替を認めることによって、その相当性の判断いかんによっては結果的に会社法で要求している事項の欠落が生じる可能性があるが、この場合でも、その欠落により株主の判断に致命的な影響を及ぼす場合や欠落が役員・多数派の害意に基づくなどの事情がない限りは、承認決議の瑕疵には当たらないと思われる[29]。

3 合併対価の割当て

(1) 交付株式に係る端数処理

T社が、種類株主間で割当比率の調整が必要となる種類株式発行会社である場合のみならず、株主平等原則（会社法109条1項）により機械的に合併対価が割り振られる種類株式発行会社でない会社である場合であっても、合併契約の条件によっては、T社株主に交付されるP社株式につき端数が生じることがある。このような場合、通常の吸収合併では競売等により端数部分が換価されて処理されることになるが（会社法234条1項5号・2項）、この処理は「当該株式会社の株式を交付する場合」に認められるものであるところ、S社から交付される株式がP社株式である三角合併は形式的にこの要件を充足

---

[27] この点と関連して、山神理＝十市崇「三角合併と開示規制〜充実した事前開示事項〜」企業会計59巻8号36頁は、金商法の継続開示義務の実務上の負担を指摘する。

[28] たとえば、外国企業の従属法において要求されている「相当するもの」の内容が、日本法における計算書類等よりも詳細である場合等には、その中から日本法の要求する事項に相当・類似する情報を抽出したものを開示すれば足りる（座談会「会社法における合併等対価の柔軟化の施行」商事法務1799号13頁〔相澤発言〕）。

[29] 座談会「会社法における合併等対価の柔軟化の施行」商事法務1799号21頁〔相澤発言〕。

[30] 座談会「会社法における合併等対価の柔軟化の施行」商事法務1799号20頁〔相澤発言〕〔石井発言〕。

せず、また、裁判所が関与する手続であることから、実質的観点からこれを類推することには困難があると指摘されている[30]。

この問題に関しては、①取得対価をP社株式とするS社の全部取得条項付種類株式を設計し、これを合併対価としてT社株主に交付したうえで、合併後にその強制取得を行う方法、②合併対価をP社株式および現金とすることにより、実質的に上記の端数処理と同様の調整を行う方法、③合併の効力発生前にP社あるいはS社において株式併合等の処理を行い、両社株式間の整数比を達成する方法が考えられよう[31]。

もっとも、①の方法に関しては、合併対価がS社の全部取得条項付種類株式となるため、そもそも親会社株式を合併対価とする三角合併の形式と一致せず、また、②の方法は簡便ではあるが、後述するように合併対価として金銭を交付する場合には組織再編税制の適格が認められない点が難点である。さらに、③の方法は、従来から組織再編における株式割当比率の維持のために用いられてきたものであり[32]、株式併合を利用する場合に特別決議を要する点は、合併承認特別決議と同一の機会に可能と解し得るから、それ自体の手続的負担も重くはない。もっとも、合併比率との関係では、併合・分割の結果端数が生じざるをえないような事態も考えられ、この場合に改めて端数処理が必要となる点などは検討される必要があろう。

(2) P社が国外企業である場合

端数処理の点では、P社の従属法が端数株式を認めている限り、上記のような問題は生じない。

もっとも、P社株式が証券保管振替機構（保振）を利用できる日本の証券取引所の上場株式である場合は格別、そうでない場合には、株主が自ら証券会社に外国証券取引口座を開設する必要が生じ、また、口座を開設したとしても、そもそも交付されるP社株式が同口座での取扱株式に当たるとは限らないといった事実上の難点が指摘されており、これらを踏まえて株主の権利保全をどのようにして図るべきか、検討すべき課題は多い[33]。確かにこれら

31　座談会「会社法における合併等対価の柔軟化の施行」商事法務1799号19頁〜20頁。大石篤史ほか「三角合併の実務対応に伴う法的諸問題」商事法務1802号20頁。
32　江頭・前掲書261頁。

の点は、合併承認決議を経由し、あるいは株式買取請求権の行使機会が確保されている以上、株主の自己責任の範疇とも言いうるが、クロスボーダーM&Aにも配慮して合併等対価の柔軟化が導入された経緯からすれば、実務上は何らかの対応が必要になるものと思われる。

第3　三角合併の税制

1　総論―適格要件一般―

　課税繰延措置が講じられる適格合併（法人税法2条12号の8）は、大別して①100％グループ内での再編、②50％超グループ内での再編、③共同事業再編の3タイプに分かれる。適格要件である株式保有関係は合併当事会社（S社およびT社）間で判定されるから、既にP－S－Tにおいて親－子－孫の関係がある①のタイプでは三角合併の必要が無く、三角合併において考えられるのは②あるいは③のタイプである。

　一般に、②のタイプでは、その他の適格要件として、（ⅰ）50％超グループ関係の継続が見込まれること、（ⅱ）消滅会社のおおむね80％以上の従業員の存続会社への引継ぎが見込まれることおよび（ⅲ）消滅会社の主要な事業の存続会社への引継ぎが見込まれることが必要であり、また、③のタイプでは、上記（ⅱ）、（ⅲ）のほか、（ⅳ）当事会社のそれぞれの主要事業の少なくとも一部において「事業関連性」が認められること、（ⅴ）当事会社の事業規模比が5倍未満か、または当事会社それぞれの「特定役員」[34]のいずれかが存続会社の「特定役員」として引継ぎが見込まれることおよび（ⅵ）消滅会社株主のうち、議決権ベースで80％以上の割合を占めるものが、合併対価たる存続会社株式を継続保有する見込みがあることが必要となる。三角合併の場合にも、合併対価が「合併親法人株式」[35]になる点、したがって（ⅵ）の継続保有の対象が「合併親法人株式」になる点を除けば、基本的に

---

[33]　座談会「会社法における合併等対価の柔軟化の施行」商事法務1799号22頁～23頁〔高田発言〕、横山淳「三角合併の実務上の課題―手続・開示面を中心に」企業会計59巻8号68頁。
[34]　社長、副社長、代表取締役、代表執行役、専務取締役もしくは常務取締役またはこれらに準ずる者で法人の経営に従事している者をいう。

同一である。

このような適格要件の充足、とりわけ三角合併の場合に、当事会社（S社およびT社）のみを適格要件の判断基底とし、存続会社の親会社（P社）を考慮しない点については、組織再編税制の趣旨は、税が効率的な組織再編の阻害要因となることを防止すべく、一定の場合には「法人格の枠を取り払って考えて」税の繰延べを認めることにあるとの観点から批判がなされている[36]。

2　事業性要件および事業関連性要件

企業再編行為として三角合併が利用される場合、多くは上記の③共同事業再編のタイプに当たると考えられるが[37]、この場合には、上述した通り「事業関連性」の要件が必要となる。とりわけ、三角合併を含む対価柔軟化後の合併手続は「外国会社の日本子会社（完全子会社）のような非公開会社が他社を買収する際に、特に使いみちが多い」[38]との指摘があり、そこでの「子会社」としてはペーパーカンパニーやSPCを利用することに合理性が認められることから（三角合併を目的とする場合、子会社自体が事業を行う合理性は乏しい）、三角合併の場合における「事業関連性」ないし、その前提となる「事業性」要件の税制上の取扱いが注目されていた。

そこで、これらの要件を明確化するべく法人税法施行規則3条が改正されたが、結論としては、三角合併の存続会社としてペーパー・カンパニーないしSPCを利用することは、適格三角合併を目的とする限り不可能となった。共同事業再編のタイプでは、当事会社がそれぞれ行っていた事業を統合する形で新たな事業主体が生まれる点に、組織再編行為としての合理性を認めて

35　合併直前に存続会社の発行済株式の全部を直接保有し（直接完全支配関係）、かつ、合併後にもそれら株式の保有を継続することが見込まれる存続会社親会社の株式をいう。

36　座談会「三角合併解禁と日本のM&Aの今後の課題—株式が国際買収通貨になる時代の幕開け」マール2007年7月号17頁〔渡邊発言〕。

37　②のタイプでは、存続会社において消滅会社株式の50％超を予め取得しておく必要があり、そのために相当額の原資が必要となるが、そもそも三角合併は買収側（存続会社およびその親会社）が現金を交付することなく企業再編可能である点に妙味があるのであるから、この方法では三角合併の意義が半減する（座談会「三角合併解禁と日本のM&Aの今後の課題—株式が国際買収通貨になる時代の幕開け」マール2007年7月号18頁〔渡邊発言〕）。

38　江頭憲治郎「会社法制の現代化に関する要綱案」の解説〔I〕」商事法務1721号7頁。

課税の繰延べをすることとされており、合併以外に独自の事業を遂行しないペーパー・カンパニー等を一方当事者とする組織再編行為には、このような課税措置の前提となる合理性に乏しいと考えられたものと思われる[39]。

ともあれ、適格三角合併と評価されるためには、合併当事会社の双方がペーパー・カンパニー等ではないこと、つまり、それら当事会社に事業性が認められることが前提となる。法人税法施行規則上の事業性の要素としては、当事会社の双方につき（ⅰ）事務所等の固定施設があること、（ⅱ）従業者（法人の業務に専ら従事する役員を含む）があること、（ⅲ）自己の名義・計算において、商品販売等[40]またはそれを目的とする一定の準備行為を行うことが必要とされている。（ⅲ）の一定の準備行為とは、商品販売等のための広告宣伝、市場調査、許認可の所得申請をしていることなどを含むが、自ら収益を上げることを目的としてなされることが必要であり、単に三角合併を目的としてなされる場合には事業性は認められない[41]。

これらの事業性要件の充足に加えて、適格を得るためには、さらに三角合併によって統合される事業間に事業関連性が認められなければならない。具体的には、事業性要件の段階で判定された両当事会社の事業の関係につき、（ⅰ）それらが同種のものであること、（ⅱ）それらに係る商品・資産・役務・経営資源のいずれかにつき同一または類似の関係があること、（ⅲ）それらに係る商品・資産・役務・経営資源のいずれかを活用する合併後の事業遂行が見込まれること、のいずれかが充足される必要がある。これらの関係の判断は、合併の直前期を基準時として行われるが、（ⅲ）については、そのような事業の遂行が合併後に現に見られるならば、同要件が充足されたものと推定する旨の規定が設けられている。

---

[39] 座談会「三角合併解禁と日本のM&Aの今後の課題―株式が国際買収通貨になる時代の幕開け」マール2007年7月号16頁〔五嶋発言〕参照。また、技術流出等を防止すべきとの同氏の発言（同21頁）からは、産業政策的配慮も窺われる。なお、落合教授は、純粋持株会社が事業会社を完全子会社化する株式交換が適格を有することとのバランスから、この点を疑問視されている（同16頁）。

[40] 商品の販売、資産の貸付けまたは役務の提供で、継続して対価を得て行われるものをいい、その商品の開発若しくは清算または役務の開発を含む。

[41] 座談会「三角合併解禁と日本のM&Aの今後の課題―株式が国際買収通貨になる時代の幕開け」マール2007年7月号18頁〔五嶋発言〕。もっとも、どの程度をもってペーパー・カンパニー等と区別するかの判断には困難が伴うとの指摘がある（同18頁〔渡邊発言〕）。

第4　まとめ―付論・三角合併と敵対的買収

　以上の通り、三角合併ないし合併等対価の柔軟化は、少なくとも会社法の仕組みとしては、国内外を問わず企業一般につき組織再編の選択肢を増加させるものであり、とりたてて外資による敵対的買収を助長する性質のものではない[42]。むしろ、①吸収合併手続のスケジュールとして、吸収合併契約の締結が株主総会における承認に先行することから、株主が代表者の意思に反して吸収合併を強制的に実現させるのは不可能であること[43]、②（合併にこだわらず）対象会社の株式取得あるいは事業（全部）の譲渡・譲受けという方法によれば、従来から親会社株式を対価として交付することが可能であったこと[44]などからすれば、一部で主張された外資脅威論は、誤解に基づく過剰反応であったということもできる。もっとも、税制面も含めると、純粋な投資目的での国際間三角合併は、かなりの程度阻止される結果となった[45]。

　そうすると、三角合併は専ら事業会社間の企業再編行為として活用されることが予想され、適格合併に該当するか否かという判断はさほど重要性を持たない（適格合併に該当することが前提されるようになる）のではないかと考えられる。その場合、合併対価として現金を利用する必要がないという利点を親

42　もっとも、合併対価を発行する親会社が国外企業であった場合、三角合併の規律としては当該企業の従属法が重要となってくるから、たとえば有利発行規制との関係（有利発行規制を有する法制は少数）など、個々の点では国外企業が比較優位にたつ可能性は否定できない。

43　このような場合には、株主は、代表者を交替させ、交替後の代表者に吸収合併契約を締結させた上で、改めて株主総会に諮るほかない（座談会「会社法における合併等対価の柔軟化の施行」商事法務1799号18頁〔相澤発言〕）。つまり、敵対的買収という局面に発展しないということができる。

44　相澤哲「合併等対価の柔軟化の実現に至る経緯」商事法務1801号4頁。

45　座談会「三角合併解禁と日本のM&Aの今後の課題―株式が国際買収通貨になる時代の幕開け」マール2007年7月号21頁〔落合発言〕。なお、太田洋「株主提案と委任状勧誘に関する実務上の諸問題」商事法務1801号26頁は、「平成19年度税制改正において、三角合併を用いた企業買収に関しても、一定の要件の下に、対象会社の資産含み益に対する課税だけでなく対象会社の株主レベルでの課税についても課税繰延べが認められたが、このことを利用して、対象会社に対していわゆるベア・ハグの手法による買収提案を行う場合、対象会社の株主が賛同しやすいよう対象会社取締役会の賛同を条件として、公開買付けによる現金での株式買取りと税制適格三角合併とを組み合わせた形での買収を提案する事例が今後登場してくるものと考えられる。この場合には、対象会社の取締役会がかかる提案を拒否する限り、当該提案が実現するか否かは最終的には対象会社の株主総会における委任状争奪戦によって決せられることになる。」とも指摘する。

会社株式取得の局面でどのように反映できるかが、企業再編行為としての三角合併の利便性を決する重要なポイントになるであろう。親会社株式の取得方法、とりわけその原資調達の方法をどのように設計するかは、合併後の事業統合効果に係る費用対効果分析など個別具体的な事情によっても左右されうる。また、結果的に親会社株主の構成に変動が生じる点に着目すれば、これによる買収者の持株比率の希釈化をねらって、三角合併が親会社の買収防衛策として活用される可能性もある。この場合には、合併の目的が当事会社間の事業統合ではない以上、考慮されるべき事情もおのずと変わってくるであろう[46]。事案の蓄積が待たれるところである。

〔奈良　輝久〕

---

[46] 買収防衛策として三角合併を利用する際の問題点を指摘するものとして、荻野敦史＝應本健「三角合併に関する実務上の問題点と買収防衛策としての活用」マール2007年8月号22頁～23頁。

7 会社分割・事業譲渡

問題意識

① 会社分割・事業譲渡は、どのような特徴を有する組織再編行為であるか。
② 会社分割・事業譲渡は、どのような局面での買収手法として有効であるか。
③ 会社法制定により、会社分割・事業譲渡はどのように改正されたか。それは買収手法としての同制度の利便性にどのように影響するか。

第1　制度の概要

1　意　義

(1)　事業譲渡は、会社が事業の全部または一部を他の会社に譲渡する取引行為である。これに対し、会社分割は、会社がその事業に関して有する権利義務の全部または一部を分割後他の会社に承継させまたは分割により設立する会社に承継させる会社法上の行為である（会社法2条29号・30号）。事業譲渡と会社分割はいずれも会社の事業を他の会社に承継させる行為であるが、①事業譲渡については、取引行為として行われ、対象となる事業が当然に承継されるわけではないため、事業を構成する財産について個別の移転行為を要する特定承継であるのに対し、②会社分割が、会社法上の行為として行われ、合併と同様の包括承継であるため、事業を構成する個々の権利義務について

個別の移転行為を要しない点が異なる。会社分割には、会社の事業を新たに設立する会社に承継させる新設分割（同2条30号・762条以下）と既存の他の会社に承継させる吸収分割（同2条29号・756条以下）がある。買収においては、通常吸収分割が用いられることになろうが、新設分割により設立した会社の株式を取得したり、合併したりする方法もありうる。

2 特徴：会社分割と事業譲渡の相違

(1) 特定承継と包括承継

冒頭に述べたとおり、事業譲渡が特定承継であるのに対し、会社分割は包括承継である。したがって、事業譲渡においては、事業を構成する債務や契約上の地位等を移転する場合に、原則として、個別に契約相手方の同意が必要となるが、会社分割の場合には、原則として、個別に契約相手方の同意は必要ない。[1] もっとも、契約相手方の承認を得ない会社分割を解除事由とする契約条項は有効と解されている。[2] したがって、会社分割を行う場合であっても、デュー・ディリジェンスにおいて、重要な契約にそのような条項が含まれていないかを精査することは重要である。また、事業譲渡であると会社分割であるとに拘わらず、権利の移転に対抗要件の具備が必要なものについては、対抗要件を具備しなければ、その承継を第三者に対抗できない。[3] したがって、不動産や特定債権などを事業譲渡や会社分割により承継する場合には、契約や会社法上の手続だけでなく、対抗要件を具備する手続が完了しているか否かについても注意を払わなければならない。[4]

(2) 対　　価

事業譲渡は、買収者と対象会社との間の取引行為であるから、契約により自由に対価を決定することができ、その対価は対象会社に支払われる。した

1　江頭憲治郎『株式会社法』816頁（有斐閣、2006年）
2　江頭・前掲816頁
3　江頭・前掲816頁、752頁
4　会社分割は、会社がその事業に関して有する権利義務の全部または一部を分割後他の会社に承継させることまたは分割により設立する会社に承継させることをいうと定義されており（会社法2条29号・30号）、株式分割の対象は、従来の「営業」として、有機的一体となった権利義務のみに限定されないことを明確にした（相澤哲編著『立案担当者による新会社法の解説』別冊商事法務No.295　181頁（商事法務））。

がって、買収者が現金を対象会社に支払うこともできるし、手続的な要件さえ充足すれば、自己株式やその他の財産を対象会社に支払って譲渡することもできる。これに対し、会社分割について、対価の柔軟化に関する会社法の規定が施行されるまでは、買収の対価は、原則として、買収者の株式に限られていたが、同法の施行により、吸収分割について金銭その他の財産を対価とすることが認められた（会社法758条4号ロ－ホ）。なお、旧商法においては、対象会社の株主に買収者の株式を直接割り当てる人的分割が認められていたが、会社法では人的分割は廃止され、物的分割を行って対象会社（分割会社）に買収者（承継会社）の株式を割り当てたうえで、買収者の株式を剰余金の配当等として交付するものとされた（会社法758条8号ロ）。

(3) 承認手続

ア　事業譲渡の場合、事業を譲渡する対象会社が、その事業の全部または重要な一部を譲渡する場合には、事業譲渡の効力発生日の前日までに、株主総会の特別決議による承認を受けなければならない（会社法467条1項1号2号・309条2項11号）。ただし、事業を譲渡する対象会社において、譲渡対象資産の帳簿価額が総資産の5分の1を超えない場合（いわば簡易事業譲渡）、または、譲渡の相手方が事業を譲渡する対象会社の議決権の90％以上を保有する場合（略式事業譲渡）には、株主総会の承認は不要である（同467条1項2号・468条1項）。

また、買収者においては、対象会社の事業の全部を譲り受ける場合には、株主総会の特別決議による承認が必要となる（会社法467条1項3号）が、それ以外の場合には、原則として、取締役会の決議によることになる。また、事業全部の譲受けであっても、譲渡対価の帳簿価額の合計額が買収者の純資産額の5分の1を超えない場合には、簡易事業譲受けとして株主総会決議は不要となる（同468条2項）し、譲渡の相手方である対象会社が買収者の議決権の90％以上を保有する場合（略式事業譲渡）にも、株主総会の承認は不要である（同468条1項）。なお、株主総会決議が必要となる事業譲渡は、あくまで「事業」の譲渡であるが、「事業（旧商法の営業）」の定義について、最高裁は、一定の事業目的のために組織化され、有機的一体として機能する財産（得意先関係等の経済的価値のある事実関係を含む）であって、法律上当然に旧商法25条

に定める競業避止義務を負う結果を伴うものとしている。[5]　したがって、有機的一体として機能していない財産については、株主総会決議は不要である。

　イ　吸収分割の場合、簡易分割または略式分割に該当する場合を除き、分割会社である対象会社と承継会社である買収者の双方において、株主総会の特別決議による承認が必要となる（会社法783条1項・784条1項3項・795条1項・796条1項3項）。なお、事業譲渡においては、総資産額の5分の1を超える資産であっても、質的に重要なものでなければ株主総会の承認は不要であるが、会社分割においては、質的な重要性に拘わらず、総資産額の5分の1を超える資産の移転については、略式分割に該当する場合を除き、株主総会決議が必要となる。[6]

(4)　債権者保護手続

　ア　吸収分割の場合、分割会社である対象会社と承継会社である買収者の双方において、原則として、1か月以上の期間を定めてその期間内に異議を述べることができる旨などの事項を官報等に公告し、かつ、知れたる債権者には個別に催告をしなければならない（会社法789条2項・799条2項）。ただし、分割会社である対象会社については、買収者の株式を剰余金配当により株主に交付する場合でなければ、分割の実行後対象会社に債務の履行を請求することができる対象会社の債権者は、債権者保護手続の対象とならない（同789条1項2号）。債権者が、上記の期間内に異議を述べたときには、弁済、担保提供または債権者に弁済を受けさせることを目的とした信託の設定をしなければならない（同789条5項・799条5項）。

　イ　事業譲渡については、上記のような債権者保護手続はない。ある債権が事業譲渡の対象に含まれている場合、個別の債権譲渡には債権者の同意が必要になるため、債権者が承継を望まないのであれば、譲渡についての同意をしなければ良い。しかしながら、債権の引当てとなる財産のみが譲渡され、自己の債権が事業譲渡の対象にふくまれない場合には、債権者は詐害行為取消権を行使できるような場合でなければ、自己の利益に反する事業譲渡について救済を受けることはできない。ただし、このことは株式分割においても

5　最判昭40・9・22民集19巻6号1600頁
6　相澤編著・前掲140頁

同様である。なお、会社分割のいずれかの会社に債務の履行の見込みがないことは会社分割の無効事由となり、会社分割を承認しなかった債権者は分割無効の訴えを提起することができる（同828条2項9号）。[7]

(5) 労働者保護手続

　会社分割においては、雇用契約の承継について、会社の分割に伴う労働契約の承継等に関する法律に定める手続に従う必要がある。事業譲渡については、そもそも個別の契約上の地位の承継には契約当事者である労働者の同意が必要になるため、会社分割で要求されるような労働者保護手続は必要とされていない。

第2　買収手法として利用される局面

　事業譲渡も会社分割も、譲渡対象となる資産を選別できることに特徴がある。したがって、対象会社の一部の事業のみを買収したい場合や対象会社の不良資産など承継したくない財産や債務がある場合には、これらの手法が適切である。しかしながら、対象会社の法人格を買収者がそのまま承継してしまう合併や、対象会社の法人格はそのままで対象会社の株式のみを取得して子会社化する株式譲渡とは異なり、事業譲渡や会社分割では、対象会社の法人格をそのまま承継することにはならないため、例えば、対象会社が許認可事業を営んでいるような場合に、その許認可を承継できないことがある。もっとも、不要な事業を事業譲渡や会社分割により切り離したうえで、株式譲渡や合併による買収をするなど、買収手法を組み合わせることにより、このような問題点は乗り越えることが可能な場合が多い。

7　江頭・前掲805頁、名古屋地判平16・10・29判時1881号122頁参照。

第3　問題点および会社法制定における状況の変化

1　事業譲渡

(1)　株主総会決議を要する事業の「重要な」一部
　会社が、事業の全部または重要な一部を譲渡する場合には、株主総会の承認を得なければならないが、旧商法においては何が事業の「重要な」一部かは譲渡する事業の質および量の両面から実質的に判断するものとされ、その基準は明らかでなかった。会社法では、上記のとおり、譲渡対象資産の帳簿価額が総資産の5分の1を超えない場合には、質的な重要性に拘わらず株主総会の承認が不要とされた。

(2)　事後設立規制の緩和
　旧商法においては、会社成立後2年以内に、資本金の20分の1以上の額にあたる対価をもって、成立前から存在する財産であって営業のために継続して使用するものを譲り受ける場合には、株主総会特別決議による承認が必要であり、さらに一定の場合には検査役の調査が要求されていた（旧商法246条）。会社法は、この事後設立規制を緩和し、対価として交付する財産の帳簿価額が純資産額の5分の1を超える場合にのみ株主総会の特別決議を要するものとし、検査役の調査を廃止した（会社法467条1項5号）。事後設立規制は、新しい会社が買収主体となる場合には、常に支障となる問題であり、簿外債務等のリスクがあるにもかかわらず、買収のためにわざわざ設立から2年以上経過した会社を買い取るというようなことも行われていたが、事後設立規制の緩和により、そのような迂遠な方法をとる必要はなくなった。

(3)　事業全部の譲受けに際しての自己株式取得
　会社法では、他の会社の事業の全部の譲受けに際して自己株式を取得する場合には自己株式に関する事項を株主総会において開示し、株主に対して通知・公告をしなければならないものとされた（会社法467条2項・469条3項4項）。

(4) 略式事業譲渡

事業譲渡の譲受人が、譲渡会社の総株主の議決権の90％以上を有するときは、譲渡会社における株主総会決議は要求されていない（会社法468条1項）。[8]

2　会社分割

(1) 人的分割の廃止

旧商法においては、会社分割の際に、承継会社が発行する株式が分割会社に対して割り当てられる場合を物的分割といい、分割会社の株主に割り当てられる場合を人的分割というように区別されていたが、会社法では、人的分割制度を廃止し、会社分割の対価は全て分割会社に割り当てられるものとした。もっとも、対価としての株式等を剰余金の配当または全部取得条項付種類株式の取得の手続により分割会社の株主に分配することは認められ、その場合には、当該配当または取得については財源規制を課さないものとしたので、実務に与える影響はそれほど大きくないものと思われる（会社法792条）。

(2) 対価の柔軟化

旧商法においては、会社分割の対価は承継会社の株式に限定されていたが、吸収分割においては、分割会社の株主等に対して交付することができる対価については、財産と評価できるものであれば足り、それ以外に特に制限はない（会社法758条4号）。

(3) 債務超過会社を消滅会社とする会社分割

会社法においては、会社分割により差損が生じる場合、すなわち、①承継会社が承継する負債の簿価が資産の簿価を超える場合、または、②会社分割に際して交付する対価の承継会社における簿価が当該会社分割により承継する純資産額を超える場合にも、当該会社分割を承認する株主総会においてその旨を説明することにより、会社分割を認めることとした（会社法795条2項）。この場合には、簡易分割をすることはできない（同796条3項）。

8　産業活力再生法の認定を受けた場合には、総株主の議決権の3分の2以上に要件が緩和されている（産業活力再生法12条）。

(4) 承継会社（買収者）による分割会社（対象会社）の発行する新株予約権の承継

新株予約権を発行している株式会社が会社分割をする場合の取扱いについて、旧商法には規定がなかったが、会社法では、会社分割契約により、分割会社の新株予約権の全部または一部を消滅させた上で、新株予約権者に対して承継会社の新株予約権を交付することができるようになった（会社法236条1項8号）。現実に会社分割が行われた場合に、分割会社の新株予約権の定めに従った取扱いがされない場合には、その新株予約権者には新株予約権の買取請求権が与えられる（同787条1項）。

(5) 簡易会社分割・略式会社分割

吸収分割において、承継会社に承継させる資産の帳簿価額の合計額が分割会社の総資産額の5分の1を超えない場合は、分割会社における株主総会の承認は不要となる（会社法784条3項）。また、承継会社においては、①分割会社に対して交付する承継会社の株式の数に1株あたりの純資産額を乗じて得た額、②分割会社に対して交付する承継会社の社債、新株予約権または新株予約権付社債の帳簿価額の合計額、③分割会社に対して交付するその他の財産の帳簿価額の合計額の合計額が、承継会社の純資産額の5分の1を超えない場合には、株主総会の承認は不要となる（同796条3項）。これを簡易分割という。

次に、承継会社が、分割会社の総議決権の90％以上を直接または間接に有している場合には、分割会社の株主総会の承認は不要となる（同784条1項）。これを略式分割といい、会社法制定により採用された制度である。[9]

〔清水　建成〕

---

[9] 産業活力再生法の認定を受けた場合には、総株主の議決権の3分の2以上に要件が緩和されている（産業活力再生法12条）。

8 LBO（レバレッジド・バイアウト）と MBO（マネジメント・バイアウト）

> **問題意識**
> ① LBOの意義、特徴。
> ② LBOのプロセスはどのようなものか。
> ③ MBOの意義、特徴。MBOはいかなる場面において効果を発揮するのか。
> ④ MBOを行う際の注意点は何か。
> ⑤ 企業買収防衛策としてのMBOの効用と限界。
> ⑥ 企業価値研究会のMBO報告書（案）について。
> ⑦ MBOと取締役の善管注意義務。

第1 はじめに

　LBO（Leveraged Buy-Out。レバレッジド・バイアウト。以下「LBO」という。）は、企業買収（M&A）を行うに当たっての買収資金の調達方法の一つである。LBOを利用する買収方法は、買収資金の大部分を、買収対象企業の資産価値等を担保とする借入金により賄うという、ハイリスク・ハイリターンの買収方法となる。

　MBO（Management Buy-Out）は、オーナーでない経営陣や事業部門責任者が子会社や事業部門、更には会社そのものを買い取る買収方法であり、通常は、買収資金調達の手段としてLBOを利用して行う。また、多くの場合、自社の買収過程において、既存の少数株主の排除（スクイーズ・アウト）を伴

う非公開化取引（ゴーイング・プライベート）となっている。MBOは、日本においては1990年代後半から、大企業が事業再編を行う中でノンコアと判断された事業部門の分離・売却をするための手法として多く利用されてきたが[1]、昨今では、市場で株式を買い付ける敵対的企業買収への対抗策、すなわち、自社株式を上場廃止し非公開にすることで、敵対的企業買収を受けるリスクを減らすための手段としても注目を集めている[2]。

本項は、LBOと、LBOを主な買収資金調達手段として利用して実施されるMBOの内容の紹介を目的とし、まず、LBOの意義とメリット・デメリット、プロセス、次いで、MBOの意義、メリット・デメリット、基本スキーム、利用時の注意点にMBOの企業買収防衛策としての効用およびその限界、平成19年8月2日に発表された企業価値研究会のMBOに関する報告書を紹介し、最後にMBOを巡る近時の取締役の善管注意義務の理論状況を紹介しておくこととする（なお、MBOの企業買収防衛策としての利用に関する詳細は、「第4章　5　事前防衛策(3)株式の買取りによる方法」を参照されたい。）。

第2　LBOの意義およびメリット・デメリット

LBOとは、一般的にM&Aを行う場合の買収資金について、買収側の自己資金に加えて、その大部分を買収対象企業の資産価値やキャッシュフローを担保とする銀行借入れや負債性証券等の借入金（デット）により調達する手法をいう。LBOは、自己の資本性資金（エクイティ）をテコ（Leverage：レバレ

1　（ノンコア事業というよりも）グループ中核企業によるMBOとして、2006年10月31日、半導体ウェア大手である東芝セラミックス株式会社（2007年6月1日より商号変更を予定している。）の経営陣による自社買収の実施などがある。

2　例えば、2005年7月25日には、総合アパレル大手のワールドが経営陣による自社買収を実施し株式を非上場（公開）化する（ゴーイング・プライベート）旨を発表し、これが実現している。また、ポッカコーポレーションは2005年8月にMBOの実施を発表し、TOBを使って株式を取得し、非上場（公開）化している。更に、すかいらーくは2006年6月に、レックス・ホールディングス（焼肉「牛角チェーン」、コンビニ「am/pm」を展開している。）は2006年11月にMBOの実施を発表し、続いてサンスターが2007年2月に、明光商会が2007年3月に、経営陣および従業員によるMEBOを発表し、同じくTOBを使って株式を取得し、非上場（公開）化を進めている。なお、レックス・ホールディングスのMBOを巡っては、株式買取価格が争点となり、少数株主が東京地裁に適正価格決定を申し立てている（日本経済新聞2007年9月17日付け朝刊「法務インサイド」参照）。

8 LBO（レバレッジド・バイアウト）とMBO（マネジメント・バイアウト）

ッジ）にして、借入金を組み合わせることにより、①少ない自己資金でも大型の買収りを行うことができ、かつ、②他人資本である借入金を多く用いることで、経営陣等やMBOファンドによる投資効率を高めることを可能とする買収資金調達手法である。

このようなメリットを持つLBOの目的としては、以下のような点が挙げられる[3]。

① 上場会社において、経営陣と主要な株主との経営方針が乖離をきたしているため、あるいは乖離をきたすおそれがあるために、事業展開や会社資産の使用方法に関する有効かつ迅速な方針の決定およびその実現に支障が生じている場合に、株主構成をシンプルにして会社の所有と経営を一致させること。この結果、経営効率の上昇、従業員あたりの生産性の向上および株主価値の改善といった効果が見込まれる。

② 一つの企業が過度に多角経営を行った結果、会社資産を事業分野ごとに適切に分配することができない場合や、事業分野ごとの対立により会社の意思決定機能が麻痺している場合に、事業分野を切り分けて独立した経営・運営を可能にすること。

一方、LBOのデメリットとしては、買収した企業の業績が予想外に悪い結果となってしまった場合には、買収資金として調達した銀行借入等を予定通り返済することができず、債務不履行に陥る可能性があるという点が挙げられる。

したがって、LBOは、比較的業績の見通しが立てやすい企業を対象とするM&Aを行う際に利用すべき手法と考えられてきた。すなわち、通常のM&A取引にあっては、取引実行後においても対象会社の株主資本比率が変更されることはないが、LBOの場合には、取引完了と同時に対象会社の株主資本比率および貸借対照表は完全に再構築され、デット資金に対する依存度の極めて高い状態に変移していく。したがって、その金利支払・元本弁済に耐え得るキャッシュ・フローが対象会社・事業から生じることが不可欠で

---

[3] 杉山泰成「LBO その特徴と適合会社・事業等に関する考察」事業再生と債権管理106号90頁（金融財政事情研究会、2004年10月）。なお、LBOを基本的なストラクチャーおよびファイナンスの特徴に関する最近の論稿として、熊谷真喜「レバレッジド・バイアウト～ファイナンスの特徴と法的問題点～」事業再生と債権管理117号66頁（金融財政事情研究会、2007年7月）。

あるといえ、結局のところ、成熟した成長速度の遅い分野で、多額の投資資金を投入しなくてもキャッシュ・フローが見込まれる会社等が対象会社・事業分野として理想であるといわれてきたのである。

第3 LBOのプロセス

　LBOの一般的な特徴としては、①ターゲットの買主がLBOを実行することのみを目的として設立された特別目的会社（SPC）であること（買収用の受け皿会社である。）、②買主が買収価格の過半を銀行借入れ・負債性証券の発行等により調達し、デット資金およびエクイティ資金を組み合わせて買収資金に充当することが挙げられる。
　そして、③LBOの完了後には、対象会社と特別目的会社（SPC）が合併されることが多い。
　なお、LBOは、対象会社の経営陣と買収サイドが友好的に買収協議を行う場合に利用されることもあれば、敵対的買収の資金調達手段として利用される場合もあり得る。

第4 MBOの意義

　MBO[4]とは、従来は、企業の子会社や特定の事業部門等について、それらの行っている現在の事業の継続を前提として、当該子会社・事業部門等の経営者・事業部門責任者が株式を親会社や所属会社から買い取り、経営権を取得する場合をさしてきた。こうしたMBOには、通常のM&Aとは異なり、いわゆる「のれん分け」に近く、雇用の喪失が最小限にとどまる等の特徴があり、わが国では比較的受け入れられやすい手法と考えられてきた[5]。

4　MBOは、1980年代のイギリスにおいて、国営企業を民営化させるための手段として生み出された。狭義では、事業の分離・独立後も現経営陣が引き続き経営を行う場合を指す。会社の従業員が中心となって経営を行う場合をEBO（Employee-Buy-Out）、現経営陣と従業員が共同して経営を行う場合をMEBO（Management Employee Buy Out）と呼ぶこともある。

5　企業再生型MBOについて、近藤浩「MBOとMBIの実務　営業方式を利用した指摘整理としての企業再生型MBO」『事業再生と債権管理106号『特集　M&Aの実務と事業再生』94頁以下（金融財政事情研究会、2004年10月）

ところが、近時は、冒頭でも述べたとおり、上場企業の経営陣による非上場（公開）化の手段として活発に利用されつつある。[6] 例えば、すかいらーくは、創業者一族と経営陣が特別目的会社（SPC）を設立し、当該SPCがすかいらーくのTOB（株式公開買付け）を実施して、非上場（公開）化が図られたことは記憶に新しい。なお、同社の非上場（公開）化の理由は、株価に影響されずに意思決定・事業再構築できるようにするため、と説明されている。[7]

いずれにしても、実際問題としては、買収対象の企業ないし事業部門の現経営陣や事業部門責任者のみの資金では買収に要する資金に足りないことが多い。そのため、現経営陣（および創業者）らが自己の資金を投入することに加えて、ベンチャー・キャピタルにより組成されたファンドが共同投資家となったりする場合がほとんどであると言ってよい。更に言えば、実際上、現経営陣（および創業者）らが買収対象の企業ないし事業部門の買収資金として出すことのできる金額はそれほど多くはないため、買収資金の大半を提供するのは、ベンチャー・キャピタルにより組成されたファンドおよび金融機関である。実は、MBOは、買収ファンドが相対的に少額の自己資金を株式に投資して、残りの買収資金をリミテッド・リコース・ローン（ノンリコース・ローン）で調達するものであり、買収ファンドが上場企業を無理やりLBOで買収するというとマネーゲームのイメージが強く社会的に批判を浴びかねない場合に、買収ファンドが経営陣に参加を呼びかけるものとみるのが、より正確とも言える場合も多い[8]、との指摘もある。

結局のところ、わが国で行われているMBOの多くはLBOの一形態と見ることができるが、MBOは継続してキャッシュ・フローを生み出している事業に対するM&Aであるため、LBOに適した取引であるといえる。ただ、買収後には見込んだ利益を達成できると同時に、借入れの返済を滞りなく行わ

---

[6] 2006年5月施行の会社法では、吸収合併、吸収分割、株式交換において、株式の代わりに現金等を対価とすることを可能とした対価の柔軟化が規定された（会社法749条1項2号）、また、存続会社等の株主総会決議を不要とする簡易組織再編行為の要件の緩和や、略式組織再編行為の創設など、一連の規制緩和によって、従来から支配従属関係にある子会社等の非上場（公開）化は勿論のこと、MBOにおいても公開買付後に買収対象企業に残存する少数株主を排除することが、法制度上容易となった。

[7] 日本経済新聞2006年6月8日付け朝刊

なければならず、そのために資産売却や人員整理に迫られる可能性があることも、経営陣は十分認識しておく必要がある。

第5　MBOのメリット・デメリット

1　MBOのメリットは、（ⅰ）事業の売り主（親会社等）、（ⅱ）新会社の経営者、（ⅲ）投資家の三者の立場から考えることができる。

まず、（ⅰ）事業の売り主にとっての利点として、売却対象事業に対する投資資金の回収、事業再編（ノンコア部門の売却）の円滑化が挙げられる。すなわち、MBOによれば、対象事業を売却という形で分離することができるため、当該事業に対する投資資金を回収することが期待でき（投資資金の回収）、また、雇用の喪失が最小限にとどまるため、事業の売却について労働者の理解を得やすく、事業再編が円滑に行われやすくなる（事業再編の円滑化）。したがって、対外的にマイナスイメージを避けることができる。更に、対象会社は親会社等の支配下からは離れるものの、現経営陣が引き続き経営を行うため、その後も友好的な取引関係を継続できる可能性が高い。

次に、（ⅱ）新会社の経営者にとっての利点として、モチベーションの向上、経営者の自由裁量の拡大、企業価値の維持、投資リスクを低く抑えられること、新会社設立に当たっての負担削減などが挙げられる。MBOによれば、売却対象企業における責任者や現経営陣は、MBO前は、当該事業運営につき、親会社等の意向に配慮しなくてはならないが、MBO後はこうした

8　服部暢達『M&A最強の選択』75頁以下（日経BP社、2005年12月）。服部氏は、次のように述べる。「LBOにおける株式性資金の回収はどのように実行されるのか、というとそれは対象会社の再上場か再M&Aでの売却のいずれかである。IRR（内部収益率）を高くするのは早ければ早いほど良い。つまりMBOはいずれ近いうちに再上場あるいは（競合他社など高い買収価格を提示する買い手に）売却される運命に至る通過点なのだ。」

なお、三笘裕「マネジメント・バイアウト（MBO）に関するルール設計のあり方」（東京大学法科大学院ローレビュー2006年8月号35頁）は、『経営陣が買収に際して提供する資金の額が小さいケースでは、投資ファンドが提供する資金の比率が大きくなるので買収後の経営判断に対する投資ファンドの権限は強くなり、実質的には経営陣が「雇われ経営者」として残る、投資ファンドによる上場会社の買収とでも言った方が実態を反映している場合も少なくない。」として、このような場合を「擬似MBO」と呼び、経営陣が十分な自己資金をもって自らの経営する企業を買い取るMBO（真性MBO）と区別して、MBOに関するルール設計をすべきであると提言している。

制約の無い自由な事業運営が可能となるため、当該事業部門の活性化が期待できるとされている（モチベーションの向上）。ただし、前述のように、MBO（特に上場企業による上場の廃止（非公開化）型MBO）において、買収の対象会社ないし対象部門の買収資金の大半は、ファンドや金融機関から提供されるため、MBO後の新会社の経営においてもこれらファンドや金融機関が持つ発言権を軽視することはできないことには注意が必要である。また、MBOでは、買収対象となる事業は、MBO以前から継続し、その事業分野に必要な人材やノウハウを既に蓄積していることから、新規事業を始める場合と比べて投資リスクが小さい。そして、買収対象の事業は、既に当該事業部門に必要な人材や設備を有しているため、新会社の経営陣は、新たな設備投資を最小限に抑えることができる。これに加え、前述の通り、MBOによれば、投資リスクが低くなるため、MBOファンドや金融機関等からの資金提供を受けやすく、新会社設立に際し経営陣が負う負担が小さくなる（新会社設立に当たっての負担削減）。

　上場会社の上場廃止（非公開化）として行われる場合は、以上の諸点に加えて、敵対的買収というリスクから解放されるため、安定した経営を執り行えることや、短期的な視点からの期待が中心の市場株主・投資家から解放され企業価値向上のための中長期的な経営改革を大胆に打てることが考えられる[9]。

　最後に、(iii) 投資家にとっては、有利な投資機会の獲得などが挙げられる。すなわち、買収の対象となる企業ないし事業部門は、それまでの実績により、一定の経営基盤を有しているため安定的なキャッシュ・フローを期待できるので、キャッシュ・フローを予測しやすく、ハイリスク・ハイリターンのベンチャー企業への投資に比較して安全性（ミドルリスク・ミドルリターン）が高いのである。

　2　一方、デメリットとしては、上場会社など、MBO前に一般株主が多い企業においては、MBOを行うに当たって株主の利害調整が必要となり、様々な障害が起こる可能性があること等が挙げられる。「MBOに経営陣以外

---

[9] 尾関純＝小木恵照編著『新版　M＆A戦略策定ガイドブック』276頁（中央経済社、2006年）

の投資家が参加する場合は、外部投資家、金融機関、社外取締役等の動向により、経営基盤が不安定なものになる恐れがある。MBOは特に大型の案件ではレバレッジをきかせるために金融機関からの借入に大きく依存することになる。将来の事業から生み出されるキャッシュ・フローを担保に多額の借入をすることにより、当初の財務体質は悪化する。買収時に将来予測を誤り過大投資になってしまうと、借入金の返済が滞り会社そのものの危機になる。また、上記のように借入金の返済計画に縛られているため、ある程度既存の事業を既定の路線で運営していくことが求められ、研究開発投資等の長期的な視野に立った経営戦略は打ち出しにくくなる[10]」などと説明されるところである。

　また、MBOは、究極の「インサイダー取引」とも揶揄されるとおり、他のM＆Aと違って経営者自らが買収に参加することから来る根本的な問題がある。すなわち、MBOの場合、取締役らがTOB（株式公開買付け）に当たり、買い取る株価の評価を下げるインセンティブにたえずさらされる危険があり（経営者、取締役等は、株式の売り手として、当該株式を出来る限り高く売却する義務を既存株主に対して有する一方で、自ら株式の買い手として、出来る限り安価で当該株式を取得したいとする私的な利害を有しているため、売却価格をめぐって構造的な利益相反関係にある。）、また、株主から経営を委任された経営陣としての責務と相反することとなり、利益相反の回避が難しい問題として浮かび上がってきている[11]。また、自社の株式を経営者が取得する行為自体について、取締役の善管注意

10　尾関＝小木編著・前掲書280頁等参照。
11　北川徹＝宍戸善一「マネジメント・バイアウト」中野通明＝宍戸善一編『ビジネス法務大系Ⅱ　M＆A　ジョイント・ベンチャー』120頁以下（日本評論社、2007年）参照。また、2007年1月29日付け日本経済新聞、日経ビジネス2007年12月号では、鬼頭季郎元東京高裁判事（ライブドア／ニッポン放送新株予約権発行差止請求事件　東京高裁平成17年3月23日決定の裁判長）の、「MBOにまつわる利益相反として、まずは株式の買取価格に注視したい。MBOを実施する1年くらい前から準備をしておけば株価操作はできる。例えば、配当を安く据え置いたり、リストラ費用の計上などにかこつけて赤字決算にすれば、たいていの場合、株価は下がる。「逆粉飾」とも言うべき行為だ。結果、経営陣や投資ファンドは、会社を安く買うことができる。そうした行為が詐欺的となれば、少数株主は株主代表訴訟を起こすことができる。・・・昨年5月の会社法改正で、会社はいろんなタイプの種類株を発行する自由度が高まった。TOBをかけて支配権を握った段階において、株式交換という形で、配当は高いが議決権のない株式に替えてしまうこともある。あるいは株式交換の際にあえて端株にしてしまい、現金による買取りを進めやすくする。そうした発行が、少数株主に不当な不利益を与えることになりはしまいか、といった点も注視していく必要があるだろう。裁判所もそう見ているようだ。」とのコメントを載せている。

義務・忠実義務の観点から問題が生じると解されている。この点については、後記第9、第10でとりあげる。

第6　MBOの基本スキーム

　MBOの形態としては、親会社などの売主が、その子会社の株式全部をその受け皿会社へ譲渡する場合と、売主に所属する事業部門を受け皿会社に譲渡する場合とがある。ここでは前者について必要とされる主な手続を述べておく。

　① 売主となる大企業等を買い主となる買収対象会社の経営陣およびベンチャー・キャピタル等（ファンド）との間で対象会社株式の売買契約が締結される。ただ、株式売買契約の買主側当事者は経営陣およびベンチャー・キャピタルではなくこれらのものを株主とする受け皿会社である。受け皿会社が用いられるのは、対象会社の買収に際して金融機関等から借入れを行う関係で、借入れ主体を経営陣およびベンチャー・キャピタル自身とするのでなく受け皿会社とすることによりかかる借入れのリミテッド・リコース（ノン・リコース）・ローンとしての性格を明確にするためである。株式買収資金の一部（エクイティ部分）は、受け皿会社への株主による出資により調達される。

　② 受け皿会社の株主の間でMBOの推進および買収後の対象会社の運営に関して株主間契約が締結されるのが通常である。株主間契約においては、買収後の対象会社の定款の内容、役員の指名、対象会社経営に当たっての経営陣の遵守事項、対象会社株式の譲渡制限および他の株式の先買権、経営陣の競業避止義務、契約期間（対象会社株式の公開または第三者への売却がなされるときまでとすることが多い。）といった事項が定められる。また、経営陣は対象会社の事業運営について一定水準以上の利益を達成することを求められることが多い。なお、対象会社の現行の経営陣は、買収後も経営者の地位に留まるわけであるが、自らの受け皿会社への出資比率が過半数を下回る場合（すなわち、経営陣が受け皿会社の過半数を掌握できるだけの自己資金を準備できない場合）に

は、共同資産家であるベンチャー・キャピタル等の要求する水準の収益を達成できないときやベンチャー・キャピタル等と経営方針をめぐって対立したときには経営者の座を追われる可能性がある。

③ 株式買収資金の残りの部分（デット部分）を調達するために、受け皿会社と銀行その他の金融機関との間でローン契約が締結される。対象会社は、買収実行後に受け皿会社と合併するまでの間、借入れについての保証人となる。なお、ローン契約においては買収資金の融資のほかに、買収後の対象会社の運転資金を供給するために一定の融資枠（コミットメント・ライン）が設けられることがある。

④ ローンが実行され、受け皿会社による株式買収が行われ、対象会社は受け皿会社の完全子会社となる。ローン実行に当たって、対象会社の各種の資産（対象会社および受け皿会社の各株式を含む。）に貸付人のために担保権が設定される。

⑤ 受け皿会社が対象会社を吸収合併する。受け皿会社と対象会社とが合併するのは、受け皿会社は対象会社の株式以外の資産を有しておらず、対象会社から会社法の規定に従って受領することのできる配当のみではローンの元利金の支払に不十分であるためであって、対象会社が借入人となり、対象会社のキャッシュ・フローを直接ローンの返済のために用いることが可能となる。

第7　MBOを行う際の注意点

1　対象会社の買収にかかわる注意点

対象会社を買収するための受け皿会社は、新設の会社であることが望ましい。ただ。設立後2年を経過していない株式会社は会社法467条（事業譲渡等の承認等）1項5号により株主総会により、当該行為に係る契約の承認を受けなければならない。

既存の会社を受け皿会社として用いる場合には、その会社が過去に行っていた事業活動に起因して何らかの偶発債務・簿外債務等を負担していないか

8 LBO（レバレッジド・バイアウト）とMBO（マネジメント・バイアウト）

どうかを確認する作業が必要である。

2 金融機関からの資金調達にかかわる注意点

(1) リミテッド・リコース（ノン・リコース）

受け皿会社（借入人）と銀行その他の金融機関（貸付人）との間で締結されるローン契約は、いわゆるリミテッド・リコース（ノン・リコース）・ローンである。すなわち、ローンの返済原資が受け皿会社および対象会社の全資産に限定されている。受け皿会社および対象会社の全資産に貸付人のために担保権が設定されることは当然ではあるが、対象会社株式の買収価格はDCF法を用いて算定されることが多く、対象会社の全資産のみではローンの担保として不十分なこともある。

(2) ローン実行の先行条件

MBOにかかわるローンがリミテッド・リコースであることから、ローン実行に当たっては、対象会社の価値ないし将来の事業の見通しに重大な懸念がないことが貸付人にとっても重要である。したがって、ローン実行の先行条件として、借入人（受け皿会社）自体に関する事項（借入人の有効な法人格の存在、取締役会による借入れの承認、必要な許認可等の取得など）に加えて、対象会社の会計上・法務上のデュー・ディリジェンスが行われ、その結果が、貸付人が相当と認めるものであること、買収にかかわる株式売買契約その他の契約書が、貸付人が相当と認める様式・内容において締結されていること（特に、株式の売主が対象会社にかかわる種々の事項について十分な事実表明および保証を行っていることは貸付人にとっても重要である。）、ならびに担保権設定契約が締結されていることが定められるのが通常である。

(3) 誓約条項

MBOに関するローン契約においては、買収資金融資の実行後の対象会社および受け皿会社（両者は買収実行後まもなく合併するのが通常であるので、以下、買収実行後の対象会社および受け皿会社を総称して単に「対象会社」という。）の事業活動に一定の制限を加えることが多い。例えば、①対象会社の年次予算に対する貸付人の同意、②対象会社の資産の譲渡等の処分に対する貸付人の同意、③対象会社が一定の財務指標について所定の水準を維持する旨の財務制限条

項、④貸付人以外の第三者からの借入れを制限する条項、などである。これは、リミテッド・リコースであって対象会社の純資産価値のみでは担保として必ずしも十分でないことから、一般のローンの場合に比較して対象会社の事業・財務内容の健全性をチェックする必要性が大きいことによる。

(4) 債務不履行事由（期限の利益喪失事由）

MBOに関するローン契約においては、一般のローン契約の場合と同様、ローン元利金の支払遅延、事実表明違反、クロス・デフォルト、対象会社の支払停止・倒産などが債務不履行事由として規定される。また、上記(3)で指摘した誓約条項の違反も債務不履行事由となる。さらにエクイティ部分の投資家であるベンチャー・キャピタル等が対象会社の事業経営に関与し続けていくことが貸付人の与信判断にとって重要な要素を占めるため、ベンチャー・キャピタル等が対象会社の株式の一定数以上（少なくとも過半）を所有しなくなることも債務不履行事由とされることが多い。

(5) 劣後債・劣後ローン

MBOにおいてもっとも単純な形態は、受け皿会社ないし対象会社の株式を所有するベンチャー・キャピタル等および経営陣と買収ローンを提供する金融機関のみが買収側の関係当事者となるケースである。しかし、ベンチャー・キャピタル等および経営陣による出資と金融機関の提供するローンだけでは買収資金として不足する場合に、ほかの投資家からの資金が必要となることがある。この場合、かかる他の投資家は受け皿会社の株式以外の投資形態を希望することがあり、劣後債・劣後ローンなどの形で（いわゆる、メザニン・ファイナンス）受け皿会社に投資することになる。買収ローンを提供する貸付人としては、このような劣後債・劣後ローンに基づく投資家の権利が貸付人の権利に劣後することを確保しておく必要がある。[12]

劣後債・劣後ローンの投資家の権利の劣後性を確保する方法としては、買収ローンの貸付人を含む対象会社の非劣後債権者一般に劣後するという構成（絶対的劣後）と、買収ローンの貸付人に対してのみ劣後するという構成（相対的構成）とが考えられる。

---

12 メザニン・ファイナンスについては、前掲注3熊谷論文参照。

(6) 担保権の設定

買収ローンの貸付金の債権を担保するために、合併までの間対象会社が受け皿会社の借入金債務を保証するとともに、対象会社の全資産に担保権が設定される。担保権設定の対象となる資産としては、預金債権、売掛債権、敷金・入居保証金返還請求権、有価証券、無体財産権、動産（在庫商品を含む。）、不動産などがある。また、株式売買契約においてなされた対象会社株式の売主による事実表明および保証に違反があった場合に受け皿会社が売主に対して有することのある損害賠償請求権を貸付人のために譲渡担保に供することも行われる。さらに、経営陣およびベンチャー・キャピタル等が所有する受け皿会社ないし対象会社の株式にも担保権が設定されることが多い。

第8　企業買収防衛策としてのMBOおよびその資金調達手段としてのLBO

以上、MBO・LBOに関するメリットおよびデメリット等について述べてきたが、ここでこれらのメリット・デメリットを踏まえ、MBO・LBOの最近の動向について再び触れておこう。

冒頭でも触れたように、MBOおよびLBOが90年代後半に日本に浸透し始めた当時、これらが注目されたのは、企業再編の手段としてであった。景気後退に伴い経営の見直しを迫られた企業が、非主力事業を売却し、事業のスリム化をはかるために、事業分離を円滑に行うことのできるMBOおよびLBOは、格好の手段だったわけである。ところが、昨今では、MBOおよびLBOは、従来とは異なる観点から、特に上場企業の注目を集めている。すなわち、MBOおよびLBOは、自社株を買収することで上場を廃止して株式を非公開化し、①企業買収のリスク回避および②経営の柔軟化を達成するための手段として注目されている（いわゆるゴーイング・プライベート[13]）。少数の安定した株主の下で、市場動向に左右されない柔軟な経営を行うことを目的としてMBOおよびLBOが行われるようになってきたのである。とはいえ、繰り返し指摘してきたとおり、実際上、MBOおよびLBOにおいて資金の大

13　ゴーイング・プライベートについては、「本章　9」参照。

半を提供するのは買収ファンドおよび金融機関である。買収ファンドの資金回収の実行のため、MBOによりいったん非公開となった企業も、長期的に見れば、いずれは再上場や再M&Aをすることになる可能性が高い。つまり、MBOないしLBOによる株式非公開とは、通常の場合は、半永久的なものではなく、一旦株式を非公開とし、企業価値を高めてから、再上場または再M&Aを行うものであると考えるべきである。

第9　企業価値研究会のMBO報告書について

1　経済産業省・経済産業政策局長の私的研究会である企業価値研究会（座長　神田秀樹東京大学大学院法学政治学研究科教授）は、平成19年8月2日に、「企業価値の向上及び公正な手続確保のための経営者による企業買収（MBO）に関する報告書」（以下「MBO報告書」という。）をまとめ、公表した。ここでは、その内容を概観しておくことにする。

2　MBO報告書は、企業価値の向上および株主利益への配慮のための公正な手続確保を目的として、MBO[14]　に関する公正なルールの在り方について、堤言を行うものである、として、MBOが行われる意義と弊害・論点を指摘している。指摘されている弊害・論点とは、以下のとおりであり、そのうち、主として利益相反に関する論点（①）が検討されている（後記3、4参照）。

①　MBOは、本来、企業価値の向上を通じて株主の利益を代表すべき取締役が、自ら株主から対象会社の株式を取得することとなり、必然的に取締役についての利益相反構造が生じる。そして、取締役は対象会社に関する正確かつ豊富な情報を有していることから、MBOの場合には、株式の買付者側である取締役と売却者側である株主との間で、大きな情報の非対称性も存在することとなる。そこで、株主の立場から、MBOが有する意義から逸

14　同報告書（経済産業省のホームページhttp://www.meti.go.jp/で入手可能である。）は、MBOとは、現在の経営者が資金を出資し、事業の継続を前提として対象会社の株式を購入することをいう、とする。なお、同報告書は、「実際には、現在の経営者以外の出資者（投資ファンド等）が個々の案件に応じて様々な形で関与する等、MBOの形態も一様ではなく、その内容により利益相反性にも程度の差が生じ得る、とも指摘している（5頁）。

脱して不合理な取引が行われ、または価格が不当に低く設定され、取締役が不当に利益を享受しているのではないかといった懸念が指摘されている。

②　MBOは、非上場化を伴うことが通常であるため、有望な投資先が市場から退出する場合に、そのことが資本市場に与える影響等に関する議論や、非上場化によって会社に対する市場の規律が働かなくなり、会社のガバナンスが緩む場合もあり得るといった弊害に関する議論もなされている。また、非上場化の際に生じ得る株主への強圧的な効果に関する議論等もなされている。

③　MBOはLBOの形態により実行されることが通常であるため、既存債権者との関係についての議論や、過度なレバレッジが会社に与える影響等の議論もなされている。

④　MBOにおいては、税務上の取扱いと、実際の取引関係者の行動との間に関連性があるのではないかとの指摘もされている。

3　MBO報告書の検討内容をみてみよう。まず、MBOにおける買付者側および当該MBOの対象となっている対象会社側が尊重すべき事項として、以下のような原則論を挙げている。

（第1原則）企業価値の向上

望ましいMBOか否かは、企業価値を向上させるか否かを基準に判断されるべきである。

（第2原則）公正な手続を通じた株主利益への配慮

MBOは取締役と株主との間の取引であるため、株主にとって公正な手続を通じて行われ、株主が受けるべき利益が損なわれることのないように配慮されるべきである。

そして、MBOの透明性、合理性を確保するための枠組みとして、3種類の枠組みを挙げている。3種類の枠組みとは、以下のとおりである

①　株主の適切な判断機会の確保（枠組み1）

MBOにおいて、各株主が納得して適切に判断し、その意思を表明できることが重要なポイントとなることにかんがみ、各株主の背景や属性等も十分院考慮して、株主の判断に資するための充実した説明を行い、かつ、株主が

当該説明を踏まえた適切な判断を行える機会を確保する必要がある。
　② 　意思決定過程における恣意性の排除（枠組み2）
　MBOには、構造上の利益相反の問題が存在することにかんがみ、不当に恣意的な判断がなされないように、例えば、社外役員等の意見を求めた上で株主が判断するようにするなど、意思決定のプロセスにおける工夫を行う必要がある。
　③ 　価格の適正性を担保する客観的状況の確保（枠組み3）
　MBOは、構造上の利益相反の問題に起因する不透明感が強いことにかんがみ、価格の適正性に関し、対抗買付の機会を確保する等の客観的な状況による担保がなされる必要がある。

4　MBO報告書は、その上で、3種類の枠組みに応じた実務的な対応例を挙げている。
(1)　**枠組み1について**
　まず、株主に対する説明のあり方として、以下のような点に留意すべきであるとする。
　① 　MBOを実施するに至ったプロセス等について、平成18年12月の公開買付け規制の改正、及び証券取引所の要請等により開示が要求されている趣旨にかんがみ、充実した開示が求められる。
　② 　業績の下方修正後にMBOを行うような場合等において、MBOが成立しやすくなるように意図的に市場株価を引き下げているとの疑義を招く可能性がある場合には、当該時期にMBOを行うことを選択した背景・目的等につき、より充実した説明が求められる。
　③ 　取締役と他の出資者（投資ファンド等）の最終的な出資比率や取締役の役職の継続予定等、取締役が当該MBOに関して有する利害関係の内容について、より充実した説明が求められる。
　また、株主が反対した―MBOにおける公開買付けに応募しなかった―場合の取扱いについても、以下のような実務上の工夫を行うことで、強圧的な効果が生じないように配慮し、株主の適切な判断機会の確保を図ることが望ましいとする。

④　株式併合を利用した手法など、公開買付け後の完全子会社化（スクイーズアウト）に際して、反対する株主に対する株式買取請求権又は価格決定請求権が確保できないスキームは採用しないこと

⑤　公開買付けにより大多数の株式を取得した場合には、特段の事情がない限り、完全子会社化（スクイーズアウト）を行うこと、また、公開買付け後に完全子会社化（スクイーズアウト）を行う場合の価格は、特段の事情がない限り、公開買付価格と同一の価格を基準にすると共に、その旨を開示資料等において明らかにしておくこと

(2)　枠組み2について

以下のような対応例を挙げている。

①　（社外役員が存在する場合には）当該役員、又は独立した第三者委員会等に対するMBOを是非及び条件についての諮問（又はこれらの者によるMBOを行う取締役との交渉）、及びその結果なされた判断の尊重

②　取締役及び監査役全員の承認（特別の利害関係を有する取締役を除く）

③　意思決定方法に関し、弁護士・アドバイザー等による独立したアドバイスを取得すること及びその名称を明らかにすること

④　MBOにおいて提示されている価格に関し、対象会社において、独立した第三者評価機関からの算定書等を取得すること

(3)　枠組み3について

対抗的な買付の機会を確保し、当該期間に対抗買付が出ないことをもって、価格の適正性の担保とすることが考えられるとする。具体的には、

①　MBOに際しての公開買付期間を比較的長期間に設定すること

②　対抗者が実際に出現した場合に、当該対抗者が対象会社との間で接触等を行うことを過度に制限するような内容の合意等を、当該MBOの実施に際して行わないこと

第10　MBOにおける取締役の善管注意義務について[15]

企業価値研究会のMBO報告書の内容をみてもわかる通り、MBOにおける利益相反問題はMBOにかかわる取締役の善管注意義務違反の問題と関連付

けて盛んに論じられつつある。議論は未だ端著についたところであり、また、本稿の主題からは離れたるところではあるが、ここでは、現時点における代表的な考え方（主として注15の山口勝之ほか論文、高原達広論文による。）を紹介しておくこととする（なお、第5章1参照）。

1 問題状況

MBOにおいては、MBOに参加する取締役は、①より低い価格で当該会社を買い取りたいという買収者としての立場と、②会社から委任を受けて株主のためにその企業価値を向上させ、当該会社をより高く評価してもらうという取締役の義務に基づき、会社およびその株主のために買収価格を引き上げなければならないという立場を兼ねているため、当該取締役と、対象会社およびその株主との間において不可避的に利益相反状況が生じることとなる。かくして、MBOを実施する場合には、MBOに参加しようとする取締役およびMBOに賛成する取締役の双方にとって、いかなる措置をとれば、利益相反問題を回避し、善管注意義務を尽くしたと評価されるのか、という問題をクリアしておく必要が出てくる。

2 MBOにおける取締役の善管注意義務に関する代表的な考え方

(1) 取締役の善管注意義務は、基本的には、利益相反状態を可及的に回避する措置をとった上で、（ア）行為当時の状況に照らし、合理的な情報収集・調査・検討等が行われたか、（イ）その状況と取締役に要求される能力

15　近時、MBOにおける取締役の注意義務に関する議論が盛んになされている。その内容は、第9で紹介したMBO報告書案と重なる部分が多い。近時の基本的な文献としては、清原健＝田中亘「対談　MBO　非公開化取引の法律問題　前後」ビジネス法務2007年6月号10頁、7月号64頁（特に「後」での取締役の交渉義務を巡る議論は参照すべきである。）、山口勝之ほか「MBOにおける取締役の善管注意義務」ビジネス法務2007年6月号22頁以下、高原達広「経営陣主導での上場会社の非公開化における取締役の行動規範」商事法務1805号11頁、十市崇「新しい公開買付規制とマネージング・バイアウト」Lexis企業法務44頁、近藤浩＝小林真一「非公開化型MBOにおける法務・税務の論点」事業再生と債権管理No117、71項（2007年7月）などがある。また、MBOに関するルール設計について提言を試みた論文として、前掲注8三苫論文がある。同論文は、MBOにおける取締役の利益相反性解消・軽減措置のうち、「他の買収者による買収提案の可能性を確保するため、一定の買付期間を確保する措置」について、競争原理を通じて比較的形式的、客観的に適用できる点で、優れているとする。

水準に照らし不合理な判断がなされなかったといった基準[16]により判断されることになる。

(2) この基準を適用するに当たっては、MBOの実施不実施の意思決定、買収価格の意思決定のそれぞれに関して、実体面、および手続面から検討することが必要となる。[17]

(3) **MBOの実施・不実施の決定**

ア **実体面** 想定されているMBOを実施することが、対象会社の企業価値・株主共同の利益の確保・向上に資するか、という点について、対象会社取締役として、合理的な情報収集・調査検討－対象会社の財産、収益力、安定性、効率性、成長力等の観点を踏まえて、MBOの実施により得られる価値がMBOの実施により失われる価値を上回っているか等についてである－を行い、当該状況下において取締役に要求される能力水準に照らして合理的な判断を行う必要がある。

イ **手続面** MBOの実施・不実施の決定過程の適正性・公正性を確保するための措置としては、①MBOに利害関係のない取締役による実質的かつ慎重な審議・決議の実施、②外部の専門家からの意見聴取が必要となるが、具体的には、①については、利益相反関係にある取締役の取締役会決議からの排除、監査役全員からの賛同の取得、社外取締役、社外監査役に対する諮問が挙げられ、②については、特別委員会の設置が考えられている。特別委員会の設置が有益と考えられるのは、MBOに参加しない取締役であっても、MBOに参加する取締役との間の人的・心理的関係等により、現実には会社法が予定している監督機能が十分に発揮されない可能性があるためである。その結果、MBO実施・不実施の決定過程の適正性・公正性を確保するべく、社外取締役、社外監査役、その他の社外有識者等からなる委員会（特別委員会）を設けることが適正・公正だからである。

---

16 江頭憲治郎『株式会社法』423頁（有斐閣、2006年）。
17 なお、これまでの開示実例からうかがえる利益相反回避措置としては、①利益相反関係にある取締役を特別利害関係人とし取締役会決議から排除すること、②社外監査役を含む監査役全員からの賛同を得ること、③フィナンシャル・アドバイザーから評価書を取得すること、④法律事務所から手続の適正性に関して意見を聴取することが柱となっている（高原・前掲注15論文12頁）。

(4) 買収価格の決定

ア 実体面 買収価格は利益相反の問題が最も先鋭的に現れる場面であり、買収価格の適正性・公正性、売主となる対象会社株主にとっても最大の関心事である。

買収価格の適正性・公正性を確保するためには、対象会社とMBOに参加する経営陣の双方が、それぞれ独自に別個のフィナンシャル・アドバイザーを起用し、それぞれの立場から買収価格の算定に際して、別個のフェアネス・オピニオンを取得することが重要である。

イ 手続面 以下のような措置が考えられている。

① 実質的交渉プロセスの確保。当該MBOに利害関係のない第三者に対象会社側のための交渉を担当させることにより、買収者側との間の実質的な交渉プロセスを確保する措置が重要になる。具体的には、対象会社側において特別委員会を設置し、買収者側と自ら交渉する権限を与えることや、フィナンシャル・アドバイザーを代理人として起用し、実質的な交渉を行わせることなどが考えられる。

② 経営陣を含めたオークションの実施

③ 競合提案出現の可能性を確保するための待機期間の確保

これは、「企業価値報告書2006」の45頁でも指摘されている事項である。他の買収者のために一定の買付期間を確保すれば、他の買収希望者が、MBOに参加する経営陣の提示した買収価格を参考にして、より高い買収価格を提示できる可能性が広がることとなり、価格競争の原理により、MBOに参加する経営陣側もあらかじめその可能性を加味してそれなりの買収価格の提示を行うことに繋がると考えられ、ひいては買収価格決定過程の適正性・公正性が確保されることになる。具体的には、MBOの実施過程において通常行われるTOBにおける公開買付期間を、最短でも30営業日とすることが考えられる。

④ 十分な情報開示

この点は、平成18年12月13日に施行された改正証券取引法（金融商品取引法）、公開買付けに関する改正及び発行者以外の者による株券等の公開買付の開示に関する内閣府令（「改正後証券取引法公開買付内閣府令」という。）により、TOB

全体につき詳細な情報開示が義務付けられるようになったが、特に、MBOにおいて詳細な開示が求められるようになっている。具体的には、

① 公開買付の目的について　上場廃止の可能性など、改正前証券取引法の実務においても記載された事項を法令上要求するとともに、支配権取得後または経営権参加後の計画について、経営方針に対して重大な変更を及ぼす行為を予定している場合には、その「内容」だけでなく、「必要性」についても記載することを要求し、買付等の目的についてより詳細な開示を要求している（改正後証券取引法公開買付内閣府令第2号様式第1、3　記載上の注意（5）aおよびe）。

② 公開買付価格

従来から記載が要求されていた買付け等の価格の「算定の基礎」については、算定根拠の記載に具体性を要求するとともに、買付価格が時価と異なる場合や公開買付者が最近行った取引の価格と異なる場合には、その差額の内容についての記載も要求することで、買付価格についてより客観性を持たせるための措置を講じる等している。

③ 公正性担保の措置

金融商品取引法は、公開買付者が対象会社の役員等その他であって、買付価格の公正性を担保するためのその他の措置を講じている場合には、公開買付届出書にその具体的内容を記載することを要求するとともに（改正後証券取引法公開買付内閣府令第2号様式第1、4（2）、記載上の注意（6）f）、当該公開買付の実施を決定するに至った意思決定の過程を具体的に記載すること及び利益相反を回避する措置を講じているときはその具体的内容を記載すること（同内閣府令第2号様式第4、2、記載上の注意（25））を要求している。

④ 取締役会の表明意見

金融商品取引法は、対象会社の取締役会に対して公開買付公告後10営業日以内に意見表明報告書の提出を義務付け、公開買付に際しての対象会社に関する情報開示を充実させた（金融商品取引法27条の10第1項、証券取引法施行令13条の2第1項）。

〔奈良　輝久〕

【参考文献】
① 西村総合法律事務所編『M＆A法大全』（商事法務、2001年）
② 藤原総一郎編著『M＆A活用と防衛戦略』（東洋経済新報社、2005年）
③ 服部暢達『M＆A最強の選択』（日経BP社、2006年）
④ 杉山泰成「LBO　その特徴と適合会社・事業等に関する考察」事業再生と債権管理第106号（2004年）『特集M＆Aの実務と事業再生』90頁以下
⑤ 中野通明＝宍戸善一編『ビジネス法務大系Ⅱ　M＆A　ジョイント・ベンチャー』（日本評論社、2006年）
⑥ 熊谷真喜「レバレッジド・バイアウト—ファイナンスの特徴と法的問題点—」事業再生と債権管理第117号「特集M＆Aの最新実務」（2007年）66頁以下
⑦ 近藤浩＝小林真一「非公開化型MBOにおける法務・税務の論点」事業再生と債権管理117号「特集M＆Aの最新実務」（2007年）71頁以下

9

ゴーイング・プライベート

> **問題意識**
> ① ゴーイング・プライベートとは何を意味し、何を目的とするものか。
> ② 上場廃止の手法とその問題点はどのようなものか。
> ③ 会社法施行以前においては、少数株主の完全排除の手法はどのようなものであったか。その問題点はどのようなものであったか。
> ④ 会社法施行により、少数株主の完全排除の手法はどのように変容するか。どのような問題点があるか。

第1 ゴーイング・プライベートの意義および目的

1 意 義

　ゴーイング・プライベートとは、一般に、「公開会社の非公開会社化」を意味すると説明されてきた。そして、そこにおける「公開会社」とは、上場会社や店頭登録会社を指すことが通常であった。しかしながら、「非公開化」という言葉は多義的であり、実際にゴーイング・プライベートという用語も文脈により様々な意味に用いられている。また、会社法の下では「公開会社」とは譲渡制限の付されていない株式の発行を定款で予定している株式会社を意味する用語として定義され（2条5号）、上場や店頭登録といった要素を含まない概念となっている。そのため、特に会社法が施行されている現状においては「公開会社の非公開会社化」という用語法は混乱を来すおそれがある

ため、本稿においては「ゴーイング・プライベート」という表現をそのまま用いる。

　上記のとおり、ゴーイング・プライベートは多様な意味を持つが、大まかに言えば、①上場会社や店頭登録会社が上場や店頭登録を廃止すること、または②会社の少数株主を完全に排除して、当該会社に対する支配権を単一の株主または株主グループが掌握することを指すことが通常である。本稿では、紙面の都合上、①上場会社が上場を廃止すること、および②会社の少数株主を完全に排除して、当該会社の支配権を単一の株主が掌握することを念頭におくこととする。M&A取引におけるゴーイング・プライベートの諸問題点は、典型的には、買収者が上場会社を買収して、自らの完全子会社とする場合に検討されるものである[1]。

2　目　　的

(1)　上場廃止の目的

　M&A取引の局面における上場廃止の目的としては、①金融商品取引法および証券取引所規則[2]に基づく継続開示義務を消滅させることで、これに伴う諸費用を削減すると共に、業務上の機密をより保持できるようにすること、②株主総会や株式取扱いなどの株主向けの事務を簡略化し、これらに関する費用を削減すること、③株価の短期的動向を気にせずに長期的視野で事業遂行できるようにすること、④株式の市場取引を不可能とすることで、敵対的買収に対する防衛策とすること、などが挙げられる[3]。

(2)　少数株主の完全排除の目的

　一方、少数株主を排除する目的としては、①少数株主の利害を考慮せずに会社が業務遂行できるようにすること[4]、②株主向けの事務をさらに簡略化し、そのための費用を削減すること[5]、などが挙げられる。

1　ゴーイング・プライベートとの関係で、いわゆるMBOやLBOなどの手法が議論されることがあるが、これらは、ゴーイング・プライベートを執り行う主体やそのための資金調達の方法に着目した議論である。詳細は、本書「第2章　8」において述べられる。
2　本稿においては、便宜上、平成19年3月末時点における東京証券取引所の諸規則を引用する。
3　特に財務状況からみて市場における資金調達を必要としていない上場企業が、敵対的買収に対する防衛策として上場廃止を検討する例がみられる。

第2　上場廃止

1　制度上の上場廃止手法

　制度上、上場廃止の手法としては、①上場会社の申請による上場廃止（有価証券上場規程15条）、②上場会社の申請によらない「株券上場廃止基準」に従った証券取引所による上場廃止（有価証券上場規程16条）、③内閣総理大臣の命令による上場廃止（金融商品取引法129条1項）が定められている。

　このうち、ゴーイング・プライベートが上場会社やその親会社の意向により自主的になされるものであることから、①が利用されているようにも思われる。しかし、現実的には、証券取引所は投資家保護などの観点から、原則として、上場会社の申請による上場廃止を認めていないようである[6]。また、③は行政官庁による監督規制の最終的な姿勢を示すものと考えられ、ゴーイング・プライベートの局面ではその利用は検討されない。ゴーイング・プライベートにおいて現実に利用されている上場廃止手法は、②の「株券上場廃止基準」に従った証券取引所による上場廃止であり、同基準が適用される状況を上場会社またはその買収者が作ることで上場廃止を達成しているのが実情である。

　「株券上場廃止基準」において定められる上場廃止事由は多岐にわたる。簡潔に列挙すると、①上場株式数（単位）の減少、②株式の分布状況の変化（少数特定者持株数の増加または株主数の減少）、③売買高の低下、④上場時価総額の低下、⑤債務超過、⑥銀行取引の停止、⑦破産手続または再生手続、⑧事

---

[4] 特に、少数株主が存在する子会社が親会社やそのグループ企業と取引を行う場合、その子会社の取締役が利益相反や忠実義務違反を理由として少数株主から訴訟を提起されるリスクが生じる。しかし、その子会社に少数株主が存在せず親会社の完全子会社となっている場合は、そのようなリスクはなくなる。

[5] 例えば、少数株主がいなければ、株主総会に代えて、書面による決議（会社法319条）で済ませるという簡易な手段も現実的に利用可能となる。

[6] 例外として、外国株式がその発行会社による申請により上場廃止することはあるが、当該株式が外国の証券取引所において上場されており、日本において上場廃止しても当該株式の流通性は保たれるため、投資家保護の観点から上場廃止を認めやすいという事情が背景にあるようである。

業活動の停止、⑨不適当な合併等、⑩有価証券報告書または半期報告書の提出遅延、⑪有価証券報告書等における虚偽記載または監査報告書における不適正意見等、⑫上場契約違反等、⑬株式事務代行機関への不委託、⑭株式の譲渡制限、⑮完全子会社化、⑯指定保管振替機関における取扱いに係る同意の撤回、⑰株主の権利の不当な制限、⑱全部取得、⑲その他公益または投資者保護のため証券取引所が適当と認めた場合、である（株券上場廃止基準2条1項[7]）。なお、⑰および⑱は、それぞれ、平成18年3月8日および同年5月1日に追加されたもので、前者はライツ・プランを含む買収防衛策の議論の高まりを、後者は会社法下の全部取得条項付種類株式を視野に入れたものであり、下記**第2**、**4**において別途説明する。

2　具体的にみられる上場廃止手法

上記1において挙げた上場廃止事由のうち、ゴーイング・プライベートにおいて実際に具体的に依拠されることが多いものは、②の株式の分布状況の変化（少数特定者持株数の増加または株主数の減少）、および⑮の完全子会社化である[8]。

まず、⑮の完全子会社化について述べると、旧商法の下でこれを可能にする法制度は株式交換・移転制度しかなかった[9]。そのため、株式交換・株式移転が利用可能な場合、この事由により上場廃止を達成することができた。

---

[7] マザーズ上場銘柄を除く上場銘柄で、外国株券でも外国株預託証券でもない場合の上場廃止事由である。

[8] その他、M&A取引における合併等が、⑨の不適当な合併等に該当するものとして、上場廃止事由に該当することとなったケースもある。しかし、この場合は実際に上場廃止されるまで3年の猶予期間があることなどから、ゴーイング・プライベートの手法として⑨の不適当な合併等を利用することは現実的には難しい。また、①の上場株式数（単位）の減少は、理論的には、株式併合（会社法180条および309条2項4号）や単元株制度の導入（会社法188条以下、466条および309条2項11号）により達成することが可能である。しかし、これらいずれについても、取締役がその必要な理由を株主総会で開示し、かつ特別決議を必要とすることから、ゴーイング・プライベートの手法としては利用価値が低い。株主総会の特別決議を得ることのできる状況であれば、むしろ直截に株式交換・移転制度を利用して、⑮の完全子会社化を志向する場合が多いであろう。なお、⑭の株式の譲渡制限については、上場会社が発行する全株式について譲渡制限を付すことを目的に定款変更をするためには、総株主の頭数の半数以上で、かつ、総議決権の3分の2以上の賛成による株主総会決議が必要である（会社法309条3項1号）。そのため、上場会社がかかる株主総会決議を得ることは実際上不可能に近く、⑭の株式の譲渡制限をゴーイング・プライベートの手法として利用することは現実的でない。

9 ゴーイング・プライベート

なお、上場会社が単独で株式移転を行い、完全子会社となった場合にも上場廃止事由に該当するが、上場廃止以外にそのような株式移転を必要とする合理的な理由がないような場合、不満を持つ一般株主から、特別利害関係人の議決権行使により著しく不当な決議がなされたと主張され、決議取消しの訴えが提起されるリスクが指摘できた（旧商法247条1項3号）。

次に、株式交換・株式移転が不可能な場合[10]、②の少数特定者持株数の増加または株主数の減少により、上場廃止を達成することが考えられた。具体的には、少数特定者持株数（大要、大株主上位10名および当該上場会社の役員が所有する株式の総数に上場会社が所有する自己株式数を加えた株式数を意味する）が、75%[11]超となり、1年の猶予期間内に75%以下とならないとき、もしくは90%超となったとき[12]、または、株主数が上場株式数に応じて定められる所要株主数[13]未満となり、1年の猶予期間内に所要株主数に達しないときに上場は廃止される。M＆A取引の局面において、このように少数特定者持株数が増加し、あるいは株主数が減少するのは、公開買付けによる場合が典型的であろう[14]。

---

9 もっとも、既存の会社を完全子会社とする組織法的制度は、会社法の下でも、株式交換・移転制度しかないので、利用可能な制度の種類という点では変化はない。しかし、後述のとおり、会社法の下ではその利便性が高まった。

10 例えば、株式交換当事会社や株式移転により完全子会社になろうとする会社において株主総会の特別決議が得られない場合や、これらの会社に外国会社が含まれる場合。

11 従来は、株券上場廃止基準昭和57年10月1日改正附則5項により、暫定的に80%として運用されていたが、平成17年1月1日付けでこの運用は終了した。

12 もっとも、このようにして、少数特定者持株数が75%または90%を超える場合、株式交換・株式移転によって対象会社を完全子会社とするために必要な株主総会の特別決議も得られる状況になっている場合もあろう。

13 例えば、上場株式数が1万単位以上2万単位未満の場合、所要株主数は400人とされる（株券上場廃止基準2条1項(2)b）。

14 もっとも、公開買付け自体をゴーイング・プライベートの手法として常に位置付けるとは限らない。例えば、敵対的企業買収の場合、公開買付けは対象企業の支配権を獲得するための手段として位置付け、総議決権の2分の1または3分の2など、株主総会決議の要件に関係する議決権割合の取得を当面の目標とすることが多い。公開買付けをゴーイング・プライベートの手法として位置付ける場合よくみられるのは、対象会社の株主総会において特別決議を得ることができるまで公開買付けにより保有議決権割合を増加し、その上で株式交換または株式移転を行って対象会社を完全子会社化する、というものである。なお、公開買付けに拠らずとも、既に過半数の議決権を有する者が、市場外で他の株主から株式の譲渡を受けることで、少数特定者持株数が増加し、上場廃止を達成できる場合もある。

3 金融商品取引法上の継続開示義務に関する問題点

　上記第1、2(1)において述べたとおり、上場廃止には様々な目的が考えられるが、そのうち、金融商品取引法に基づく継続開示義務を消滅させる、という点については注意が必要である。上場会社には金融商品取引法に基づく継続開示義務が生じるが、上場廃止したからといって当然にこの継続開示義務を免れることになるわけではないためである。

　金融商品取引法上、継続開示義務を負う主体は、大要、①上場会社または店頭登録会社、②過去に有価証券届出書の提出が必要な株式等の募集または売出しを行った会社、および③過去5事業年度のいずれかの末日において株主数が500名以上である会社、である（金融商品取引法24条1項、金融商品取引法施行令3条の6第3項）。したがって、仮に上場廃止により①の会社に該当しなくなっても、②または③の会社に該当する限り、金融商品取引法上の継続開示義務は存続する。そこで、上場会社でかつ②または③の会社に該当する会社は、上場廃止だけではなく、それに加えて、②または③に該当するにも拘らず継続開示義務を負わずに済むか否かを検討する必要がある（金融商品取引法24条1項ただし書）。

　②および③に関しては、証券取引法上、清算中の者、相当の期間営業を休止している者は、内閣総理大臣に対して、継続開示義務免除の承認を申請することができるが（金融商品取引法24条1項ただし書、金融商品取引法施行令4条2項1号および2号）、これらはゴーイング・プライベートの局面では通常は検討対象とはならない。また、②に関しては、さらに、直近5事業年度の末日における株主数がいずれも300名未満となった場合、および株主数が25名未満となった場合も承認申請の事由となる[15]（金融商品取引法24条1項ただし書、金融商品取引法施行令3条の5第2項・4条2項3号、企業内容等の開示に関する内閣府令16条2項）。また、③に関しては、さらに、資本の額が5億円未満である場合、および株主数が300名未満となった場合にも、継続開示義務は生じない[16]（金融商品取引法24条1項ただし書、金融商品取引法施行令3条の6第1項）。

15　内閣総理大臣の承認による場合は、承認事由が存在している期間のみ継続開示義務が免除され、永続的に免除されるわけではないことに注意する必要がある（金融商品取引法施行令4条2項）。

以上のとおり、金融商品取引法上の継続開示義務は、上場廃止にも拘らず残存することがあるので、その消滅を企図している場合は、上場廃止後に株主数の更なる減少をどのように達成すべきかなどを予め検討しておく必要がある[17]。

4 近時の問題点

上記第2、1において述べたとおり、平成18年3月8日および同年5月1日に、新たな上場廃止事由として、「株主の権利の不当な制限」および「全部取得」が加わった（株券上場廃止基準2条1項17号および18号）。前者はライツ・プランを含む買収防衛策の議論の高まりを受けたもので、具体的には、(a) 行使価額が株式の時価より著しく低い新株予約権を導入時点の株主等に割り当てるライツ・プラン、(b) 取締役の過半数が交代しても廃止または不発動とすることができないライツ・プラン、および (c) 取締役の過半数の選解任その他の重要な事項についての拒否権付種類株式の導入が上場廃止事由に該当するとされている（「株券上場廃止基準の取扱い」1(14)）。また、後者は会社法下の全部取得条項付種類株式を念頭においたものであるが、全部取得される上場銘柄と引換えに交付される新株券については、これが「株主の権利の不当な制限」に該当するものではない場合に限り、簡易な方法による上場が認められる可能性がある（有価証券上場規程10条）。

ゴーイング・プライベートの目的に照らし、上記の新たな上場廃止事由がどのような意味を持つかであろうか。「株主の権利の不当な制限」の場合は、まさしく市場運営主体が不当と考えている制度を会社が導入するものであ

---

[16] これらの場合には、内閣総理大臣の承認を要しない。ただし、これらの場合に継続開示義務が生じなくなるためには、本文中の①の事由（上場または店頭登録）がなくなっていることだけでなく、②の事由（過去の募集または売出し）もないことが必要である（金融商品取引法24条1項4号末尾かっこ書参照）。上場会社は過去に株式等の募集または売出しを行っていることが通例であるから、資本の額が5億円未満であることや株主数が300名未満であることを理由に継続開示義務が生じなくなることは稀であろう。

[17] 上場廃止後には市場での株式の取得ができず、一方、公開買付規制は継続開示義務が存続する限り適用されるので（金融商品取引法27条の2第1項）、市場外での株式の取得にも困難が生じる場合があることに注意が必要である。こうした問題を回避するためには、株式交換や株式移転などを公開買付けに続くプロセスとして予定することとなろう。なお、株式交換や株式移転により生じた完全親会社について、株主数の観点から継続開示義務が生じる場合があることに注意が必要である。

り、そのような制度の導入自体が法的に問題をはらむ可能性がある他、少なくとも経営陣の責任問題を招来するおそれが大きく、利用は困難であろう。
一方、「全部取得」の場合も、上場廃止となる銘柄と引換えに交付される新株券を上場させないとすれば、経営陣の責任問題を招来する可能性があるが、全部取得条項付種類株式の場合は導入時に反対株主には株式買取請求権が与えられるなど（会社法116条1項2号）、株主保護措置が制度上担保されているので、法的問題点をクリアーできる可能性は比較的高い。しかしながら、経営陣の責任問題を事実上招来する可能性は否定できず、利用には慎重になる必要がある。

なお、従来から存する上場廃止事由については、原則的に従来どおりと考えられる。ただし、下記第3、2において述べるとおり、会社法は株式交換・移転制度の利便性を高めたので、完全子会社化を理由とする上場廃止がより利用可能性の高い手法として認識されよう。

第3　少数株主の完全排除

1　会社法施行以前における手法および問題点

(1)　少数株主の完全排除の手法

少数株主の排除とは、その株主としての地位を失わせることを意味するが、一定数存在する少数株主の株主としての地位を強制的に失わせるためには、基本的にそれを可能にする組織法的制度が必要である[18]。旧商法下において、ゴーイング・プライベートのために用いられたそのような制度としては、①株式交換・移転制度、②それ以外の各種の代替的手法が挙げられる。

(2)　株式交換・移転制度の問題点

旧商法下において、既存の会社を存続させつつ、その少数株主の株主としての地位を強制的にかつ完全に失わせる組織法的制度として存在していたのは、株式交換・移転制度のみである[19]。

18　少数株主が取得条項付種類株式（会社法108条1項6号）しか有していない場合など、予め少数株主排除のシステムが構築されている場合は別論である。

株式交換・移転制度については、本書「第2章　4」において詳述するが、共に、平成11年商法改正により導入された。株式交換制度と株式移転制度は、対象会社を、それぞれ、既存の会社（株式交換の場合）または新たに創設される会社（株式移転の場合）の完全子会社とする制度である。旧商法においては、完全子会社となる会社（A社）の株主の有するA社株式は、株式交換によって完全親会社となる既存の会社または株式移転によって完全親会社として創設される新会社（B社）に移転し、A社の株主は、B社が発行する新株の割当てを受けることにより、B社の株主となった（旧商法352条2項・364条2項）。

　以上のとおり、株式交換・移転制度は、対象会社を完全子会社とする制度であり、対象会社の少数株主は完全子会社からは完全に排除されるが、制度上、対象会社の株主には、完全親会社（となる会社）の株式が割り当てられることとされていたため、少数株主は完全親会社の株主として依然として資本関係を維持することとなった。そのため、完全子会社となった対象会社との関係ではゴーイング・プライベートの目的は達成できるものの、少数株主の完全排除の目的（少数株主の利害を考慮せずに業務遂行できるようにすることや、株主向けの事務の簡略化による費用の削減など）は完全親会社との関係では実現されなかった。この問題は、株式交換により対象会社を完全子会社とすることを企図する完全親会社となる会社が企業グループの100％子会社であり、自らに少数株主が生じることを嫌う場合には特に顕著な問題であった。

(3)　代替的手法とその問題点

　以上のとおり、株式交換・移転制度は少数株主を対象会社から排除するものではあったが、旧商法下においては排除された少数株主は完全親会社の株主となるものであったため、完全な意味で少数株主を資本関係から排除するためには、代替的手法が必要であった。そこで、旧商法下では、買収者が対象会社に対して公開買付けを行うなどして一定の支配権を獲得した後に、少数株主を資本関係から完全に排除するため、例えば、以下のような各種の代替的手法が用いられた。

19　英国では対象会社の株式の90％以上を取得した者が強制的に残余の株式を買い取ることができる制度があり、分割民営化した電気や水道などの公共事業を営む会社群がM&A取引により再編された際にも利用されている。

ア 株式移転・清算方式 対象会社が株式移転により完全子会社となり、創設された完全親会社が完全子会社の株式を買収者（またはその関連会社）に現金を対価として譲渡した後、自ら解散・清算する、という手法である[20]。

この手法については、完全親会社が完全子会社の株式を譲渡する際に譲渡益課税が発生する可能性がある点、および安全策をとればかかる譲渡を営業全部の譲渡とみて、完全親会社における株主総会の特別決議を要することとなる点などが問題であった。

イ 端株方式 対象会社を消滅会社または完全子会社、買収者を存続会社または完全親会社として合併または株式交換を行い、その際に少数株主が端株しか割り当てられず、旧商法220条1項本文に従った金銭処理が行われるように合併比率または株式交換比率を調整する、という手法である。

この手法については、旧商法下で通説が認められないと考えていた現金合併や現金株式交換を実質的に行っており、法的に瑕疵がある可能性があった点、合併による場合は対象会社を消滅会社とすることとなり、事業上必要な許認可や取引関係に対する悪影響がありえた点などが問題であった。

ウ 産活法方式 平成15年4月に改正された産業活力再生特別措置法（産活法）に基づく認定計画に従った合併や株式交換を行い、消滅会社等となる対象会社の株主に対する対価として金銭を交付する、という手法である（会社法の施行に伴う関係法律の整備等に関する法律449条により改正される前の産活法12条の9）。

この手法は産活法に基づくものであり、法的な瑕疵が生じる可能性は低かったが、認定計画に基づく必要があるため、そもそも常に利用できるわけで

---

20 株式交換・移転制度が導入される前は、買収者が既に一定の支配権を獲得している対象企業が、その営業全部を他会社（通常、買収者の関連会社）に譲渡した後、解散・清算するという、営業譲渡と清算を組み合わせた手法が用いられた。しかし、この手法は、特定承継である営業譲渡に共通の問題（許認可や取引関係の断絶など）や、受け皿会社において事後設立規制を受ける可能性があるという問題も抱えるものであった。株式移転により対象会社を完全子会社化し、その完全親会社が完全子会社の株式を買収者（またはその関連会社）に譲渡する場合は、対象会社の営業は対象会社に帰属したままであるため、上記の問題を回避する上で有用であった。

9　ゴーイング・プライベート　163

はないなどの問題があった。

　以上の各手法（特に、産活法方式以外の技術的操作を加えた手法）は、少数株主の視点からみると、買収者が対象会社に対する支配権を行使して作為的に少数株主の資本関係を排除したものと評価されうることから、株主権の濫用にあたると批判され、あるいはその過程における株主総会において、利害関係人による議決権行使により著しく不当な決議がなされたとの理由で決議取消しの訴え（旧商法247条1項3号）を受けるというリスクがあった。そのため、少数株主の強制排除が株主権の濫用には当たらず許容される基準として、少数株主の持株比率が10％以下になることが必要であるとの一応の理解の下、買収者の対象会社に対する持株比率を公開買付けにより予め90％前後にしておく実務がみられた[21]。

2　会社法施行後の手法および問題点

　会社法は、株式交換・移転制度の利便性を高めており、ゴーイング・プライベートの実務にも影響を与えるものである。また、近時の問題点として、平成18年10月の株式交換・移転税制の抜本的改正がゴーイング・プライベートのプランニングに影響を与えること、また、新たに導入された全部取得条項付種類株式の制度がゴーイング・プライベートの新しい手法を示唆していることも重要である。こうした点につき、以下に簡潔に述べる。

(1)　株式交換・移転制度における交付対価の柔軟化

　上記第3、1(2)で述べたとおり、株式交換・移転制度は、対象会社を完全子会社とする制度であるが、旧商法下での制度上、対象会社の株主には、完全親会社（となる会社）の株式が割り当てられることとされていたため、少数株主は完全親会社の株主として依然として資本関係を維持することとなった。そのため、少数株主の完全排除の目的（少数株主の利害を考慮せずに業務遂行できるようにすることや、株主向けの事務の簡略化による費用の削減など）は完全親会社との関係では実現されなかった。

21　少数株主排除のための一連の取引が支配株主による株主権の濫用に当たらないと判断される前提として、その過程において少数株主に対して法律上の株式買取請求権が認められ、そこで適正な対価が支払われる機会が与えられていることが必要と考えられていた。この考えは、会社法施行後においても基本的に妥当すると思われる。

この点、会社法は、旧商法からの実質的な改正点の一つとして、組織再編行為時の交付対価を柔軟にした[22]。株式交換・移転制度においても、完全子会社となる会社の株主に対して、完全親会社（となる会社）の株式を交付せず、金銭その他の財産や（株式交換の場合。768条1項2号ロないしホ）、完全親会社の社債、新株予約権または新株予約権付社債（株式移転の場合。773条1項7号）を交付することが認められた。これにより、株式交換または株式移転後に、少数株主が完全親会社に持分を有さないようにすることが可能となったため、完全な意味で少数株主を資本関係から排除することが以前よりも容易となった。ただし、株式移転により創設される完全親会社に株主がいない事態は許容されず、また、株主平等の原則（109条）にも配慮する必要があるため、株式移転により少数株主を完全親会社との資本関係から排除することは困難であろう。

(2) 簡易株式交換・略式株式交換

旧商法下では、株式交換の手続を簡易にするものとして、完全親会社となる会社の規模に比して完全子会社となる会社の規模が小さい場合に、完全親会社となる会社において株主総会の特別決議を不要とする簡易株式交換の制度が存在していた（旧商法358条）。具体的には、完全親会社となる会社が株式交換に際して発行する新株の総数が発行済み株式総数の5％以下であり、かつ完全子会社となる会社の株主に支払う株式交換交付金が完全親会社となる会社の現存純資産額の2％以下であることが条件とされていた（旧商法358条1項）[23]。

会社法は、上記の簡易株式交換の要件を緩和し、より簡易株式交換を利用しやすくした。具体的には、①完全親会社となる会社が完全子会社となる会社の株主に対して交付する完全親会社となる会社の株式の数に、その一株当たり純資産額を乗じた額に、②同様に交付するそれ以外の財産の帳簿価額を

---

[22] 会社法は平成18年5月1日に施行されたが、組織再編行為における交付対価の柔軟化は、会社法の施行日から更に1年を経過する日までの間は利用できない手当てがなされ（附則4条）、実際にこの部分が施行されたのは平成19年5月1日である。

[23] 会社法の施行に伴う関係法律の整備等に関する法律449条により改正される前の産活法は、旧商法における簡易株式交換の要件をさらに緩和する特例を設けていた（12条の4第1項）。しかし、この簡易株式交換の特例は、会社法がその内容を本則として採用したため、現行の産活法からは削除された。

加えた額が、完全親会社となる会社の純資産額の20％[24]以下の場合には、原則として、完全親会社となる会社において株主総会の特別決議が不要となった（796条3項）[25]。その意味では、簡易株式交換の利用可能性は高まり、買収手法としてより便利になったといえる。

また、会社法は、議決権支配率90％[26]以上の支配関係にある株式会社間で株式交換を行う場合には、被支配会社において株主総会の決議を不要とする略式株式交換の制度を導入した（784条1項・796条1項）[27]。かかる場合には、被支配会社において株主総会を開催するまでもないと考えられたためである。この略式株式交換制度と上記**第3**、**2(1)**において述べた交付対価の柔軟化により、少数株主と当事会社との間の資本関係を完全に消滅させることが従来よりも容易に行えることとなった。ただし、①支配会社が完全親会社となる株式交換において、対価として譲渡制限株式が用いられ、被支配会社が公開会社で、かつ種類株式発行会社ではない場合、および、②支配会社が完全子会社となる株式交換において、対価として公開会社ではない完全親会社となる被支配会社の譲渡制限株式が用いられる場合は、被支配会社において株主総会の決議が必要とされていることには注意が必要である（784条1項ただし書・796条1項ただし書）。

(3) 他の少数株主完全排除のための代替的手法への影響

上記のとおり、旧商法下においては、株式交換・移転制度によっては少数株主をあらゆる意味で資本関係から完全に排除することができなかったため、代替手段として、株式移転・清算方式、端株方式、産活法方式などという手法が用いられた。しかし、上記**第3**、**2(1)**のとおり、会社法の下で特に

---

24 完全親会社となる会社の定款において、これを下回る割合を定めている場合は、その割合。
25 ただし、会社法施行規則197条の定める数の株式を有する株主が簡易株式交換に反対する旨を完全親会社となる会社に通知した場合は、簡易株式交換手続はとれない（796条4項）。
26 被支配会社の定款において、これを上回る割合を定めている場合は、その割合（「特別支配会社」を定義する468条1項）。
27 会社法の施行に伴う関係法律の整備等に関する法律449条により改正される前の産活法は、特定関係事業者（認定事業者またはその完全子会社が3分の2以上の議決権を有している被支配会社）が認定事業者（またはその別の特定関係事業者）と株式交換を行う際には、当該特定関係事業者において株主総会決議を不要とし、会社法における略式株式交換の要件をさらに緩和する特例を設けていた（12条の4第2項）。この特例は、現行の産活法においても維持されている（12条）。

現金による株式交換が可能となったため、こうした代替的手法に拠らずに完全な意味で少数株主を資本関係から排除することが可能となった[28]。今後は、特に株式交換制度を用いることで少数株主を完全に排除する実務がより一般化するものと思われる[29]。

なお、上記**第3**、1(3)で述べたとおり、完全な意味で少数株主を資本関係から排除する場合、旧商法下においては、株主権の濫用や株主総会決議取消しの訴えのリスクに対する実務上の安全策として、買収者の対象会社に対する持株比率を公開買付けにより予め90％前後にしておく実務がみられた。会社法施行後においては、特に現金株式交換により少数株主を完全に排除することが検討されるが、その前提として、従来どおり、公開買付けにより対象会社の株式に対する買収者の持株比率を90％程度に高めておく方策が、安全策として当面は検討されるのではないかと思われる。なお、90％という数字は、前述の会社法における略式株式交換の可否の判断基準にもなっており、かかる観点からも、この数字が、少数株主の利益保護よりも組織再編行為の円滑化を優先することを正当化する基準となるかと思われる。もっとも、会社法が現金株式交換を正面から認めたことを重視して、これを利用した少数株主の完全排除の有効性を広く認める方向での解釈もありえよう。

(4) **近時の問題点**

ア　株式交換・移転税制の抜本的改正　平成18年10月1日の税制改正により、株式交換・株式移転も、法人税法の下で、他の組織再編行為と同様の規律に服することとなり、課税繰延べ要件の充足は従来より困難になった。具体的には、適格株式交換・適格株式移転に該当するための要件は、基本的に、株式以外の資産が交付されないことおよび株式交換・株式移転が企業グ

28　もっとも、産活法の利用は会社法施行後も一定の価値をもつと考えられる。例えば、産活法は、議決権の3分の2以上の支配をメルクマールとして定義される被支配会社である特定関係事業者について、株式交換における株主総会決議を不要とする制度を設けている（12条）。一方、会社法における略式株式交換制度は議決権の90％以上の支配関係を要求しており、その点では、産活法の方が利用可能性が高い。

29　本稿では「公開会社の非公開会社化」というゴーイング・プライベートの一般的な意味に沿って、対象会社を消滅させずに少数株主を排除する方法（株式交換・移転制度）について中心的に述べた。しかし、視野を広げると、対象会社を消滅会社とする現金による吸収合併なども、少数株主を完全に排除して企業買収を行う方法として検討対象となることに注意すべきである。

ループ内でまたは共同事業のために行われることであり、非適格株式交換・非適格株式移転の場合は、完全子会社となる会社につき保有資産の時価評価課税が行われる[30]。現金を用いた株式交換・株式移転では課税繰延べの便宜を受けることができないこととされていることから、特に上記の交付対価の柔軟化を活かした株式交換・株式移転の場合、税務上の扱いが障害となることには十分な注意が必要である。

イ　全部取得条項付種類株式を利用した少数株主の完全排除　上記のような問題点を回避するため、会社法下の全部取得条項付種類株式を利用した少数株主の完全排除の方法が検討されている。具体的には、公開買付け等により買収者が対象会社の株式を一定程度取得した後、対象会社において株主総会を行い、対象会社の既発行の株式を全部取得条項付種類株式に変更するとともに、買収者以外の株主に交付される株式の数が1株未満になるように交換比率を設定して全部取得決議を行い、その端数分については会社法234条に従った金銭処理を行う、というものである。この手法は、従来少数株主の完全排除の一手法として合併や株式交換に絡めて利用されていた端株方式を、組織再編行為をせずに行うものと評価できるが、税務上の扱いや株主権の濫用の観点からその是非をさらに検討することが必要である。

〔日下部真治〕

【主要参考文献】
① 「企業再編における実務上の課題と取組み〔下〕」商事法務1656号79頁以下
② 「M&A法制の現代的課題〔上〕〔下〕」商事法務1658号10頁以下、1659号48頁以下
③ 「ゴーイング・プライベートの法的手法と留意点」商事法務1675号81頁以下
④ アンダーソン・毛利・友常法律事務所編著『新会社法の読み方』(金融財政事情研究会、2005年)
⑤ 西村総合法律事務所編『M&A法大全』(商事法務研究会、2001年)
⑥ 相澤哲編著『一問一答　新・会社法』(商事法務、2005年)
⑦ 「株式交換・株式移転税制の抜本改正とM&A実務への影響」商事法務1778号33頁以下

---

[30]　会社法下における組織再編税制については、浅妻敬=宰田高志「組織再編(1)」商事法務1777号26頁以下、および浅妻敬=平川雄士「組織再編(2)」商事法務1778号23頁以下が詳しい。

10

M&Aと税務

> **問題意識**
> ① M&Aにおいて税務はどう位置づけられるか。
> ② 買収手法について税務ではどのような取扱いをしているか。
> ③ 買収防衛策について税務ではどのような取扱いをしているか。
> ④ M&Aにおける租税回避の問題。

第1 はじめに

　M&Aを実行する際は、買収手法の選択やスケジュールについてプランニングを行う。プランニングでは、①買収の目的、②案件特有の事情、③買収に要する時間の制約、④買収に係る法的なリスク、⑤買収コストとこれらの優先順位を考慮することになるが、租税[1]は買収コストの重要な要素として位置づけられる。

　会社法の施行により、株式制度の見直しや組織再編の対価の柔軟化が図られ、買収手法の選択肢も拡大されたが、実務では税務上の取扱いが阻害要因になることも多く、その意味ではM&Aにおける税務の重要性は高い。また、友好的買収か敵対的買収かによっても税務の重要性は異なる。友好的買収の場合は当事者双方の事情を十分に織り込んでプランニングできるため、税務

---

1 M&Aに係る租税には、法人税・法人住民税をはじめとして、個人株主がいる場合は所得税・贈与税・個人住民税、不動産取得に係る不動産取得税や登録免許税、会社の増資に係る登録免許税、資産の譲渡に係る消費税などがある。

への配慮をする余地が多く税務の重要性も高くなる。一方、敵対的買収においては経営支配権の獲得についての攻防が最優先課題であり、その段階では税務の重要性は低いといえる。

M&Aのプランニングにあたっては、税負担を軽減するために複数の手法を組み合わせて段階的な取引をするなど様々な工夫をすることがある。このような工夫は、租税回避として否認される税務リスク[2]があるだけでなく、取締役の善管注意義務違反[3]や買収自体の無効取消しが主張される可能性[4]など法的なリスクを伴うことに注意が必要である。また、税務の取扱いを検討する際は、税法だけでなく産業活力再生特別措置法[5]による税制上の優遇措置[6]が適用できるかどうかについても検討しておくべきである。なお、ここでは連結納税制度については言及していないため、連結納税制度を採用している会社がM&Aを実施する場合は連結納税制度での取扱いを理解しておく必要がある。

第2　買収手法に係る税務の取扱い

買収手法は、資産の移転に伴う譲渡損益課税の観点から、①通常の資産譲渡に該当するもの、②税法上の組織再編に該当するもの、③その他のものに分けられる。株式譲渡および事業譲渡（現物出資によるものを除く）は通常の資産譲渡に該当し、合併、会社分割、現物出資、株式交換・株式移転は税法上

2　米国の段階取引原則や事業目的原則についての紹介と日本での適用を示唆したものとして、大石篤史「M&Aにおける租税回避問題の検討（上）（下）」商事法務1710号、1711号。

3　取締役の行為が著しく不合理であれば、善管注意義務違反として、会社に対して任務懈怠による責任を負う（会社法423条1項）。

4　株式発行や組織再編の無効の訴えはその効力発生日から6か月以内（会社法828条）、株主総会決議取消しの訴えは決議日から3か月以内（会社法831条）であれば可能である。

5　産業活力再生特別措置法による旧商法の特例措置の多くが会社法に取り入れられた。会社法施行後に産業活力再生特別措置法に残る会社法の特例として、①現物出資、財産引受けの財産価格調査の省略、②略式組織再編の要件緩和（90％以上→3分の2以上）、③株式併合の特例（株主総会特別決議→取締役会決議）がある。

6　産業活力再生特別措置法の税制措置として、①登録免許税の減免措置（租税特別措置法80条）、②不動産取得税の減免措置（地方税法11条の4第5項）、③事業革新設備の特別償却（租税特別措置法44条の3）、④設備廃棄等欠損金の繰戻し還付（租税特別措置法66条の12）、⑤資産の評価損の損金算入（法人税法33条、平成15年4月17日国税庁回答）があるが、M&Aに関連するものは登録免許税や不動産取得税の減免措置が中心となる。

の組織再編に該当する[7]。第三者割当株式発行（現物出資によるものを除く）はその他のものとなる。

1 通常の資産譲渡に該当する場合

買収手法のうち株式譲渡と事業譲渡（現物出資によるものを除く）は通常の資産譲渡に該当する。この場合、譲渡者ではその譲渡損益に対して課税されるが、買収者には原則として課税は生じない。ただし、時価と異なる価格で譲渡があった場合[8]、時価と譲渡価額の差額について、譲渡者と買収者にそれぞれ寄付金や受贈益として法人税が課税される場合がある[9]（法人税法22条・37条）。ＴＯＢに応じて、株式を譲渡した場合も通常の株式譲渡と同様である[10]。

(1) 配当課税の取扱い

株式譲渡の場合、譲渡者が法人か個人かで配当に対する税負担が異なるという点が重要である。個人株主では配当は原則として総合課税[11]される（所得税法25条）のに対し、法人株主では受取配当の益金不算入（法人税法24条）が適用されるため、課税が軽減される[12]。株式の価値には株式発行会社の留保利益の部分の価値も含まれており、単純に株式を譲渡すれば、留保利益の部

---

[7] 事後設立も税法上の組織再編に該当するが、Ｍ＆Ａで利用されることはないため、ここでは組織再編に含めていない。

[8] 利害関係のない独立した第三者間の取引により成立した価格が税務上問題となることは少ないが、ＭＢＯや企業グループ内の譲渡のように利害関係者間の取引では価格が問題となる場合がある。

[9] 譲渡価額＜時価の場合は、譲渡者に寄付金課税と譲受者に受贈益課税が生じ、譲渡価額＞時価の場合は、譲渡者に受贈益（譲渡益）課税と譲受者に寄付金課税が生じる。なお、所得税では法人税と異なり時価主義による課税はないが、個人が法人へ時価の2分の1未満で譲渡した場合は時価で譲渡があったものとみなして所得税が課税される（所得税法59条）。

[10] 個人株主が非上場株式を譲渡した場合は、20％（所得税15％、住民税5％）の分離課税（租税特別措置法37条の10）となり、個人株主が上場株式を譲渡した場合は、10％（所得税7％、住民税3％）の分離課税（租税特別措置法37条の11、平成20年12月31日まで）および上場株式等に係る譲渡損失の繰越控除（租税特別措置法37条の12の2）を適用できる。なお、ＴＯＢの対価として現金以外の資産を利用することも可能であるが、その場合は上場株式の軽減税率と譲渡損失の繰越控除の特例は適用できないと解される。

[11] 上場株式（5％未満所有株主に限る）の配当と非上場株式のうち少額配当（年間10万円以下）は確定申告が不要となるため、総合課税されない（総合課税も選択可能）。なお、個人株主は、上場株式（5％未満所有株主に限る）の配当については10％（所得税7％、住民税3％、租税特別措置法9条の3、平成21年3月31日まで）、個人株主が5％以上を所有する上場株式の配当および非上場株式の配当については20％（所得税20％、地方税なし）が源泉徴収される。

分も譲渡者の譲渡損益となってしまう。法人株主では譲渡損益より配当の方が税負担は少ないので、剰余金の配当として留保利益を払出した後に譲渡した方が有利となる[13]。一方、個人株主では、一般的に配当所得よりも株式の譲渡所得の方が税負担は少ないので、単純に株式を譲渡した方が有利な場合が多い。

(2) 営業権の取扱い

株式譲渡と事業譲渡では営業権[14]の取扱いが異なる。買収の対価には、買収対象企業の貸借対照表に計上されている純資産の価値だけでなく、プレミアムとして営業権の価値が含まれることが多い。株式譲渡では、営業権が買収者の取得する株式の取得価額に含まれてしまい償却できないが、事業譲渡では、買収者は営業権として償却できる[15]ため、買収者にとって節税効果がある。

営業権（のれん）については、平成18年度税制改正でその取扱いが明確にされた。すなわち、事業譲渡[16]において、譲受者は、退職給与債務引受額[17]と短期重要債務見込額（3年内に支払が発生するもの）を負債として引き継ぐとともに、移転を受けた資産および負債の時価純資産と事業譲渡の対価との差額を資産調整勘定[18]または差額負債調整勘定として計上することになった（法

12　配当（負債利子を控除した額）の50％は益金に算入されず、さらに、法人株主が配当する会社の25％以上の株式を6か月以上所有していれば配当の全額（負債利子を控除した額）が益金に算入されない。なお、法人株主は、上場株式の配当については7％（所得税7％、地方税なし、租税特別措置法9条の3、平成21年3月31日まで）、非上場株式の配当については20％（所得税20％、地方税なし）が源泉徴収される。

13　買収者が第三者割当株式発行を引き受け、買収対象会社が譲渡者から自己株式を取得することによっても同様の効果がある。

14　営業権（広義）はのれんと営業権（狭義）に分けられる。のれんとは、買収対価と買収事業の純資産の時価との差額をいい、営業権（狭義）とは、独占販売権など法律的な権利関係を基礎とするものや営業権として独立して取引されるものをいう。

15　のれんは5年間の月割による均等償却（法人税法63条の8第4項）、営業権（狭義）は月割はせず、5年間の均等償却（法人税法施行令59条）。

16　事業譲渡直前に営む事業およびその事業に係る主要な資産または負債のおおむね全部が移転するものをいい、単なる資産の譲渡は含まない（法人税法施行令123条の10）。

17　従来は、転籍する従業員の退職金相当額（退職給付引当金）を会計上引き継いでも税務上引き継げないため、譲受者では当該相当額を法人税申告書で加算し益金算入しなければならなかった。

18　資産調整勘定のうち、①譲渡対価について、交付日の価額が約定日の価額の2倍を超える場合の超える価額、②実質的に欠損金の引継ぎと認められる部分の価額は資産等超過差額に該当しその償却額は損金算入できない（法人税法施行規則27条の16）。

人税法62条の8）。

営業権に関連して、ＭＢＯにおけるプレミアムの税務処理の問題がある。ＭＢＯでは一般的にLBOの手法を利用する。具体的には、買収目的会社（ＳＰＣ）が借入れを行いプレミアムをつけて買収対象会社の株式を取得し、買収後にＳＰＣと買収対象会社を合併して買収対象会社へ借入金を付け替える。その際、ＳＰＣが所有する買収対象会社の株式の取得価額に含まれるプレミアムは税務上損金算入できないという問題が生じる[19]。

(3) 繰越欠損金と資産の含み損の取扱い（欠損等法人規制）

株式譲渡により、税務上の繰越欠損金や含み損のある資産を有する欠損会社を買収（自己株式を除く発行済株式の50％超取得）する場合、買収後に当該欠損会社（以下、買収された欠損会社を「欠損等法人」という。）の事業の全部を廃止しその事業規模を大幅に超える資金の受入れを行うことなど一定の事由（以下、「適用事由[20]」という。）に該当すると欠損等法人が有する税務上の繰越欠損金と資産の含み損の利用が制限（以下、「欠損等法人規制」という。）される場合があることに注意が必要である。

すなわち、欠損会社を買収した日（支配日）以後5年以内に適用事由に該当すると、

①　欠損等法人が有する繰越欠損金のうち適用事業年度（適用事由に該当する日の属する事業年度）前の繰越欠損金を適用事業年度以後に利用できない（法人税法57条の2）。

19　ＳＰＣと買収対象会社の適格合併ではプレミアムを税務上損金算入できない。プレミアムを損金算入するためには、ＳＰＣを承継法人とする非適格合併（金銭等の交付あり）を利用するか、買収対象会社がＳＰＣから自己株式を取得する方法が考えられる。ただし、非適格合併では買収対象会社の資産の譲渡損益に対する課税が生じる。

20　適用事由としてつぎの5つの事由が法人税法に規定されている。基本的な考え方は、欠損等法人の事業を実質的に引き継がないこと、すなわち、旧事業を廃止しかつ新事業を開始していることである。①旧事業がなく、かつ新事業を開始すること、②旧事業の全部を廃止し、かつ旧事業規模の概ね5倍を超える資金借入れ等（資金の借入れまたは出資、合併もしくは会社分割による金銭その他の資産の受入れをいう。）を行うこと、③買収者グループが欠損等法人に対する特定債権を取得し、かつ旧事業規模の概ね5倍を超える資金借入れ等を行うこと、④旧事業廃止の判断基準（①②③の前半部分）を満たし、かつ欠損等法人を移転法人とする適格合併（または合併類似適格分割型分割）を行うこと、⑤欠損等法人の旧特定役員の全員と旧使用人の概ね20％以上が退職し、かつ旧使用人が従事しない新事業規模が旧事業規模の概ね5倍を超えること（法人税法57条の2第1項）。

②　欠損等法人において適用期間（適用事業年度の開始日以後3年以内かつ支配日以後5年以内）内に生じた特定資産（買収時に所有する資産および適用期間内のグループ内適格組織再編によって引き継いだ資産）の譲渡等損失は損金不算入となる（法人税法60条の3）。

欠損等法人規制は、欠損会社を買収して欠損金を利用する租税回避行為を防止するために、平成18年度税制改正で導入されたもので、非常に複雑な仕組みとなっている。

2　税法上の組織再編に該当する場合

買収手法のうち合併、会社分割、現物出資、株式交換・株式移転[21]は税法上の組織再編に該当する。税法上の組織再編には通常の資産譲渡と比較して4つの特徴がある。

第一に、組織再編も、通常の資産譲渡と同様に、組織再編の移転法人[22]から承継法人[23]へ移転する資産の譲渡損益[24]に課税されるが（法人税法62条）、一定の要件（適格要件）を満たす場合、移転法人の譲渡損益の課税を繰り延べること（法人税法62条の2ほか）である。

第二に、移転法人の資産の譲渡損益に対する課税だけでなく、その株主にみなし配当や株式の譲渡損益の課税が生じる場合がある。

第三に、移転法人の有する繰越欠損金と資産の含み損を承継法人へ引き継ぐことができる場合がある一方、承継法人の有する固有の繰越欠損金と資産の含み損の利用が制限される場合があることである（法人税法57条・62条の7）。

21　平成18年度の税制改正により、平成18年10月1日以降に効力が発生する株式交換・株式移転は、租税特別措置法による取扱いから法人税法に規定する組織再編税制による取扱いに統合され、課税方法が変更された。

22　移転法人とは、合併における被合併法人、会社分割における分割法人、現物出資における現物出資をする法人（現物出資法人）、株式交換・株式移転における完全子法人をいう。

23　承継法人とは、合併における合併法人、会社分割における分割承継法人、現物出資における現物出資を受ける法人（被現物出資法人）、株式交換・株式移転における完全親法人をいう。

24　税制非適格の株式交換・株式移転の場合、完全子法人の有する資産の譲渡がないにもかかわらず、資産の評価損益に対して完全子法人に課税が生じる（法人税法62条の9）。このような課税制度は、連結納税の考え方を単体納税に持ち込むもので大いに疑問があり、株式交換・株式移転の利用の大きな障害となる（浅妻敬＝宰田高志「組織再編（1）（2）」商事法務 1777号、1778号参照）。

第四に、組織再編による資産の移転について、消費税は合併と会社分割では課税されないが現物出資では課税され、不動産取得税と登録免許税は通常の資産譲渡よりも軽減される場合がある[25]。

(1) 適格要件について

税務上の組織再編において移転資産の譲渡損益の課税を繰り延べる適格要件は、対価要件を満たした上で、さらに、企業グループ内組織再編の適格要件または共同事業を営むための組織再編の適格要件を満たす必要がある。

まず、すべての組織再編に共通の適格要件（対価要件）として、組織再編の対価として承継法人の株式以外の資産（金銭等）の交付がないこと[26]が必要である。

会社法では組織再編の対価が柔軟化され、平成19年5月1日からは承継法人の株式以外に現金や親会社株式などを対価にできるようになった。現行の法人税法では、現金を対価とする組織再編は対価要件を満たさず、譲渡損益の課税の繰延べはできない。また、親会社株式を対価とするいわゆる三角合併については、平成19年度税制改正によって、100％親会社の株式のみが交付される場合に限り、この対価要件を満たすことになった[27]。

---

25 通常の会社設立や増資では、資本金増加額の0.7％の登録免許税がかかるが、合併と会社分割では、資本金増加額の0.15％（実質増加部分は0.7％）に軽減される。不動産の移転登記の登録免許税について、通常の譲渡では1％の税率が合併と会社分割では0.4％に軽減される（租税特別措置法72条・81条）。不動産取得税について、合併、一定の要件を満たす会社分割、一定の要件を満たす現物出資では課税されない（地方税法73条の7、地方税法施行令37条の14・37条の14の2）。

26 剰余金の配当または反対株主の買取請求による金銭等の交付は承継法人の株式以外の資産の交付に該当しない（法人税法2条）。また、分割型分割（人的分割）の場合は、分割法人の株主の持株割合に比例したもの（按分型）に限られる（法人税法2条12号の11）。

27 平成19年度の税制改正により法人税法2条の適格要件の定義が改正され、適格組織再編（現物出資を除く。）の対価に承継法人の100％親法人の株式が加えられた。なお、承継法人の親法人の株式を交付する適格組織再編では親法人株式の交付に伴う譲渡損益は計上されない（法人税法61条の2第7項ほか）が、組織再編の契約日に有する親法人株式および契約日後に簿価取引により取得した親法人株式（親法人から移転を受ける場合を除く）の含み損益についてみなし譲渡課税が生じる（法人税法61条の2第22項）。また、租税回避を防止する趣旨から、①軽課税国にある外国親法人の株式を交付する特定の企業グループ内組織再編は非適格となる（租税特別措置法68条の2の3）。②①に該当する場合、その株主に対しては株式の譲渡損益に課税される（租税特別措置法37条の14の3・68条の3）。③一定の組織再編により、非居住者または外国法人である株主に外国親法人の株式が交付された場合、その株主に対しては株式の譲渡損益に課税される（租税特別措置法37条の14の2）。なお、①と②は平成19年10月1日以後に行われる組織再編から適用され、③は平成19年5月1日以後に行われる組織再編から適用される。

M&Aにおいて、支配権を取得した後に株式交換を利用して少数株主の強制的追い出し（Squeeze-out）を行うことがあるが、現金による株式交換を利用すると、対価要件を満たさず税制非適格となり、買収対象会社の資産の評価損益に課税されるという問題が生じる[28]。この問題を避けるためには株式交換ではなく全部取得条項付種類株式を活用する方法[29]が考えられる。

　つぎに、企業グループ内組織再編は、再編当事会社間または同一者による100％保有関係（完全支配関係）がある場合と50％超100％未満保有関係（支配関係）がある場合に分けられる。100％保有関係では完全支配関係を継続する見込みがある場合に適格となり、50％超100％未満保有関係の場合は、支配関係継続要件、移転事業継続要件（主要な資産負債の移転、従業員80％以上従事見込み、事業継続見込み）のすべてを満たす場合に適格となる（法人税法2条）。

　また、共同事業を営むための組織再編では、共同事業要件（事業関連性要件[30]および事業規模要件または特定役員の経営参画要件）、移転事業継続要件（主要な資産負債の移転、従業員80％以上従事見込み、事業継続見込み）、株式継続保有要件（株主が50人以上の場合は不要）のすべてを満たす場合に適格となる。株式交換・株

28　平成18年度税制改正前は株式を移転した株主の譲渡損益に対する課税が生じるだけであった。

29　全部取得条項付種類株式を利用する場合、みなし配当課税を避けるために、当該種類株式の取得の対価として、1株未満の端数株式を改めて交付し、その端数の合計数の売却代金を少数株主に交付する方法（会社法234条）が利用される（法人税基本通達2−3−1）。また、株式交換において交換比率を調整して少数株主に1株未満の端数株式を交付し、その端数の合計数の売却代金を少数株主に交付する方法（いわゆる端数株式方式）もある。この方式は、原則として適格株式交換に該当すると解されるが、少数株主に交付された現金が実質的に株式交換の対価と認められて非適格となるリスクがある（法人税基本通達1−4−2）。

30　法人税法施行規則の改正（平成19年4月13日）により、事業関連性要件について判断基準が明確にされた。まず、事業関連性の前提である「事業性要件」として、再編当事会社が再編の直前において、事業所等を所有または賃借し、従業者がおり、自己の名義と計算において商品販売、契約の申込みや勧誘などの行為を行っていること（同規則3条1項1号）が必要とされ、ペーパーカンパニーはこの要件を満たさないことが明確にされた。また、事業関連性要件とは、再編の直前において、①事業が同種であること、②商品、資産もしくは役務または経営資源（以下、「商品等」という。）が同一または類似すること、③再編後の事業が再編当事会社の商品等を活用して営まれることが見込まれていることのいずれかを満たしていること（同規則3条1項2号）をいう。さらに、再編後の事業が再編当事会社の商品等を活用して一体として営まれている場合には、事前に相互に事業関連性を有していたものと推定する（同規則3条2項）規定が設けられた。なお、株式交換・株式移転の場合、持株会社が子法人の事業について、その重要な一部を担っている場合など、持株会社が子法人と共同して子法人の事業を行っていると認められる実態が備わっていれば、その子法人の事業を含めて事業関連性の判定を行うことが可能である（「平成18年度改正税法のすべて」303頁（（財）日本税務協会））。

式移転の場合は、さらに完全親法人と完全子法人との完全支配関係継続要件が必要となる。また、特定役員の経営参画要件は、合併、会社分割、現物出資では、いずれかの特定役員の参画があればよいが、株式交換・株式移転では、いずれの特定役員も退任の見込みがないことが要件となっている点には注意を要する（法人税法施行令4条の2）。

　一般的には、M＆Aのように事業を売買する目的の組織再編は適格要件を満たさないが、既存事業の強化など関連する事業を買収する場合は、共同事業を営むための再編を利用して適格要件を満たしつつ支配権を取得できる場合がある。とくに、共同事業を営むための再編に係る株式継続保有要件は株主が50人以上の場合は不要であるため、株主を50人以上としてから買収会社と買収対象会社が組織再編をすることによって適格要件を充足できることもある（租税回避の否認がされない限りではあるが）。

　ところで、適格組織再編に該当すれば譲渡損益の課税を繰り延べるのであるが、課税の繰延べが必ずしも有利とは限らない。資産に含み損のある会社や会社再建のための買収のように資産に含み益があるが繰越欠損金を多く抱えている会社では、非適格として課税を繰り延べない方が有利な場合もある。この点、適格要件は選択制ではなく、この要件に該当すれば必ず課税を繰り延べなければならないのであるから、いわゆる適格外しのために不自然な手法を利用することは租税回避の否認のリスクがあることには注意を要する。

　非適格組織再編に該当する場合、事業譲渡の場合と同様に承継法人で営業権（のれん）を計上することがある。非適格合併、非適格分割および非適格現物出資において、承継法人は、退職給与債務引受額[31]と短期重要債務見込額（3年内に支払が発生するもの）を負債として引き継ぐとともに、移転を受けた資産および負債の時価純資産と組織再編の対価との差額を資産調整勘定または差額負債調整勘定として計上することになる（法人税法62条の8）。

　法人税法の適格組織再編は内国法人に限定されておらず、外国法人にも適用される。外国法人が関わる組織再編では、当該外国法人の属する国の税制

31　従来は、組織再編により従業員の退職金相当額（退職給付引当金）を会計上引き継いでも税務上引き継げないため、税務上は同相当額を資本積立金（適格合併または適格分割型分割では利益積立金）として引き継がなければならなかった。

やその国と日本との租税条約によって課税関係が異なる。

(2) 株主の課税関係について

税法上の組織再編に伴う移転法人の株主の課税関係はつぎの3つに分けられる。なお、分社型分割と現物出資では、移転法人の株主に課税は生じない。

① 適格組織再編では株主に課税は生じない。

② 非適格組織再編で承継法人の株式または親法人株式のいずれか一方の株式のみの交付を受けている場合は、投資が継続しているとの考え方から、株式の譲渡損益に対する課税は生じない[32]が、みなし配当課税（法人税法24条、所得税法25条）が生じる。ただし、株式交換・株式移転の場合は非適格であっても完全子法人の株主にみなし配当課税は生じない。

③ 非適格組織再編で承継法人の株式または親法人株式のいずれか一方の株式以外の資産（金銭等）を交付されたときは、みなし配当課税と株式の譲渡損益課税（法人税法61条の2、租税特別措置法37条の10）が生じる。ただし、株式交換・株式移転では、みなし配当課税は生じない。

(3) 繰越欠損金と資産の含み損の取扱い

税法上の組織再編における再編当事会社の繰越欠損金と資産の含み損の取扱いは非常に複雑となっている。

まず、株式交換・株式移転（適格・非適格にかかわらず）と非適格組織再編については、繰越欠損金と資産の含み損の引継ぎ自体ができないため、繰越欠損金と資産の含み損に利用制限はない。

つぎに、企業グループ内適格組織再編[33]では、

① 適格合併（または合併類似適格分割型分割[34]）の場合は、原則として移転

---

[32] 外国親法人の株式が交付される組織再編では株式の譲渡損益に課税される場合がある。注27参照

[33] 繰越欠損金の制限はグループ化以後5年以内に開始する事業年度内の適格組織再編に適用され、資産の含み損の制限は組織再編事業年度（組織再編の日の属する事業年度）開始以後3年以内かつグループ化後5年以内の資産の譲渡等損失に適用される。なお、繰越欠損金と資産の含み損の制限の対象となる金額の計算については資産の含み益を考慮した時価純資産価額による特例計算規定を適用できる（法人税法施行令113条）。

[34] 合併類似適格分割型分割とは、①分割法人の主要な事業が分割承継法人で引き続き営まれること、②分割法人の資産負債の全部が分割承継法人に移転すること、③分割法人を分割後直ちに解散することが分割の日までに分割法人の株主総会または社員総会で決議されていることの要件を満たす分割型分割（人的分割）をいう（法人税法施行令112条）。

法人の繰越欠損金を承継法人へ引き継ぐことができる（法人税法57条2項）が、「みなし共同事業要件[35]」を満たさない場合は、グループ化前の繰越欠損金（グループ化時に含み損のある資産から生じたグループ化以後の繰越欠損金を含む。）を引き継ぐことができない（法人税法57条3項）。

② 承継法人の有する自己の繰越欠損金は、原則として組織再編後も引き続き利用できるが、適格合併、適格分割または適格現物出資でみなし共同事業要件を満たさない場合は、承継法人が有するグループ化前の自己の繰越欠損金（グループ化時に含み損のある資産から生じたグループ化以後の繰越欠損金を含む。）を組織再編事業年度（組織再編の日の属する事業年度）以後は利用できない（法人税法57条5項）。

③ 適格合併、適格分割または適格現物出資でみなし共同事業要件を満たさない場合は、グループ化時に含み損のある資産（承継法人が所有する資産およびグループ内適格組織再編によって引き継いだ資産）の適用期間（組織再編事業年度の開始日以後3年以内かつグループ化以後5年以内）内に生じた譲渡等損失は損金不算入となる（法人税法62条の7）。

また、共同事業を営むための適格組織再編では、グループ内適格組織再編のような繰越欠損金と資産の含み損の利用についての制限はなく、適格合併（または合併類似適格分割型分割）の場合は移転法人の繰越欠損金と資産の含み損を引き継ぐことができ、承継法人の有する自己の繰越欠損金と資産の含み損の利用についての制限もない。

さらに、税務上の繰越欠損金や含み損のある資産を有する欠損会社を買収[36]した後に欠損等法人を当事会社とする組織再編を行う場合は別途考慮が必要となる。この場合、前述の欠損等法人規制（繰越欠損金と資産の含み損の利用制限）と組織再編税制（繰越欠損金の引継ぎおよび繰越欠損金と資産の含み損の利用制限）の適用関係が問題となるが、基本的な考え方は欠損等法人規制の適用事業年度（適用事由に該当する日[37]の属する事業年度）以後の適格組織再編について

---

35 みなし共同事業要件とは、①事業関連性要件、②事業規模要件、③規模継続要件の3つの要件または①事業関連性要件、②特定役員の経営参画要件の2つの要件のいずれかをいう（法人税法施行令112条・123条の8）。
36 適格組織再編により支配権を取得した場合、原則として欠損等法人規制は適用されない（法人税法施行令113条の2第6項）。

は欠損等法人規制が優先して適用されることである。その概要は次のとおりである。

① 適用事由の該当日以後欠損等法人を承継法人とする適格合併（または合併類似適格分割型分割）を行う場合、繰越欠損金の引継ぎができない[38]（法人税法57条の2第2項）。

② 適用事由の該当日以後に欠損等法人を移転法人とする適格合併（または合併類似適格分割型分割）を行う場合、適用事業年度前の繰越欠損金の引継ぎができない[39]（同条4項）。

③ 適用期間（適用事業年度の開始日以後3年以内かつ支配日以後5年以内）内に欠損等法人を承継法人とする企業グループ内適格組織再編により資産を引き継ぐ場合、適用期間内に生じた当該引継ぎ資産の譲渡等損失は損金不算入となる（法人税法60条の3第1項）。

④ 適用期間内に欠損等法人を移転法人とする適格組織再編により評価損資産（欠損等法人が所有する買収時に含み損のある資産）の移転を行う場合、承継法人は欠損等法人とみなされ、適用期間内に生じた当該評価損資産の譲渡等損失は損金不算入となる（同条2項）。

3　その他の場合

買収手法のうち第三者割当株式発行（現物出資によるものを除く）は、資産の移転を伴わないため通常の資産譲渡にも税法上の組織再編にも該当せず、基本的には課税は生じない。ただし、第三者割当株式発行が有価証券の取得のために通常要する価額に比して有利な金額[40]で行われた場合、その株式を取

37　組織再編を行うことが適用事由に該当する場合がある。欠損等法人が組織再編により資産を受け入れることは適用事由における資金借入れ等に該当し（法人税法57条の2第1項2号）、欠損等法人を移転法人とする適格合併（または合併類似適格分割型分割）を行うことは一定の場合（注20④参照）に適用事由に該当する（同4号）。

38　欠損等法人規制の適用期間（適用事業年度の開始日以後3年以内かつ支配日以後5年以内）後に行われる適格合併（または合併類似適格分割型分割）の場合、適用事業年度前の繰越欠損金の引継ぎはできないが、適用事業年度以後に生じた欠損金については組織再編税制による引継ぎができる。この場合、組織再編税制における時価純資産価額による特例計算規定（法人税施行令113条）は適用できない（法人税法施行令113条の2第23項）。

39　適用事業年度前の繰越欠損金の引継ぎはできないが、適用事業年度以後に生じた欠損金は組織再編税制による引継ぎができる。

得した買収者に当該株式の時価と払込金額との差額が受贈益として課税される[41]（法人税法施行令119条1項4号）。

なお、第三者割当株式発行により欠損会社を買収した場合についても、前述の欠損等法人規制がある点には注意が必要である。

第3　買収防衛策に係る税務の取扱い

買収防衛策を、①買収者の議決権比率を引き下げる対策、②買収対象企業の企業価値自体を引き下げる対策、③その他の防衛策に分けて税務の取扱いを検討する。

1　買収者の議決権比率を引き下げる防衛策

買収者の議決権比率を引き下げる方法として、特に有利な払込金額による第三者割当株式発行や第三者割当新株予約権発行がある。この場合、買収者を含めた既存株主の経済的価値が割当てを受けた第三者へ移転するため、移転を受けた第三者に受贈益として課税される。この点について、いわゆるライツ・プランに係る税務上の取扱いについての検討が必要であろう。

現在、ライツ・プランとして、事前警告型、信託型（直接型）、信託型（SPC型）が提案されているが、税務の取扱いでは、いずれも株主平等の割当てではないため、新株予約権を付与された時または行使した時に課税される[42]。すなわち、事前警告型と信託型（直接型）では、新株予約権を付与された者が法人株主の場合、新株予約権の付与時に新株予約権の時価相当額の受贈益課税（法人税法施行令119条1項4号）が生じ、個人株主の場合は新株予約権の行使時に株式の時価と新株予約権の払込金額との差額が一時所得（所得税法施行令84条5号）となる。信託型（SPC型）では、新株予約権の付与時にSP

40　株式の価額と払込金額等の差額が株式の価額のおおむね10％相当額以上であるかどうかで判定する（法人税基本通達2－3－7）。

41　個人株主の場合は、原則として一時所得となる（所得税法施行令84条5号、所得税基本通達23～35共－6）。

42　国税庁「新株予約権を用いた敵対的買収防衛策に関する原則的な課税関係について」平成17年4月28日

Cにおいて新株予約権の時価相当額の受贈益課税が生じ、新株予約権をSPCから譲渡した時点で、譲り受けた者が法人株主の場合には新株予約権の時価相当額の受贈益課税が生じ、個人株主の場合では新株予約権の時価相当額が一時所得となる。

これに対して、新類型といわれる方式については、株主間で経済的価値が移転しないため株主に課税は生じない[43]。新類型とは、買収者にも新株予約権を付与し、買収者はその権利を行使することはできないが、買収対象会社の取締役会の承認により、当該新株予約権を第三者へ譲渡[44]することが可能で、譲り受けた第三者が権利行使できる方式をいう。新類型では、買収者は新株予約権の行使はできないものの新株予約権の転売によって経済的価値を確保できるので、経済的価値は移転しないことになる。

2 企業価値自体を引き下げる防衛策

企業価値自体を引き下げる方法には、重要資産の売却（クラウン・ジュエル）や割増役員退職金の支給（ゴールデン・パラシュート）などがある。これらは税務的にはM&Aに固有の問題ではない。資産を時価よりも低い価格で売却すれば、低額譲渡として寄付金課税（法人税法37条）が生じ、割増退職金を支給すれば、過大な役員給与の損金不算入（法人税法34条2項）の適用を受ける場合がある。

3 その他の防衛策

複数議決権株式や黄金株のように、剰余金配当請求権や残余財産分配請求

---

43 国税庁「新株予約権を用いた敵対的買収防衛策の【新類型】に関する原則的な課税関係について」平成17年7月7日
44 買収者には新株予約権の譲渡益に対する課税が生じる。なお、取得条項付新株予約権を利用し、買収者に割り当てた取得条項付新株予約権を買収対象会社が現金を対価として取得する事例（ブルドックソース）がある。この場合、買収者については、新株予約権の譲渡益に課税される（非居住者または外国法人の場合は、特定の要件を満たすとき）が、新株予約権の取得条項による取得の対価として株式の交付を受ける他の株主については、当該新株予約権と交付を受ける株式の時価がおおむね同額である限り、課税は生じないと解される（法人税法61条の2第14項、所得税法57条の4第3項）。また、新株予約権の発行法人が取得する自己新株予約権の税務上の取扱いは明確でない。自己新株予約権の取得・消却・処分は資本等取引（法人税法22条5項）に該当しないため、通常の資産の取得と同様と解される。すなわち、自己新株予約権の取得時は損益は生じないが、消却時には消却損が生じ、処分時には譲渡損益が生じると考える。

権は他の株式と平等でありながら議決権についてのみ特別の権利を有する種類株式を発行した場合、税務上どのように取り扱うのかは明確になっていない[45]。議決権の内容が異なる種類株式の経済的な価値を適正に評価する方法は未だ確立されていないため、普通株式と異なる取扱いによって課税することは現状では難しいであろう。

第4 M&Aにおける租税回避の問題

　課税は私法上の法形式やそれから生じる経済的成果を課税要件[46]に当てはめて行われる。その結果、課税要件の充足を免れることができる私法上の法形式を選択[47]して、租税負担の軽減を図ろうとする誘因が働く。例えば、個人が売買により取得した所得に対しては所得税が課税されるところ、売買の代わりに長期の賃貸借をすることで所得税の課税を回避するような場合である。このような租税負担軽減行為には、節税として認容されるものと租税回避として否認される可能性があるものが含まれており、両者の区分が明確でないところに、法的安定性と予測可能性を害するという問題が生じる。

　一般に「租税回避（狭義）」とは、「私法上の選択可能性を利用し、私的経済取引プロパーの見地からは合理的理由がないのに、通常用いられない法形式を選択することによって、結果的には意図した経済的目的ないし経済的成果を実現しながら、通常用いられる法形式に対応する課税要件の充足を免れ、もって税負担を減少させあるいは排除すること」（金子宏『租税法〔第十一版〕』

45　中小企業庁「相続等で取得した種類株式の評価について（照会）」に対する国税庁回答（平成19年2月26日）により、配当優先の無議決権株式、社債類似株式、拒否権付株式の3類型について相続税や贈与税における評価方法が明確にされた。このうち、原則的評価方法を適用する配当優先の無議決権株式については5％ディスカウントするとともに当該ディスカウント分を普通株式に加算する方法が認められた。また、拒否権付株式については議決権を考慮せず普通株式と同様に評価することが明確にされた。
46　課税要件とは、納税義務の成立要件、すなわち、それが充足されることによって納税義務の成立という法律効果を生ずる法律要件をいい、私法上債務関係の成立に必要な意思の要素に代わるものである（金子宏『租税法〔第十一版〕』147頁（弘文堂、2006年））。
47　実際には、単純な法形式の選択というより、迂回した取引や複数の取引を組み合わせた段階的な取引を行うことが多い（大石篤史「M&Aにおける租税回避問題の検討（上）（下）」商事法務1710号、1711号参照）。

127頁（弘文堂、2006年））をいい、「租税回避の否認」とは、私法上の法形式の有効性を認めつつ、税法上はそれを無視して、通常用いられる法形式に引き直して課税する方法をいう。これは、税法の規定に基づいた税法独自の法理である。

そのほかに、法形式が真の合理的意思を反映したものであるかどうかという私法上の法律構成（事実認定・契約解釈）によって否認する方法もある。このように、租税回避として否認されるものには2つのケースがある[48]。

1 税法の否認規定による否認

租税回避の否認といわれるもので、税法の否認規定を適用する方法である。すなわち、当事者の採用した私法上の法形式の有効性を認めつつ、税法上はそれを無視し、同一の経済的成果をもたらす通常用いられる法形式に引き直して課税を行う方法である。

前述した租税回避（狭義）の定義から、①合理的理由がなく、通常用いられない法形式を利用すること、②通常用いられる法形式と同様の経済的成果を実現していること、③租税負担を減少させる結果となっていることの3つの要件を満たす場合、つまり、法形式の選択可能性（形成可能性）を濫用したものであると認められる場合に租税回避の否認がなされる。

わが国の税法には、包括的否認規定として、同族会社の行為計算の否認（法人税法132条）、組織再編に係る行為計算の否認（法人税法132条の2）など[49]の規定があり、個別的否認規定として、実質所得者課税の原則（法人税法11条）、益金に算入すべき金額（法人税法22条）、役員給与の損金不算入（法人税法34条）、寄付金の損金不算入（法人税法37条）など多くの規定がある。

---

48 中里実『タックスシェルター』（有斐閣、2002年）では、租税回避の否認類型として、税法の減免規定を悪用した場合において、その規定の立法趣旨に基づいた解釈によってその適用範囲を限定する方法による否認も加え、3つの類型を示している。さらに、いわゆる実質課税の原則による否認がある。実質課税の原則とは「税法の解釈及び課税要件事実の判断については、各税法の目的に従い、租税負担の公平が図られるよう、それらの経済的意義及び実質に即して行うこと」（昭和36年7月5日税制調査会答申）をいう。実質課税の原則による否認は、租税法律主義に反し認められないことが通説となっている（金子・前掲書141頁）。

49 そのほかに、連結法人に係る行為計算の否認（法人税法132条の3）、外国法人の行為計算の否認（法人税法147条）がある。

これらの明文の規定に定める要件に従った否認は当然認められるのであるが、否認規定がないにもかかわらず私法上の法形式を無視して租税回避の否認ができるかについて、最高裁の判断は示されておらず、下級審の裁判例[50]も分かれている。これについて学説は、「租税法律主義のもとで、法律の根拠なしに、当事者の選択した法形式を通常用いられる法形式にひきなおし、それに対応する課税要件が充足されたものとして取り扱う権限を租税行政庁に認めることは困難である」（金子・前掲書130頁）とする。

　包括的否認規定を適用するに際しては、「不当に減少させる」という不確定概念が問題となる。同族会社の行為計算の否認における不当性の判断基準として、裁判例では非同族会社比準説（非同族会社では通常なしえない行為計算）と経済的合理性基準説（純経済人の行為として不合理・不自然な行為計算）の2つの考え方[51]がとられている。また、学説では、裁判例の考え方を統合して、「異常ないし変則的で租税回避以外に正当な理由ないし事業目的が存在しないと認められる場合および独立・対等で相互に特殊関係のない当事者間で通常行われる取引とは異なっている場合」（金子・前掲書404頁）に否認が認められると解している。なお、不当性の判断基準としての経済的合理性は税負担軽減の効果を除いて判断することになり、後述する私法上の法律構成による否認における経済的合理性の判断とは異なる。

　組織再編に係る行為計算の否認については、実務の蓄積が少ないこともあって、未だ実例はないようであるが、次のような組織再編について、租税回避の目的以外に正当な理由ないし事業目的がないと認められる場合に否認の対象となりうる[52]。

① 繰越欠損金や含み損のある会社を買収し、その繰越欠損金や含み損を

---

[50] 否認を認めるものとして、大阪高判昭39・9・24行集15巻9号1716頁、神戸地判昭45・7・7訟月16巻12号1513頁、東京地判昭46・3・30行集22巻3号399頁、広島高判昭43・3・27税資52号592頁などがあり、否認を認めないものとして、東京高判昭47・4・25行集23巻4号238頁、東京高判昭50・3・20訟月21巻6号1315頁、大阪高判昭59・6・29行集35巻6号822頁、東京高判平11・6・21訟月47巻1号184頁などがある。

[51] 非同族会社比準説として、東京地判昭26・4・23行集2巻6号841頁、東京地判平9・4・25訟月44巻11号1952頁（平和事件）などがあり、経済的合理性基準説として、東京地判昭40・12・15行集16巻12号1916頁、東京高判昭26・12・20行集2巻12号2196頁、東京高判昭48・3・14行集24巻3号115頁、東京高判昭49・10・29行集25巻10号1310頁、広島地判平元・1・25などがある。

[52] 「平成13年度税制改正のすべて」244頁（（財）日本税務協会）

利用するために組織再編を行う。
② 複数の組織再編を段階的に組み合わせることなどにより、課税を受けることなく、実質的な法人の資産譲渡や株主の株式譲渡を行う。
③ 相手先法人の税額控除枠や各種実績率を利用する目的で、組織再編を行う。
④ 株式の譲渡損を計上したり、株式の評価を引き下げるために、分割等を行う。

また、包括的否認規定（とくに、同族会社の行為計算の否認規定）については、それが確認的規定なのか創設的規定なのかという問題がある。近年、組織再編に係る行為計算の否認規定や連結法人に係る行為計算の否認規定の創設に伴い、創設的規定であるとの見解が有力となっており、非同族会社の租税回避に対して、同族会社の行為計算の否認規定を適用する事例は見当たらなくなった[53]。

2　私法上の法律構成（事実認定・契約解釈）による否認

税法の否認規定のように、私法上の法形式を無視するのではなく、具体的事実から真の私法上の法律関係を認定した結果に基づいて課税する方法がある。すなわち、「租税法の適用にあたっては、課税要件事実の認定が必要である。要件事実の認定に必要な事実関係や法律関係の「外観と実体」ないし「形式と実質」がくいちがっている場合には、外観や形式に従ってではなく、実体や実質に従って、それらを判断し、認定しなければならない。（中略）ただし、（中略）真実に存在する法律関係からはなれて、その経済的成果なり目的なりに即して法律要件の存否を判断することを許容するものではない」（金子・前掲書140頁）。

私法上の法律構成による否認の典型が仮装行為に対する否認である。仮装行為とは、意図的に真の事実や法律関係を隠蔽秘匿して、みせかけの事実や法律関係を仮装することをいい、通謀虚偽表示（民法94条）がその典型的な例である。この場合は、当事者が選択した法形式は不存在ないし無効となり、

---

[53]　品川芳宣「租税回避行為の否認と仮想行為の否認」税理2006年12月号

隠蔽仮装された真に存在する法律関係を認定した上で、これに即した課税がなされる。ただし、「契約が仮装行為であるか否か、真実の法律関係は何であるかの規定は、きわめて微妙な作業であることが多いから慎重に行わなければならない」（金子・前掲書142頁）のである。

　問題は、法形式を仮装したものではなく、納税者に租税負担軽減の意図はあるものの選択した法形式を成立させる意思がある場合である。この場合、納税者が選択した法形式が私法上有効に成立しているのかあるいは別の法律関係が存在しているのかについて事実認定・契約解釈がなされる。その際、純粋に私法上の法理のみから判断されるのでなく、租税負担軽減の意図や動機という税法独自の価値判断が持ち込まれる余地があること[54]に留意しなければならない。

　税法独自の価値判断とは、「課税要件事実を認定するに当たり、対象となる契約関係において、当事者に租税回避目的がある場合には、当事者が選択した法形式が真実の法律関係であるか否かを判断するに当たっての重要な間接事実になろう。その意味では、課税要件事実の認定に当たり、租税回避行為であることが意味をもつといえよう。しかし、租税回避行為であることが意味をもつといっても、あくまでも契約の成立の有無の認定あるいは契約の法的性質決定に当たり意味をもつということであ［る］」[55]。つまり、「租税回避目的は、当事者が選択した法形式が真実の法律関係に合致しないことを推認させる『重要な間接事実』であり、当該法形式とは異なる真実の（合理的・自然な）法律関係が別に存在することを強く推認させる」[56]という見解である。

　しかし、「私法上の事実認定・契約解釈のルールとして、税負担軽減目的が当事者が選択した法形式が真実の法律関係の合致しないことを推認させる重要な間接事実になることは、経験則、論理法則といった私法上の事実認定・契約解釈のルールに照らしてありえない」のであり、「私法上の取引における当事者の意思解釈の場面においては、税負担軽減の目的ないし税負担

54　金丸和弘「フィルムリース事件と事実認定による否認」ジュリスト1261号142頁
55　今村隆「租税回避行為の否認と契約解釈（4）」税理43巻3号209頁
56　谷口勢津夫「私法過程における租税回避否認の判断構造」租税法研究32号

軽減の効果が当然に経済的合理性の有無の判断資料に取り入れられるべきである。そして、税負担軽減を目的としてなされた取引は契約当事者双方にとって、あるいは少なくとも一方にとっては経済的合理性のあるものになるはずである。このように考えると、私法上の意思表示の解釈において、税負担軽減目的をもってなされた意思表示の経済的合理性を否定することは基本的に困難であり、否定されるケースは例外的であるといえるであろう。」[57]

　私法上の法律構成による否認に関する代表的な裁判例として、納税者が勝訴したものとして、民法組合を利用した航空機リースについての判決（名古屋高判平17・10・27）、交換契約に代えて売買契約を選択した事例の判決[58]（東京高判平11・6・21訟月47巻1号184頁、ただし、原審東京地判平10・5・13判時1656号72頁では納税者敗訴）があり、納税者が敗訴したものとして、映画フィルムリースを利用したスキームについての判決[59]（大阪高判平12・1・18訟月47巻12号3767頁）がある。

　私法上の法律構成による否認では、最終的には裁判官の判断によるとしても、複数の取引があった場合にどこまで一体の取引とみるか[60]によって事実認定・契約解釈も異なってくることがあるし、法律上明文の規定がないにもかかわらず、納税者の選択した法形式と異なる法形式を認定することは納税者の予測可能性が害されるという問題がある。

〔山本　浩二〕

【参考文献】
①　金子宏『租税法〔第十一版〕』（弘文堂、2006年）
②　中里実『タックスシェルター』（有斐閣、2002年）

57　末崎衛「『私法上の法律構成による否認』の問題点」税法学553号。また、谷口勢津夫「私法過程における租税回避否認の判断構造」租税法研究32号では、「私法上の事実認定・契約解釈は、専ら私法の観点から行われるべきであり、そこに租税法独自の観点を混入させてはならない」とする。
58　増田英敏「不動産の補足金付売買契約の租税法上の否認とその法的根拠」ジュリスト1182号
59　渕圭吾「フィルムリースを用いた仮装行為と事実認定」ジュリスト1165号
60　中里実『タックスシェルター』257頁（有斐閣、2002年）では、取引単位の問題として指摘する。

第 3 章
企業買収のプロセス

1

総 論

> **問題意識**
> ① 企業買収はどのようなプロセスで進行するのか。
> ② 基本合意書には、どのような条件を定めれば良いのか。
> ③ デュー・ディリジェンスでは、どのようなことに注意すれば良いのか。
> ④ 最終契約書には、どのような条件が定められるのか。

第1 企業買収のプロセス

　企業買収とは、一言でいえば企業間における事業の売買である。しかし、衣服、電気製品、自動車などの売買とは異なり、売買の対象物である事業は、不動産、設備などの有体財産、現預金、有価証券、売掛金、知的財産権などの無体財産、および、借入金や買掛金といった負債が、顧客関係などの経済的な価値のある事実関係をも含めて、一定の事業目的のために組織化され一体として機能するものであり、買主が容易にその全容を正確に把握できるものではなく、また、取引の方法にも様々な手法や仕組みを選択することが可能である。そこで、企業買収においては、対象事業の把握、および、最終的な取引条件および取引の仕組みの決定に至るまでに、いくつかのプロセスを経るのが通常である。そのプロセスをごく簡単に述べると、まず、売主と買主の意向の確認が行われ、一定の情報交換が行われた後に、基本的な条件を定めた意向表明書または基本合意書（Letter of Intent、Memorandum of

Understanding、Term Sheet）が締結され、買主によるデュー・ディリジェンスとよばれる精査活動が行われたうえで、最終契約書が締結され、最終契約書に基づく手続を経て、クロージングにより取引が完了するのである。ただし、これらのプロセスは、買収対象となる事業規模や取引の複雑さなどの要因により異なり、事業規模が小さければ基本合意書等が省略されることもあるし、事業規模が大きくなれば、買主候補から買収条件の概略についての意向表明書が提出された後に、さらに両当事者間でより詳細な条件を含めた基本合意書が締結されることもある。なお、上場企業の敵対的な買収であれば、通常は公開買付けとその後の合併などにより買収が完了することになり、上記のようなプロセスが踏まれることはない。ここでは友好的な買収におけるプロセスのみを説明することとする。[1]

第2　買収交渉の開始から基本合意書締結まで

1　基本的条件の交渉

　企業買収は、企業トップ同士の話合いや会社独自の情報収集に基づく売主と買主の直接の情報交換から交渉が開始されることもあるし、フィナンシャルアドバイザーなどの仲介者を通じて交渉が開始されることもある。

　企業買収の交渉が開始されると、対象となる事業（事業全部の買収であればその会社自体）に関する基本的な情報が売主から買主に開示されることになる。これらの情報はデュー・ディリジェンスの過程で開示される情報に比較すれば重要度の劣るものともいえるが、売主の事業の内情を示す非開示の重要情報が提供されるわけであるから、開示に当たって事前に秘密保持契約を締結しておくことが重要である。秘密保持契約の締結後、取引自体を検討するための基本的な情報の開示を受けて両当事者が協議を行うことになるが、お互いの希望がある程度一致し、買収対象となる資産、買収の仕組み、買収の対価等の基本的な条件についてある程度の合意ができた段階で、基本合意書が

---

[1] 敵対的買収のプロセスについては、「第4章　2　敵対的な企業買収の手段」参照。

締結される。

　なお、企業買収は、株主、従業員、取引先、競業他社などその企業をとりまく様々な関係者に重大な影響を与えるだけでなく、買収当事者となる会社が上場している場合には、その会社の株価にも多大な影響を与え、インサイダー取引規制における重要事実に該当する場合が多いため、交渉の内容だけでなく、交渉を行っている事実自体も極秘事項として取り扱う必要がある（金融商品取引法166条2項1号・5号、金融商品取引法施行令28条・29条）。

2　基本合意書

　(1)　基本合意書は、初期の交渉の結果として両当事者で一応の合意に至った買収の基本的な条件を書面化して明確にするとともに、買主に売主との独占交渉権などを与えることで、買主が安心して本件取引を検討する基礎を与えることを主な目的としている。上述のとおり、企業買収について最終契約が締結されるまでには、買主は、対象たる事業を精査するためのデュー・ディリジェンスを行い、その取引に最も適合した企業買収の仕組みを決定して、詳細な条件を定める最終契約書を作成しなければならない。そのためには、買主は、多くの人員を投入して、経営資源を振り向けるとともに、専門家への報酬も含めた多額の費用を支出することになる。したがって、買主が、安心してその経営資源を振り向け、多額の費用を支出するためには、第三者の介入を受けずに、円滑かつ能率的に買収交渉を行う環境を整えることが必要になるのである。このような目的を達成するために、基本合意書には、買収の基本的な条件に加えて一定期間の独占交渉権を定めることが多い。

　(2)　基本合意書には、概ね、①買収対象となる財産および買収の対価等の経済的な条件や想定される買収の仕組み等の基本的な取引条件、②キーパーソンの処遇など買収目的との関係で特に重要な条件、③デュー・ディリジェンスの時期や方法に関する事項、④デュー・ディリジェンス等により取得した情報に関する秘密保持条項、⑤独占交渉権・優先交渉権に関する条項、⑥誠実交渉義務、⑦買収交渉の公表に関する事項等が定められる。しかし、基本合意書の段階では、買主は未だ対象事業についての正確な情報を取得しておらず、デュー・ディリジェンスを経て、最終契約を締結するまでの過程で、

合意できる取引条件が変更される可能性があるため、基本合意書においては、④デュー・ディリジェンス等により取得した情報に関する秘密保持条項、⑤独占交渉権・優先交渉権に関する条項、⑥誠実交渉義務、⑦買収交渉の公表に関する事項等を除いて、法的拘束力をもたないと定められることが通常である。もっとも、売主と買主はそれまでの交渉で合意された基本的な条件を確認し、その合意に基づき最終契約に向けた交渉を行うことを前提として基本合意書を締結したのであるから、両当事者ともそこで合意された条件については、交渉当事者としての一定の拘束を受けると考えるべきであり、デュー・ディリジェンスの結果などの基本合意書締結以降に判明した事情と無関係に、合理的な理由もなく基本合意書に定める基本的な条件と全く異なる条件を主張して、交渉を決裂させたような場合には、契約締結上の過失の法理等に基づいて責任を負う場合もあると考えられる。

(3) ところで、独占交渉権の法的拘束力と違反の場合の効果については、いわゆるUFJ事件において問題とされたところである。その内容については、「第6章 企業買収に絡む裁判例の分析 4 住友信託vs.東京三菱UFJ事件事件」を参照していただくことにするが、同事件において、最高裁は、基本的には独占交渉権条項の法的拘束力を認めたうえで、保全の必要性がないとして、第三者との交渉について差止仮処分命令の申立てを却下した。[2] この最高裁決定およびその後に提起された損害賠償請求訴訟においては、独占交渉義務違反に基づく損害賠償請求の可能性は認められているが、その損害は最終的な合意の成立により買主が得られるはずの利益相当の損害ではなく、あくまで買主が第三者の介入を排除して有利な立場で売主との交渉を進めることにより買主と売主との間で最終的な合意が成立するとの期待が侵害されることによる損害とみるべきであるとされている。[3] しかしながら、そのような期待の侵害による損害の範囲は必ずしも明らかではなく、経営資源を他の事業や交渉に振り向けていたことを想定した機会損失や交渉の決裂に基づくレピュテーションの低下などといった損失が損害と認められるかは明らか

---

2 最決平16・8・30金判1205号43頁、東京高決平16・8・11、東京高決平16・8・4金判1201号4頁（異議申立事件）、東京地判平16・7・27商事法務1708号22頁
3 東京地判平18・2・13金判1237号7頁

ではないし、仮に理論的に認められたとしてもデュー・ディリジェンス費用など交渉の過程で実際に支出した費用以外の損害金額や因果関係を立証することには困難を伴う。したがって、買主が、独占交渉権の実効性を確保したい場合には、義務違反の場合に一定の金額を損害賠償額として予定する違約金条項を検討することが重要である。

(4) なお、基本合意書は、Memorandum of Understanding、Term Sheet、意向表明書、Letter of Intent等の名称で呼ばれることもあるが、意向表明書やLetter of Intentは、交渉のより初期の段階で、買主候補の提案内容が売主にとって検討に値するかを確認するため、正式な書面として買主候補に提出を要請する書面をいうこともある。

3 買収手法の決定

　各買収案件においてどのような企業買収の手法を用いるかは、基本合意書の段階で決定されていることが多いが、その後のデュー・ディリジェンスなども踏まえた再検討の結果として、最終契約の段階で基本合意書の際に予定していた買収手法と異なる手法が採用されることもある。買収手法としては、①株式譲渡、②株式（新株予約権）発行、③事業譲渡、④合併、⑤会社分割、⑥株式交換のいずれかによるものが基本形態であり、これらを組み合わせて行うこともある。いずれの企業買収手法を採用するかは、様々な要因から総合的に判断されることになる。例えば、(1)買収後の経営組織をどのように構成したいか（対象事業を自社内に取り込んでしまうか、または、独立の法人格として存続させながらその支配権だけを取得するか）、(2)事業承継について法令や手続上の障害（独占禁止法、各種業法、株主総会決議、債権者保護手続、債権者の承諾等）がないか、(3)承継する事業から除外したい事業があるか、(4)対象事業の許認可を承継する必要があるか、(5)重要な契約関係の承継が行えるか、(6)労働契約関係の承継から生じる問題はないか、(7)税務上いずれの手法が有利か、(8)上場を維持するか廃止するか、(9)いずれの手法による事業の統合が容易か、などの要因を考慮する必要がある。これらの各買収手法の詳細については、「第2章　会社法および金融商品取引法下の買収手法とその問題点」を参照されたい。

4 公表のタイミング（適時開示との関係）

買収の当事者が、上場会社の場合には、買収交渉の公表のタイミングにも留意する必要がある。例えば、東京証券取引所の適時開示規則では、上場会社の業務執行を決定する機関が、合併、会社分割、株式交換、事業の全部または一部の譲渡または譲受け、子会社の異動を伴う株式の取得などを行うことについての決定（およびそれを行わないことの決定）をした場合には、直ちにその内容を開示しなければならないとしている。[4] いかなる場合に、業務執行を決定する機関がそのような決定をしたといえるか、また、決定をしなければならないかは、状況により異なり、意向表明書や基本合意書などの内容によっても異なるが、合併に関して基本合意書を締結する場合には、取締役会決議を経て、適時開示を行うことが多いといわれている。[5]

第3 デュー・ディリジェンスの開始から最終契約書の締結まで

1 デュー・ディリジェンスの種類

基本合意書が締結されると、両当事者は、より詳細な条件を決定するために最終契約の本格的な交渉に進むと同時に、デュー・ディリジェンスが行われることになる。デュー・ディリジェンスには、大きく分けて、①買主の担当者が対象事業の収益性・将来性・事業リスク等を検討するビジネス・デュー・ディリジェンス、②会計士が対象会社の財務状況を検討する財務デュー・ディリジェンス、および、③弁護士が対象会社の法的問題点や法的リスクを検討する法務デュー・ディリジェンスがある。これらは別個独立のものではなく、それぞれの精査の結果が相互に影響する関係にある。したがって、特にデュー・ディリジェンス全体を統括する買主の担当者は、デュー・ディリジェンスを行う各専門家と緊密な情報交換を行い、買収の目的、デュー・

---

[4] 上場有価証券の発行者の会社情報の適時開示等に関する規則第2条
[5] 西村総合法律事務所編『M&A法大全』150頁（商事法務、2001年）

ディリジェンスの対象、範囲およびポイントなどについての認識を共有することが重要である。

2 デュー・ディリジェンスの目的と範囲

デュー・ディリジェンスの目的は、買収対象たる事業が、想定したとおりの価値を有しているのか、買収の実行によりそれらの価値が毀損されることがないか、事業に隠された重大なリスクがないかなどを精査し、買収の可否および合理的な買収条件の決定に役立てることにある。買収対象たる事業は継続企業としての事業であるから、通常の場合、その事業に関連して集積された情報は膨大であり、広範で詳細なデュー・ディリジェンスを行おうとすれば、際限なく労力と時間を費やさなければならなくなる。したがって、デュー・ディリジェンスに際しては、買収の目的および規模、対象事業の性質、買収により得られる利益およびリスクの大きさ等に応じてデュー・ディリジェンスの範囲と優先順位を決定し、デュー・ディリジェンスを行う専門化との間で認識を共有することが重要である。事業買収において、一般的には事業の収益性が最も重要であるから、売上げや利益に与える重要性により優先順位をつけて対象範囲を決定していくことが多いが、例えば、買主の目的が、対象事業に含まれる人材、技術、設備、顧客網、仕入先など特定の資産を取得することにある場合には、それらの資産に与える影響度も考慮に入れて、デュー・ディリジェンスの範囲を決定していく必要がある。なお、財務デュー・ディリジェンスおよび法務デュー・ディリジェンスのより詳細な説明については、「第3章 企業買収のプロセス 2 財務デュー・ディリジェンス」および「3 法務デュー・ディリジェンス」を参照されたい。

3 デュー・ディリジェンス結果の検討

デュー・ディリジェンスが完了すると、各担当者および専門家は、デュー・ディリジェンス・リポートを作成して、買主に提出することになる。買主は、専門家とともに、これらのデュー・ディリジェンス・レポートを検討して、致命的な問題がないか、買収対価に影響する問題がないか、買収の仕組みを変更する必要がないか、クロージングまでに解決すべき問題はないか、

最終契約書に特に定めるべき条件はないかなどを判断し、必要な場合には追加調査を行うこともある。そして、これらの結果に基づき、買収の可否および最終契約書に定める条件を決定することになる。

第4　最終契約書の締結から取引の完了まで

1　最終契約書

(1) デュー・ディリジェンスの過程で致命的な問題が発生しなければ、いよいよ最終契約を締結することになる。最終契約には、通常次のような条項を定めるが、買収対象事業の性質や規模、買収手法などにより、内容が異なることは当然である。

　ア　買収対象の特定（買収の仕組み：株式譲渡、合併、会社分割、株式交換、事業譲渡など）
　イ　買収対価（譲渡対価、合併・分割・交換比率）
　ウ　買収対価の調整条項（契約日からクロージングまでの調整）
　エ　クロージングの手続（必要書類の交換、買収対価の支払等）
　オ　クロージングの前提条件（許認可の取得、決議等の社内手続、クロージングまでの義務履行など）
　カ　表明保証条項（売主の表明保証、買主の表明保証）
　キ　クロージングまでの対象事業の運営に関する条項
　ク　秘密保持条項、競業避止義務条項、従業員の勧誘禁止条項など
　ケ　補償条項
　コ　解除条項
　サ　その他の条項（完全合意条項、通知条項、準拠法、合意管轄など）

(2) 最終契約を作成するに際しては、デュー・ディリジェンスにより発見された問題点を考慮した条項を組み入れていくことになる。特に、デュー・ディリジェンスにおいて判明した問題点やリスクで、デュー・ディリジェンスだけでは完全に把握できなかった事項や最終契約までに解決できなかった事項については、表明保証の対象事項に加えたり、クロージングまでに解決

する義務を売主に負わせたりするなどの対応をする必要がある。

(3) ところで、上記(1)カの表明保証条項は、売主の対象事業に関する担保責任の内容を特定し、デュー・ディリジェンスにおける事実確認を補充する機能を有している。そのため、買主は、契約書の本文では、対象事業の組織、適法性、重要な契約の有効性、労務関係、財務書類の正確性など対象事業の遂行の基礎となるべき広範な事項について売主の表明保証を求めるが、その表明保証に反する事実がある場合には、別紙にそれらの事実を列挙させるのが通常である。このように例外事実を限定列挙させることにより、売主から自発的に対象事業に関する重要事実を明らかにする機会を与えるとともに、表明保証の内容を明確に特定することが可能となる。したがって、デュー・ディリジェンスが行われたからといって、表明保証条項が削除されることはない。仮に、表明保証に反する事実が例外事実として列挙されていなかったとしても、買主がその事実を知っていた場合には、売主は当該事実に関する表明保証違反責任を免れることになる。さらに、買主が買収契約締結時において、重過失により、つまり、わずかの注意を払いさえすれば、当該表明保証違反の事実を知り得たにもかかわらず、漫然とこれに気づかないままに買収契約を締結した場合には、公平の見地に照らし、売主が表明保証違反責任を免れる余地があるとする下級審の裁判例がある。[6] しかし、企業買収におけるデュー・ディリジェンスは限られた時間と費用のなかで行われるものであるし、表明保証違反の事実があれば売主は自らその事実を開示し、買収契約書に反映することができるのであるから、買主の重過失により売主が表明保証違反の責任を免れる余地は少ないものと考えられる。

2 クロージング

両当事者間で全ての具体的な条件が合意されて、最終契約が締結されれば、

---

[6] 東京地判平18・1・17判時1920号136頁。評釈として、金丸和弘「M&A実行過程における表明保証違反」NBL830号4頁、岡内真哉「表明保証違反による補償請求に際して、買主の重過失は抗弁となるか」金判1239号2頁、森倫洋「M&A契約における表明保証違反に関する補償請求」金判1235号1頁、森倫洋「アルコ事件」野村修也＝中東正文編『M&A判例の分析と展開』（別冊金融・商事判例）196頁（経済法令研究会、2007年）、中野通明＝浦部明子「M&Aにおけるデュー・ディリジェンスと表明・保証義務」中野通明＝宍戸善一編『ビジネス法務大系Ⅱ　M&A ジョイント・ベンチャー』152頁（日本評論社、2006年）参照。

一つの山を越えたということになるが、買収のプロセスは最終契約が締結されただけでは完了しない。どのような買収手法を採用するにせよ、買収というのは、現実に間断なく業務を継続していた2つの会社の事業が統合されることになるため、買収を完了させるためには、様々な手続が必要になるからである。まず、合併、会社分割、事業譲渡等の組織法上の手続を有効に成立させるためには、会社法等で定める株主総会決議や取締役会決議等の他にも、債権者保護手続などを完了させる必要がある。また、事業の規模や当事者の国籍等により、独占禁止法、証券取引法、外国為替法等の法令により要求される関係機関への届出等の手続が必要である。また、買収手法によっては、買収対象資産に含まれる契約や債権債務について、第三者の承諾等が必要な場合があり、また、不動産や特許等については、対抗要件を取得するために登記や登録が必要となる。買収の実行は、通常、クロージングと呼ばれるが、クロージング日までに必要とされる手続は、最終契約においてクロージングの条件とされる。両当事者は、最終契約締結からクロージングまでの間に、相互に協力してそれぞれの手続を完了するために労力を費やすことになる。クロージング日には、クロージングまでに完了すべき手続の完了を示す書類やクロージング後に買主が行う必要のある手続に必要な書類等の交換が行われるとともに、買収対価の決済が行われて、クロージングが完了する。クロージングの完了により、原則として、買収が完了し、その後は買い手が買収対象となった事業を自らの事業に実質的に統合させる作業を行っていくことになる。

〔清水　建成〕

②

財務デュー・ディリジェンス

> **問題意識**
> ① 財務デュー・ディリジェンスの目的はどのようなものか。なぜ財務デュー・ディリジェンスが必要か。
> ② 財務ディー・ディリジェンスは、具体的にどのような手順および方法で行われるか。
> ③ 財務デュー・ディリジェンスにあたっては、どのような点に注意すべきか。
> ④ 買収対象企業の事業リスクをどのように把握すべきか。

第1 財務デュー・ディリジェンスの目的と特徴

　企業買収にあたり、通常、基本合意書に基づいて買主による財務デュー・ディリジェンス（買収監査）が実施される。

　財務デュー・ディリジェンスの目的は、買収対象企業の正確な財務状況を把握することによって、企業買収の可否、買収手法の選択、買収価格を中心とした買収条件の決定のための情報を買主に提供することである。

　財務諸表は企業の財務内容についての最も基本的で重要な情報であるが、買収対象企業の財務諸表が正しく作成されているとは限らない。とくに、公認会計士等の会計監査を受けていない非上場の中小企業では、財務諸表が税務基準で作成されていることが多い。そのため、上場企業の会計基準と比較すると資産が過大に計上され負債が過少に計上される傾向がある[1]。また、

継続企業を前提とした財務諸表では、原則として資産を取得原価で評価するが、企業買収では取得原価以外での再評価が必要となることも多い。

このような特徴を有する財務諸表について、その正確性を確認し、企業買収の目的に合わせて買収対象企業を評価するために、財務デュー・ディリジェンスは不可欠である。

財務デュー・ディリジェンスの多くは買主の要請で実施するため、買主の意向や調査対象企業の状況により、調査対象の範囲、調査項目、調査手法も以下のように様々である。また、調査を一定の時間内で秘密裏に行わなければならないという制約もある。したがって、その実施に際しては、依頼者との十分な打合せと一定の制約条件のもとでの効率的な調査が必要となる。

(1) **調査対象の範囲**

買収が特定の事業のみを対象としていれば、調査の範囲も特定の資産負債や特定事業の損益に限定されるし、グループ会社のすべてを買収する場合は、調査の対象もグループ会社を含めたものとなる。

(2) **調査項目の範囲**

買主が買収対象企業と同業者であって買収対象企業の収益構造を十分に把握している場合は、貸借対照表が調査の中心となる。一方、投資ファンドなど買収対象企業の業界や収益構造についての知識やノウハウが少ない場合は、貸借対照表に加えて損益計算書も調査の対象となる。

(3) **調 査 手 法**

買収対象企業が公認会計士等の会計監査を受けている場合、財務諸表に適正意見の監査証明がされている限り、財務諸表が適正である蓋然性は高い。この場合は、監査報告書や指摘事項報告書などを入手して会計監査が適正に行われていることを確認し、会計監査でカバーされていない事項や財産評価に限定して調査を行う。

一方、会計監査を受けていない非上場の中小企業では、適正な会計基準とは異なる税務基準のみで財務諸表が作成されていることが多く、資産の過大

---

1 税務基準では、課税の公平の観点から、債権の貸倒れや資産の評価損の計上についての判断が厳格であること、債務確定主義により引当金の計上が制限されていることなどを原因として不良資産の処理や引当金の計上が遅れる傾向がある。

計上、負債の過少計上となる傾向がある。そのため、貸借対照表について資産の実在性と評価および負債の網羅性の調査が必須となる。

第2 財務デュー・ディリジェンスの手順および手法

1 秘密保持契約、基本合意書の締結

　企業買収の手続の中で、買収対象企業の名称や財務諸表を開示するに先だって、売主と買主との間で、開示情報の定義、開示対象者、守秘義務の内容、秘密保持の有効期限、損害賠償義務などについて秘密保持契約を締結する。通常、秘密保持契約での開示対象者には、財務諸表など開示資料を検討するために、買手の顧問会計士や財務デュー・ディリジェンスの依頼先などを含める。

　秘密保持契約の締結後から基本合意書の締結前までに行われる調査は、本来の財務デュー・ディリジェンスではなく、基本合意書を締結するかどうかの判断材料を入手するための作業である。本来の財務デュー・ディリジェンスは、基本合意書に規定され、基本合意書の締結後に詳細な資料の開示を受けてから実施されることが一般的である。

　財務デュー・ディリジェンスの実施に際して、実施者と売主で別途秘密保持契約を締結するどうかについては、通常、実施者は職業専門家である公認会計士等であり、職業専門家には法律により守秘義務が課されていることから、実施者と売主が、直接秘密保持契約を締結しない場合もある。

2 開示資料の調査

　基本合意書の締結後に買収対象企業から開示を受ける資料は、財務諸表、勘定科目の明細書、税務申告書の過去3年～5年分が基本となる。財務諸表の1期分だけでは問題点を見つけることは難しく、数期の推移を見ることで企業の問題点を把握できる場合が多い。上場会社の場合は、有価証券報告書が公開されているので、資産の評価に係る事項を中心に資料の開示を受けることになる。

財務デュー・ディリジェンスでは、開示資料の調査だけでなく現地調査も実施するので、調査作業の振り分けが重要となる。開示資料の調査に重点を置きすぎると、資料の請求が膨大になり買収対象企業にかなりの負担をかけることになるし、現地調査に重点を置きすぎると、調査に時間がかかり非効率となる。

3 現地調査

現地調査は非常に重要な手続である。現地調査には、買収対象企業の責任者や担当者と面談し質問することで企業の状況や雰囲気を的確に把握できること、在庫や不動産の現物を直接確認できるなどの利点がある。

企業買収が秘密裏に行われている場合での現地調査では、質問の対象者が限られて充分な説明を受けられないことがあるし、担当者の感情的な反発や一般従業員の動揺に配慮することも必要である。

4 報告書の提出

財務デュー・ディリジェンスの結果は調査報告書として依頼者へ報告する。調査報告書は、財務諸表の修正、各修正項目の内容の説明という形が基本となる。さらに、財務諸表の修正には織り込めない事項や追加情報として有用と思われる事項を記載することもある。

財務デュー・ディリジェンスは一定の制約の下で行われるものであり、財務諸表が正確であることを証明するものではない。とくに、債務の網羅性は本質的に立証が不能であることを調査報告書に明示しておくべきである。

第3 財務デュー・ディリジェンスにおける注意点

1 資料の開示に係る秘密保持

財務デュー・ディリジェンスに限らず、法務デュー・ディリジェンスや企業買収に関連する調査をする調査担当者は、自らが秘密保持義務を負うことは当然として、買収対象企業が第三者に対して秘密保持の義務を負っている

場合があることにも注意しなければならない。すなわち、調査にあたり、買収対象企業が第三者と秘密保持契約を結んでいる情報の開示を受ける場合、個人情報保護法に違反する可能性がある情報の開示を受ける場合がある。この点については、次項「③　法務デュー・ディリジェンス」で述べる。

2　基本的調査事項

　財務デュー・ディリジェンスにおける基本的な調査事項は、資産の実在性と評価および負債の網羅性である。主な項目の留意事項は以下のとおりとなる。

　①　営業債権（売掛金など）

　長期間未入金の債権について、回収可能性があるかどうかだけでなく、回収遅延となった原因を調査し、内部管理の不備なのか、何らかの潜在的なリスクがあるのかを調査する。

　②　在庫

　在庫の調査では、保管現場を視察することが重要である。これには、在庫の実在性を確認するためだけではなく、簿外在庫を確認する意味もある。販売や製造の現場では、帳簿上では処理（除却または評価減）されていても、長期間滞留している在庫を処分せずに保管しようとする傾向がある。在庫を長期間保有すること自体、販売機会を失うデメリットよりも保管費用や管理費用がかかるデメリットの方が大きい場合が多く、将来に処分費用もかかる。

　③　不動産

　現場の視察と不動産登記簿の確認は不可欠である。不動産は、登記と現物が異なっている場合もあり、登記名義が関係会社やオーナー個人になっていることもある。また、抵当権設定の状況から簿外の借入金の有無を確認するためにも必要である。

　④　固定資産（不動産を除く）

　固定資産は、現物を処分しても帳簿上処理していない場合が多いため、在庫と同様に棚卸しが必要である。また、業績が悪い時期に税務上の配慮から減価償却費を計上せずに、帳簿価額が過大計上（償却不足）となっている場合もあるので、適正な償却がされているかどうかを確認することも大切であ

る。

⑤　有価証券

非上場の株式や出資金、ゴルフ会員権などは売主の都合で取得していることが多く、とくに処分が難しい資産は売主が引き取る方向で検討する。

⑥　営業債務（買掛金・未払金など）

仕入計上の時期が翌期にずれているものや毎月支払が発生する費用について未払計上のもれがないかを翌期の支払から検証する。とくに、中小企業では、従業員給与の日割分や社会保険料などを未払計上していない場合がある。

⑦　借入金

過去の借入れの推移から、過去に資金繰りが悪化したことがあるかどうか、そのときに簿外の借入れがなされた形跡がないかどうか、高利で借り入れているものを繰上弁済する場合にペナルティが発生するものがないかどうかを確認する。

なお、売主の経営者が個人保証している場合は、その取扱いを契約書に明記する。

⑧　退職金債務

法人税法では退職給与引当金制度が廃止されたため、税務基準で処理している非上場企業では、従業員の退職金債務を引当計上していないか計上不足となっていることが多く、役員の退職慰労金についても引当計上をしていない場合が多い。

また、企業買収に伴い人員整理を予定している場合は、支給見込額を全額計上する必要がある。

⑨　リース債務

現在の「リース会計基準」および税務基準では、一部の例外を除いてリース債務は簿外となっているため、リース資産およびリース債務を認識しておく必要がある。

⑩　保証債務その他

買収対象企業が行っている債務保証の網羅性の立証は本質的に不可能であるので、基本的には契約書の表明・保証でカバーする。

業種に応じた潜在的債務として、小売業のポイントカード、製造業のアフ

ターサービス費用、建設業の建設工事に関する保証などがある。

第4　事業リスクの調査

　企業買収では、買収対象企業の収益性の分析や買収による効果などの調査分析は十分に行う一方、事業リスクの把握やそれへの対策が不十分で、買収時に認識されていない潜在的な事業リスクが買収後に顕在化して思わぬ損失を被ることがある。このような潜在的事業リスクを事前に把握し、買収の可否や買収後の対策に反映させることは非常に重要である。

　事業リスクの調査は、法務および財務デュー・ディリジェンスにおいてそれぞれの立場で実施される。しかし、これらのデュー・ディリジェンスでカバーできない部分、不動産やコンピュータシステムなど他の専門的調査が必要な部分に重大なリスクが潜んでいる場合もある。

　事業リスクを網羅的に把握するためには、リスクを種類分けすることが有意義であるが、リスクの種類や重要性はそれぞれの状況により異なり、定型的なものはない。肝心なことは重大なリスクを見逃さないことである。ここでは、事業リスクを事業の基本要素であるヒト、モノ、カネ、情報、外部環境に分けて述べる。

　① 　人事（ヒト）に係るリスク

　買収者と買収対象企業の企業風土の違いによる軋轢、従業員の士気の低下、キーマンの退社、情報漏洩など。

　② 　営業取引（モノ・サービス）に係るリスク

　欠陥商品や欠陥工事に対するクレームや取引に関する契約の不備により、将来、訴訟に発展するリスクなど。

　③ 　財務（カネ）に係るリスク

　財務諸表に現れているリスクは財務デュー・ディリジェンスでカバーできるが、保証債務など負債の網羅性は本質的に立証不可能であり、簿外債務のリスクは企業買収の契約に織り込むことで対応する。保証債務、融通手形、税務調査による否認リスクなどが代表例である。

　④ 　情報（IT）に係るリスク

コンピュータシステムの欠陥によるシステムダウン、情報漏洩など。
⑤　外部環境に係るリスク

レピュテーション（風評）による顧客の離散、土壌汚染や環境汚染のリスク、海外進出企業のカントリーリスクなど。

〔山本　浩二〕

【参考資料】
① 「事業リスクマネジメント」（経済産業省　事業リスク評価・管理人材育成システム開発事業）
② 「インタンジブルズ及びオフバランス項目に対するリスク・マネジメントについて」日本公認会計士協会東京会 経営委員会答申書（公認会計士業務資料集第45号、2005年）

③

法務デュー・ディリジェンス

> **問題意識**
> ① 法務デュー・ディリジェンスの目的はどのようなものか。なぜ法務デュー・ディリジェンスが必要か。
> ② 法務デュー・ディリジェンスは、具体的にどのような手順および方法で行われるか。
> ③ 法務デュー・ディリジェンスにあたっては、どのような点に注意すべきか。

第1 法務デュー・ディリジェンスの目的と必要性

　企業買収の場面における買主による法務デュー・ディリジェンス（Legal Due Diligence[1]）の目的は、大別すると次の3点に集約される。すなわち、①企業買収を実行すべきか否か、また実行するとした場合どのような手法を取るべきかを判断するための情報の収集、②買収条件（価格、前提条件、表明保証、誓約および補償等）の決定のための情報の収集、ならびに③買収対象企業の法的状況の把握である。
　まず、①について、企業買収は、通常の物の売買に比べても対象の事前調査が極めて重要であり、事前に買収対象の企業を法的な側面から監査することにより情報を収集し、企業買収の実行自体の是非を慎重に判断することが

1　"Due Diligence"の日本語訳としては、その実質に鑑みて、「買収監査」、「事前監査」等の文言が用いられることが多い。本稿では、「デュー・ディリジェンス」という文言で統一する。

必要である[2]。企業買収は通常の物の売買等とは異なり、たとえ買収した企業について事後に重大な問題が発覚したとしても、買収の根拠となった法律行為（株式譲渡契約、事業譲渡契約、合併契約、第三者割当増資による新株発行等）の効果を解除等により否定することは困難または不可能であることがあり、また、表明保証違反による損害賠償請求や補償請求等も無意味あるいは困難であることがあるためである[3]。さらに、このような情報収集は、買収方法が未定である場合に、買収方法として、株式譲渡、事業譲渡、合併、第三者割当増資による新株発行その他のどのような方法を採るのが最適かを判断するためにも重要である。たとえば、買収対象企業に多額の偶発債務が生じるおそれがあるとの情報や、買収対象企業が当事者となっている訴訟または紛争の問題が極めて大きいとの情報が得られた場合、企業買収の方法を、会社組織自体を買収の対象としない事業譲渡の方法とするとの判断がなされることなどが考えられる。

次に、②について、価格、前提条件、表明保証、誓約および補償等の買収条件を適切に決定するためには、買収対象企業の情報を得ることが不可欠である。たとえば、買収対象企業において、訴訟には到っていないものの多額の損害賠償請求を受けているといった事情がある場合には、買収の価格に当該事情を織り込むことにより、適切な買収価格を設定することができる。そ

2　なお、このような買収前の監査を怠った場合、後に問題が発覚した場合の損害賠償請求等において、買主に不利に評価されることがある。たとえば、会計監査の事案ではあるが、監査を十分に行わずに、優先株による増資および期限付き劣後ローン等の方法により300億円を拠出した生命保険会社が、拠出先の損害保険会社（後に資金拠出時点で実質的破綻状態にあったことが発覚）に対して、虚偽の会計情報を提供されたことにより財務情報の認識を誤ったとして、損害賠償を求めた事案において、十分な買収前の監査がなされていなかったとの理由で4割の過失相殺を認定した判例がある（東京地判平15・1・17判時1823号82頁）。

3　たとえば、合併や第三者割当増資による新株発行を用いた買収の場合、買収の実行後は、表明保証違反を理由として組織法上の行為である合併または新株発行自体の効果を直ちに否定することはできないし、また、買収対象企業に対して表明保証違反による損害賠償責任を追及したとしても、買収対象企業は買主自身と一体化しているか買主自身の子会社になっているため、表明保証違反による損害賠償請求自体が事実上無意味になってしまう（なお、そもそもこのような損害賠償責任の追及が認められるかも会社法上の各制度の趣旨との関係で疑問が生じうる。）。株式譲渡や事業譲渡の場合、契約違反を理由とする解除により契約自体の効果を否定することは理論的には可能であるが、実務上いったん実行した買収の効果を一から否定して原状回復することには大きな困難が伴い、また、損害賠償責任の追及は可能であるものの、買収対象企業あるいはその株主に損害賠償責任を追及するだけではカバーできない大きな損害を買主が被るおそれがあるし、買収対象企業あるいはその株主の無資力のリスクも負担することになる。

の他、買収対象企業に問題や疑問点がある場合には、買収契約において当該問題に関する前提条件、表明保証、誓約および補償等を規定することにより、問題を回避し、あるいは問題が発生した場合に備えた事前の対処をすることが可能となる[4]。

　さらに、③について、買収対象企業の法的状況を把握することは、①の企業買収を実行すべきか否かを判断するための情報の収集の補強、買収のために必要となる手続の確認、および買収後の事業運営のための情報入手という各側面から、極めて重要である。すなわち、情報の収集の補強という側面からは、買収対象企業の法的状況を把握することにより買収対象企業の社風や運営方法が買主の志向と乖離していないかどうかについての情報を取得し、これを企業買収自体を行うかどうかの判断材料とすることになる。特に買主が外国企業である場合やコンプライアンスを重視する企業である場合、社風や運営方法の見極めは重要となろう。次に、買収手続の確認という側面からは、買収対象企業が締結している契約や受けている法律上の規制の関係で、資産や債権債務の譲渡または買収対象企業の支配権の移転について、契約当事者その他の者の同意や行政当局への届出、認可申出等を要するか否かを確認するために、買収対象企業の法的状況を把握することが必要になる。加えて、買収後の事業運営のための情報入手という側面から、特に買主が異業種やファンドであって、買収対象企業が営んでいる事業の経験がないかまたは乏しい場合には、買収後スムーズに当該事業を運営するため、買収対象企業の法的状況を把握することが必要となる。

　以上の法務デュー・ディリジェンスの目的および必要性に照らすと、企業買収を行う際に法務デュー・ディリジェンスを実施することは、買主側のリスク回避と買収後の企業運営という観点から不可欠であるというべきである。

---

[4] ただし、買主が、法務デュー・ディリジェンスの実施により、買収契約上の前提条件の相違や表明保証等の違反その他についてあらかじめ知っていたか、容易に知り得た場合については、買主の売主に対する損害賠償請求は権利濫用と評価される可能性がある。

第2 法務デュー・ディリジェンスの手順および方法

1 基本合意書、秘密保持契約の締結

　買主が既に決まっている場合、法務デュー・ディリジェンスは、買主と買収対象企業またはその株主との間で買収に関する基本合意書[5]および秘密保持契約書[6]を取り交わした上で、買収対象企業から資料の開示を受けるという手順で行われるのが一般的である。一方、買収希望者が複数存在する場合には、当該各買収希望者と買収対象企業との間で秘密保持契約を締結した上で、買収対象企業から範囲を限定して資料の開示を受け、その法務デュー・ディリジェンスの結果に基づいて入札（bid）を行い、買収希望者の絞込みを行った上で、より広範な資料の開示を受けて再度法務デュー・ディリジェンスを行うのが一般的な手順である。

2 資料開示

　秘密保持契約の締結後、買収対象企業から各種の資料の開示を受け[7]、当該資料を精査する形で法務デュー・ディリジェンスが開始されることになる。通常、法務デュー・ディリジェンスは短期間に集中して行われるため、実施には一定の人数を配置することが必要である。
　開示を受ける資料の種類としては、以下のようなものが例として挙げられる。
　① 組織関係

5　この基本合意書は、英語では"Letter of Intent"や"Memorandum of Understanding"等の名称で呼ばれることが多い。
6　秘密保持契約については、独立の契約書によって締結されることもあるが、基本合意書において秘密保持を合意することで済ませることもある。なお、通常、基本合意書は法的拘束力を持たないものとして締結されることが多いが、秘密保持に関する条項など、当事者間の意思として、法的拘束力を持たせることが合理的と思われる内容を含むことがある。したがって、基本合意書のドラフティングにおいては、法的拘束力を持たせるべき条項とそうではない条項を明確にするべきである。
7　資料の提供にあたっては、買主または買収希望者側からドキュメント・リクエスト・リストを送付し、買収対象企業がこれに応じる形で各種の資料を提供するという形で行われることが多い。

商業登記簿謄本、定款、各種社内規則、各機関における議事録、組織関係図、株主名簿、株主間契約等、会社の設立および存続の状況に関する資料。

② 事業、契約関係

買収対象企業が営んでいる事業に関する重要な契約または事業とは直接関係なく買収対象企業が締結しているその他の重要な契約等、買収対象企業の事業および契約に関する資料。また、買収対象企業がその事業について許認可を受けている場合には、その許認可の状況等に関する資料。

③ 資産、負債関係

買収対象企業が所有または使用する不動産、動産その他知的財産権等の無体財産権について、その所有権、使用権あるいは担保権の状況に関する契約や登記等、買収対象企業の資産に関する資料。また、買収対象企業が締結している金銭借入契約や担保権設定契約など、買収対象企業の債務、担保設定に関する資料。

④ 労務関係

買収対象企業における労働者の数や職種等の資料、就業規則をはじめとする労務関連の社内規程、労働組合の有無、買収対象企業と労働組合または労働者団体との間の労働協約、労働時間や残業の状況等、買収対象企業における労務管理に関する資料。

⑤ 訴訟および紛争関係

買収対象企業において現在係属中の訴訟や仲裁、調停等の事案、その他訴訟までには至っていないものの紛争となっている事案に関する資料。

⑥ 子会社、関連会社関係

買収対象企業の子会社や関連会社に関する上記①ないし⑤までの資料。ただし、子会社または関連会社が多数ある場合やそれらの規模が大きい場合等には、買収対象企業と密接な関連性を有する会社に絞って資料開示を求めたり、開示を求める資料の範囲そのものを限定したりするなどの工夫が必要になる場合がある。

⑦ その他

上記のほか、環境や公益性に関する資料等、買収対象企業の法的状況に影響を与えうる資料や、法的状況の理解に資する資料がある場合には、それら

の資料[8]。

　なお、資料の検討の過程で、他の資料から存在することが窺われるにもかかわらず開示されていない資料や、当初のリクエストにもかかわらず開示されていない資料が存在することがわかった場合には、それらの資料の追加開示請求を行うことになる。

3　インタビュー

　法務デュー・ディリジェンスの実施にあたっては、買収対象企業の関係者に対するインタビューが必要となる場合が多い。インタビューは、通常2で述べたような資料を一通り検討した後に行われるが、事案によっては、重点的に検討すべき点を把握すべく、資料の検討に先立って行われることもある。

　議事録や契約書等は、関係者間で共通の理解があることを前提に作成されていることが通常であり、第三者が見た場合に、にわかには議事の内容や契約の目的を理解しがたいことがままある。また、法務デュー・ディリジェンスにおいては、資料の検討が進むにつれて、法的な観点からの様々な疑問点が生じることが通常である。そこで、買収対象企業の関係者に対してインタビューを行い、疑問点を明らかにしたり、補充情報を得たりする必要が生じる。このような場合、質問表等の書面で疑問に対する回答を求めることも可能であるが、法務デュー・ディリジェンス実施者が直接に事情を知る買収対象企業の関係者にインタビューを行うことにより、より柔軟で適切な質疑応答が可能となり、疑問点の理解に資することになる。

　なお、下記4で述べる報告書においては、インタビューで得た情報も記載することが通常であるから、インタビューの際にメモを取るなど、何らかの形でインタビューの内容を記録しておくことは不可欠である。

4　報告書の作成、提出

　上記のような手順に基づいて実施された法務デュー・ディリジェンスの結果については、実施者により報告書が提出されることが通常である。この報

8　たとえば、買収対象企業が上場会社である場合には、過去数年分の有価証券報告書に目を通して、その状況を把握することが必要かつ有益である。

告書には、開示された資料を検討した結果、インタビュー結果、およびその他法務デュー・ディリジェンスの過程で得られた情報を統合し、法的分析と評価を加えた内容が記載されることになる。その際、法的に問題があると評価される点については、その問題についての対応の方法が具体的に示されることが望ましい。

第3 法務デュー・ディリジェンスにおける注意点

1 総論

　法務デュー・ディリジェンスは、通常であれば外部から知ることのできない買収対象企業の内部情報を監査するものである。そのため、法務デュー・ディリジェンスを行うこと自体が、秘密情報の開示に関連する法的問題を生じさせることがある。

　また、一口に企業買収における法務デュー・ディリジェンスと言っても、買収される側の企業の性質および買収の手法により、法務デュー・ディリジェンスにおいて注意すべき点が変わってくることは当然である。たとえば、買収される側の企業が上場会社か非上場会社か、法律上の規制を受ける事業を営んでいるものか否か、買収の手法を株式取得や事業譲渡とするのか、あるいは合併や新株発行にするのかにより、法務デュー・ディリジェンスにおいて重点的に検討すべき点は変わってくることになる。

　そこで、以下の2においては、法務デュー・ディリジェンスを行うこと自体に関わる注意点を示すこととし、3においては、第2、2で述べた各項目に対応する形で資料検討またはインタビューの過程において一般的に注意すべきと思われる点を解説した上で、特にどのような場合に重点的な検討が必要とされるかについて説明を加えることとする。

2　法務デュー・ディリジェンスを行うこと自体に関わる注意点

(1)　買収対象企業が負う秘密保持義務

　法務デュー・ディリジェンスにおいては、買主が買収対象企業から情報の

提供を受けることになるが、仮に買収対象企業が、第三者と締結した契約において、かかる情報について秘密保持義務を負っている場合には、情報の提供自体が秘密保持義務違反となる可能性がある。そのような場合、一次的には、買収対象企業における担当者が適切な判断をして開示の可否を決するべきである。しかし、意図せずして秘密保持義務違反となる情報提供がなされてしまった場合、買主としてはその情報の取扱いについて買収対象企業との間で速やかに協議し、買収対象企業において適切な対処をするよう要求すべきであろう。

(2) 個人情報保護法

個人情報保護法上、個人情報を取り扱う主体（個人情報取扱事業者）には様々な義務が課せられているが、特に、データベースへと体系化された個人情報（個人データ）については、情報により識別される個人（本人）の同意を得ないで、第三者に提供してはならないとされる（個人情報保護法23条）。本人の同意を必要とするこの規定は、合併等の事業承継に伴い個人データが第三者に提供される場合を例外とする。しかし、この例外は実際になされた事業承継に関するものに過ぎず、意図されている買収のための法務デュー・ディリジェンスの局面には適用されない可能性が高い[9]。

したがって、買収対象企業が個人情報取扱事業者に該当する場合、買収対象企業からの個人データの提供は原則的に禁止されると理解すべきである[10]。そのため、買主が買収対象企業に情報提供を求めるに際しては、提供される情報のうち個人情報に関わる部分を伏せるよう要求するなど、個人情報保護法に違反する情報提供を求めるものではないことを明らかにしておくべきである。

(3) インサイダー取引規制

買収対象企業が上場会社等である場合、金融商品取引法上、インサイダー

---

[9] 行政官庁による個人情報保護法の運用指針ではあるが、平成16年10月に経済産業省が発表した「個人情報の保護に関する法律についての経済産業分野を対象とするガイドライン」も同様の考え方を示している。

[10] 主として問題となるのは、買収対象企業の従業員や顧客の情報である。こうした従業員や顧客の同意を得れば、買収対象企業による個人データの提供は可能となるが、対象者の数や買収交渉の秘密性を考慮すれば、実際問題としてかかる同意を得ることは不可能である。

取引規制との関係が問題となることがある。たとえば、公開買付けを予定して法務デュー・ディリジェンスを行っている過程で、未公表の重要事実が発覚すると、かかる重要事実が買収対象会社自身によって公表されない限り、買主がその事実を知らない株主から株式を購入することは禁止される（法166条）。しかし、ある事実が重要事実に当たるか否かは一義的には明らかではないため、買主と買収対象企業との間で見解に不一致が生じることがある。かかる事態に陥った場合、買主としては買収対象企業へ事実の公開を要請すべきであろうが、買収対象企業がこれに応じないときは、そもそも買収を進めるか否かを慎重に判断する必要が生じよう。

3 個別項目ごとの具体的注意点

(1) 組織関係

会社の設立および存続が適法になされているか（定款、商業登記簿謄本）、会社法上要求される意思決定手続を履行しているか（各機関における議事録）、社内規則に法律違反の内容は含まれていないか（各種社内規則）等につき、各資料と照らし合わせて確認を行うことになる。特に、取締役会議事録や稟議書の内容を確認することは、買収対象企業が営んでいる事業や締結している重要な契約を把握する上で有益である。

この項目は、企業買収方法のうち、会社組織自体を買収対象とする株式譲渡、合併、第三者割当増資による新株発行等の方法による場合には特に重要となるが、会社組織全体を買収対象とはしない事業譲渡の方法による場合には、それほど重視されないことが多い。

(2) 事業、契約関係

企業買収後も買主が意図する事業を継続することができるかを契約内容および許認可内容の観点から、また、偶発債務の有無を契約内容から、それぞれ検討することが必要になる。

事業継続の点については、契約内容において、契約上の地位の譲渡を禁止する条項、支配権の移転を禁止する条項、競業禁止条項（買主が現に行っている事業が該当する場合に問題となる）等がないかどうかを確認し、また、許認可内容において、規制法が株式譲渡や合併等自体を制約する内容となっていな

いか、新たに許認可を取る必要があるか等を確認し、買収後に買主および買収対象企業が意図する事業を存続できるかどうかを確認することになる。また、偶発債務の有無の点については、買収対象企業が偶発債務を負うような条項が、契約上規定されているかどうかを確認することになる。

特に許認可関係については、当該事業を営む法主体が変更される事業譲渡の方法を採る場合に、重要な検討事項となる。

(3) 資産、負債関係

資産について、不動産および担保関係については必要な登記がなされているかを確認する必要がある。動産、知的財産権についても、それが買収対象企業が営む事業において重要なものである場合には、その権利状況について確認する必要がある。一方、負債については、金銭消費貸借契約については買収により解除や期限の利益の喪失という結果を招かないか、その他保証債務や偶発債務を負うことにならないかを確認する必要がある。

買収対象企業の会社組織全体を買収の対象とする株式譲渡、第三者割当増資による新株発行、あるいは合併等の方法を採る場合には、買収対象企業の負債関係の把握は極めて重要となる。

(4) 労務関係

企業買収の実行自体が、労働協約において労働組合または労働者代表の承認事項となっていないかどうかについては、必ず確認する必要がある。また、従業員の雇用形態はどのようなものか、労働関係法令に違反するような労働慣行がないか、未払賃金等はないか、個別の労働者との紛争の可能性があるか等についても確認しておく必要がある。

従業員は実際に事業を運営するための原動力であるため、労務関係の把握は、いかなる企業買収の方法を採る場合であっても[11]、極めて重要である。

(5) 訴訟および紛争関係

金額的に大きな訴訟または紛争について確認するだけでなく、比較的少額であっても、同種の訴訟が多数係属している、企業イメージを損なう可能性

---

11 合併や株式譲渡の場合には、買収対象企業の従業員が買収対象に含まれることになる。事業譲渡の場合には、当然に従業員との労務関係を承継するわけではないが、買収後実際に事業を運営するためにはこれまで当該事業に携わっていた従業員が不可欠であることから、承継がなされるのが通常である。

のある紛争が生じているなど、内容的に問題があると思われる訴訟または紛争についても確認することが必要である。

企業買収の方法として、事業譲渡の方法を採る場合には、買主は通常買収対象企業の訴訟上の地位または紛争の当事者としての地位を承継しないため、訴訟および紛争関係の把握は、それほど重要ではないことが多い。

(6) 子会社、関連会社関係

一般的な注意点については、上記(1)ないし(5)で述べたところがそのまま子会社および関連会社にも当てはまるため、これらの点について確認することになる。もっとも、子会社または関連会社が多数ある場合やそれらの規模が大きい場合等には、法務デュー・ディリジェンスの対象自体を限定する必要がある場合があることは既に述べたとおりである。

買収対象企業と子会社または関連会社との関係については、買収対象企業によるそれらの会社の株式または持分の保有状況や、相互間の契約内容について一方に特に有利な条項が含まれていないか等[12]を、特に注意して確認する必要がある。

(7) その他

買収対象企業が製造業を営む場合や、広大な工業用地を保有している場合等には、環境問題（ひいてはそれに伴う損害賠償請求等）の観点からの検討を行うことも必要である。また、いわゆる反社会的勢力との間に不当な繋がりがないか等も、買収後の事業運営の観点からは重要であろう。

さらに、企業買収自体に伴う法的な問題点の検討も不可欠であり、たとえば買収対象企業が買主と同種の企業を営んでいる場合等には独占禁止法の観点からの検討が、買収対象企業が許認可事業を営んでいる場合には合併や株式譲渡自体が業法上許されるかどうかという観点からの検討が、買主が外資系企業である場合には外為法等の各種渉外関連規制についての検討などが、それぞれ必要となる。

〔日下部真治＝琴浦　諒〕

---

[12] 一般に、関連会社間の取引については、その密接な関係ゆえに、通常の第三者とは異なった条件で契約していることがある。もっとも、親会社と子会社との契約において、親会社が不利な条件で契約することはあまり見られないため、特に注意すべきなのは子会社である買収対象企業とその親会社や関連会社との間の契約ということになる。

【主要参考文献】

① 石渡学「基本合意書およびデューディリジェンスに関する昨今の論点整理」事業再生と債権管理106号108頁以下（金融財政事情研究会）
② 玉井裕子ほか「企業買収とDue Dilligence」自由と正義50巻10号108頁以下（日本弁護士連合会）
③ 長島・大野・常松法律事務所編『M&Aを成功に導く法務デューデリジェンスの実務』（中央経済社、2006年）
④ 西村総合法律事務所編『M&A法大全』（商事法務研究会、2001年）

第 4 章

買収防衛策の新展開

1

敵対的買収の標的とならないための基本的な対応

> **問題意識**
> ① 敵対的買収の標的となるのはどんな会社か。
> ② 基本的な買収防衛策にはどのようなものがあるか。

第1 敵対的買収の標的となる会社とは

　敵対的買収に対する防衛策として、ライツ・プランなど様々な方法が法技術的な面から議論されているが、そもそも、なぜ敵対的買収の標的になるのかの原因を考えて対策を講じることが大切である。

　わが国の数少ない実証研究[1]によると、敵対的買収の標的になる可能性が高い会社には、以下のような特徴がある[2]。

　① 手元資金が豊富であり、株価が割安となっている会社

　投資機会と比較して手元資金が豊富な会社では、余剰資金が株主の利益よりも経営者自身や従業員の利益のために浪費される懸念が生じ、その懸念が市場で共有されると株価がその分割り引いて評価される[3]。このような会社を買収して手元資金を配当や自社株買いに活用すれば、株価が上がり買収者

---

1 「どの企業が敵対的買収のターゲットとなるか」（胥鵬2006年2月（独）経済産業研究所、RIETI Discussion Paper Series・宮島英昭編著『日本のM&A』197頁（東洋経済新報社、2007年））では、米国の研究を参考に村上ファンドとスティール・パートナーズの標的になった会社の特徴を実証分析している。
2 このほかに、親子上場している場合で、子会社の時価総額の方が親会社の時価総額よりも大きい「資本のねじれ」が生じている会社が標的になる可能性がある。このような会社では、親会社の株式を取得すれば、子会社の株式を直接取得するよりも少ないコストで子会社を買収できる。

は利益を得られる可能性が高い。

② 借入金が少ない会社

借入金が少ない会社とは、業績が安定していてキャッシュフローが潤沢で無借金経営をしているような会社である。逆にいえば、借入金の多い会社は債権者からのモニタリングによって余剰資金の無駄使いが生じにくく、買収者も財務的手法により株価を引き上げて利益を得られる余地が少ないため、標的になりにくい。

③ 浮動株比率[4]が高い会社

浮動株比率が高く安定株主が少ない会社は、会社の支配権を取得しやすいという意味で標的になりやすい。とくに、浮動株比率が高いうえに、手元資金が豊富で借入金が少なく株価が割安である会社は標的になる可能性が高い。

そもそも、買収の標的となる会社には買収者の立場から見ると潜在的事業価値と潜在的財務価値[5]がある。潜在的事業価値とは、買収者からみて対象会社の営む事業を取得することによるシナジー効果や会社経営の収益性を高められるメリットであり、潜在的財務価値とは、余剰資金を株主還元あるいは資本再編（負債比率を高めること）による効率性の向上によって株価を高めることで利益を得られるメリットである。潜在的事業価値を生かせるのは通常は事業会社に限られるが、潜在的財務価値を生かせるのは投資ファンドや裁定取引を目的とする者でも可能である。その意味で、潜在的事業価値がある会社よりも潜在的財務価値が高い会社の方が敵対的買収の標的になりやすい面がある[6]。

---

3 Michael. Jensenの「フリーキャッシュフロー仮説」といわれる。1980年代の日本における財テクブームや雇用を維持するために採算を度外視した多角化による拡大戦略などが実例として指摘される（岩田規久男『そもそも株式会社とは』103頁（ちくま新書、2007年））。

4 浮動株とは、市場に流通する可能性が高い株式をいい、市場に流通する可能性が低い固定株に対する用語である。東京証券取引所TOPIXの浮動株指標では、（浮動株比率＝1－固定株比率）と定義し、固定株を大株主上位10位の保有株、自己株、役員等の保有株、その他東証が適当とみなす事例と定義している（㈱東京証券取引所「TOPIX（東証株価指数）及びサブインデックスの算出要領」平成17年10月）。

5 M&Aに要した資金を何年で回収できるかを示す指標として「M&Aレシオ」が使われることがある。M&Aレシオ＝（株式時価総額×50％－手元資金）÷年間キャッシュフロー。

第2　基本的な防衛策

　敵対的買収に対する基本的な防衛策とは、買収者から見て潜在的事業価値や潜在的財務価値がない状態にすることである。すなわち、①事業経営の収益性を高めて潜在的事業価値を少なくすること、②株主還元や資本再編によって効率性を高めて潜在的財務価値を少なくすることが防衛策の基本となる。さらに、③浮動株数[7]を調整して買収を難しくすることも防衛策の一つとなる。

　もっとも、基本的な防衛策をとっていても、株価以上で買う者が現れれば買収される可能性はあるし、悪意を持った買収者には対抗しなければならないから、法技術的な買収防衛策が不要となるわけではない。

1　収益性の向上とIR（Investors Relationship）

　一般に、上場会社の株価は、株価収益率（PER）などの指標で説明されているように会社の利益を基本要因として形成される。とくに、利益の成長率が高い会社の株価は高くなる傾向[8]があり、安定的な利益を計上している会社でも成長力がなければ株式市場では評価されない傾向がある。経営努力により収益性の向上をはかり、株価を高めることにより潜在的事業価値を少なくすることが防衛策の王道となる。

　しかし、そうは言っても、成熟企業では安定した業績を上げられても、新興企業のような成長力を期待することは難しい面がある。このような成熟企業には、十分な株主還元をしておらず、手元資金が潤沢で自己資本が厚く借入金が少ない会社が多い。これでは、株主にとって投資対象としての魅力が

---

[6] もっとも、事業価値と財務価値は明確に区分できるわけではない。投資ファンドなど買収者は不要部門の売却や資本再編など財務的な手法を利用すると同時に、事業の収益性を高める努力をすることによって、株価を高めようとする。

[7] 東京証券取引所ではTOPIXに浮動株指数を段階的に導入しており、TOPIXに連動して投資する機関投資家は浮動株が少ない会社への投資のウェイトを減らすことになる。そのため、浮動株を減らすと株価が下がる傾向になる。

[8] 成長率の高い新興企業などについては、株価収益率を利益成長率で割ったPEGレシオ（Per Growth Ratio）という指標を使う場合もある。

なく、株価が割安で放置される一方で、敵対的買収者の格好の標的になってしまう。成熟企業では、つぎに述べる株主還元策によって、できるだけ潜在的財務価値を少なくすることが現実的な防衛策であろう。

また、株式市場に対するPR不足が原因で株価が低迷している場合もある。「企業価値を生み出す源泉が何であり、株主還元政策や事業戦略の充実など企業価値を高める具体的な経営戦略とはどのようなものかといった点を、IR活動を通じて浸透させていくこと[9]」も大切である。

2 株主還元策と資本再編

新興企業のように新規投資により高い成長が期待できる会社では、配当するよりも新規投資をした方が株価は上がる確率は高い。一方、成熟企業のように新規投資もなく株主還元もしないで内部留保するだけでは、株価は低迷する。

買収者から見れば、成熟企業は、潤沢な手元資金、少ない借入金、安定したキャッシュフローという買収者にとっての潜在的財務価値が高く利益の宝庫ともいえる。このような状況にある会社には株主還元策による防衛策が有効である。

株主還元策とは配当と自社株買いである。配当の多寡は、理論的には株価には中立的であるが、実際は株価に影響する。配当性向を高めれば、配当利回り[10]が向上し、投資対象としての魅力が高まるからである。日米企業の連結配当性向を比較すると、平成17年度では、米国が29％であるのに対して、日本は3年連続で過去最低水準の19％であり、10ポイントも低い水準となっている[11]。

敵対的買収に対して増配により対抗した事例として、米国の投資ファンドであるスティール・パートナー・ジャパンによるソトーとユシロ化学工業へ

---

9 経済産業省・法務省「企業価値・株主共同の利益の確保又は向上のための買収防衛策に関する指針」5頁（平成17年5月27日）
10 配当に関する指標として、自己資本配当率（DOE）が注目されている。自己資本配当率（DOE）＝配当性向×自己資本利益率（ROE）となるため、配当性向よりも会社の効率性が反映される。
11 （社）生命保険協会「平成18年度　株式価値向上に向けた取り組みについて」（平成18年12月15日）

の敵対的TOBがある。この事例は、経営支配権の取得ではなく裁定取引が目的と思われるものではあるが、株主還元を怠っていた経営陣に刺激を与えることで、一般の株主も利益を得ることができ、買収者自身も株価の上昇という形で利益を得ることでその目的を達成したといえる。

自社株買いは、自己資本利益率（ROE）を向上させることと流通する株式数を減らして株式の需給を改善することの両面で、株価を押し上げる効果がある。配当は安定性が要求される傾向があるのに対し、自社株買いは単発的に実施できるという特徴がある。

また、借入金を利用した自社株買いは資本再編のための手法でもある。資本再編とは負債と資本の構成比率を変える手法であり、LBOの手法と共通する。LBOは、ファイナンス理論のレバレッジ効果を利用した仕組みで、一定の条件[12]の下で負債比率を高めることで株主資本利回り（ROE）が向上し株価を上げる効果があることを利用した買収手法である。LBOに対抗するには、買収者が意図していることを標的となる会社自らが行うことで、買収者に付け入る隙を与えないための防衛策である。ただし、資本再編による防衛策は、一方で負債比率を高めるものであるから、過度の借入依存体質（過少資本）に陥れば、倒産に至る可能性もあることには注意が必要である。

さらに、株式分割[13]も株主還元策となることがある。株式分割は、理論的には、分割比率だけ株価が下がり、株式の時価総額には影響しないはずであるが、実際には、投資単位を引き下げて株式を購入しやすくし、株式の需給を改善し、株価を上げる効果がある[14]。とくに、成長企業は株式分割で株主還元をし、資金を新規投資に振り向けた方が株価に効果的である。

12　買収対象会社のPERが税引後の借入利率の逆数よりも低い場合に買収により利益が生じる（服部暢達『実践M&Aマネジメント』177頁（東洋経済新報社、2004年））。

13　会社法では、株式分割（会社法183条）に加え、株式の無償割当て（会社法185条）の制度が創設された。株式分割は自己株式を含め同一種類の株式数の増加であるのに対し、株式の無償割当ては同一または異種の株式を交付することである。株式の無償割当ては、自己株式を交付することができる点と自己株式に対する無償割当てはできない点で株式分割とは異なる。

14　従来の株式分割では、株式分割に係る基準日から新株券の交付日（株式分割の効力発生日）まで50日程度を要していたため、その間、新株券の売却ができず、株価が高騰する傾向があった。そのため、平成18年1月から、各証券取引所で基準日の翌日を効力発生日とすることを義務づけることになった。

3 安定株主対策

　安定株主対策は、わが国の昭和40年代における資本自由化に伴う外資による企業乗っ取り対策として、取引先や取引銀行との株式の相互持合いや従業員持株会の利用により、会社に協力的な株主を確保する対策として行われてきた。近年、銀行の持合株式の放出、金融商品会計の導入や資産効率化への圧力により取引先が保有する株式の持合解消が進み、安定株主の比率が低下している。しかし、敵対的買収が増加している状況下で安定株主対策が再び注目されてきている。

　安定株主対策には2つの意味合いがある。一つは、前述のIRや株主還元策により長期安定的な一般株主を増やす対策である。

　もう一つは、従来のような株式持ち合いや従業員持株会[15]など会社に協力的な株主を増やすことである。

　最近は、従来のような単なる株式持ち合いではなく、本業への効果がある業務提携に伴う資本提携としての株式持ち合いが有効であり、さらに進んで、同業他社の傘下に入ることや他社との経営統合も選択肢の一つとなる。

〔山本　浩二〕

【参考文献】
① 太田洋＝中山龍太郎編著『敵対的M＆A対応の最先端』（商事法務、2005年）

---

[15] 米国の従業員自社株保有制度（Employee Stock Ownership Plan　ＥＳＯＰ）の導入も注目されている（野村亜紀子「日本版ＥＳＯＰの導入可能性」太田洋＝中山龍太郎編著『敵対的M＆A対応の最先端』257頁（商事法務、2005年）を参照）。

2

敵対的な企業買収の手段

> **問題意識**
> ① 敵対的な企業買収とは。
> ② 公開買付け（TOB）の意義、手続と最新の規制内容。
> ③ 二段階合併の意義、少数株主の締め出しとその対処。
> ④ 委任状合戦の意義、委任状合戦の具体例。

第1　株式の買収（公開買付け）（二段階合併（少数株主の除去）も含む）

1　敵対的な企業買収とは

「敵対的買収」とは、買収の対象となる会社の取締役会の同意なくして行われる買収のことをいう。現経営陣（または現在の支配株主）にとって「敵対的」な株主または第三者（以下、「敵対的買収者」という）が、公開買付け（TOB）によってその企業の支配株主となることにより経営権を獲得する買収が、典型的な「敵対的買収」である。

敵対的買収は、当該買収をする者の目的が、①対象会社の経営権の確保や経営資源の利用である場合、②買収者が対象会社に対し保有株式の高値での買い取りを持ちかけ、対象会社は買収者を排除するために高値で株式を買い戻す、いわゆるグリーンメイラー的な場合、③裁定取引的な場合[1]、④解体的な場合に大きく分類される。一方で、②、③、④のような、企業価値を毀損し、社会的損失をもたらす敵対的企業買収が存在する反面、①のような、

怠慢で非効率的な経営を行う経営陣を退陣させ、新たな経営陣の再編により、企業価値の向上はもとより株主の利益のための効率的な会社運営を促すという敵対的買収も、当然ながら存在する。

本稿では、①を中心に検討する。

2　株式取得の手法

　敵対的企業買収の場合は、公開買付け（TOB）により株式を取得する前段階として、まず市場等で対象会社の株式をある程度買い集めるのが一般的である。ある程度の株式を買い集めた後は、会社法上株主に付与されている権利である、株主総会招集権（会社法297条。6か月前から総議決権の100分の3以上を保有している株主の権利）、株主提案権、帳簿閲覧請求権[2]、株主名簿閲覧請求権[3]、取締役会議事録閲覧請求権などの行使が可能となる。これらの株主としての権利を行使して経営参加を図ったり、投資の判断材料としたりすることは、グリーン・メイラーや投機的利益を目的とした案件においても頻繁に利用されてきた手段であるが、対象会社の経営権の確保や経営資源の利用を目的とした敵対的企業買収においても同様に重要な意義を有している。

　ただし、株式市場において株式を買い占めるのも敵対的買収の一つの手法ではあるが、公開買付け（TOB）による株式取得のほうが、敵対的買収者にとっては効率的である（公開買付けの定義については後述「3　公開買付け」参照）。株式市場における株式の買占めは、買収コストが当初の予定よりも高額になることがあり、また、目的にかなった株式数が集まらず、中途半端に買い付けた株式を結局売却せざるを得なくなることもある。これに対し、TOBに

1　裁定取引とは　本来、同じ価格であるはずの同一商品が市場の違いによって異なる値段になっていた場合、その値段の差を利用して高い商品を売り、安い方を買うことで利益を上げる（値ザヤをかせぐ）方法をさす。値段の差は、例えば、東京と大阪の市場間や株式と転換社債など、株や商品の相場でみられるが、株式市場では、株価指数先物と現物株の裁定取引が一般的である。株価指数先物と現物株は最終決済日に必ず値段が一致するため、先物が割高であれば先物を売り、現物株のポートフォリオを買えば、その後株価水準が変動しても一定の利益を得ることができる。敵対的買収の局面では、PBRが低く相応の流動性資産を有している会社の株式を取得し、増配・自社株買い等を通じて利ざやを稼ぐ手法を意味する。

2　総株主の議決権の100分の3以上にあたる株式を有する株主は、会社の帳簿および資料の閲覧謄写を請求することができる（会社法433条）。

3　株主名簿は、対象会社の株主構成を把握し、対象会社の株式を取得するために協力を得られる者はいないか、公開買付けの成功のための方針を検討する際の重要な判断材料となる。

よる株式取得は、自ら買付条件を変更しない限りは買取コストが予定より高額になることもなく、また、応募株券数が買付予定の株件数に満たない場合には全部の買付けを行わないことができる。仮に、予定どおりの買収ができなかったとしても、TOBであれば、買収者側は大きな損害を被ることはないのである。

また、公開会社の株式を市場外で取得しようとする場合、買付け後の持株比率が特別関係者（公開買付者の役員や公開買付者と一定割合以上の資本関係を有する法人およびその役員を指す）と合わせて3分の1を超える場合等、必ずTOBによる必要があり、相対での取引で取得することは禁止されている（後述3および脚注7参照）。そのため、敵対的買収者が公開会社の経営権を取得するためには、TOBを行わなければならないのが通常である。

3　公開買付け

(1)　公開買付けとは

公開買付け[4]とは、不特定かつ多数の者に対して、公告により株券等の買付け等を申し込み、あるいは売付け等の申込みの勧誘を行って、取引所外で株券等の買付け等を行うことである（なお、公開買付けについては、第2章1（株式取得）も参照されたい。）。

法は、上場株式の取引が、株券等の流通の円滑および投資家保護観点から優れた機能を有する証券取引所を通じてなされることを、原則形と考えている。

しかし、証券取引所で特定の上場企業の大量の株式が短期間に買付けされると、一時的に買いが売りを圧倒し、需要と供給のバランスが崩れて一気に株価が高騰してしまい、このような相場では、対象銘柄の公正な価格形成や円滑な流通が望めない。その上、買付者は、買付計画が失敗に終わるか、あるいは不必要に多くの出費を強いられる等の危険を背負うこととなる。

公開買付けとは、買付者がこのような望ましくないリスクを回避し、市場外での取引で目的を実現するための手段である。この取引が取引所外で行わ

---

[4]　金融商品取引法27条の2第6項、Take Over Bit、あるいはTOBとも呼ばれる。

れることにより、金融商品取引法が目指す公正な価格形成や流通の円滑も維持されることになる。

(2) 公開買付けの規制

公開買付け（TOB）は、新聞やマスコミ報道では敵対的買収などの華々しい構図で紹介されることが多いが、実際には、上場企業の取締役が会社を非上場とするために自社の株式を市場外で買い付けたり[5]、あるいは上場企業が財務戦略の一環として自社株式を大量に取得するなどにも用いられる。このように、公開買付けは必ずしも株主または第三者による企業の経営支配権獲得のためだけに行われるものではない。

とはいえ、上場会社の支配権獲得を目指しての公開買付けが主流の一つであることに間違いはない。また、企業支配目的がないとしても、特定の会社の株式が大量に取引される場合には、必ず経営支配（議決権の割合）に対する影響を伴うことになる。

このような企業の支配権変動に関する見込みは、一般投資者の投資判断にとって重要な情報であり、買付者との間に情報の格差がある場合には、それによって一般投資家は損害や不当な不利益を受けるおそれがある。したがって取引所の公正な価格形成機能や投資家の保護のために、適切な情報開示が要求されるべきこととなる。

このような観点[6]から、金融商品取引法は「国民経済の健全な発展及び投資者の保護」を実現するべく、公開買付けの公正性と透明性を確保するため、様々な規制を課している。

(3) 規制の内容

公開買付規制は、もともと昭和46年（1971年）に証券取引法下の制度として導入された。しかし、その後、平成2年（1990年）に企業合併、買収活発化、市場における大量買集め事例の増加等を受け、諸外国の制度との調和を図る観点から、大量保有報告制度の導入と合わせて全面的に改正され、現行の規制の全体像が形作られた。

---

5 Management Buy Out、あるいはMBOとも呼ばれる（MBOについては、第2章8参照）。
6 金融審議会金融分科会第一部会公開買付制度等ワーキング・グループ報告「公開買付制度のあり方について」参照。

公開買付けに関する法規制の詳細は、「第2章1　株式取得」で論じたところであり、ここでは、情報開示規制について触れるにとどめておく。

この関係では、平成18年度改正による金融商品取引法において買付対象者に、義務的な「意見表明報告書」が新設されたことが重要である（金融商品取引法27条の10第1項、施行令13条の2第1項）。買付者の側における様々な情報のみならず、対象者の態度（公開買付けに賛成か反対か）という点も、公開買付けに応募する際、株主の投資判断にとって非常に重要な情報である。さらに、買付け等の内容に係る規制として、買付け等は、均一の条件（価格など）によって行われなければならず（金融商品取引法27条の2第3項）、また、条件の変更は自由ではない（金融商品取引法27条の6）。

金融商品取引法は、上記の意見表明報告書の義務化を始め証券取引法下での規定を大幅に見直して、規制範囲の明確化と適正化とを図っている。具体的には、平成18年改正前の証券取引法によると、有価証券報告書を提出しなければならない発行者の株券等につき、発行者以外の者による取引所有価証券市場における有価証券の売買等以外の買付け等は、原則として公開買付けによらなければならないとし、例外的に公開買付けによらなくても良い場合を列挙していたのに対して、金融商品取引法27条の2第1項において定められている取引等[7]は、必ず公開買付けとして行わなければならないとされた（公開買付けの強制）。これら各類型に該当する取引等は、これを行うに際し、手続等が厳格に法定された公開買付けという制度を用いなかった場合、27条の2第1項違反となる。

この結果、株券等の大量取得を証券取引所で（競売買の方法で）行う方法を避けつつも実現したいと考えた場合、可能な選択肢はかなり限られることとなる。従来、証券取引法の定める公開買付規制の抜け道を狙う手法が取られる例が報告されてきたため、金融商品取引法はそうした抜け道ねらいを実効

---

[7]　取引所市場外における株券等の買付け等の後に、買付者およびその特別関係者の株券等所有割合が合計して100分の5を超える場合における当該株券等の買付け等（1号）、買付け後の株券等所有割合が3分の1超となる著しく少数の者からの市場外における買付け等（2号）、買付け等後における株券等所有割合が3分の1超となる特定売買等による株券等の買付け等（3号）、取得後の株券等所有割合が3分の1超となる市場内外の急速な株券等の取得（4号）、公開買付期間中に大株主が行う5％超の買付け等（5号）、その他前各号に掲げる株券等の買付け等の準ずるものとして政令で定める株券等の買付け等（6号）、からなる。

的に予防しようとしているのである。

公開買付けの対象である「株券等」には、27条の2第1項柱書において、少なくとも「株券」と「新株予約権付社債権」が含まれることが明らかにされている。それ以外については、政令に委ねられている。また同条項によれば「株券等」の発行会社（公開買付けの対象会社）は、有価証券報告書の提出義務（金融商品取引法24条1項）のある会社に限られる。

「買付け等」については、少なくとも「株券等の買付けその他の有償の譲受け」が含まれることは明らかにされているが、それ以外については政令に委ねられている（金融商品取引法27条の2第1項柱書）。

また、株券等の所有割合の計算における「5％」あるいは「3分の1」には、買付者本人の所有分に加えて、27条の2第7項の「特別関係者」の所有分も合算される。特別関係者とは、①資本関係や親族関係など、政令で定める密接な関係がある者（形式的基準）および②株券等の取得・譲渡や議決権行使について共有する旨の合意をしている者（つまり、株券等の買占めや経営支配において協力関係にある者。実質的基準）をいう。

4　公開買付手続

公開買付けが実施される場合の一般的な手続は、以下の通りである。

(1) 買付開始日1か月から開始日まで[8]

公開買付者は、ア　公開買付代理人の選任、イ　公開買付開始公告、公開買付届出書等の作成を行う。

ア　公開買付代理人の選任とは、応募株式の保管・返還、買付代金の支払その他の事務についての代理人の選任をいい、証券会社または銀行等に代理させなければならない（金融商品取引法27条の2第4項、施行令8条4項）。代理人との契約書は、下記の公開買付届出書の添付書類として提出しなければならない（金融商品取引法27条の3第2項、他社株買付府令13条1項5号および6号）。

イ　公開買付公告は、金融商品取引法27条の3第1項および他社株買付府

---

[8] 友好的TOBの場合には、公開買付開始日の1か月前までに、公開買付者側に対象会社に内在するリスクを検討する機会を与える趣旨から、法務、会計、税務にわたるデュー・ディリジェンスが実施されるケースが多い。しかし、敵対的TOBの場合には、事前のデュー・ディリジェンスは難しい。

令10条に規定される事項について記載し、電子公告または日刊新聞紙を用いて公告する（施行令9条の3第1項）。この公告を行った日に、公開買付者および特別関係者の有価証券の所有および取引の状況、対象会社との関係等を記載した公開買付届出書を提出しなければならない（金融商品取引法27条の3第2項、他社株買付府令12条）[9]。また、買付者は、応募株主に対して、公開買付説明書を交付しなければならない（金融商品取引法27条の9第2項、他社株買付府令24条4項）。

(2) 買付開始日前日および当日

買付者は、通常、買付開始日の前日に、公開買付けの実施に関する取締役会決議が行われる。買付者が上場会社であれば、プレスリリース（適時開示）を行わなければならない（東京証券取引所・上場有価証券の発行者の会社情報の適時開示に関する規則2条1項）。また、証券会社との間で公開買付代理人ならびに事務取扱契約を締結するのも通常前日である。当日は、公開買付公告、公開買付届出書の提出を行い、公開買付説明書の配布を開始する。

(3) 買付開始日の翌日以降、買付期間終了まで

ア 買付者の行為規制　(1)イに記載したような法定文書について訂正がある場合には、訂正を公告もしくは届出なければならない。買付条件の変更は、株主に不利となる一定のものを除いて、原則として自由に行うことができる（金融商品取引法27条の6第2項）。買付価格については、証券取引法27条の6によって変更を禁じられてきたが、金融商品取引法は対象会社が株式分割などをすることによって株式の希釈化がなされた場合には、例外的に買付価格の引下げが許されるとしている（金融商品取引法27条の6第1項1号）。

公開買付開始公告後の申込みの撤回および契約の解除についても、原則禁じられている（金融商品取引法27条の11第1項）が、公開買付広告および公開買付届出書に対象会社および対象会社の子会社に重大な変更がある場合には公開買付けの撤回等をすることがある旨の条件を付した場合には撤回が認められる。

イ 対象会社の行為規制　対象会社は、公開買付開始公告から10日以内

---

[9]　金融商品取引法下においては、この届出書に、買付価格設定の算定根拠を詳細に記載しなければならない。

に、TOBに関する意見表明報告書を内閣総理大臣に提出しなければならない（金融商品取引法27条の10第1項、施行令13条の2第1項）。友好的TOBの場合には、公開買付開始日に賛同の意見表明報告書が提出されるのが一般であるが、敵対的TOBの場合には、公開買付者に対する質問および買付期間の延長請求（買付期間が30日未満の場合のみ）が記載されることが考えられる（金融商品取引法27条の10第2項、施行令9条の3第6項）。対象会社が質問権を行使した場合、買付者は、意見表明報告書の写しの送付を受けた日から5日以内に対質問回答報告書を内閣総理大臣に提出しなければならない（金融商品取引法27条の10第11項、施行令13条の2第2項）。

公開買付けについて、対象会社の経営陣と買付者がどのような立場をとるかは、株主がいずれに対象会社の経営を委ねるかを検討するうえで、非常に重要であり、両者の主張・反論を株主に公開することで、その保護を図っていると考えられる[10]。

(4) 買付期間終了日翌日以降

買付者は、公開買付期間終了日の翌日に、応募株式の数など（他社株買付府令30条1項）の公開買付結果を、公告または公表しなければならない（金融商品取引法27条の13第1項）。また、同じ日に、公開買付報告書（他社株買付府令31条）を内閣総理大臣に提出する必要がある（金融商品取引法27条の13第2項）[11]。

加えて、買付者は、遅滞なく応募株主に買付け等の通知書を送付しなければならない（金融商品取引法27条の2第5項、施行令8条5項1号）ほか、大量保有報告書および変更報告書を5営業日以内に内閣総理大臣に提出しなければならない（金融商品取引法27条の23第1項・27条の25第1項）。

5 敵対的公開買付け（敵対的TOB）の具体的事例

近年の代表的な敵対的公開買付けとしては、以下の事例が挙げられる。

(1) 平成15年にアメリカの投資ファンドであるスティール・パートナーズ

---

10 また、公開買付届出書、意見表明報告書、対質問回答報告書は、公衆縦覧に供される（金融商品取引法27条の14第1項）。一般投資家に開示することで、判断材料を豊富に提供してその保護を図るとともに、確固たる経営構想のない単なる買占めの横行を防いでいるものと思われる。
11 買付者が上場会社の場合には、プレスリリースも行う必要がある（金融商品取引法27条の13第3項）。

が株式会社ソトーとユシロ工業株式会社の議決権それぞれ33.34パーセント、100パーセントの取得を目指して、30パーセントのプレミアムを乗せてTOBを実施した。両者は、同社のTOBに反対するとともに配当金額の大幅な引上げをアナウンスした結果、スティール・パートナーズのTOBは失敗に終わった。

⑵　平成17年に夢真グループが日本技術開発に対して敵対的TOBを実施した。反対した日本技術開発は、ホワイト・ナイトとして、エイトコンサルタントに日本技術開発を対象にTOBをかけることを依頼した。結果、夢真グループはエイトコンサルタントのTOBに応じ解決した。

⑶　平成18年にディスカウントストアを展開するドン・キホーテがオリジン東秀のノウハウを必要としてTOBをかけて経営統合を目論んだ。ドン・キホーテのオリジン株取得に反対したオリジン東秀は、イオンを説得しホワイト・ナイトとしてオリジン東秀を対象に公開買付けをかけさせた。結果、ドン・キホーテの公開買付期間中に予定数の株式が集まらず、ドン・キホーテはその後市場で46パーセント超まで株式を買増ししたが、最終的にはイオンのTOBに応じ、一件落着した。

⑷　平成18年に製紙業界最大手の王子製紙が北越製紙の工場を活用することで生産・販売の効率化を目論み、北越製紙が早々に反対の意思を表明していたにもかかわらずTOBを強行した。北越製紙は、三菱商事を引受先とする第三者割当増資した結果、北越製紙の公開買付期間中に予定数であった50パーセントの株式が集まらず、王子製紙はTOBを断念した。

⑸　以上が近年の代表的な敵対的TOBの事例として挙げられるが[12]、これまでに行われた日本企業による敵対的TOBで成功した例はなく、株式の持ち合い解消を背景に買収防衛策の導入が急増する中、敵対的な企業買収手段としてのTOBを成功させることは必ずしも簡単ではない。

12　更に最近時の敵対的TOBの事例として、米系投資ファンド、スティール・パートナーズ・ジャパンによるブルドックソースに対するTOB、不動産ファンド運営のダヴィンチ・アドバイザーズによるテーオーシー（ビル賃貸運営業）に対するTOB（いずれも不成立に終わっている）が出てきている。

6 二段階合併（少数株主の排除）

(1) 平成16年改正による現金合併の可能化

　アメリカでは、少数株主を現金のみによって完全に排除することが可能である。このような取引は一般にスクイーズ・アウト（squeeze out）などと呼ばれるが、その際最も一般的に利用される方法は、合併手続において合併対価に現金を利用する現金（交付）合併である。具体的方法は様々であるが、たとえば対象会社の株式を80％保有している支配株主が残り20％の株主を排除したいと考えた場合、支配株主はまず合併のための新会社を設立し、その100％株主となる。その後、対象会社と新会社を合併させるが、その際少数株主の保有していた対象株主株式は現金と交換されるという合併条件とするのである。これにより少数株主は存続会社から排除され、支配株主は存続会社の100％株主となる。

　また、イギリスでは現金合併の代わりに、強制的株式買取制度というものがあり、対象会社の株式の90％以上を取得した者は法律に定める一定の条件に従って、残りの株式を強制的に買い取ることができる。この際の対価は現金のみでもよいとされている。

　これに対し、わが国の旧商法では、現金合併は認められていないとするのが通説であり、他方、イギリスで認められている強制的株式買取制度も存在しなかった。

　しかし、平成16年商法改正により組織再編行為時の交付対価の柔軟化が図られたことで、わが国でも新法（会社法）下では現金合併（キャッシュ・アウト・マージャー）が可能となった。もっとも、この手法に関し、(1)現金を交付することにより少数株主の締め出しを認めてよいのか、(2)対価とされる金銭その他の財産の相当性をどのようにして判断するのか、という問題がある。

(2) 少数株主の締め出しについて

　存続会社等の株式を対価としない組織再編が常に少数株主の締め出しを企図して行われるわけではないと思われるが、少数株主の締め出し（＝対象会社の100％子会社化）を目的とした組織再編が行われることが予想される。

　少数株主を排除することで企業価値が高くなりうることをも勘案して現金

合併が認められた以上、少数株主が締め出されたという結果が生じただけで当該組織再編行為の有効性に疑義が生じるものではないが、どのような場合にでも有効性に問題が生じることはないということにはならないと考えられる。

この点に関する有効性の判断については、米国での理論などを参考として、（ⅰ）交付金合併を行うためには「正当な事業目的（プロパー・ビジネス・パーパス）」が必要であり、「正当な事業目的」のない組織再編を承認した株主総会決議は「著しく不当な決議」（831条1項3号）に該当しうるとの考え方や、（ⅱ）対価の価値および少数株主への対応の公正さの存在を要件とする考え方などの見解が唱えられているが、未だ確定した見解はなく、今後の議論の動向に注意が必要である。[13]

第2　委任状合戦──プロキシー・ファイト

1　委任状合戦とは

(1)　敵対的買収そのものではないが、株式の取得を行うのと同様に議決権取得の効果をもたらすものとして、委任状の取得（Proxy Fight）、いわゆるプロキシー・ファイトがある。

これは、委任議決権に関する代理権を証する書面＝委任状を集めさせて、

---

[13] 柴田和史「追出合併（Cash Out Merger）と対価柔軟化」中野道明＝宍戸善一編『ビジネス法務大系Ⅱ　M＆A　ジョイント・ベンチャー』191頁、特に206頁以下（「少数株主の追出しについて」）（日本評論社、2006年）、清原健、田中亘「対談MBO・非公開化取引の法律問題（前）」ビジネス法務2007年6月号15頁以下参照。また、相澤哲ほか『論点解説　新・会社法』682頁（立法担当者の解説である。）は、組織再編行為時における反対株主の株式買取請求における「公正な価格」について（会社法786条・807条参照）、「組織再編行為前に、その前提として、株式の公開買付けが行われた場合には、その買付価格は、組織再編行為のシナジーを織り込んだ価格であると推認されるから、公開買付けの成功により、買付者が支配プレミアムを取得したため、株価が下落したとしても、「公正な価格」は、通常、その買付価格より下回ることはないものと解される」とする。この点につき、田中教授は、上記対談の中で、「「なぜそうなのですか」と言われると、よくわからない部分もありますが、公正な価格を考えるときに、公正というのは規範的な解釈ですから、二段階目の価格を一段階目より低くしますと、株主は一段階目のTOBに応じるようなプレッシャーを受けてしまうので、二段階目の組織再編価格はおろか、一段階目のTOBも公正とは言い難くなってくるわけです。だから、これはおそらく全体としての公正な取引を実現する解釈だと思うのです」と述べる。

株主から委任された議決権を行使することによって取締役を交代させ、経営権を取得する方法である。この手法についても、金融商品取引法によりルールが規定されている。委任状合戦は、日本ではあまり行われていないが、アメリカでは、TOBが盛んになる前は、委任状合戦が企業から敵対的に経営権を取得するための唯一の方法であったと言われている。

(2) 委任状の取得とは、株主が株主提案権を行使して、株主総会において議決権の獲得を経営陣と争うことをいう。株主提案を受けた会社は、提案内容が違法でない限り、株主提案の当否を検討し、これに対抗する会社側提案を行うか否かも含めてこれに対応するかを決めなければならない。会社側提案を行うべきと判断した場合には、会社側提案の内容を公表・株主に説明し、株主総会において株主側提案か会社側提案のどちらがよいかを他の株主に判断してもらうことになる。

(3) 株主総会においては、議決権の代理行使が認められるが、議決権の代理行使をするためには、代理権を証する書面つまり委任状が必要となる。株主提案を行った株主が、株主提案への賛同を求めて、他の株主に対して、委任状を勧誘することが多いことから、このように呼ばれている。株主総会に出席する株主は必ずしも多くないため、委任状を多数獲得することで、株主総会における議決権の多数を支配することができる。現経営陣を解任し、自らの支配の及ぶ取締役を選任する旨の株主提案を通すことができれば、株式を大量に取得しなくても経営に対して強いコントロールを及ぼすことができるのである。

2 委任状勧誘制度の概観

ここで、委任状勧誘制度の概観について、みておくこととする。

金融商品取引法194条は、政令（証券取引法施行令（以下「施行令」という。）36条の2乃至37条および上場株式の議決権の代理行使に関する内閣府令（以下「勧誘府令」という。）を指す。）に従う場合を除き、議決権の代理行使の勧誘を禁止している。したがって、委任状勧誘を行おうとする場合、施行令36条の2乃至37条および勧誘府令に従う必要がある。

まず、委任状勧誘を行う場合、勧誘者は、被勧誘者に対し、勧誘と同時ま

たはこれに先立って、勧誘府令の要件を満たす委任状および参考書類を交付しなければならない（施行令36条の2第1項・第5項）。委任状の要件として、議案に応じた要記載事項等、議案ごとに被加入者が賛否をする欄を設けなければならない（ただし、別途、棄権の欄を設けることは可能）とし、また参考書類には、勧誘府令で具体的に定める事項について正確な記載をすると共に、その他被勧誘者が誤解をしないために必要な重要事実を記載しなければならず、その必要な重要事実が何であるかは、個々の事案に応じ個別に判断されなければならないと解される。[14]

そして、勧誘者は、委任状および参考書類を株主に送付すると同時に、その写し一通を勧誘者の住所を所轄する財務局長に提出しなければならない（施行令36条の3）。ただし、同一の株主総会において、その総会で議決権を行使することのできる全ての株主に対して書面投票制度における参考書類および議決権行使書面が交付されている場合、かかる委任状等への財務局長への提出義務は免除される（勧誘府令44条）。また、虚偽記載や重要事項の欠けつ等のある委任状や参考書類等を用いた勧誘は当然のことながら禁止されている（施行令36条の4）。

3 委任状争奪戦の具体的事例

近年、具体的に委任状争奪戦が行われた代表的事例としては、以下のものが挙げられる。

(1) 国外のケースであるが、平成14年のヒューレット・パッカードの株主総会において、コンパックコンピュータの買収を巡り、創業者らが猛反発したことで、合併計画の承認について株主投票が行われた。委任状争奪戦の結果、経営者サイドが辛くも勝利をおさめたが、当時、史上最大の委任状争奪戦になった。

---

[14] 議決権を行使できる株主数が千名以上の会社は書面投票制度を強制適用されているため（会社法298条2項）、大半の上場会社では、書面投票制度を利用している。そして、上場会社が勧誘府令等に従って株主全員に対し委任状勧誘を行う場合には、書面投票制度の利用義務付けは免除される（会社法施行規則64条）。なお、委任状勧誘に関する実務上の法的問題を検討した論文として、太田洋「株主提案と委任状勧誘に関する実務上の諸問題」商事法務1801号25頁以下、座談会として、三笘裕＝森本滋＝岩原紳作ほか「会社法への実務対応に伴う問題点の検討」商事法務1807号4頁以下がある。

(2) 平成14年の東京スタイルの株主総会において、実質的な筆頭株主である村上ファンドが、経営者側のファッションビル収得方針について反対し、大幅な増配を要求した。委任状争奪戦の結果、村上ファンド側の提案が否決された。

(3) 国外のケースであるが、平成16年のウォルト・ディズニーの株主総会において、創業者側がアイズナー会長兼CEOの経営を批判し、機関投資家も同氏の取締役再任に反対した。委任状争奪戦の結果、同氏は再任されたが、不支持が4割を超えたことから結局辞任に追い込まれた。

(4) 平成19年2月の東京鐵鋼株式会社の株主総会において、いちごアセットマネジメントが、交換比率が低すぎるとして、東京鐵鋼株式会社が株式交換により大阪製鐵の完全子会社になる方針に反対し、委任状を集め始めた。委任状争奪戦の結果、いちごアセットマネジメントは34パーセント以上の委任状を集め、日本で初めて株主総会決議が否決され同方針は白紙化された。この案件は、上場会社において委任状勧誘の結果として経営統合が否定され得た我が国最初のケースである。[15]

(5) 以上の事例にもみられるように、日本において敵対的買収の手段としてプロキシー・ファイトに及んだ事例は現時点では必ずしも多くはなく、増配や買収防衛策の決議を対象とするものに留まっているが、今後は様々な局面でプロキシー・ファイトが展開される可能性が高い。

---

15 この委任状争奪戦については、案件を担当した弁護士に対するインタビュー記事がある。「いちごアセットマネジメントVS東京鐵鋼－委任状争奪戦の現場―」ビジネス法務2007年7月号10頁。同案件を担当した弁護士は、一連の委任状争奪戦の中で、新たにルールを作った方がいいという点につき、①株主者側からイニシアチブを取って委任状勧誘をすることが許されるのか、②複数の議案が上呈された株主総会で、その一部の議案についてだけ委任状勧誘をすることは許されるのか、③上呈議案が具体的に全部判明しない段階で株主主導の委任状勧誘がなされても、会社が後から議案を追加しさえすれば、その委任状は無効なのか、などという問題がある、と指摘したうえ、株主主導で委任状を勧誘する場合のルールをもっと明確にする必要があると述べている。また、松本真輔弁護士は、東京鐵鋼事件を題材にして、委任状争奪性を回避するために会社としてたてるべき事前対策、事後対策、株主総会対策を論じている。例えば、事前対策としては、①株主を意識したM&Aの相手方との条件交渉、②株主構成・安定株主比率の把握、③スケジューリングの短期化（M&Aの公表日から株主総会の基準日までの期間の短期化）を挙げている（松本真輔「東京鐵鋼事件にみる委任状争奪戦への対応」ビジネス法務2007年6月号42頁）。なお、以後のプロキシー・ファイトの事例としては、サッポロHD対スティール・パートナーズ（事前警告型の買収防衛策の株主総会決議の事例。可決された。）などがある。

4　株主名簿の閲覧・謄写請求

　株主提案を行う株主は、他の株主の顔ぶれを知り、また、他の株主に委任状を送付するために、まず会社に対して株主名簿の閲覧・謄写を請求することがある（会社法125条2項）。

　株主名簿の閲覧または謄写の請求が、不当な意図・目的によるものであるなど、その権利を濫用するものであると認められる場合には、会社は株主の請求を拒絶することができると解されている（判例）が、株主提案権行使のために株主名簿の閲覧または謄写を請求してきた場合、これを権利の濫用として拒絶することは難しいと思われる。株主名簿の閲覧・請求を受けた会社は、それが委任状の取得合戦の始まりを示す可能性があることに留意すべきである。

〔奈良　輝久〕

3 事前防衛策(1) 新株予約権等の発行による方法

> **問題意識**
> ① 新株予約権を利用した防衛手法はどのようなものか。
> ② ニレコ型ライツ・プランは、なぜ裁判で違法とされたのか。
> ③ 新株予約権を利用した適法な買収防衛策を設計するには、どのような点に留意すべきか。
> ④ 現在、どのような新株予約権が発行されているか、また、どのような問題点があるか。

第1 新株予約権を利用した防衛手法はどのようなものか

1 ライツ・プラン

　新株予約権を利用した買収防衛策には、一般にライツ・プランまたはポイズン・ピルと呼ばれるものがある。これらは、新たに新株予約権を発行することによって、買収者の買い集めた株式を希薄化させる効果をもたせることにより買収者を牽制し、買収者からの情報開示および買収者と対象会社との交渉を促すための防衛手法である。[1]

2 ライツ・プランの種類

　我が国において、採用されたことのあるものとしては、大別して、①直接発行型と②現在主流となっている信託型があり、信託型には、直接信託型と

SPC型がある。この2つ方式のうち、①の直接発行型は、会社が、現在または将来の株式に対して、直接新株予約権を発行する方法であるのに対し、②の信託型では、会社が発行した新株予約権を直接株主が取得するのではなく、信託の受託者が新株予約権者となり、将来の株主が信託受益者として買収がおこったときに新株を取得することになる方法である。後者の場合、新株予約権を直接受託者に対して発行するか、または、SPCに対して発行して、その新株予約権に対して、あらためて信託を設定するという2つの方法が採用されている。なお、種類株式を利用するものもライツ・プランと呼ばれることがあるが、我が国で発行された例はない。

第2 ニレコ型ライツ・プランは、なぜ裁判で違法とされたのか

1 ニレコ型ライツ・プランの内容

(1) 上記の買収防衛策のうち、①の直接発行型の典型例は、裁判所が違法であるとして発行を差し止めたニレコの新株予約権である。[2]

(2) ニレコは、平成17年3月14日の取締役会において、株主割当てにより平成17年3月31日最終の株主名簿または実質株主名簿に記載された株主が所有する株式1株あたりライツ・プランとしての新株予約権2個を無償で割り当てることとした。この新株予約権は概略次のようなものである。①新株予約権の行使に際して払込みをなすべき額は1円とする。②平成17年4月1日から平成20年6月16日までの間に、取締役会が、ある者が発行済株式総数の20％以上の議決権付株式を取得したことを認識し、公表した場合にのみ行使

---

1 ライツ・プランは、経済産業省・法務省の「企業価値・株主共同の利益の確保又は向上のための買収防衛策に関する指針」（企業価値防衛指針）と東京証券取引所の「上場廃止基準の取扱い」においては、「買収者以外の株主であることを行使又は割当の条件とする新株予約権を株主割当等の形で発行する買収防衛策」と定義され、経済産業政策局長の私的懇談会である企業価値研究会による企業価値報告書では、「典型的には、会社が平時に新株予約権を株主に配っておいて、敵対的買収者が例えば2割の株式を買い占めれば、買収者以外の株主に大量の株式を発行して買収者の持株比率を劇的に低下させる仕組みである。」（企業価値報告書58頁）とされている。
2 ニレコ事件高裁決定（東京高決平17・6・15判タ1186号254頁）

できる。③原則として新株予約権の割当てを受けた者のみが新株予約権を行使できる。なお、ニレコの新株予約権は株主割当てなので、株主総会決議の承認手続は経ていなかった。この新株予約権は、上記②の条件が成就するまでの間、取締役会の決議でその全部を一斉に無償で消却することができるものとされているが、この消却の判断については、代表取締役社長、および、弁護士、公認会計士または学識経験者から選任された特別委員会が設置され、その勧告を最大限尊重するものとされている。[3]

2 ニレコ型ライツ・プランの抱える問題点

(1) ニレコの新株予約権について、東京高裁は、濫用的な敵対的買収に対する防衛策として、新株予約権を活用すること自体は許されるとしたものの、ニレコの新株予約権の発行によれば、既存株主に受忍させるべきでない損害が生じるおそれがあるから、ニレコの新株予約権は著しく不公正な方法によるものであるとして、東京地裁の仮処分決定を支持して、新株予約権の発行差止めを認めた。

(2) 東京高裁の指摘したニレコ新株予約権の問題点は、次のようなものである。すなわち、ニレコの新株予約権は、上記②の要件が満たされた場合には、新株予約権1個あたり1円というほとんど無償に近い価額でニレコ株式1株を取得することができる権利であり、しかも、新株予約権発行時に所有する株式1株につき2個の新株予約権が付与されることになっていたため、仮に上記①の要件が満たされ新株予約権が行使された場合には、会社資産が増加しないにもかかわらず、発行済株式総数だけがいきなり3倍に増加することになる。そのため、仮に新株予約権が行使された場合には、単純に3分の1とはいえないまでも、株価が大幅に下落することは容易に想定できる。したがって、新株予約権の権利落ち日（平成17年3月28日）以後にニレコの株式を取得した者は、新株予約権が行使された場合には、ニレコの持株比率が3分の1程度に希釈化され、所有株式の価値が大幅に減少するというリスクを負担することになる。しかも、新株予約権の行使条件が充足されるか否か

---

[3] 詳細については、株式会社ニレコが平成17年3月14日付で公表した「企業価値向上に向けた取り組みについて」、ニレコ事件地裁決定（東京地決平17・6・1商事法務1734号37頁）等参照。

は予測不能であることからすれば、そのような不安定要因を抱えたニレコ株式は投資対象としての価値が低下し、既存株主にとっては、この新株予約権がなければ生じなかった株価の値下がりリスクや長期にわたるキャピタルゲイン取得機会の喪失のリスクという受忍すべからざる不利益を被ることになるということである。

(3)　上記の問題点は、株主割当型ライツ・プランの特殊性によるところが大きい。すなわち、ニレコ型のような株主割当型のライツ・プランにおいては、平時における一定時点の株主に対して新株予約権を発行しておくことになるが、新たに発行した新株予約権は、割当てを受けた株主が保有している普通株式が譲渡された場合に、随伴して譲渡されるわけではないので、買収者の出現を停止条件とする取締役会決議により発行するというような場合でない限り、発行後の新株予約権が、発行時の普通株式と別々に流通することになる。したがって、新株予約権の権利落ち日後に株式を取得した者は、原則として、将来持株比率が3分の1に減少する可能性のある株式（新株予約権の付されていない株式）を取得することになるのである。このような問題点があるため、裁判所は、ニレコのライツ・プランを著しく不公正な方法によるものであるとして新株予約権の発行差止めを認めた。ニレコ型ライツ・プランは、このように既存株主に損害を生じさせるものであるため、企業価値防衛指針の観点からしても、株主意思を反映しているとはいえず、必要性・相当性の原則も満たしていないと解さざるをえないであろう。

(4)　この点、米国のライツ・プランの場合には、買収者の出現前である平時に普通株式の保有者に対して、「ライツ」を配当し、その「ライツ」は行使可能になる前には普通株式と切り離して譲渡できないものとされているため、新たに株式を取得した者も当該ライツを行使することにより、持株比率の減少のリスクを回避することができる。したがって、我が国においても、新株予約権を株式に随伴させることができれば、東京高裁の指摘した問題点を解消することができるのである。しかし、旧商法および会社法の下では、そのような株式に随伴する「ライツ」を付与することのできる制度は存在していない。そこで、新株予約権を株主に付与する時期を、買収者の出現時まで遅らせることにより、実質的に株式と新株予約権の随伴性を実現したのが、

いわゆる信託型ライツ・プランということになる。

第3 新株予約権を利用した買収防衛策を設計するには、どのような点に留意すべきか

1 証券取引所規則との関係

　新株予約権を利用した買収防衛策を設計する場合、ニレコ型のような違法な発行にならないようにすることが必要であるが、それ以前に上場会社または上場しようとする会社として、証券取引所の規則に適合するような設計を行う必要がある。たとえば、東京証券取引所においては、上場会社は、買収防衛策を導入する場合は、(1)開示の十分性（買収防衛策に関して必要かつ十分な適時開示を行うこと）、(2)透明性（買収防衛策の発動および廃止の条件が経営者の恣意的な判断に依存するものでないこと）、(3)流通市場への影響（株式の価格形成を著しく不安定にする要因その他投資者に不測の損害を与える要因を含む買収防衛策でないこと）、および、(4)株主権の尊重（株主の権利内容およびその行使に配慮した内容の買収防衛策であること）を尊重することが要求されており（上場有価証券の発行者の会社情報の適時開示等に関する規則第1条の3第1項）、その遵守が上場審査における適格性の要件とされている（株券上場審査基準取扱い1.(2) e の(b)等）。また、株主の権利内容およびその行使が不当に制限されていると東証が認めた場合において、6か月以内にその状態が解消されないときには、上場を廃止するものとされている。ライツ・プランのうち、①行使価額が株式の時価より著しく低い新株予約権を導入時点の株主等に対し割り当てておくもの（ニレコ型）や、②株主総会で取締役の過半数の交代が決議された場合においても、なお廃止または不発動とすることができないものが導入された場合には、株主の権利内容およびその行使が不当に制限されている場合に該当する（株券上場廃止基準第2条第1項第17号、同取扱い1.(14)）。これらの①および②の要件はあくまで例示であり、この①②の要件に該当しない場合でも、株主の権利内容およびその行使が不当に制限されていると認められることがあることには注意が必要である。[4]

2 著しく不公正な方法による発行

　上記の証券取引所規則に適合することは、必ずしも新株予約権（または新株）発行の適法性を保証するものではない。ライツ・プランとしての新株予約権を発行するにあたっては、会社法その他の法令に定める手続に従って発行されなければならないのは当然であるが、著しく不公正な方法により発行してはならないことにも留意しなければならない。会社が、著しく不公正な方法により新株予約権を発行し、株主が不利益を受けるおそれがある場合には、その新株予約権の発行は違法とされ、株主に発行差止請求権が与えられるからである（会社法210条・247条、旧商法280条の10・280条の39第4項）。ニレコ事件においても、ニレコの行った新株予約権の発行が、「著しく不公正な方法により発行され、株主が不利益を受けるおそれがある」か否かが争点となった。この「著しく不公正な方法」か否かについては、敵対的買収が行われた時点において、防衛的に第三者割当ての新株発行を行った事例において、裁判例が蓄積されているが、平時において、事前の対応策として発行するライツ・プランについての裁判例はニレコ事件のみである。したがって、裁判所が、様々なバリエーションのありうるライツ・プランの具体的な条件について、過去の裁判例における理論をどのように適用し、どのような判断をするのかは必ずしも明らかではない。[5]

3 企業価値防衛指針

　買収防衛策については、経済産業省・法務省が「企業価値・株主共同の利益の確保又は向上のための買収防衛策に関する指針」（以下「企業価値防衛指針」という）を公表している。企業価値防衛指針においては、買収防衛策が従うべき原則として、①企業価値・株主共同の利益の確保・向上の原則、②事前

---

[4] デッド・ハンド条項やノー・ハンド条項（ライツ・プランを採用した取締役が過半数を割った場合消却不能にする）だけでなく、スロー・ハンド条項（デッド・ハンド条項またはノー・ハンド条項に期間制限をつけたもの）等も廃止基準に該当しうるであろう。なお、これらの規則に具体化された考え方は、「敵対的買収防衛策の導入に際しての投資者保護上の留意事項」（平成17年4月21日東証上場第22号）に示されている。

[5] 「第6章　企業買収に絡む裁判例の分析」参照。

開示・株主意思の原則、③必要性・相当性の原則の三原則が提示されている。このうち、①企業価値・株主共同の利益の確保・向上の原則とは、株式会社の所有者はあくまで株主であり、買収防衛策の目的が株主共同の利益の確保のためのものでなければならないということを示している。取締役や執行役などの経営陣は株主から会社の経営の委任を受けている機関であるから、経営陣が自己の保身のために買収防衛策を利用してはならないことは当然である。また、この点に関して、企業価値防衛指針は、防衛策が、買収者以外の株主を合理的理由なく差別しないことも求めている。次に、②事前開示・株主意思の原則とは、買収防衛策が、その導入に際して、目的、内容等が具体的に開示され、かつ、株主の合理的な意思に依拠していることを求めるものである。これは、取締役会の決議のみで防衛策を導入することを否定するものではないが、取締役会のみで採用した場合には、株主の意思により消却可能にすることが求められ、サンセット条項（定期的承認）の採用が望ましいものとされている。最後に、③必要性・相当性の原則は、買収防衛策が、その性質上、株主平等原則や株主の財産権に対する重大な脅威になりかねず、また、経営者の保身のための濫用されるおそれもあることから、買収者以外の株主を合理的理由なく差別しないこと、取締役会の裁量権を排除するための措置がとられていること、客観的な買収防衛策廃止条項を設定すること、独立社外者の判断を重視すること等が求められている。企業価値防衛指針は、法的な拘束力をもつものではなく、これに合致しない適法な買収防衛策が存在することを否定するものではないが、会社法および金融商品取引法等を管轄する行政機関による有権的解釈指針を示したものであるから、会社としては、この指針に従ったライツ・プランを採用すべきであるし、指針に対する適合性の有無は、裁判所におけるライツ・プランの適法性の判断にも影響を与えるものと考えられるため、ライツ・プランとしての新株予約権の発行においては、企業価値防衛指針に従って行うべきである。[6]

第4　現在、どのような新株予約権が発行されているか、また、どのような問題点があるか

1　信託型ライツ・プランの内容

　(1)　我が国では、既にいくつかの信託型ライツ・プランが発行されており、その具体的な発行条件は、プランごとに異なるが、その基本的な特徴は以下のとおりである。つまり、信託型ライツ・プランにおいて、発行会社は、第三者割当てにより新株予約権を信託銀行（またはSPC）に発行し、信託銀行がその新株予約権を、一定の持株比率を超える割合の株式を取得した者（買収者）が出現したときの株主を受益者として、新株予約権を信託として保有する。そして、受託者である信託銀行は、買収者が出現するなどの条件が成就し、取締役会が承認した場合に、その時点における株主を受益者として確定して、信託財産である新株予約権を受益者に交付する。なお、新株予約権は、同様の条件が成就した場合のみ、買収者以外の新株予約権者のみが行使できるものとされている。

　(2)　前述したとおり、信託型ライツ・プランは、信託を利用することにより、新株予約権を株主に付与する時期を、買収者の出現時まで遅らせることにより、実質的に株式と新株予約権の随伴性を実現したものである。ニレコ型ライツ・プランと異なり、信託型ライツ・プランでは、新株予約権が発行された後であっても、取得した株式が新株予約権の行使により大幅に希釈化されるというリスクは極めて小さい。なぜなら、新株予約権の行使が可能になる条件が成就されるまでに株主になっていれば、ライツ・プランの内容である新株予約権を取得することができる仕組みになっているため、自ら新株予約権を行使することにより、希釈化された株式を元の持株比率に回復するのに必要な数以上の株式を取得することができるからである。したがって、信託型ライツ・プランにおいては、東京高裁がニレコ型ライツ・プランにつ

6　企業価値防衛指針については、「第1章　2　買収防衛指針と企業価値報告書」参照。

いて指摘した株主の損害は発生しないものと考えられ、東京証券取引所の規則においても、「随伴性のないライツプランの導入」による上場廃止の対象とはならないものとされている。

2　適法な行使条件と消却条件

（1）　信託型ライツ・プランにおいて、一般的にニレコ型ライツ・プランで指摘された損害が発生しないからといって、それだけでは適法あるいは適正な買収防衛策であるということはできない。信託型ライツ・プランが、著しく不公正な発行にあたらず、かつ、企業価値防衛指針や証券取引所の規則にも適合しているといえるためには、各ライツ・プランの導入手続や条件を個別に検討する必要がある。これらを検証するうえでは、①ライツ・プランが、どの機関（株主総会、取締役会、執行役）の決定により導入されたのかということと、②新株予約権の発行条件のうち、（ア）行使条件、および（イ）消却条件、③信託契約の条件のうち、（ア）受益者、および、（イ）信託財産である新株予約権の交付条件が最も重要な事項であると考えられる。このうち、新株予約権の行使条件、ならびに、信託契約の受益者および信託財産である新株予約権の交付条件について、多くの場合、買収者の株券等保有割合が一定の割合（20％が多い）を超える者の公表があった日または公開買付開始公告の日から一定の日数が経過したことを行使条件とし、その行使条件が成就した場合に、その時点において一定の方法で確定された株主を受益者として新株予約権が交付され、買収者以外の者のみが行使できるとされている。このように買収者と買収者以外の者とで区別することには株主平等原則との関係で疑義が生じるが、株主平等の原則は、株主としての権利について、その有する株式数に応じて比例平等的に取り扱われなければならないという原則であり、新株予約権を行使する権利は、株主としての権利の内容ではないから、一定割合以上の株式を有する者は新株予約権を行使できないとする定めは株主平等原則に反しないと考えられている。[7]　そして、前述したとおり、東京高裁が指摘したような損害は既存の株主には発生しないから、上記のような

---

[7]　企業価値防衛指針7頁

行使条件であれば、少なくとも企業価値防衛指針のいずれの原則にも合致していると言って良いであろう。

(2) そのうえで、ライツ・プランの導入において重要なのは、どの機関（株主総会、取締役会、執行役）の決定により導入され、どのような条件により消却することができるのかということである。東京証券取引所は、買収防衛策の廃止または不発動の判断にあたっての株主の意思（個々の株主の意思ではなく、株主総会によって示されるような相対的な株主意思）が反映される仕組みになっていることは、買収防衛策の適切な運用の観点から非常に重要であるとしている。[8] 現行の信託型ライツ・プランは、通常、行使価格を1円として、信託銀行またはSPCに対する第三者割当ての方法で発行するため、第三者有利発行に該当するものとして株主総会特別決議による承認を受けている。このように株主総会特別決議による承認に基づき導入する場合には、導入時における株主の意思については十分に反映されたものであるといえる。しかし、株主の意思の反映は導入時だけでは十分ではなく、消却や発動時においても十分に反映される必要がある。前述したとおり、東京証券取引所は、株主総会で取締役の過半数の交代が決議された場合においても、なお廃止または不発動とすることができないものを上場廃止基準に該当するものとしているし、企業価値防衛指針でも、「導入した当時の取締役が一人でも代われば廃止不能になる条項、導入した当時の取締役の過半数を代えなければ廃止できない条項、取締役の過半数を代えても一定期間廃止できない条項などを含む防衛策は、不公正なものとなる」とし、例えば、取締役会により廃止条項を設けた上で、取締役の任期を1年にすること等が考えられるとしている。[9] 現在、発行されている信託型ライツ・プランでは、全てに取締役会の判断による消却条項が定められており、発行時において取締役の任期を1年とした会社もある。[10] もっとも、旧商法の場合と異なり、会社法においては、株主総会普通決議により取締役を解任することができるため、任期が1年でなく

---

[8] 東京証券取引所平成18年3月7日「買収防衛策の導入に係る上場制度の整備等に伴う株券上場審査基準等の一部改正について」解説文「買収防衛策の導入に係る上場制度の整備等の概要」9頁

[9] 企業価値防衛指針9頁

[10] 西濃運輸では、ライツ・プランの導入に合わせて、取締役の任期を1年に短縮した。

とも1回の株主総会において取締役の選解任により新株予約権を消却することができることになったため、定款で解任要件が加重されていなければ、指針には合致していると言ってよいのではないかと考えられる。さらに、企業価値防衛指針は、「例えば、新株予約権等に、定期的に株主総会や株主の一定割合以上の意思表示で株主の同意が得られれば延長し、同意が得られなければ消却される旨の条項（サンセット条項）を付せば、株主の合理的な意思に依拠していることがより一層明確になり、発行の公正性が高まる」としているので、このような条項を積極的に導入することも望まれる。[11]

3　SPC方式による信託型ライツ・プラン

信託型ライツ・プランには、新株予約権を信託銀行に直接発行する方法とSPCに発行したうえで、信託銀行にその新株予約権を信託譲渡する方法があることは既に述べた。SPC方式が当初提唱された理由としては、①信託法1条の「其ノ他ノ処分」との関係で、新株予約権の発行自体により信託設定ができるかが明らかでなかったこと、②直接信託型ライツ・プランと株主平等原則との関係が明らかでなかったことがあったとされているが、①の論点については、発行会社が金銭の信託により設定した信託口に対して新株予約権を直接発行するという構成をとることにより、②の論点については、前述のとおり、企業価値防衛指針において、差別的行使条件付新株予約権により株主平等原則の問題が生じないことが明らかにされたことにより、それぞれ解決済みといわれている。[12]　そして、直接方式の信託型ライツ・プランの方がSPCを介在させない点で簡便であることは明らかであり、発行会社や信託銀行としてもSPC方式に比べ、その仕組みを受け入れやすく、税務的にも株主に対する課税リスクを回避するために経済的実質を株主割当てと同等であることを明確にしやすいというメリットがあるといわれており、今後導入されるライツ・プランでは、直接方式による信託型ライツ・プランが主流になると考えられる。

11　企業価値防衛指針16頁
12　石綿学ほか「日本型ライツ・プランの新展開（下）」商事法務1739号91頁以下

4　信託型ライツ・プランの限界と問題点

(1)　発行可能株式総数の制限

上記のとおり、今後は直接方式による信託型ライツ・プランが主流になると考えられるが、このライツ・プランには、発行可能株式総数（授権株式数）の制限による限界が指摘されている。[13]　すなわち、会社法は、公開会社について、発行可能株式総数は、発行済み株式総数の4倍を超えてはならないものとし、新株予約権の行使により取得することとなる株式の数は、発行可能株式総数から発行済み株式総数を控除した数を超えてはならないとしているため、ライツ・プランにより発行する株式の数も最大で発行済み株式総数の3倍が限度ということになる。[14]　そのため、信託型ライツ・プランを一度発動してしまうと発行可能枠が削られてしまい、この発行可能枠を広げるためには、再度定款変更のための株主総会特別決議による承認を得ることが必要となる。最近の株主総会においては、発行可能枠の拡大を求めたいくつかの定款変更提案が否決されたように、この定款変更の承認を得ることは必ずしも容易でない。したがって、資金量の豊富で戦略的な買収者が、どうしてもその会社を手に入れたいと思えば、あえてライツ・プランを発動させたうえで、再度公開買付けを仕掛けることも可能であり、その場合にはもはや対象会社にはライツ・プランによる防衛方法は利用できない。もっとも、そのように、対象会社の企業価値を評価した戦略的な買収者であれば、買収に際し、かなりのプレミアムを支払うことを提案してくるであろうから、そもそもライツ・プランを発動することが適切ではないと認められる場合が多くなるとも考えられる。

(2)　ライツ・プランの消却の是非における判断要素

ライツ・プランの本来目的は、株式を買い占めて会社側に高値で買取を要求したり、会社を一時的に支配して会社の資産を廉価で処分して一時的な利益を図ったりする濫用的な買収者から、既存の株主の利益を保護するための

---

[13]　服部暢達『M&A最強の選択』104頁（日経BP社、2006年）
[14]　37条3項、113条3項・4項。公開会社とは、その発行する全部又は一部の株式の内容として譲渡による当該の取得について株式会社の承認を要する旨の定款の定めを設けていない株式会社をいう（2条）。

ものであって、経営者の保身を図るために利用されてはならない。この点については、企業価値防衛指針の企業価値・株主共同の利益の確保・向上の原則の示すところである。そして、企業価値研究会が公表した企業価値報告書では、慎重かつ適切な経営判断プロセスが重視され、①十分な時間をかけた検討、②外部専門家の分析および③第三者の関与が重要であるとされている。[15] そのため、我が国で発行されているライツ・プランにおいては、社外取締役、社外監査役、有識者、弁護士・公認会計士等の専門家により構成される独立の委員会を設置して、ライツ・プランの発動や消却の判断を行わせ、取締役会がその判断を尊重して、発動や消却の決定を行うという仕組みにしているものが多い。

ニレコのライツ・プランでは、「買収者等が債務者の経営を支配した場合に、債務者株主、取引先、顧客、地域社会、従業員その他利害関係者を含む同社グループの企業価値が毀損されるおそれがあることが明らかな場合など、債務者取締役会が、本件新株予約権を一斉に無償で消却しない旨の決議を行うことを正当化する特段の事情がある場合」には、取締役会は新株予約権を消却することができるとしていたが、この点について東京地裁は、取締役会の恣意的判断を防止するための判断基準としては広範に過ぎ、明確性を欠く部分を含むことは否定できないとしている。取引先、顧客、地域社会、従業員などのいわゆるステークホルダーの利益を考慮すべきか否かについて、企業価値報告書においては、企業価値をステークホルダーの利益と株主の利益を含めたものとしての会社の財産、収益力、安定性、効率性、成長力等株主の利益に資する会社の属性またはその程度という定義をしているようであるが、株主とその他のステークホルダーの利益は必ずしも同一ではないから、「債務者株主、取引先、顧客、地域社会、従業員その他利害関係者を含む同社グループの企業価値」について明確な概念を確定することはできず、そのような企業価値が向上するのか、または、毀損されるのかは誰にも判断することができない。そのような概念がライツ・プランの消却判断の基準とされたならば、結局判断者たる取締役の自由な裁量により判断を行わせる結

---

15 企業価値研究会の平成17年5月27日付け企業価値報告書52頁。

果となる虞が高いように思われる。思うに、あくまで株式会社の共同所有者は株主であるから、買収防衛策としてのライツ・プランの消却に際しても、株主の共同の利益に資するのかあるいは毀損するのかを基準として判断を行うべきと考える。もっとも、ステークホルダーの利益を高めることにより、会社ひいては株主の長期的な利益を向上することは可能であり、ステークホルダーの利益を無視した濫用的な買収者が、会社の適切な価値を反映しない買収価格を提示した場合には、ライツ・プランを利用して、経営陣と買収者の双方から十分な情報が開示されることにより、既存の株主が適切な投資判断をすることが可能となる。

〔清水　建成〕

【参考文献リスト】

① 中山龍太郎「日本版ライツ・プラン（ポイズン・ピル）導入に係る法的課題」小塚荘一郎＝高橋美香編『落合誠一先生還暦記念　商事法への提言』（商事法務、2004年）
② 家田崇「取締役会決議に基づく新株予約権の発行を用いた敵対的企業買収の防衛〜日本版ポイズン・ピルの問題点を中心に〜」判例タイムズ1117号（2003.6.15）
③ 武井一浩「商法改正と企業防衛戦略－ポイズンピルと日本型『ワクチンプラン』」ジュリスト1250号（2003.8.1-15）
④ グレゴリー・パフ／山本和也訳「日本におけるポイズン・ピルの具体化の検討（上）（下）」商事法務1694号（2004.4.5）、1695号（2004.4.15）
⑤ 石綿学「敵対的買収防衛策の法的枠組みの検討（上）（中）（下）－事前予防のための信託型ライツ・プラン」商事法務1716号（2004.12.5）、1717号（2004.12.15）、1721号（2005.2.5）
⑥ 大杉謙一「企業買収防衛策のあり方－ライツ・プランの長所と短所」商事法務1723号（2005.2.25）
⑦ 竹平征吾「希釈化型ポイズン・ピルの適法性－司法の役割とその限界」商事法務1729号（2005.4.15）
⑧ 三笘裕「ポイズンピルの発動と取締役の判断」銀行法務21　647号（2005年6月号）
⑨ 清水俊彦＝猪木俊宏「ニレコ・ポイズンピル　差止めの衝撃－東京地決平成17・6・1」NBL 812号（2005.7.1）
⑩ 石綿学＝青山大樹＝小林卓泰＝内田修平「日本型ライツ・プランの新展開（上）（下）－買収防衛策をめぐる実務の最新動向」商事法務1738号（2005.7.25）、1739号（2005.8.5）

⑪　武井一浩＝髙木弘明＝中山龍太郎＝石田多恵子「『条件決議型ワクチン・プラン』の設計書（上）（中）（下）－新会社法・買収防衛指針等を踏まえた買収防衛策の一標準形」商事法務1739号（2005.8.5）、1743号（2005.9.25）、1745号（2005.10.25）

⑫　弥永真生「株式の無償割当て・新株予約権の無償割当て・株式分割と差止」商事法務1751号（2005.12.5）

⑬　グレゴリー・パフ／木下万暁訳「日本版ポイズン・ピルの実務的課題－防衛策から企業戦略へ」商事法務1771号（2006.7.5）

4

事前防衛策(2)
取得条項付株式、取得請求権付株式または取得条項付新株予約権を利用した方法

> **問題意識**
> ① 取得条項付株式、取得請求権付株式または取得条項付新株予約権を利用した防衛手法はどのようなものか。
> ② 取得条項付株式、取得請求権付株式または取得条項付新株予約権を利用した買収防衛策を設計するにあたり、どのような点に留意すべきか。

第1 はじめに

③、(1)で述べた新株予約権を利用した防衛手法(ライツ・プラン、ポイズン・ビル)に類似する防衛手法として、新株予約権ではなく、取得対価を普通株式とした種類株式である取得条項付株式または取得請求権付株式をあらかじめ発行しておく方法が考えられる。

この方法は、取得条項または取得請求権行使の対価として、普通株式が交付される点にポイントがあり、いわば取得条項や取得請求権を一種の新株予約権のように利用して、取得条項または取得請求権の行使により買収者以外の株主に普通株式を交付し、買収者の持分の希釈化を図ることになる。そのため、取得条項または取得請求権が付されている株式それ自体には通常独自の意義はなく、剰余金配当および残余財産分配請求権を制限し[1]、完全無議

決権にするなど会社法108条1項に定められる株式の権利を制限し、かつ種類株主総会の決議事項を最小限にする（会社法322条2項）など、株式としての独自の権利を可能な限り小さくすることが考えられる。また、対価を普通株式とする取得条項付新株予約権を発行することによっても、取得条項付株式を発行した場合と同様の効果を得ることができる[2]。

　取得条項付株式および取得条項付新株予約権については、取得と普通株式の交付を会社側のイニシアティブで行うことができるため、株主側に行使するかどうかのイニシアティブがある新株予約権や取得請求権付株式に比べて、会社にとってより確実な買収防衛効果が期待できるといった利点がある。また、取得条項付株式および取得請求権付株式については、権利を可能な限り制限したとしても、種類株式として発行される以上最低限の株主としての権利や種類株主総会の必要性を考慮しなければならないのに対し、取得条項付新株予約権については、株式の割当てを受けることができる権利としての新株予約権を発行するのみであるため、（種類）株主としての権利を考慮する必要はないという利点がある。そのため、実務上会社にとって利用しやすいのは取得条項付新株予約権であると考えられる。

第2　発行の方法と効果

1　取得条項付株式

　会社法108条1項6号は、種類株式として、「一定の事由」が生じた場合に当該会社がその発行済株式を強制取得することができるとする取得条項付株式の発行を認めており、同法107条2項3号ハは、「一定の事由」が生じた場合に強制取得する株式を「一部」の株式とすること、およびその「一部」の決定の方法を予め定めておくことを認めている。これにより、例えば「一定

1　会社法105条2項により、剰余金配当および残余財産分配のいずれの権利も有さない株式の発行は認められないため、例えば、剰余金配当を無権利としつつ、残余財産分配を劣後の権利とする等の設定が考えられる。

2　なお、会社法上、取得請求権付新株予約権は存在しないため、対価を普通株式とする取得請求権付新株予約権は発行できない。

の事由」を、「会社の取締役会決議において承認された者以外が会社の議決権の20％以上を取得した場合」、また「一部」を「当該会社の取締役会決議において承認された者以外の者が保有する取得条項付株式」と、それぞれ定款に規定することにより、敵対的買収者が現れた場合には、当該買収者の保有議決権が一定割合を超えた時点で会社があらかじめ発行しておいた取得条項付株式を当該買収者以外から強制取得し、その対価として普通株式を交付できることになって、買収者の持分割合を希釈化することができる。

取得条項付株式の発行は、ライツ・プランとして新株予約権を発行する場合と比べ、取得条項の行使につき会社側にイニシアティブがあるため、敵対的買収者が現れた場合の買収防衛策の発動をより確実にするという利点がある。一方、取得条項付株式を発行した場合、当該株式に対応する種類株主が発生するため、権利を可能な限り制限したとしても、種類株式として発行される以上最低限の株主としての権利や種類株主総会の必要性を考慮しなければならず、やや煩瑣となる。

取得条項付株式を利用した買収防衛策は、取得条項付株式に関する定款の規定を追加または変更することにより導入可能である（具体的な定款への規定方法については上記参照）。

なお、会社法170条5項は取得条項付株式の対価として発行される株式について財源規制を課していないため（財源規制について定める会社法170条5項は、同法108条2項6号ロを列挙していない。）、対価として普通株式を交付するにあたり、財源規制はかからない。また、取得条項の対価として株式を発行する場合、会社法上も証券取引法上も別途の募集手続を経る必要はないと解される[3]。

また、上述のとおり、あらかじめ発行される取得条項付株式については、

---

[3] 取得条項付（取得請求権）株式の対価として交付される株式、社債等については、会社法第2章第4節第3款の規定上、その独自の規定以外に別途の募集手続が必要とは規定されていないため、会社法上、上記規定と別途の募集手続を経る必要はないと解される。また、証券取引法上の募集規制との関係でも、取得条項（取得請求権）付株式の対価として交付される株式、社債等については、取得条項（取得請求権）付株式の募集時において既に一度募集規制がかかっていること、および強制転換条項（転換予約権）付株式の転換により株式を発行する場合は「有価証券の募集」には該当しないものとされていること（企業内容等開示ガイドライン2－4⑥）から、別途募集規制はかからないものと解される。

通常独自の意義はないため、剰余金配当および残余財産分配請求権を制限し、完全無議決権にするなど会社法108条1項に定められる株式の権利を制限し、かつ種類株主総会の決議事項を最小限にする（会社法322条2項）等、株式としての独自の権利を可能な限り小さくすることが考えられる。

2 取得請求権付株式

　会社法108条1項5号は、種類株式として、株主が会社に対してその取得を請求することができるとする取得請求権付株式の発行を認めている。取得請求権付株式については、取得条項付株式と異なり、取得請求権の行使条件や取得株式数を予め定めることについての明文はない。もっとも、取得請求権も一種の権利であるところ、権利につきその行使の条件を付することができることは当然であり、条件を付することも可能と解されている[4]。そこで、例えば、取得請求権付株式の行使条件を「会社の取締役会決議があった場合」あるいは「会社の取締役会決議において承認された者以外が会社の議決権の20%以上を取得した場合」等とし、会社法108条2項5号ロの対価としての「他の株式」を「普通株式」としてその数または算定方法を定款に規定することにより、敵対的買収者が現れた場合、取得請求権付株式の株主による取得請求権の行使およびその結果としての普通株式の交付を促すことができ、買収者の持分割合を希釈化することができる。

　取得請求権付株式の発行は、会社ではなく株主側にイニシアティブがある点で、ライツ・プランとしての新株予約権の発行に類似する。一方、取得条項付株式の場合と同様、取得請求権付株式を発行した場合、当該株式に対応する種類株主が発生するため、権利を可能な限り制限したとしても、種類株式として発行される以上最低限の株主としての権利や種類株主総会の必要性を考慮しなければならないという問題が生じる。そのため、株主に普通株式取得についてのイニシアティブを与えるのであれば、取得請求権付株式を利用するよりも、ライツ・プランとしての新株予約権を発行した方が会社にとって便宜であると考えられ、取得請求権付株式を買収防衛の手法として利用

---

[4] 相澤哲＝葉玉匡美＝郡谷大輔編著『論点解説　新・会社法　千問の道標』第98問（商事法務、2006年）参照。

する場面は限られるものと思われる。

　取得請求権付株式を利用した買収防衛策は、取得請求権付株式に関する定款の規定を追加または変更することにより導入可能である（具体的な定款への規定方法については上記参照）。財源規制の問題が生じないこと、対価としての普通株式の交付にあたって別途の募集手続が必要ないことは、取得条項付株式と同様である。また、株式としての独自の権利を可能な限り小さくしておくことが望ましいことについても同様である。

3　取得条項付新株予約権

　根拠となる会社法上の条文は異なるが、取得条項付株式とほぼ同様に利用することができる（会社法236条1項7号）。定款の規定を追加または変更することにより導入可能であること、財源規制の問題が生じないこと、対価としての普通株式の交付にあたって別途の募集手続が必要ないこと等は、全て取得条項付株式と同様である。

　取得条項付新株予約権は、取得と普通株式の交付を会社側のイニシアティブで行うことができる上、株式の割当てを受けることができる権利の発行として種類株主の発生およびその権利行使等の問題が生じないため、会社にとって利用しやすい制度であると考えられる。

第3　問題点

　取得条項付株式、取得請求権付株式または取得条項付新株予約権を発行するにあたっては、既に述べたライツ・プランとして新株予約権を発行する場合と同様の問題が生じる。

　すなわち、いわゆる株主割当型ライツ・プランと同じ方法で上記取得条項付株式、取得請求権付株式または取得条項付新株予約権を発行する場合、平時における一定時点の株主に対してこれらの株式または新株予約権を発行しておくことになるが、新たに発行したこれらの株式または新株予約権は、割当てを受けた株主が保有している普通株式が譲渡された場合に、随伴して譲渡されるわけではないので、買収者の出現を停止条件とする取締役会決議に

より発行するというような場合でない限り、発行後の上記株式または新株予約権が、発行時の普通株式と別々に流通することになる。これが、株式の値下げ圧力となり、既存株主に損害を生じさせる可能性がある。

信託型ライツ・プランにおいて、発行会社は、第三者割当てにより新株予約権を信託銀行（またはSPC）に発行し、信託銀行がその新株予約権を、一定の持株比率を超える割合の株式を取得した者（買収者）が出現したときの株主を受益者として、信託として保有する。そして、受託者である信託銀行は、買収者が出現するなどの条件が成就し、取締役会が承認した場合に、その時点における株主を受益者として確定して、信託財産である新株予約権を受益者に交付する（新株予約権は、同様の条件が成就した場合のみ、買収者以外の新株予約権者のみが行使できるものとされている。）。

これと同様の方法により、取得条項付株式、取得請求権付株式または取得条項付新株予約権を発行する場合、発行会社は、第三者割当てにより取得条項付株式、取得請求権付株式または取得条項付新株予約権を信託銀行（またはSPC）に発行し、信託銀行がその取得条項付株式、取得請求権付株式または取得条項付新株予約権を、一定の持株比率を超える割合の株式を取得した者（買収者）が出現したときの株主を受益者として、信託として保有することになる。そして、受託者である信託銀行は、買収者が出現するなどの条件が成就し、取締役会が承認した場合に、その時点における株主を受益者として確定して、信託財産である取得条項付株式、取得請求権付株式または取得条項付新株予約権を受益者に交付することになる。

東京証券取引所が公表している「買収防衛策の導入等に関する上場制度」のうち「基本的な考え方と制度概要」と題するガイドライン（本稿執筆時点での最新の更新日は2007年4月1日）上、随伴性のないライツ・プランの導入が上場廃止事由（6か月以内に当該状態が解消されないときには上場廃止とする事由）とされていることからすれば、本項で述べたような方法で取得条項付株式、取得請求権付株式または取得条項付新株予約権を買収防衛手法として利用する場合、かかる信託を利用したスキームが必要となると考えられる。

〔琴浦　諒〕

5

事前防衛策(3)
株式の買取りによる方法

> **問題意識**
> ① 買収防衛策に株式の買取りを利用することができるか。
> ② 第三者に株式を買い取ってもらう方法にどのような効果があるか。
> ③ 対象会社自体が自社株を買い取る方法の利点と欠点は何か。
> ④ 対象会社自体が自社株を買い取るにはどのような手続が必要か。
> ⑤ 対象会社の経営陣が自社株を買い取るマネジメント・バイアウトを買収防衛に利用できるか。

第1 買収対象会社の株式を買い取る方法を利用した買収防衛策

　会社の敵対的買収は公開買付け等により対象会社の株式を買い占めることで、その会社を支配するための議決権を取得するというのが典型的な方法である。したがって、市場に出回る可能性のある株式を誰かが買い取ってしまえば、買占めの対象となる株式数が少なくなり、敵対的買収のリスクを減少させることができる。これを実現する方法としては、①第三者に買い取ってもらう方法、②対象会社自体が買い取る方法、③対象会社の経営陣が買い取る方法の三通りの方法が考えられる。

第2　第三者に株式を買い取ってもらう方法

　敵対的買収者が、公開買付けで買収を成功させるには、過半数または3分の2といった買付予定株式数以上の株式数について既存株主からの応募がなければならないが、公開買付けには応募しないことが期待できる安定株主が存在することにより、公開買付けによる敵対的買収成功の可能性を低下させることができるし、そのように成功の見通しがつけづらい会社に対しては、敵対的買収をかけるインセンティブが低くなるものと考えられる。また、敵対的買収が開始された後には、経営陣が株主の利益にならないと考える敵対的買収者に対抗するために、ホワイト・ナイトと呼ばれる第三者に自社株式の買取りを要請することがあるが、普段から緊密な事業提携先や金融機関を安定株主としていれば、有事において、ホワイト・ナイトとしての役割を期待することも可能である。[1]　もっとも、このように株式を保有してもらう第三者との間には強固な信頼関係が必要であり、その候補者をみつけられない場合には利用できない方法である。特に、我が国では、時価主義会計や減損処理により持合い株式の価格変動が業績に大きな影響を与えること、東京証券取引所が浮動株指数の導入を進めているため固定株比率を高める持合い株式の増加は株価に影響を与えることなどから、バブル崩壊以降株式の持合いの解消が進み、特に銀行が株式持合いに消極的になっていたが、2004年頃から特に事業会社間の持合いが復活してきたとの報道がされている。このような持合いの増加については資本効率の悪化や株主軽視につながるという懸念も示されており、企業としては事業戦略上の連携の必要などの投資家に対する十分な説明が必要となろう。また、緊密な事業提携先といっても、その経営者は会社の最善の利益のために株式の保有や売却を決定しなければならないため、現実に敵対的買収者が公開買付けを開始し、非常に有利な買付条件が提示された場合、株式を保有する会社の経営陣としては、善管注意義務

---

[1] TBSは、日興プリンシパル・インベストメンツに対し、敵対的買収者が出現した場合に行使できる新株予約権を発行したが、これも第三者に株式を買い取ってもらうという発想による敵対的買収防衛策と言っても良いであろう。

（会社法330条、民法644条）に違反しないためには、株式を売却せざるを得ない場合もありうると思われる。

　緊密な事業提携先や金融機関に安定株主として自社の株式を保有してもらうことは、上記のように適切な安定株主を見つけることが難しいという欠点や完全な買収防衛策としては機能しない場面もあるが、依然として、敵対的買収に対する事前の防衛策としては効果的な方法といえるであろう。[2]

第3　対象会社自体が自社株を買い取る方法

1　自己株式取得

　対象会社自体が自社株を買い取る方法とは、すなわち自己株式の取得である。会社による自己株式の取得は、平成13年商法改正前までは原則として禁止されていたが、数次の改正により規制が緩和され、会社法においては、財源規制を遵守し、手続規定に従えば、原則として自由に自己株式を取得することができるようになっている（会社法155条）。

2　自己株式取得の効果

　自己株式は単に買収対象となる株式市場に出回る株式数を減少させるだけでなく、既存の株主の株式保有割合が上昇することで配当と同様の効果があり、発行済株式数の減少で1株当たりの利益が上昇することや需給が逼迫すること等により、株価を押し上げる効果があるともいわれており、そのことにより敵対的買収者による買収をより困難にさせる効果のある場合がある。しかし、**第2**でも説明されているとおり、自己株式取得が必ずしも株価の上昇につながらない場合もあるし、安定株主の少ない会社の場合には、敵対的買収者が買収しなければならない株式数が減少することになり、逆に敵対的買収を容易にしてしまう可能性もある。したがって、自己株式取得を買収防

---

[2]　第三者に自社の株式を保有してもらう場合、敵対的買収のリスクが高い場合には、単に保有してもらうだけでなく株式保有を継続するという現状維持契約（standstill agreement）の締結も考えられるが会社に同意権を与える形のものは原則として無効になるものと考えられている（江頭憲治郎『株式会社法』230頁（有斐閣、2006年））。

衛策として実行する場合には、自社の株主構成、株価動向などを十分に検討してから、行うべきである。なお、既に敵対的買収者が買収を開始した後の有事の場合には、既に株価が上昇している場合が多いであろうし、自己株式取得を行うことにより、敵対的買収者の株式保有割合を高めてしまうことになるので、効果的な手段とはいえない。

3　自己株式取得の手続

　会社が自己株式を取得するためには、原則として株主総会決議が必要であるが、例外として、定款で定めた場合には、取締役会決議により、①取得する株式の数（種類株式発行会社の場合には株式の種類および種類ごとの数）、②株式の取得対価として交付する金銭等の内容およびその総額、ならびに、③株式を取得することができる期間を定めて、市場取引または公開買付けの方法により自己株式を取得できることができるものとされている（会社法165条）。ただし、株式の取得対価として交付する金銭等の帳簿価額の総額は、その会社の分配可能額を超えることはできない（同461条1項2号・2項）。ところで、上場会社等が、自己株式を市場で買い付ける場合には、①証券会社の数、②上場等株券の買付け等の注文の時間、③上場等株券の買付け等の注文の価格、④上場等株券の買付け等の注文の数量について、内閣府令で定める制限に従わなければならない（金融商品取引法162条の2、上場等株券の発行者である会社が行う上場等株券の売買等に関する内閣府令）。これは、相場操縦が行われることを防止するため、相場操縦にあたるおそれの少ない取引態様を類型化して定めたものであり、これを遵守することで相場操縦的行為の禁止に抵触する行為を行うリスクを低減することができる。ただし、上記の要件を形式的に満たしていても、仮装取引・通謀取引や取引を誘引する目的をもって相場を変動させる取引などの行為があれば相場操縦的行為の禁止に抵触する場合があることには注意が必要である。[3]

　なお、会社が特定の株主から自己株式を取得したい場合には、株主総会の特別決議により、上記①、②、③に加えて、特定の株主に対して自己株式の

3　相沢英之ほか編『一問一答金庫株解禁等に伴う商法改正』51頁（商事法務、2001年）

取得条件の通知を行う旨を定めたうえで、取締役会において、①取得する株式の数（種類株式発行会社の場合には株式の種類および種類ごとの数）、②株式1株の取得対価として交付する金銭等の内容およびその数もしくは額またはこれらの算定方法、③株式の取得対価として交付する金銭等の総額、ならびに、④株式譲渡の申込期日を定めたうえで、当該取得条件をその特定の株主に通知することが必要となる（会社法160条）。この場合には、原則として、株主全員に対して、自己も特定の株主に加えたものを株主総会の議案とするよう請求できる旨を通知しなければならない（同160条2項）が、株主総会決議の前日の終値を超えない価格で取得する場合にはかかる請求権は発生しない（同161条）。

第4　対象会社の経営陣が買い取る方法

　対象会社の経営陣が自社の株式を買い取ってしまう方法は、いわゆるMBO（マネジメント・バイアウト）であり、究極の敵対的買収防衛策とも言われている。MBO（マネジメント・バイアウト）とは、一般的に、買収対象企業の経営者または事業部門責任者が、買収対象企業の事業継続を前提として、外部の投資家と共同して、その買収対象企業の株式を買い取ること等により、経営権を取得することをいう。[4]　MBOは、従来、大企業が子会社や関連会社を分離して独立させる場合に利用されてきたが、株式会社ワールドの場合のように、経営者がMBOにより上場企業を買収して、上場を廃止するという事例も現れている。[5]　MBOの利点としては、現経営陣が自ら買収対象事業の主たる出資者になることで、自らの経営の自由度を高めるとともに、経営の結果を直接享受することができるようになることにあり、MBOに協力する投資家にとっても、既に一定の成果をあげている事業に対する新たな投資機会を得ることになる。MBOでは、一般に共同出資者からの出資とは別に、

---

[4]　ＭＢＯの詳細については「第2章　8」参照。
[5]　株式会社ポッカコーポレーションの事例についても、外部投資家によるファンドが主体となっているため純粋なMBOとはいえないが、同社の買収前の経営陣も買収ファンドへの出資を計画し、買収完了後も引き続き経営に当たるとされているため、一種のMBOということもできる。

買収資金の一部として負債性の資金を調達することが多い。[6] これは、経営陣のみの全ての買収資金を調達することが困難な場合が多いことと、プライベート・エクイティ・ファンド等の第三者からの出資を受け入れた場合でも、負債性の資金を組み合わせることで、株主資本部分の投資効率を向上することができるからである。また、上場企業がMBOにより上場を廃止する場合には、重要情報の開示の強制、経営の機動的意思決定に対する制約、上場維持コストの負担などの上場に伴うデメリットから開放されるだけでなく、株式を市場で買い占める可能性がなくなるため、敵対的買収の脅威にさらされる可能性は消滅する。したがって、上記のような上場廃止によるメリットを考慮すれば、敵対的買収防衛としての意義も含めた経営形態の一つの選択肢として、検討する価値のある手法といえるであろう。[7] もっとも、MBOにおけるプライベート・エクイティ・ファンド等の共同出資者は、通常、短期間での投資回収が求められるため、MBOを行った会社は、再上場または再買収等により投資回収の機会を提供することになる。[8] 例えば、ポッカはもともとファンドが支配権を有し、経営陣がファンドに参加する形態のMBOであるし、ワールドのMBOにおいても、中央三井系のファンドが優先株主として、エクイティの大部分を出資している。[9] したがって、敵対的買収防衛策を契機としてMBOを検討するについても、MBOの本質について十分に理解し、最適な経営形態の選択という観点から判断を行うことが肝要である。

〔清水　建成〕

6　西村総合法律事務所編『M&A法大全』832頁（商事法務、2001年）
7　上場廃止については、「第2章　9　ゴーイング・プライベート」参照。
8　服部暢達『M&A最強の選択』75頁以下（日経BP社、2005年）
9　平成17年11月2日付け株式会社ポッカコーポレーション発表「株式交換契約の締結に関するお知らせ」、平成17年9月28日付け株式会社ワールド発表「株式交換契約締結に関するお知らせ」

6

事前防衛策(4)
組織再編による方法

> **問題意識**
> ① 組織再編はどのような目的で利用されるか。
> ② 事前防衛策としての組織再編の各種手法にはどのような特徴があるか。

第1 はじめに

　会社法には、組織再編として、①合併、②株式交換・株式移転（以下、両者を含めて「株式交換」という。）、③会社分割、④事業譲渡の4つの手法が規定されている。これらの組織再編の手法は、会社の効率性や収益性を向上させることを目的とする事業再編（事業の統合と分割）のための手法であるが、敵対的買収に対する事前防衛策としても利用可能である。

　もっとも、上場会社が買収防衛を主要な目的として組織再編を行うことに対して、株主などの利害関係者の理解が得られるのかどうかの問題はある。買収防衛を目的として組織再編を行った結果、会社の財務内容が悪化して株価が下落した場合、取締役の責任問題になる可能性もある。やはり、組織再編の主目的は経営の効率性や収益性の向上など事業経営上の目的であることが必要である。

第2　事前防衛策としての組織再編の内容

　事前防衛策としての組織再編の最も大きなメリットは、持株会社化の手法として利用できることである。

　持株会社とは、株式所有を通じて他の会社を支配することを事業目的とする会社をいい、事業経営上だけでなく買収防衛上のメリットがある。持株会社の事業経営上のメリットは、傘下の事業会社に大幅な権限を委譲することによって持株会社は専ら企業グループ全体の高度の戦略的意思決定に専念できること、各子会社の特徴にあった独自の人事制度や賃金制度を採用できること、子会社の取得や売却による事業再編が容易なことなどである。

　持株会社の買収防衛上のメリットは、株式時価総額を大幅に増加させることで買収コストを引き上げること、持株会社を介することで子会社に対する直接的な買収を困難にすること、さらに有事の際に持株会社の取締役会限りで子会社株式を譲渡する防衛策[1]や子会社が第三者割当株式発行をして持株会社から離脱する防衛策[2]が可能であり、これらの防衛策に対して買収者は差止請求できない[3]ことである。

　事前防衛策としての組織再編は、持株会社の利用のほかに安定株主対策または資本再編（負債比率を高めること）として利用できる場合がある。安定株主対策は、わが国の昭和40年代における資本自由化に伴う外資による企業乗っ取り対策として、取引先・取引銀行との株式の相互持ち合いあるいは従業

1　子会社株式の譲渡が「事業の重要な一部の譲渡」（会社法467条1項2号）に該当する場合は、持株会社の株主総会の特別決議が必要となる。
2　東京証券取引所の上場廃止基準において「株主の権利の不当な制限」（上場廃止基準2条1項17号）として、「持株会社である上場会社の主要な事業を行っている子会社が拒否権付種類株式又は取締役選任権付種類株式を当該上場会社以外の者を割当先として発行する場合において、当該種類株式の発行が当該上場会社に対する買収の実現を困難とする方策であると当取引所が認めるときは、当該上場会社が……拒否権付種類株式を発行するものとして取扱う」（上場廃止基準取扱い1．（14）a（c））とされており、子会社が拒否権付種類株式の第三者割当てを行うと上場廃止の対象になる可能性がある点には注意を要する。
3　持株会社の株主は、持株会社による子会社株式の譲渡に対しては持株会社の取締役への差止請求や責任追及は可能であるが、子会社の取締役会決議による第三者割当株式発行に対して子会社の取締役への差止請求や責任追及ができない。この点は、持株会社化に伴う株主権の縮減の問題といわれる。

員持株会の利用により、会社に好意的な長期保有の株主を確保する対策として行われてきた。安定株主が多い会社は敵対的買収の標的になりにくいため、安定株主が少ない会社が安定株主の多い会社と合併または株式交換を行うことが安定株主対策となる場合がある。

　また、資本再編とは、ファイナンス理論のレバレッジ効果を利用した仕組みであり、一定の条件で負債比率を高めると株主資本利回り（ＲＯＥ）が向上し、株価が上がる効果を利用する手法をいう。借入金の少ない会社が借入金の多い会社と合併し負債比率を高めることによって、敵対的買収の標的とならないようにすることである。もっとも、借入金が少ないことが原因で敵対的買収の標的になりうる会社であれば単純に自社だけで借入金を増やし株主還元した方が簡単であり、わざわざ合併をする意義は少ないともいえる。

　さらに、事前防衛策としての組織再編には、有事に備えて組織再編の相手となる候補を確保しておくという意味もある。有事において第三者割当株式発行を行えば、経営者の自己保身の推定が働き、買収者からの差止請求や無効の訴えが認められるリスクが高くなるのに対して、有事における組織再編は経営効率化という目的の下で行われる限り、経営陣の自己保身として差止めの決定や無効の判決がなされるリスクが軽減される可能性がある。ところが、敵対的買収者が現れた段階で組織再編を利用しようとしても、候補を探している時間的余裕はないから、事前に相手候補を確保しておくことも事前防衛策となる。そのためには、平時から業務提携や資本提携によって他社と提携関係（アライアンス）を保持しておくことが大切である。

第3　組織再編の各種手法の特徴

1　持株会社化の手法

(1)　株式交換

　株式交換とは、ある会社を他の会社の100％子会社にし、他の会社を持株会社とする手法として、平成11年の商法改正で導入された。株式交換は事業を統合する手法の一つであるが、事業を統合するもう一つの手法である合併

とは異なり、法人格を一体化しない方法である。

持株会社には、前述のように買収防衛上大きなメリットがある。持株会社を介することで買収者は子会社に対して直接に買収ができず、有事においても子会社を迅速に切り離すことができる。

親子上場している会社で、子会社の時価総額が親会社の時価総額を上回るという「資本のねじれ[4]」があると、敵対的買収の標的になることがある。このようなねじれは親子上場している場合に生じ、株式交換を利用して、子会社上場を廃止し純粋持株会社に移行すれば解消する可能性が高い。代表的な事例として、イトーヨーカ堂、セブン-イレブン・ジャパン、デニーズジャパンの3社による共同持株会社（セブン＆アイ・ホールディングス）の設立（2005年）がある。

(2) 会社分割

会社分割は、1990年代に米国でコングロマリット・ディスカウントの解消のために頻繁に利用されるようになった。コングロマリット・ディスカウントとは、複合企業化（多角化）している企業において、企業全体の価値が各事業部門の事業価値の総和よりも低くなっている状況をいい、合併におけるシナジー効果と逆の状況をいう。

1960年代から70年代前半に米国でもてはやされた企業の多角化によるコングロマリット経営に対して、70年代後半以降、その非効率が批判されるようになった[5]。関連性のない複数の事業を一つの経営陣と企業体で運営することは非効率であると株式市場が評価しはじめたことを背景に、事業の選択と集中のため、事業を切り離す（Divestiture）手法として、会社分割が頻繁に利用されるようになった。

我が国においては、経営の効率化やコーポレート・ガバナンスの実効性を高めることにより国際競争力を向上させる組織再編に不可欠の制度として、

---

4 資本のねじれについての明確な定義はないが、①子会社の時価総額が親会社の時価総額を上回っている場合（親子の逆転）、②会社の所有する株式の時価評価額がその会社の時価総額を上回っている場合（時価による純資産倍率が1を下回る場合）が考えられる。この点について、そもそも親子上場していることは、子会社の少数株主の利益を害するという考え方もある。

5 1980年代の米国での敵対的買収の多くが買収後に会社を分割売却して効率性を高める手法を活用したため、解体的買収として非難されたが、その手法の基本的な考え方はコングロマリット・ディスカウントの解消であった。

平成12年の商法改正で導入された。

　会社分割は持株会社化の手法（いわゆる抜け殻方式）として利用できる。会社分割を利用した持株会社化を株式交換の場合と比較すると、会社分割では、債権者保護手続、労働者保護手続、許認可の問題など法的手続が煩雑であるが、会社の特定の事業部門が買収の標的となる場合にその事業部門だけを分離する方法として利用できる。

　ちなみに、米国では会社分割[6]はタックス・ポイズン・ピルとして利用されている。米国では一定の要件を満たす会社分割（スピン・オフ）は課税を受けないが、買収があった場合には、課税される取扱いがある。敵対的買収者が会社を買収すると、会社分割の課税繰延措置が遡及的に不適用となり、買収対象会社に巨額の租税債務が生じることを利用する防衛策である。しかし、日本の現行の組織再編税制では、会社分割（スピン・オフ）の時点で適格分割[7]かどうかが判断され、会社分割後に買収されても遡及して課税を受ける規定はないため、米国のようなタックス・ポイズンピルは利用できない。

(3) 事業譲渡

　持株会社化の手法には、株式交換と会社分割のほかに事業譲渡がある。会社分割と事業譲渡は、事業分割という経済的な機能には差異はなく、持株会社化の手法としても差異はないが、法的手続上の違いがある。すなわち、債権債務の移転に関して、会社分割は包括承継であるが事業譲渡では個別承継であるため、債権債務の相手方の個別の同意が必要となる。また、税制上、会社分割は組織再編税制の適格要件を満たす場合は譲渡損益に対する課税が繰り延べられるが、事業譲渡では、現物出資や事後設立による方法を利用する場合を除き、譲渡損益に対する課税の繰延べはできない。

6　米国における会社分割の形態として、スピン・オフ、スプリット・オフ、スプリット・アップの3つがある。スピン・オフは分割会社（分割により事業を移転する会社）の株主に分割承継会社（分割により事業を承継する会社）の株式を持株数に応じて按分して交付するもの（按分のみ）、スプリット・オフは分割会社株式と交換に分割承継会社の株式を交付するもの（按分と非按分ともあり）、スプリット・アップは分割会社を清算して分割承継会社の株式を分配するもの（按分と非按分ともあり）をいう。

7　日本の税制の下でスピン・オフが税制適格となる場合として、①50％超所有の大株主がいる会社で、移転事業継続要件を満たし、会社分割後に当該大株主の所有が50％以下となる見込みがない場合、②株主数が50人以上の会社で、共同事業要件と移転事業継続要件を満たす場合が考えられる。

2 安定株主対策および資本再編——合併・株式交換

　事前防衛策としての安定株主対策の手法として合併と株式交換がある。合併では合併消滅会社の株主に対して存続会社や新設会社の株式が交付され、株式交換では完全子会社の株主に対し完全親会社の株式が交付されるため、第三者割当株式発行と同様に発行済株式数が増加して株主構成が変わるという効果がある。そのため、安定株主が少ない会社が安定株主の多い会社と合併または株式交換をすれば、安定株主対策となる。

　安定株主対策として合併と株式交換を比較すると、株式交換には実務上あるいは法的手続上の利点がある。第一に、株式交換では法人格は一体とならないので、合併した場合に生じる労働条件の統一や企業文化の融合による軋轢を避けながら統合を図ることができる。第二に、債権者保護手続が原則として不要[8]である。とくに、株式交換は持株会社化のメリットも享受できるため、合併よりは有効な手法である。

　合併については、事前防衛策として資本再編を行う手法として利用できる。しかし、前述のとおり、何らかの事業経営上の目的があればともかく、資本再編だけのためにわざわざ合併を利用する必要性は少ないし、自社のみで借入金を増やすことも可能であるから、資本再編の手法として合併の有用性は低い。

〔山本　浩二〕

【参考文献】
① 武井一浩＝太田洋＝中山龍太郎編著『企業買収防衛戦略』（商事法務、2004年）
② 太田洋＝中山龍太郎編著『敵対的Ｍ＆Ａ対応の最先端』（商事法務、2005年）
③ 二味巖『持株会社解禁のすすめ』（産能大学出版部、1995年）

8　旧商法下の株式交換では債権者保護手続は不要であったが、会社法では、新株予約権付社債の引継ぎが可能となり、当該社債の引継ぎがある場合に限り、債権者保護手続が必要となった（会社法799条1項3号）。

7

事前防衛策(5)
定款規定またはその他の会社内部規則による方法

> **問題意識**
>
> ① 定款その他の会社内部規則により設定することができる企業買収の防衛策にはどのようなものがあるか。
> ② 外国において採用されている定款その他の会社内部規則による買収防衛策は、日本の会社法上許容されるか。

第1 はじめに

　敵対的企業買収に対する予防的な防衛策としては、前項までで述べられたとおり、ライツ・プランの設定、種類株式等の発行、株式の買取り、組織再編による方法などがあるが、これらはいずれも第三者への働きかけを必要とし、また、防衛策が実行または発動された場合に会社の組織や財務状況に対する影響が大きいことから、実行または導入には特に慎重な検討が必要とされる。

　一方、定款その他の会社内部規則に特別な規定を設ける方法による企業買収防衛策[1]は、当該会社の取締役会決議および株主総会決議といった内部的

---

[1] 本章で紹介する手法は、一部を除いて全て定款変更が必要であり、定款が変更される場合、その他の会社内部規則（株式取扱規程等）も定款の変更に合わせて変更される必要が生じることがある。なお、本章で紹介する手法以外の手法であっても、企業買収防衛のための特別な規定の導入に際しては定款変更が必要な場合が多い。なお、このような、定款その他の会社内部規則に規定される企業買収防衛のための特別な条項は、「鮫よけ（シャーク・リペラント）条項」と称されることがある。

意思決定のみにより導入することが可能であり、しかも会社の組織や財務状況への影響も比較的低くとどまるため、導入しやすいとの利点がある。

　もっとも、これらの手法はあくまで定款変更などによる会社の内部的意思決定により実現されるものである。そのため、買収者が会社の株主総会における決議を左右できるだけの持分を取得した場合には、更なる定款変更を経ることにより無効化されてしまうことがある。また、会社法の下では、原則として株主総会の普通決議で取締役を解任することができるため（339条1項・341条）、買収者が普通決議に必要な持分を取得した場合、現経営陣である取締役が解任され、買収者が指名する者が新たに取締役となる結果、定款以外の会社内部規則も変更され、防衛策が無効化する可能性もある。

　これらの問題に対処するため、定款その他の会社内部規則に特別な規定を設ける方法による買収防衛策を導入する際には、決議要件の加重、累積投票制度、特殊な議決権を有する株式の導入など、定款変更や取締役解任のための決議を困難にする手法（これら自体も定款変更により導入される。）を組み合わせることを検討すべきである。

　また、買収防衛策を導入する必要性のある会社の多くは上場会社であると思われるが[2]、上場会社がこれらの買収防衛策を導入するに際しては、当該定款変更が東京証券取引所をはじめとした各証券取引所の適時開示基準や株券上場廃止基準の規定に該当するかどうかの検討も不可欠となる。以下では、東京証券取引所の「上場有価証券の発行者の会社情報の適時開示等に関する規則」（以下「東証適時開示規則」という。）、「株券上場廃止基準」（「以下「東証株券上場廃止基準」という。）、および「買収防衛策の導入等に関する上場制度」と題するガイドライン（以下「東証ガイドライン」という。）を中心に検討する。

第2　東証ガイドラインの概要

　東京証券取引所は、2005年11月22日に公表した「買収防衛策の導入に係る上場制度の整備等について（要綱試案）」（以下「東証要綱試案」という。）を踏ま

---

[2] 紙幅の関係上、具体的な検討は割愛するが、店頭登録会社においても同様である。

え、「買収防衛策の導入等に関する上場制度」として、それぞれ「基本的な考え方と制度概要」、「適時開示上の留意事項」および「上場廃止基準の審査の流れ」と題するガイドライン（本稿執筆時点での最新の更新日は2007年4月1日）を公表している。「基本的な考え方と制度概要」においては、東京証券取引所の買収防衛策の導入等に関する基本的な考え方ならびに東証適時開示規則および東証株券上場廃止基準の解釈の指針が示されており、「適時開示上の留意事項」においては適時開示手続およびその際の留意事項が、「上場廃止基準の審査の流れ」においては株主の権利の不当な制限を原因とする上場廃止の具体的な手続がそれぞれ示されている。

以下では、定款その他の会社内部規則による買収防衛策の実現可能性を検討する前提として、東証ガイドラインのうち、「基本的な考え方と制度概要」について概観する[3]。

1　尊重義務

「基本的な考え方と制度概要」には、東京証券取引所の買収防衛策の導入等に関する基本的な考え方として、一定の尊重義務が上場会社および新規上場申請者に対して課せられることが示されている。

尊重義務が課せられる事項（以下「尊重事項」という。）の具体的内容としては、①開示の十分性、②透明性、③流通市場への影響、④株主の権利の尊重という4つの視点が示されており、①については買収防衛策に関して必要かつ十分な適時開示を行うこと、②については買収防衛策の発動および廃止の条件が経営者の恣意的な判断に依存するものでないこと、③については株式の価格形成を著しく不安定にする要因その他投資者に不測の損害を与える要

---

[3]　東証ガイドラインのほか、東京証券取引所は、平成18年3月7日付け上場会社代表者宛て通知「買収防衛策の導入に係る上場制度の整備等に伴う上場基準等の一部改正について」において、買収防衛策の導入に際しては、その決定、公表に先立って事前に東京証券取引所に十分な時間的余裕（公表予定日の2、3週間前を目安）をもって、事前相談を行う必要がある旨を告知している。また、同通知を踏まえ、東京証券取引所は、平成19年4月12日付けで「買収防衛策の導入・変更に係る事前相談の注意事項について」と題する通知を発し、例年4月から5月にかけては3月期決算の会社から6月に実施する株主総会における買収防衛策の決議の事前相談が多く寄せられることを述べた上で、買収防衛策を導入しまたは既に導入した買収防衛策を変更する予定がある場合には、上記十分な時間的余裕をもった事前相談を行うよう再度注意喚起を行っている。

因を含む買収防衛策でないこと、④については株主の権利内容およびその行使に配慮した内容の買収防衛策であることが、それぞれ要求されている。

この尊重義務を前提として、東京証券取引所は上場会社が尊重事項を尊重していないと認める場合にはその旨を公表することができること（東証適時開示規則1条の3第2項）、この認定については、買収防衛策の内容およびその開示状況を総合的に勘案して行うこと（東証適時開示規則取扱い1.の2）が示されている。

2 東証適時開示規則の解釈指針

上記尊重義務を踏まえた上で、「基本的な考え方と制度概要」では、東証適時開示規則の解釈指針として、上場会社の業務執行を決定する機関が新株または新株予約権の発行（自己株式または自己新株予約権を引き受ける者の募集を含む。）を決定した場合（買収防衛策の導入または発動に伴う発行については、軽微基準[4]は設けられていない。）、事前警告型の買収防衛策や条件決議型の買収防衛策の導入など、導入時点では新株または新株予約権の発行を伴わない買収防衛策の導入があった場合で、当該情報が投資者の投資判断に重大な影響を与える場合の適時開示義務が示されている。

具体的に買収者が出現した場合、または導入した買収防衛策を発動、廃止もしくはその内容の変更を行った場合にも、「開示事項の経過」または「開示事項の変更」として適時開示を行う必要があるとされている[5]。

3 東証株券上場廃止基準の解釈指針

さらに、「基本的な考え方と制度概要」は、東証株券上場廃止基準に関し、上場銘柄について、「株主の権利内容およびその行使が不当に制限されていると当取引所が認めた場合において、6か月以内に当該状態が解消されないとき」には、その上場を廃止する（東証上場廃止基準2条1項17号）との一般原則を示した上で、随伴性のないライツ・プランの導入[6]、デッド・ハンド型

---

[4] 投資者の投資判断に及ぼす影響が軽微なものとして東京証券取引所が定めている基準をいう。同取引所の各規程により、様々な内容が定められている。

[5] 開示すべき内容の一部しか決まっていない場合には、その段階で決まっている事項を開示し、その他の内容については決まり次第追加開示すべきとされている。

のライツ・プランの導入[7]、および一定の拒否権付種類株式の発行[8]が、上場廃止事由に該当するとの解釈指針を示している。

これは、2007年4月1日現在の東証株券上場廃止基準および「株券上場廃止基準の取扱い」（以下「取扱い」という。）において、いわゆる買収防衛に関連する上場廃止事由として、東証株券上場廃止基準第2条第1項第17号に「株主の権利内容及びその行使が不当に制限されていると当取引所が認めた場合において、6か月以内に当該状態が解消されないとき」と規定されていることを受け（以下「第17号上場廃止事由」という。）[9]、その具体的な解釈指針を示したものであるといえる。

第3 定款その他の会社内部規則による主要な買収防衛策とその問題点

1 決議条件の変更、議決権の質または量の相違設定等による決議段階での予防策

(1) 決議要件の加重（super majority clause）

株主総会の決議要件を、法律上の要件よりも加重することにより、買収者による株主総会の支配を困難にする手法である。

---

6 ライツ・プランのうち、行使価額が株式の時価より著しく低い新株予約権を導入時点の株主等に対し割り当てておくものの導入（実質的に買収防衛策の発動の時点の株主に割り当てるために、導入時点において暫定的に特定の者に割り当てておく場合を除く。）をいう。

7 株主総会で取締役の過半数の交代が決議された場合においても、なお廃止または不発動とすることができないライツ・プランの導入をいう。

8 拒否権付種類株式のうち、取締役の過半数の選解任その他の重要な事項について種類株主総会の決議を要する旨の定めがなされたものの発行に係る決議または決定（会社の事業目的、拒否権付種類株式の発行目的、権利内容および割当対象者の属性その他の条件に照らして、株主および投資者の利益を侵害するおそれが少ないと東京証券取引所が認める場合を除く。）をいう。

9 東証株券上場廃止基準第2条第1項第17号は、平成18年5月1日の会社法施行を控えて買収防衛策に関する上場ルールの整備の議論が活発になされていた同年3月8日に新たに制定されたものであり、かかる制定の経緯に鑑みれば、東京証券取引所は、買収防衛策については専ら同第17号への該当性を判断する意図で、同規定を設けたものと推測される。もっとも、東証株券上場廃止基準第2条第1項第19号は、「公益又は投資者保護のため、当取引所が当該銘柄の上場廃止を相当と認めた場合」と包括的に規定しているため、買収防衛策の内容によっては、同条項第17号ではなく、第19号の規定に該当すると判断される場合もありうると考えられる。

買収防衛策としては、取締役の解任の要件を加重する方法が多く利用されている。すなわち、旧商法下では取締役の地位の安定に配慮し、取締役の解任には特別決議（原則として3分の2以上の株主の賛成を要する決議）が必要とされていたが（旧商法257条2項）、会社法においては原則として通常決議（過半数の株主の賛成を要する決議）で足りることとされた（会社法341条）。これは、株主総会による取締役の選任、解任を通じて株主総会による取締役会のコントロールを強化する趣旨で改正されたものであるが、その結果として取締役の地位の相対的な弱体化をもたらすこととなった。

買収防衛の実際上の目的の1つは現経営陣の維持にあり、現経営陣とはすなわち既存の各取締役を意味することから、上記取締役の地位の相対的な弱体化を避けるべく、少なからぬ上場企業が定款変更により取締役の解任要件を旧商法と同様の3分の2以上の株主の賛成による決議へと加重している[10]。この取締役の解任要件の加重は、代表的な決議要件の加重による買収防衛策と評価できる。

その他、株主総会による決議要件の加重による買収防衛策としては、定款の変更のための特別決議の要件自体を加重するとの方法も考えられる。

旧商法下では、普通決議の決議要件の加重は認められていたが（旧商法239条1項）、特別決議の決議要件の加重はこれを認める明文の規定がなく[11]、その可否については見解が分かれていた。しかし、会社法は特別決議の決議要件を加重することを明文で認めたため（会社法309条2項）、同法に基づいて特別決議の決議要件を定款で加重することができることとなった。

第1で述べたとおり、本項で述べる各種の買収防衛策は、いずれも定款規定を変更または追加することにより設定されるものであるが、買収者が会社

---

10 東証ガイドライン上は、取締役の解任要件の加重は公表の対象となりうる買収防衛策の例としては示されていない。一方、東証要綱試案の段階においては、「取締役の解任要件を、株主による3分の2以上の賛成を超えて加重すること」は、透明性、流通市場への影響及び株主権の尊重という留意事項に反する可能性のあるものとして公表の対象となりうる買収防衛策の例とされていた。東証要綱試案で示されていた例（上記解任要件の強い加重の他、種類株式の発行、取締役の期差任期制など）の幾つかが、同要綱試案を受けて作成された東証ガイドラインで示されていないのは、当該例を許容する趣旨ではなく、例示をあまり詳細にしないことで逆に「例として示されていないから許容される」との反対解釈がなされることを避ける趣旨であるようである。
11 なお、旧商法下では、特別決議の定足数については、総株主の議決権の3分の1以上の範囲で、定款で変更できるものとされていた（旧商法343条）。

の3分の2以上の持分を取得した場合には、特別決議に基づいて定款変更が行われることにより、買収防衛策が無効化されてしまう可能性がある。定款変更のための特別決議の要件自体を定款変更により加重することは、定款変更による買収防衛策の無効化を防ぐための対策となりうるため、定款による買収防衛策を導入する場合には、セットで導入することを検討する価値があろう。

決議要件の加重は、普通決議（取締役解任決議を含む。）または特別決議の決議要件に関する定款の規定を変更または追加することにより導入可能である。

株主総会の決議事項ごとに異なる決議要件の定めを置くことも可能であり、買収防衛に関わる事項についてのみ、決議要件を加重することが可能である。

もっとも、買収防衛に関わりうる事項は多数あるところ、それらの事項について普通決議または特別決議の決議要件を加重した場合、当該事項については通常時における意思決定の要件も加重されてしまうとの弊害が生じる。例えば、買収防衛とは無関係に問題ある取締役を解任する場合や、友好的買収の際の合併、事業譲渡のための決議等において、加重された決議要件の下での必要な賛成が得られないという問題が生じるおそれがある。また、決議要件の加重は、反面として買収者が当該決議要件が加重された事項についての決議を阻害するために必要とする株式保有比率の低減を意味するため、買収者による牽制に用いられるというリスクもある。そのため、いかなる事項について決議要件を加重するか、また、どの程度まで決議要件を加重するかについて、慎重な検討が必要となる。

また、上場会社については、株主総会の決議要件の加重が東京証券取引所をはじめとした各証券取引所などの株券上場廃止基準や適時開示規則上、どのように扱われるかについても留意すべきである。

2007年3月31日現在の東証株券上場廃止基準において、いわゆる買収防衛を特に念頭においた上場廃止事由としては、東証株券上場廃止基準2条1項17号に、「株主の権利内容およびその行使が不当に制限されていると当取引所が認めた場合において、6か月以内に当該状態が解消されないとき」が規

定されているのみであり、具体的な事由は列挙されていない。また、第17号上場廃止事由の解釈指針となる東証ガイドライン上も、決議要件の加重は、「株主の権利の不当な制限に係る上場廃止基準等」の例としては列挙されていない。もっとも、決議要件の加重は、加重の程度によっては株主による意思決定を著しく困難にするおそれがあるため、「株主の権利内容及びその行使が不当に制限されている」とみなされる可能性がある。

また、東証適時開示規則においては、「株主総会の決議要件の加重」という特定された形での適時開示事由とはされていないが、定款変更自体が適時開示事由となっていること（同規則2条1項1号ai）、また、同規則1条の3第1項1号において、買収防衛策を導入した場合に十分な適時開示を行うことについての尊重義務が課されていることから、買収防衛目的で株主総会の決議要件の加重（取締役解任決議の決議要件の加重を含む。）を行った場合、これらの規定により適時開示が必要となると考えられる。また、決議要件の加重が著しいなど、当該定款変更が「株主の権利内容およびその行使に配慮した内容の買収防衛策」でないと東京証券取引所が認めた場合、同取引所によりその旨が公表されることもありうる（同規則1条の3第2項・1条1項4号）。

(2) 累積投票制度

累積投票制度とは、取締役の選任決議において、1株または1単元株につき、株主総会において選任する取締役の合計数と同数の議決権を有するものとし、その議決権を1人または2人以上に投票して行使する制度である。累積投票制度に依らない場合、取締役を選任する決議において、会社持分の過半数を保有する者が、過半数の賛成をもって取締役全員を選任できることになるが、この制度を採用した場合、少数株主であっても、特定の取締役の選任に集中して議決権を行使することができるため、その持分比率に応じた人数の取締役を選任することが可能となる。

この手法は、特に会社法の施行後は買収防衛のための有効な手法となりうる。すなわち、会社法は、累積投票により選任された取締役については特別決議によらなければ解任できないものと規定しているため（339条1項・309条2項7号・342条6項）、買収者が会社の持分の過半数を取得したとしても、かかる取締役を解任することはできない。これにより、買収者が特別決議に必

要な持分を取得するか、現在の取締役の任期が終了するまで、買収の実を挙げることが困難となる。

　累積投票制度は、会社法上、定款にこれを排除する旨の規定を設けない限り、株主の請求により利用されるため（342条1項）、現在の定款が上記排除規定を有するものでない限り、特に定款変更や規定の追加を経ることなく利用可能である。

　また、累積投票制度の本来の趣旨は少数株主の意見の反映であって、買収防衛の効果は副次的なものにすぎないことから、上場会社において累積投票制度が利用されたとしても、東京証券取引所をはじめとした各証券取引所の株券上場廃止基準の第17号上場廃止事由に抵触したり、株主の権利尊重の観点からの適時開示対象とされることはないものと考えられる（ただし、東証適時開示規則においては定款変更自体が適時開示事由となっているため（同規則2条1項1号ai）、累積投票制度を排除する規定を削除した場合は、この観点からの適時開示は必要である。）。

　もっとも、上記のような累積投票制度の効果を敵対的買収防衛策とするためには、通常時から取締役の選任を累積投票により行うことが必要となるが、その場合、敵対的買収者でなくとも少数株主の意見が取締役会の構成に反映されやすくなるため、取締役会の運営が困難になる可能性があるという問題がある。

　現時点では、ほとんどの上場会社は累積投票制度を排除する旨の定款規定を設けているが、今後は上記買収防衛策としての効果の観点から、累積投票制度の排除の見直しも検討の価値はあろう。

(3) 複数議決権株式（super voting stock）

　単元の異なる複数の種類株式を発行し、一単元を構成する株式の数が少ない種類株式を会社に友好的な株主（現経営者等を含む。）に割り当てる手法である[12]。

　たとえば、発行済み株式総数が100,000株の会社で、100株式で一単元の種類株式を発行済み株式総数の40％発行し、200株式で一単元の種類株式を発

---

[12] 1株に複数の議決権を付与する制度が会社法上認められているわけではないので、「複数議決権株式」という表現は厳密にいえば不正確である。

行済株式総数の60％発行し、前者を会社に友好的な株主に保有してもらう場合、敵対的買収者が後者の種類株式を全て取得したとしても、議決権で見た場合、前者は400議決権を有するのに対して後者は300議決権となるため、買収者は株主総会を支配することができない。

　複数議決権株式を利用した買収防衛策は、単元株制度を採用すること、および単元の異なる複数の種類株式を発行することについて、定款の規定を変更または追加することにより導入可能である（会社法188条1項および3項）。

　一単元を構成する株式の数が少ない種類株式が会社に友好的な株主以外の者に譲渡されてしまえば、買収防衛策として機能しなくなる可能性がある。そこで、そのような種類株式については、譲渡制限を付すことが望ましい。この点、旧商法下では株式の種類ごとに譲渡制限の有無を区別することができなかったため、一部の種類株式のみ譲渡を制限することは不可能であったが、会社法の下では、株式の種類ごとに譲渡制限の有無を区別することが可能であるため（108条1項4号）、一単元を構成する株式の数が少ない種類株式についてのみ譲渡制限を付すことにより、より買収防衛策としての確実性を期待できる。

　東証ガイドライン上、上場会社が単元の異なる複数の種類株式を発行することは、第17号上場廃止事由の解釈基準としての「株主の権利の不当な制限に係る上場廃止基準等」の例としては列挙されていない。また、上場株式に譲渡制限を付すことは上場廃止事由とされているが（同基準2条1項14号）、譲渡制限を付す対象を新たに発行される未上場の種類株式とすれば、既存の上場株式が上場廃止事由に直ちに該当することにはならない[13]。しかしながら、このような一連の取扱いを総合的に捉えて、第17号上場廃止事由に該当すると判断される可能性があるので、注意が必要である。

　一方、同取引所の適時開示規則においては、種類株式の発行そのものは適時開示事由とされていないものの、単元株制度の定めの新設が適時開示事由とされているため（同規則2条1項1号y）、複数の種類株式につき異なる単元

13　証券取引所への上場は、会社単位ではなく（種類）株式単位で行われているため（「普通株式の上場」など）、譲渡制限についても当該上場された株式について付されているかどうかが問題となる。なお、平成19年3月31日現在、東京証券取引所において1つの上場会社について2つ以上の種類株式が上場されている例はない。

を設定するにあたっては、同規則に基づいて適時開示を行うことが必要である。また、（単元株制度や種類株式を導入するための）定款変更自体が適時開示事由となっていること、買収防衛策を導入した場合に十分な適時開示を行うことについての尊重義務が課されていること、東京証券取引所による公表の可能性があること[14]などは、他の買収防衛策と同様、留意する必要がある。

(4) 拒否権付株式（黄金株・Golden Share）

会社が取締役会または株主総会で決議する事項について、当該種類株式についての種類株主総会での決議をも必要とするという内容の種類株式を発行し、会社に友好的な株主（現経営者等を含む。）に保有してもらうことにより、敵対的買収者が株式の過半数を取得し、株主総会ひいては取締役会を支配したとしても、種類株主総会で議案を否決することにより、買収者が提案する決議事項を拒否することを可能とするとの手法である。

種類株主総会が、取締役会や株主総会での決議内容を認めるかどうかの決定権を有することになり、これらの決議に対する事実上の「拒否権」を有することになるため、買収者は、会社の過半数の株式を取得したとしても、当該種類株式を保有している者の議決行動を支配しない限り、会社を完全に支配することができないことになる。このような種類株式は、その実質や強力な権限から、拒否権付株式または黄金株などと称されることがある。

しかも、前記(3)で述べた通り、会社法の下では、株式の種類ごとに譲渡制限を付すことが可能であるため、当該種類株式について譲渡制限を付すことにより、会社に友好的な株主から当該種類株式が譲渡されるリスクを低減することができ、より買収防衛策としての確実性を期待できる[15]。

---

14 東証ガイドライン上は、種類株式の発行については公表の対象となりうる買収防衛策の例としては示されていない。一方、東証要綱試案の段階においては、「上場株式の議決権を相当な程度毀損するような種類株式の発行」は、透明性、流通市場への影響および株主権の尊重という留意事項に反する可能性のあるものとして公表の対象となりうる買収防衛策の例とされていた。もっとも、東証要綱試案から東証ガイドラインに至る過程で例から外れたことが、当該例を許容する趣旨に基づくものではないと思われることは既に述べた通りである。

15 拒否権付株式は極めて強力な買収防衛策となる反面、これが譲渡された場合の危険も大きい。旧商法下では、拒否権付株式そのものは導入可能であったものの、種類株式の一部についてのみ譲渡制限を付す方法が認められていなかったため、実際には譲渡された場合のリスクの問題で導入は困難な場合が多かった。

288 　第 4 章　買収防衛策の新展開

　拒否権付株式を利用した買収防衛策は、会社が取締役会または株主総会で決議する事項につき当該種類株式についての種類株主総会での決議をも必要とするという内容の種類株式を発行することについて、定款の規定を変更または追加することにより導入可能である（会社法108条1項8号・2項8号）。当該種類株式に譲渡制限を付すことは、さらに、その種類株式の譲渡による取得につき当該会社の承認を要することについて、定款の規定を変更または追加することにより可能である（会社法108条1項4号・2項4号）。

　もっとも、拒否権付株式を導入した場合、平時においても、取締役会または株主総会で決議する事項につき逐一種類株主総会の決議を経なければならないことになり、手続が煩瑣となって、迅速な意思決定ができなくなるという問題点がある。また、拒否権付株式は、それを所有する者に（株式の保有割合が低くとも）重要事項の決定について拒否権を与えるものであり、極めて強力な買収防衛策であるため、経営者の保身に利用される危険が高い。

　そのため、東証株券上場廃止基準および取扱いにおいても、上場会社が拒否権付株式の発行に係る決議または決定を行うことは原則として上場株券の上場廃止事由に該当するとされており（同基準2条1項17号、同取扱い「1．第2条（上場廃止基準）第1項関係」の(14)、a、(c)）、例外的に「会社の事業目的、拒否権付種類株式の発行目的、権利内容及び割当対象者の属性その他の条件に照らして、株主及び投資者の利益を侵害するおそれが少ないと当取引所が認める場合」にのみ許容されるとされている[16]。

　よって、拒否権付株式は、極めて強力な買収防衛策ではあるものの、上場会社等においては（上場維持を前提とする限り）実際には導入することは困難であると考えられる。

(5)　取得条項付株式

　会社が株主から強制的に株式を取得できる取得条項を付した株式を発行し、その際、敵対的買収者による一定割合以上の会社の取得等を強制取得の

16　上述の通り、東証ガイドライン上、拒否権付種類株式のうち、取締役の過半数の選解任その他の重要な事項について種類株主総会の決議を要する旨の定めがなされたものの発行に係る決議または決定は、「会社の事業目的、拒否権付種類株式の発行目的、権利内容及び割当対象者の属性その他の条件に照らして、株主及び投資者の利益を侵害するおそれが少ないと東証が認める場合」を除いては上場廃止事由に該当するとされている。

発動条件とすることにより、買収者による買収行為がなされた場合に、会社が当該買収者から株式を強制取得する手法である。具体的な方法としては、会社が発行する全部の株式に取得条項を付ける方法、または種類株式の内容として取得条項を付し、当該種類株式を主として流通する株式とするという方法が、それぞれ考えられる（その他取得条項は株式を利用した買収防衛方法については、本章3および8を参照されたい）。

前者の方法につき、会社法107条1項3号は、会社が発行する全部の株式の内容として、「一定の事由」が生じた場合に当該会社がその発行済株式を強制取得することができるとの条項を定款に規定することを認めており、また、同条2項3号ハは、「一定の事由」が生じた場合に強制取得する株式を「一部」の株式とすること、およびその「一部」の決定の方法を予め定めておくことを認めている。これにより、例えば「一定の事由」を、「対象会社の取締役会決議において承認された者以外が対象会社の議決権の20％以上を取得した場合」等と、また「一部」を「対象会社の取締役会決議において承認された者以外で、対象会社の議決権の20％以上を取得した者の保有株式」と、それぞれ定款に規定することにより（107条2項3号イ、ハ）、敵対的買収者が現れた場合には、当該買収者の保有議決権が一定割合を超えた時点で会社がその保有株式を強制取得できることになって、買収者による一定割合以上の議決権の行使を回避することができる。

また、後者の方法として、全部の株式の内容として取得条項を付すのではなく、種類株式を設定の上、種類株式の内容として取得条項を付し、当該種類株式を主として流通する株式とするという方法によっても、前者の方法をとった場合と同様の目的を達成することができる（会社法108条1項6号・107条2項3号）。

取得条項付株式を利用した上記の買収防衛策は、会社法上、定款の規定を変更または追加することにより導入可能である。

もっとも、投資家保護、流通性の確保という観点からは、取得条項の行使により強制的に会社に取得されてしまう株式に上場株式としての適格性が認められる可能性は低いものと考えられる。

東証ガイドライン上、東証株券上場廃止基準および取扱いにおいて、上場

会社が取得条項付株式を導入することや、これに基づいて株式の強制取得を行うことは、17号上場廃止事由の解釈基準としての「株主権利の不当な制限に係る上場廃止基準等」の例としては列挙されていない。しかし、種類株式として取得条項付株式を導入した上で、発行済み上場株式の全てを全部取得条項付種類株式へ転換し、その全部取得の対価として取得条項を付した種類株式を交付するという方法を採る場合[17]には、そのプロセスにおいて既存の上場銘柄の株式の上場は廃止されてしまう（東証株券上場廃止基準2条1項18号）。これに対しては、東証上場廃止基準の取扱1．(15)、有価証券上場規程10条により、上場株式である全部取得条項付種類株式について全部取得条項が行使された場合には、その対価として交付される株式の上場審査が終了するまでは既存の上場株式の上場が維持されるとされ、対価として交付される株式の上場が制度上予定されている。しかし、一定の事由が生じた場合に会社に強制的に取得されてしまう可能性のある株式が上場株式として流通することは、投資家の保護という観点から問題があるとみなされる可能性が高く、上場を維持しながらこのような買収防衛策を導入することは一般的には困難と考えられる[18]。

以上に鑑みると、取得条項付株式を利用した買収防衛策は、既に上場して

---

17 具体的には、①定款変更により種類株式として取得条項付株式を追加する（108条1項6号）、②発行済株式を全部取得条項付種類株式に転換する（466条・309条2項11号・108条1項7号）、③当該全部取得条項付種類株式を強制取得し、対価として①で設定した取得条項付株式を交付する（171条1項・309条2項3号）等の方法が考えられる。①ないし③のいずれについても株主総会特別決議を経ることが必要であるが、株主全員の同意までは不要であるため、110条による場合に比べて会社法の手続上は導入は容易となる。ただし、全部取得条項付種類株式への転換を利用して種類株式を置き換える方法の問題点として、既存の上場銘柄の株式の上場が廃止されてしまうこと（東証株券上場廃止基準2条1項18号）、会社が全部取得条項を付する際に株主に認められる株式買取請求権（116条1項2号）の行使により、買取りのために支払った金銭の額が分配可能額を超えるときは、当該会社の取締役等がその超過額の支払義務を負う可能性がある等のリスクがあることなどが挙げられる。

18 東証上場廃止基準の取扱1．(15)、有価証券上場規程10条は、全部取得条項を行使された株式の対価として交付される（別の種類の）株式の上場審査が終了するまでは既存の上場株式の上場が維持されると定めるにすぎず、当該対価として交付される株式について上場株式としての適格性が認められるかどうかは別個に判断される。かかる制度の下、一定の事由が生じた場合に会社に強制的に取得されてしまう可能性のある株式である取得条項付株式については、投資家保護、流通性の確保という観点から適格性が認められる可能性が低いことに鑑みれば、結論としてはこの手法を利用して上場株式の置換を行う方法は取り難く、（上場維持を前提とする限り）この方法による買収防衛策の導入は困難と考えられる。

いる会社よりも、今後上場を検討する会社による導入により適していると考えられる。ただし、そもそも取得条項付株式に上場株式としての適格性が認められるかどうかという問題は同様に生じる。

なお、同取引所の適時開示規則においては、取得条項付株式の発行もしくは同株式への転換、または取得条項付株式を取得すること自体は適時開示事由とされていないものの[19]、（取得条項付株式を導入するための）定款変更自体が適時開示事由となっていること、買収防衛策を導入した場合に十分な適時開示を行うことについての尊重義務が課されていること、東京証券取引所による公表の可能性があること[20]などは、他の買収防衛策と同様である。

(6) 議決権制限株式

発行済株式総数のうち、一定の割合以上の株式（たとえば、発行済株式総数の20％以上など）を保有する株主の株式だけを議決権制限株式とすることによって、会社の発行済株式を一定以上取得した買収者に株主総会における議決権を与えない手法である。

旧商法下においては、普通株式を種類株式に変更する手続が明らかでなかったこと、また、議決権制限株式に関する規定が厳格であることなどから、導入することが困難ないし不可能であると解されていたが、会社法下では株式の権利の内容を変更する手続が明文で規定されており（322条1項1号ロ）、また、議決権制限株式についての規定が旧商法に比べて柔軟になっていることから、会社法の下では導入することが可能であると解される[21]（会社法の解釈その他導入方法等につき、葉玉匡美「議決権制限株式を利用した買収防衛策」商事法務1742号（2005年9月15日））。

---

19 適時開示規則上、上場会社が合意等により自己株式を取得することは適時開示事由とされているが（同規則2条1項1号d）、取得条項付株式の強制取得による自己株式の取得は適時開示事由とはされていない。もっとも、買収防衛策として取得条項付株式を導入することそれ自体東京証券取引所の上場関連規則および東証ガイドライン上許容される可能性が低く、かつこれが許容されたとしても取得条項付株式の導入時点および行使時点で（買収防衛策としての）適時開示義務が課される可能性が高い。

20 東証ガイドラインおよび東証要綱試案上、取得条項付株式の導入について特に言及はない。もっとも、上場会社が尊重事項を尊重していないと認められる場合には公表される余地があること、適時開示の対象となりうることは、他の買収防衛策と同様である。なお、買収防衛策として取得条項付株式を導入することそれ自体東京証券取引所の上場関連規則および東証ガイドライン上許容される可能性が低いことは、既に述べたとおりである。

買収者が定款に定めた一定割合以上の株式を保有した時点で、当該買収者の保有する株式の議決権は行使できなくなるため、当該買収者のみ株主総会の決議において議決権を行使できず、これにより買収者による株主総会の支配を回避することができる。

議決権制限株式を利用した買収防衛策は、定款の規定を変更または追加することにより導入可能であると解されるが、その方法はやや複雑であり、具体的には、①定款変更により何らかの種類株式を設ける、および②発行済株式を会社法108条1項3号に掲げる事項についての定めがある種類の株式に変更し、(i)「株主総会の議題となる事項の全部」が「株主総会において議決権を行使することができる事項」(108条2項3号イ)となる旨を定め、かつ(ii)「株主が有する株式の数が発行済株式総数の一定割合(たとえば、発行済株式総数の20％未満)であること」等[22]を、当該株主についての「議決権の行使の条件」(同号ロ)として定める、との定款変更を行う方法[23]が提示されている[24]。

21　旧商法においては、議決権制限株式が発行済株式総数の2分の1を超過することが絶対的に禁止されていた関係で(旧商法222条5項・6項)、議決権を行使できなくなる可能性のある株式は全て議決権制限株式に含めて数を計算すべきと解されていたことから(可能性が現実化し、議決権を行使できない株式の数が発行済株式総数の2分の1を超過した瞬間に、法律違反が生じてしまうためである。)、本項で紹介する議決権制限株式を用いた買収防衛策を導入することはできないと解されていた。一方、会社法においては、議決権の行使に条件が付されていても、「議決権を行使することができる事項」について制限がない株式については、その条件が満たされている限り、会社法115条にいう「議決権制限株式」に該当しないと解されるため(同法115条は、同法41条、45条等と異なり、「第108条第1項第3号に掲げる事項についての定めがある種類の株式」という文言の引用表現をあえて使用していない。)、本項で紹介する議決権制限株式を用いた買収防衛策を導入することが可能と解される余地がある。

22　株式の数の発行済株式総数に対する割合を、単純に「株主」の保有するものと限定してしまった場合、例えば親会社と子会社等による共同での買収等、異なる「株主」の保有数の合計が一定割合を超える場合であっても、議決権制限株式による買収防衛策が機能しなくなる可能性がある。そこで、「株主およびその特別関係者等(「特別関係者」の定義については、証券取引法27条の2第1項に従う。)の保有する株式の数が発行済株式総数の一定割合であること」等と規定することにより、買収者による子会社等の特別関係者を利用した買収を防止することができる。また、議決権が制限される場合およびその制限が解除される場合について、単純な保有割合のみを基準とするのではなく、より柔軟な行使条件の設定も可能である(一定の解除条件を満たした場合には議決権を行使できることとする、取締役会の決議がある場合には買収者の議決権の行使を認める、など)。

23　当該定款変更により、ある種類の株式の種類株主に損害を及ぼすおそれがあるときは、さらに、当該種類株主を構成員とする種類株主総会の特別決議を経る必要がある(322条1項1号)。

もっとも、かかる議決権制限株式を用いた買収防衛策については、その導入を許容する会社法の解釈がいまだ確立したものであるとまでは言えないこと、株主総会において大口株主の議決権がおよそ否定されてしまう手法は、株主による取締役のコントロールという観点からは問題があるとも考えられることなどから、その導入の可否については今後の議論も踏まえつつ慎重に検討されるべきであろう。

　また、上場会社が議決権制限株式を用いた買収防衛策を導入した場合、株主の権利を不当に制限するものとして第17号上場廃止事由に該当すると判断される可能性があること、また、十分な適時開示を行うことについての尊重義務が課されていること、東京証券取引所による公表の可能性があることなどにも留意すべきである。

(7) 小　括

　以上見たとおり、決議条件の変更、議決権の質または量の相違設定等による決議段階での予防策には、極めて強い買収防衛効果を有するものもあり、これを導入した場合、買収防衛策としての機能が十分に期待できるものが多い。

　しかしながら、決議段階での予防策については、東京証券取引所を初めとした証券取引所が、上場廃止基準や適時開示規則等により、上場廃止事由となる可能性を示し、また、開示を原則としていること、また、これを導入した場合、通常の業務執行の局面においても決議が困難になるなど会社の業務に支障をきたすおそれもあることなどから、実際にこれを導入することは困難であることが多いものと思われる。特に、証券取引所が上場廃止事由と考える買収防衛策については、上場を前提とする限り、上場会社はこれを導入できないため、東京証券取引所を初めとした証券取引所の第17号上場廃止事由の運用状況については今後十分に注意を払うべきである。

　また、株式や新株予約権の発行を伴うものについては、買収者から差止め

24　①の定款変更は、同②の定款変更を行う前提として、会社が二以上の種類の株式を発行する会社（種類株式発行会社）になるための形式的な定款の変更であり、会社が実際に当該種類株式を発行する必要はない。なお、②の定款変更により規定される議決権行使条項は、種類株式発行会社のみが定めることができる条項（108条1項各号）に該当する。

を求める仮処分その他の請求が提起された場合、裁判所が株主総会における承認の有無を重視して差止めの可否を決定する傾向があることから（第6章参照）、導入にあたっては原則として株主総会決議を経ることが、発行を差し止められないための方法として有効であると考えられる[25]。

2　買収を条件として生じる事態の牽制による予防策

(1)　取締役に対する多額の退職慰労金の支払（Golden Parachute）

敵対的買収の結果として会社の現在の取締役が退任するに至る場合について、取締役が通常通り退任した場合よりも遥かに多額の退職慰労金を支給するとの取決めをしておくことにより、敵対的買収者に買収を実行した場合の会社の財務状況の悪化を予想させて、敵対的買収を予防する手法である。取締役が多額の退職慰労金とともに会社から離脱することから、この手法は「ゴールデン・パラシュート」と呼ばれることがある。

割増退職慰労金の額、および退職慰労金の割増を行う条件等について、あらかじめ定款および関連する内部規則（退職金規程等）に規定しておくことにより、導入可能である（361条）[26]。また、通常は、会社と取締役との間で割増退職慰労金の支給に関する契約が締結される。

割増退職慰労金の額については、具体額までを定めておく必要はないと解されるが、取締役の報酬（退職金）請求権が具体的に発生するためには、少なくとも具体的な算定方法までは定める必要があるものと考えられる。

また、退職慰労金の割増の発動条件については、意図しない発動や発動すべき場合に発動しないことを避けるため、敵対的買収と友好的買収をどのよ

25　会社法295条2項により、取締役会設置会社においては株主総会決議事項が法定事項および定款記載事項に限定されていることから、定款変更を先行して行った上で株主総会決議を行う等の手順を踏むことが必要となる場合もあると思われる。

26　取締役の報酬（退職慰労金も含む。）は、定款の規定または株主総会決議によって決せられるところ、買収による退任が問題となる場面では、既に買収者が会社の議決権の過半数を取得しているため、当該時点で株主総会で割増退職慰労金の支給を決議することは期待できない。なお、あらかじめ株主総会において割増退職慰労金の具体的な額と支給条件を決議しておくとの方法により、株主決議に基づいてゴールデン・パラシュートを設定することも不可能ではないと思われるが、退職金も報酬の一種であるため、株主総会決議による場合、取締役が交代するごとに決議を行う必要があるために手続が煩瑣となること、当該各決議において議案が否決される可能性があることなどからすれば、やはり定款に規定を設ける方法が現実的であると思われる。

うに区別するのか、買収者がどの程度の割合の株式を取得したら割増の効果が発動するのか、解任ではなく任期満了後の不再任という方法を採られた場合にも割増の効果が発動するのか等について、詳細に定められる必要がある。

　もっとも、ゴールデン・パラシュートは、いわゆるクラウン・ジュエルと同様、対象会社の価値を毀損することにより買収を防衛する手法であるため、これを導入した場合、経営者の過度の保身として、取締役の善管注意義務ないし忠実義務の違反を構成する可能性がある。前述のように、導入に際しては定款変更が必要であるため、特別決議により少なくとも総株主の3分の2以上の賛成を得ていることにはなるが、あまりに割増退職慰労金額が高額である場合など取締役の行為が会社に対する善管注意義務違反を構成する場合には、総株主の同意がなければその損害賠償責任は全部免除されず（423条1項・424条）[27]、また、善意無重過失であるとしてその責任が株主総会の特別決議により一部免除されたとしても（425条）、多大な損害賠償責任を負うことになる。他方、割増額が会社の価値を毀損するほどに高額でない場合には、買収者に対する牽制効果が弱く、買収防衛策として有効に機能しないことになる。

　さらに、ゴールデン・パラシュートは、東証株券上場廃止基準および取扱いにおいて、株主の権利を不当に制限するものとして、東証ガイドライン上は「株主の権利の不当な制限に係る上場廃止基準等」の例としては列挙されていないものの、第17号上場廃止事由に該当すると判断される可能性が相当程度あるものと思われる。

　上記のような問題を考慮した場合、現実的には、会社法上または証券取引所の規則上、上場会社がゴールデン・パラシュートを導入することは困難であると思われる。

(2)　従業員に対する多額の退職慰労金の支払（Tin Parachute）

　敵対的買収の結果として会社の現在の従業員が退職するに至る場合について、従業員が通常通り退職した場合よりも多額の退職慰労金を支給するとの取決めをしておくことにより、敵対的買収者に買収を実行した場合の対象会

27　買収防衛策を講じる必要のある公開会社（多くの場合上場会社）において、総株主の同意を取ることは至難であるため、全部免責は事実上期待できないと思われる。

社の財務状況の悪化を予想させて、敵対的買収を予防する手法である。基本的発想は、取締役のゴールデン・パラシュートと同様であるが、通常従業員の数は取締役の数よりも多いために従業員1人あたりについての割増はゴールデン・パラシュートほど多額ではないことから、この手法は「ティン（ブリキの意）・パラシュート」と呼ばれることがある。

　従業員の退職慰労金を利用した買収防衛策であるため、特に定款変更や株主総会決議を経る必要はなく、取締役会決議によりあらかじめ従業員退職金規程に規定しておくことにより、導入可能である。

　割増退職慰労金の額について、少なくとも具体的算定方法を定めておく必要があること、退職慰労金の割増の発動条件について詳細に定められる必要があることは、ゴールデン・パラシュートの場合と同様である。

　もっとも、ティン・パラシュートも、結局は会社の価値を毀損することにより買収を防衛する手法であるため、その導入により一般株主の利益を害することは避けられない。よって、内容が過剰な防衛策とみなされる場合には、その導入は経営者の過度の保身として、取締役の善管注意義務ないし忠実義務の違反を構成する可能性がある。

　特に、ティン・パラシュートについては、取締役会決議による従業員退職金規程の変更で導入可能であり、株主総会による決議を経ないため、一般株主から責任追及があった場合、株主総会決議により免責されるかどうかも不透明である（免責についてはゴールデン・パラシュートの項参照）。

　このような責任追及の事態を避けるためには、割増対象金額の額を一定の合理的な金額に留めるなどの工夫が必要となるが、それは反面で買収防衛策としての有効性を損なうこととなる。

　さらに、ティン・パラシュートについても、上場会社がこれを導入した場合、株主の権利を不当に制限するものとして第17号上場廃止事由に該当すると判断される可能性が相当程度あること、また、十分な適時開示を行うことについての尊重義務が課されていること、東京証券取引所による公表の可能性があることなどは同様である。

3　その他の防衛策

(1)　授権資本枠の拡大

会社が発行できる株式の最大枠をあらかじめ拡大しておくとの手法である。

敵対的買収に対抗して第三者割当増資を行う場合や新株予約権行使に応じて株式を発行する場合など、株式発行を伴う買収防衛策については、会社が発行できる株式の残枠が十分にない場合には機能しない可能性がある。そこで、あらかじめ授権資本枠を拡大しておき、敵対的買収が迫った場合に機動的に株式を発行して、会社を防衛できるようにしておくというものである。

この手法単体で効力を有するというよりは、株式発行を伴う買収防衛策の条件整備を目的とすることが通常である。

授権資本枠の拡大は、授権資本枠に関する定款規定を変更することにより導入可能であるが、会社法の下でも、公開会社[28]については、当該定款変更の効力発生時点で発行済株式の総数の4倍を超える数字への授権資本枠の増加は認められていない（113条3項）。

なお、授権資本枠の拡大は、それ自体として株主の権利を不当に制限したり、買収防衛策の効果を有するものではないため、上場会社がこれを行ったとしても、東京証券取引所を初めとした各証券取引所の株券上場廃止基準の第17号上場廃止事由に抵触したり、株主の権利尊重の観点からの適時開示対象とされることはないものと考えられる（ただし、定款変更の適時開示は必要である。）。

(2)　取締役の期差任期制（スタッガード・ボード staggered board）

取締役の任期を1年ずつずらすことにより、取締役の過半数の交替を生じにくくする手法である。

旧商法下では、株主総会における取締役の選任は普通決議で足りるとされているのに対し（旧商法254条1項）、取締役の解任は特別決議が必要とされていた（旧商法257条2項）。そのため、現行の取締役が全員同時に任期満了を迎

28　会社法上、「公開会社」とは、譲渡制限の付されていない株式の発行が定款で予定されている株式会社を意味する（2条5号）。

えるよう選任されている場合、任期満了の株主総会の直前に会社の過半数の株式を取得した買収者は、全員を選任（再任）しないことにより、取締役を全員入れ替えることができた。一方、取締役が毎年半数ずつ任期満了を迎えるよう選任されている場合、取締役の解任には3分の2以上の持分が必要であることから、買収者が過半数であるが3分の2未満の持分の株式を取得したにとどまる場合には、取締役の半数のみが入れ替わることになり、買収者による全面的な取締役会の支配を避けることができた。

　取締役の任期の上限は2年間とされているため（旧商法256条1項、会社法332条1項）、次回の定時株主総会では残りの取締役も入れ替わる可能性があるが、少なくとも、敵対的買収後に直ちに会社の経営権を掌握できないことは、敵対的買収者の買収意欲を削ぐという点で効果がある。

　取締役の期差任期制は、取締役の選任に関する定款の規定を変更または追加する（半数改選制にするなど）ことにより導入可能である。

　もっとも、会社法の下では、累積投票により選任された取締役を除き、普通決議により取締役の解任ができることとされたため（339条1項・341条・309条1項・2項7号）、上記1(1)で述べた決議要件の加重や同1(2)で述べた累積投票制度による選任と組み合わせなければ効果が得られないものと考えられる。また、取締役の任期の上限が3年間とされている米国と比べ、取締役の任期の上限が2年間である日本では、取締役の期差任期制を採用しても毎年取締役の半数が改選の時期を迎えるため、残留する取締役は全体の半数に過ぎず、その効果は限定される。

　取締役の期差任期制は、それ自体株主の権利を不当に制限するものとはいえないため、その採用が東証上場廃止基準の第17号上場廃止事由に該当する可能性は低いものと考えられる。

　一方、同取引所の適時開示規則においては、定款変更自体が適時開示事由となっているほか、買収防衛目的で取締役の期差任期制を導入する場合、十分な適時開示を行うことについての尊重義務の適用があるとみなされる可能性はある。また、ライツ・プラン等他の買収防衛手法と組み合わせた場合については東京証券取引所による公表対象となる可能性もある[29]。

(3) 取締役の定員限定および資格制限

定款で定められた取締役の定員を限定し、かつ可能な限り欠員が出ないようにする手法、および定款に取締役の資格を制限する条項を設ける手法である。

定款で取締役の定員が規定されていないか、または規定されていても「○名以上」などと規定されている場合、敵対的買収により買収者が会社の過半数の株式を取得した場合、現行の取締役の総数を超える数の取締役を新たに選任することにより、取締役会を支配することができるようになる。また、定員が「○名」または「○名以内」と限定して規定されていたとしても、欠員が多い場合には、その欠員を補充する形で買収者が多数の取締役を選任し、やはり取締役会を支配することができるようになる。よって、買収者による取締役会への多数の取締役の送り込みを防止すべく、取締役の定員を限定するとともに、できるだけ欠員を出さない（定員と会社の実際の取締役数とがかけ離れている場合には、定款を実情に合わせて変更する。）ことにより、買収者による取締役会の支配を防止することが可能となる。さらに、任意の退任や病気、死亡等で欠員が出てしまうことを避けるため、取締役が選任後に欠けてしまった場合の補欠取締役を選任しておくことも（329条2項）、買収者による取締役会の支配防止の方法として有効である。

また、取締役になるための要件につき、資格制限条項（日本人または日本に3年以上居住していること、同業他社の取締役になったことがないこと、従業員であること等）を設けることにより、買収者が外国会社である場合の多数の外国人取締役の選任や、買収者が同業他社である場合の当該他社の取締役の送り込みなどを防止することができ、これにより買収者による取締役の選任の幅が狭まることになる。

定員の限定については、取締役の定員についての定款規定を変更または追

---

29 東証ガイドライン上、取締役の期差任期制の導入は適時開示事由または上場廃止事由に該当しうる例としては記載されていない。なお、東証要綱試案によれば、取締役の期差任期制を導入している会社によるライツ・プランの導入は、透明性、流通市場への影響および株主権の尊重という留意事項に反する可能性のあるものとして公表の対象となりうる買収防衛策の例とされていた。もっとも、東証要綱試案から東証ガイドラインに至る過程で期差任期制が例から外れたことが、当該例を許容する趣旨に基づくものではないと思われることは既に述べた通りである。

加することにより、(加えて、欠員がある場合に取締役を補充することにより) 導入可能である。資格制限については、取締役の資格についての定款規定を変更または追加することにより導入可能である[30]。

　取締役の定員限定や資格制限は、それ自体株主の権利を不当に制限するものとはいえないため、その採用が東証上場廃止基準の第17号上場廃止事由に該当する可能性は低いものと考えられる。一方、同取引所の適時開示規則においては、定款変更自体が適時開示事由となっているほか、買収防衛目的で取締役の定員限定や資格制限を導入する場合、十分な適時開示を行うことについての尊重義務の適用があるとみなされる可能性はある。

〔琴浦　諒〕

【主要参考文献】
① 武井一浩＝太田洋＝中村龍太郎編著『企業買収防衛戦略』(商事法務、2001年)
② 相澤哲編著『一問一答　新・会社法』(商事法務、2005年)
③ 長島・大野・常松法律事務所編『アドバンス　新会社法　第2版』(商事法務、2005年)
④ 商事法務1742号 (2005年9月15日号)
⑤ アンダーソン・毛利・友常法律事務所編著『新会社法の読み方』(金融財政事情研究会、2005年)
⑥ 西村総合法律事務所編『M&A法大全』(商事法務研究会、2001年)
⑦ 『敵対的買収防衛策』(財団法人　経済産業調査会、2005年)
⑧ 相澤哲＝葉玉匡美＝郡谷大輔編著『論点解説　新・会社法　千問の道標』(商事法務、2006年)
⑨ 『買収防衛策の導入等に関する上場制度』(東京証券取引所ウェブサイト)
⑩ 江頭憲治郎『株式会社法』(有斐閣、2006年)

30　旧商法下では、取締役の資格を株主に限定することはできなかったが (旧商法254条2項)、会社法下では、公開会社ではない株式会社に限って取締役の資格を株主に限定することが認められた (331条2項)。しかし、公開会社ではない株式会社についてはもともと買収の脅威にさらされることが想定しにくく、上記買収防衛策との関係ではあまり意味はないと考えられる。

8

事前防衛策(6)
第三者との契約による方法

問題意識

① 第三者との契約その他の合意により設定することができる企業買収の防衛策にはどのようなものがあるか。

第1 はじめに

これまでに紹介してきた敵対的企業買収に対する予防的な防衛策は、株式等の発行や取得、合併等の組織変更、定款その他諸規則の変更といった会社の組織に関わる変更を伴うものであるが、このような組織に関わる変更を伴わず、第三者と契約その他の合意を締結することにより、防衛策を設定することも可能である。

第三者との契約による手法は、①株式の処分を契約等で制限することにより敵対的買収自体を困難にするものと、②敵対的買収自体を困難にするものではないが、買収が実際に達成された場合には、対象会社の事業継続が困難になったり、多額の違約金等の支払により対象会社の財務状況が悪化したりする等の効果が発生するため、買収対象としての魅力が減殺されて、買収のリスクが低下するとの効果を有するものとがある。

第三者との契約により買収防衛策を設定する場合、組織に関わる変更を伴わないことから、基本的に導入に際して株主の意思を問うことは不要であり（新株予約権発行や定款変更と異なり、株主総会決議による承認を得る必要はない。）、また、当該第三者との契約その他の合意の内容が、「重要な財産の処分及び譲

受け」その他会社法が取締役会での決定を要求する要件（362条4項）に該当しない限り、取締役会決議を経ることも不要であるため、ライツ・プランや定款変更による買収防衛策と比べて、その導入は容易である。また、第三者との契約による企業買収防衛策は、一方当事者からの撤回が原則として不可能であるため、定款を再変更することにより発動防止が可能な定款変更による防衛策と異なり、買収者が会社を取得しても、当該第三者の合意がなければ防衛策を無効化することはできない。

　一方、上記の利点の反面として、業務執行取締役または取締役会の判断により導入可能であるため、当該第三者との契約による買収防衛策が会社の企業価値を毀損したり、株主の利益を不当に害したりするものであるとみなされた場合には、取締役は、株主から損害賠償責任等の責任追及を受ける可能性がある（423条1項。なお、免責につき424条・425条等）。また、第三者との契約により設定されるため、会社が当該買収防衛策を撤回または変更したいと考えても、当該第三者の合意がなければこれを実現することができず、たとえば友好的な買収に応じる場合等、会社の現経営者の意向に添う買収を受ける場合でも、当該第三者の合意が得られない限り、防衛策が発動してしまうといった欠点がある。

　さらに、事前に第三者との間の契約内容が外部に開示されていない場合には、そもそも「第三者との契約の内容」をもって買収者を牽制することができないため、予防的な買収防衛策としての効果には限界がある[1]。

　なお、東京証券取引所を初めとした各証券取引所の株券上場廃止基準や適時開示規則等は、買収防衛策との関係では、基本的には上場会社が組織法上の行為（定款変更、ライツ・プランとしての新株予約権発行等）を行う場合を念頭においていると思われ、第三者との契約の内容まで当然に開示することを要求しているとまでは思われない[2]。もっとも、今後、各証券取引所が第三者と

---

[1] いわゆる敵対的買収は、対象会社の協力なくして行われるため、少なくとも買収者が対象会社と交渉に入るまでは、買収者は対象会社が締結している契約の内容を知らないままに買収プロセスを進めるのが通常である。買収交渉中に、対象会社が買収者に対して第三者との契約の内容を開示した場合、買収者は買収を再検討する機会を与えられることになるが、事前交渉なしに株式市場で株式の買い集めが進められた場合や公開買付けが行われた場合など、第三者との契約による手法が買収防衛策として機能しないこともありうる。

の契約についても、その買収防衛の効果が非常に高い場合等一定の場合には適時開示の対象とすべきとの解釈を示す可能性は否定できない。

第2 第三者との契約その他の合意による主要な買収防衛策とその問題点

(1) 敵対的買収自体を困難にする手法－処分禁止条項（Lock Up）

会社が、その株式を保有している友好的第三者との間において、当該友好的第三者が保有する株式の譲渡、貸株、信託等の処分を禁止する条項を含む業務提携契約等を締結し、当該友好的第三者の保有する株式の取得を困難にすることにより、買収者による買収を困難にする手法である。

株式を保有している第三者が対象会社の現経営者に友好的であることが前提の手法であるため、当該第三者が敵対的買収者に協力する方針に転じた場合や、当該第三者自身が先に（対象会社に友好的でない）別の第三者に買収されたりした場合には、買収防衛策としての意味がなくなってしまうリスクがある。また、第三者の処分禁止義務はあくまで契約上の義務であるため、第三者がこれに反して株式を買収者に譲渡したとしても、当該譲渡自体の効果を否定することはできないとの限界がある。

さらに、予防的な効果を期待するためには、当該第三者が契約で株式の処分を禁止されていることについて、買収者に事前に開示すること等が必要なこと、不当な株式の持ち合いであるとみなされるなど、株主の利益を不当に害するものであるとみなされた場合に、取締役が株主から損害賠償責任等の責任追及を受ける可能性があることは、いずれも前述のとおりである。

(2) 資本拘束条項（Change of Control）

会社が事業を継続していく上での重要な契約に、会社の株主構成の変動や現経営者の変更等を当該契約の終了もしくは解除事由、または期限の利益喪失事由等として規定しておくことにより、当該契約が敵対的買収者に開示さ

---

2 そもそも、第三者との契約においては、当事者に契約についての守秘義務が課されることが少なくなく、そのような場合、契約の内容を証券取引所に開示することが契約違反となることもある。

れた場合に、当該買収者に買収を実行した場合の対象会社の事業継続の困難を予想させて、買収対象としての魅力を減殺することにより、買収を防衛する手法である。

　会社が事業を継続していく上での重要な契約としては、事業自体の継続に関わるものとして、代理店契約、ライセンス契約、継続的売買契約等が考えられ、また、資金面で事業継続を間接的に支える契約として、融資契約等が考えられる。

　代理店契約等の事業自体の継続に関わる契約に関し、資本拘束条項が発動した場合、対象会社の事業継続に関わる契約が終了するか、また少なくとも買収者は契約の継続を求めて第三者と交渉しなければならない。このことは、事業継続可能性あるいは交渉コストの観点から、対象会社の買収対象としての魅力を減殺するものであり、もって買収リスクを減少させるものである。

　また、融資契約等、資金面で対象会社の事業継続を間接的に支える契約に関し、資本拘束条項が発動した場合、当該融資契約に基づく貸金返還債務の期限の利益が失われ、一括で返済する必要が生じることから、対象会社の資金繰りに支障をきたし、結果として事業継続が困難になることになる。これを避けるためには、買収者は融資契約に基づく融資条件の存続について第三者である金融機関等と交渉しなければならない。これらは、事業継続可能性あるいは交渉コストの観点から、対象会社の買収対象としての魅力を減殺するものであり、もって買収リスクを減少させるものである。

　もっとも、このような予防的な効果を期待するためには、少なくとも買収プロセス中に当該条項の存在を買収者に対して開示する必要があることは既に述べたとおりである。また、現経営者の同意に基づく友好的な買収の場合にも、資本拘束条項の発動により事業自体の継続に関わる契約の終了または解除原因となってしまい、あるいは資金面で対象会社の事業継続を間接的に支える契約の期限の利益喪失事由等となってしまうことから、平時における事業遂行が阻害されるとの問題もある。

　なお、これらの導入が株主の利益を不当に害するものであるとみなされた場合に、株主から損害賠償責任等の責任追及を受ける可能性があることは、これまでに述べた各防衛策と同様である。

(3) 違約金条項（Break-up Fee）

　第三者との間の契約において、①会社の株主構成の変動や現経営者の変更がないこと等を誓約させ、または買収につき当該第三者に独占交渉権を与え、かつ、②誓約違反があった場合、または当該第三者以外の者と買収についての交渉を行った場合に当該第三者に多額の違約金を支払う旨の条項を規定しておくことにより、当該契約が敵対的買収者に開示された場合に、当該買収者に買収を実行した場合の対象会社の財務状況の悪化を予想させて、買収対象としての魅力を減殺することにより、買収を防衛する手法である。

　買収防衛手法として違約金条項を設定する場合、第三者が対象会社と全く関係ない会社であることは少なく、友好的第三者が契約相手方の第三者となることが多い。これは、友好的買収の場合に防衛策を発動させない（あるいは発動を無効化する）ための交渉を容易にするため、また、防衛策が発動した場合に当該友好的第三者が得た違約金の使途につき、予め合意しておく（現経営陣が新たに設立する別会社の出資資金とするなど）等の柔軟な対応が可能であるためである。

　予防的な効果を期待するためには、買収者に対して当該条項の存在を開示することが必要なこと、違約金の金額等が極めて高額であるなど契約内容が株主の利益を不当に害するものであるとみなされた場合に、株主から損害賠償責任等の責任追及を受ける可能性があること[3]は、いずれも前述のとおりである。

〔日下部真治＝琴浦　諒〕

【主要参考文献】
① 武井一浩＝太田洋＝中山龍太郎編著『企業買収防衛戦略』（商事法務、2004年）
② 武井一浩＝中山龍太郎編著『企業買収防衛戦略Ⅱ』（商事法務、2006年）
③ 相澤哲編著『一問一答　新・会社法』（商事法務、2005年）
④ 長島・大野・常松法律事務所編『アドバンス　新会社法　第2版』（商事法務、2006年）

3　違約金条項は、会社財産の直接の流出を伴うものであるため、敵対的買収防止目的で高額の違約金条項を設け、これが発動した場合、一般株主から経営陣の保身のために不当な会社財産の流出を招いたとして損害賠償請求を受ける可能性は、他の手法に比して低くないと思われる。

⑤　葉玉匡美「議決権制限株式を利用した買収防衛策」商事法務1742号（2005年9月15日号）
⑥　アンダーソン・毛利・友常法律事務所編『新会社法の読み方』（金融財政事情研究会、2006年）
⑦　西村総合法律事務所編『M&A法大全』（商事法務研究会、1988年）
⑧　「敵対的買収防衛策」（財団法人　経済産業調査会）
⑨　相澤哲＝葉玉匡美＝郡谷大輔編著『論点解説　新・会社法　千問の道標』（商事法務、2006年）
⑩　「買収防衛策の導入等に関する上場制度」（東京証券取引所ウェブサイト）

9

有事防衛策(1)
株式等の発行、増配による方法

> **問題意識**
> ① 第三者割当増資、新株予約権の発行、増配による有事防衛策の概説。
> ② 各防衛策の使用可能性・注意点。

第1 はじめに

　ここまでは、敵対的買収が行われる前の防衛策、すなわち平時における事前予防策について取り上げてきた。

　本項以下は、実際に敵対的買収が行われた後の防衛策、すなわち有事の防衛策について解説していくこととする。まず、本項では、株式等の発行、増配による方法、次項では、取得条項付株式等による方法、次々項では、組織再編・資本再編による方法、最後に、交渉戦略その他による方法を取り上げる。

第2 有事における注意点

　敵対的買収を仕掛けられた会社の経営陣が、防衛をしようとすることは、それが企業価値の毀損を防止し、株主の利益につながる限り、正当化されると考えられている。しかしながら、敵対的買収に直面した現経営陣が自己の地位を保全し、自己の利益のために行動しようとすることは多分に否定できない。

したがって、有事（遅くとも、総株主の議決権の過半数以上の取得を目的とする敵対的TOBの公開買付公告が行われた時点で、対象会社は「有事」の状況に陥っているといえる。）の場合、平時の防衛策と比べて、敵対的買収に対する防衛策を違法とする基準がより厳しくなる——すなわち、司法審査の結果、当該買収防衛策が違法となる可能性が高くなる——ことには注意が必要である。[1]

第3　株式等の発行による有事の防衛策

株式等の発行による有事の防衛策としては、①第三者割当増資、②新株予約権の発行がある。以下、順に説明していく。

1　第三者割当増資

(1)　前　説

第三者割当増資とは、友好的な株主または第三者に新株を発行し、資金を調達することである[2]。

これによって、発行済株式総数が増加し、会社（現経営陣）側の持株比率を上げ、他方、敵対的買収者側の持株比率を相対的に下げ、希釈化することができる。また、敵対的な買収者としては、より多くの株式を買う必要がでて

---

[1] 太田洋「『平時』の予防策と『有事』の対応策」太田洋＝中山龍太郎編著『敵対的M＆A対応の最先端』121頁（商事法務、2005年）は、「対象会社経営陣は、会社における自己の地位を保全し、あるいはそれがかなわないまでも自己の利益を可能な限り極大化しようとする本能的な誘惑に常にさらされている。敵対的買収に対して対象会社経営陣が取るアクションは、他の会社行為と同じく、その適否が最終的には裁判所によって取締役・執行役の、いわゆる善管注意義務ないし忠実義務の観点から判断されることになるわけであるが、わが国の裁判所や学説は、敵対的買収が仕掛けられた場合のような経営権の争奪状況が生じている局面では、対象会社の経営陣に自己の地位ないし利益を保全しようとする強いインセンティブが働き、対象会社の株主の利益がないがしろにされる潜在的な危険性が高いことに鑑み、通常の会社行為よりも厳しい判断基準の下で取締役の善管注意義務（忠実義務）違反の有無を判定しようとする傾向にある。」と指摘する。また、同論文は、買収者の株式の買集め状況がどの段階に至ったら「有事」と判断されるかについても分析を試み、少なくとも、当該会社の総株主の議決権の100分の10以上を取得し、証券取引法上の「主要株主」に該当するに至る段階に止まっている限りは、未だ「有事」の段階には至っていないと判断してよい場合が多い、とする。

[2] 第三者割当増資は、本来、資金調達の一手段であることには留意しておかなければならない。資金調達の手段であるにもかかわらず、敵対的買収の防衛手段として用いられた場合に、不公正発行の問題が生じるのである。

くるため、買収コストが増大し、その買収を困難にすることができる。

公開会社においては、第三者割当増資は、原則として[3]、取締役会の決議のみで行うことができる（会社法201条1項）。したがって、迅速さという観点からは、効果的な防衛策といえる[4]。

(2) 問題点

第三者割当増資を有事の防衛策として用いる際には、以下の2点が問題となる。

第1に、著しく不公正な方法による発行として、差止めの対象とならないかという点である（会社法210条2項）。

第2に、払込金額が、特に有利な金額であるとして（以下、「有利発行」という。）、株主総会の特別決議が必要とならないかという点である（会社法199条2項・201条2項・309条2項5号）。なお、以上の2つの問題点については、「第6章　1　新株発行に絡む裁判例」で詳述してあるので、ここでは簡潔に述べておくにとどめる。

ア　不公正発行について　会社が、著しく不公正な方法による新株の発行（以下、「不公正発行」という。）を行う場合で、株主が不利益を受けるおそれがあるときは[5]、株主は、会社に対して、新株発行の差止めを請求することができる（会社法210条2号）[6]。

ここで問題となるのは、不公正発行とは、どのような場合をいうのかという点である。

---

[3] 払込金額が株式を引き受ける者に特に有利な金額である場合は、株主総会の決議が必要となる（会社法201条1項・199条3項）。また、定款上それを株主総会の権限と定めた場合も同様である（会社法295条2項）。

[4] ただし、実際に、適正な株式割当先をすぐに確保することができるかという問題は残る。

[5] 取締役・執行役の行為の差止め（会社法360条・422条）と異なり、会社に損害を生ずるおそれは要件ではなく、株主に直接の不利益が生ずるおそれがあることを要件としている。

[6] この請求は訴訟で行うこともでき、その訴えを本案として発行差止めの仮処分を求めることもできる（神田秀樹『会社法〔第9版〕』132頁（弘文堂、2007年））。

しかし、新株発行の効力が生じてしまうと、差止めはできなくなる。そこで、効力発生前に、株主（買収者）は、会社を債務者として差止仮処分の申請を行うのが通常である。

なお、新株の発行が違法になされる場合については、①効力発生前の差止め、②効力発生後の無効、③関係者の民事責任の各措置が定められている。しかし、②について、判例は、株式の譲受人・会社債権者等の利益を害するおそれがあるから、制限的にしか認めるべきではないとしている。そして、不公正発行は、無効事由とならないとする（最判平9・1・28民集51巻1号71頁）（江頭憲治郎『株式会社法』679頁、690頁（有斐閣、2006年））。

まず、資金調達の必要性が全くないにもかかわらず、現経営陣の会社支配権の維持、あるいは特定株主の持株比率を低下させるために新株発行が行われる場合は、不公正発行に該当する。

しかしながら、実際は、資金調達目的等の正当な目的も並存する場合が多い。

この問題に関する判断基準としては、いわゆる「主要目的ルール」がこれまでの裁判例上、ほぼ確立している（主要目的ルールに関する裁判例については、「第6章　1」を参照されたい。）。

主要目的ルールとは、取締役会が新株の発行等を決定した諸々の動機のうち、議決権の過半数を確保する等の不当な目的が、資金調達等の正当な目的に優越する場合に、差止めを認める基準であり、これまでの裁判例では、会社に資金需要があることが認められる場合は、資金調達等の正当な目的が主要目的であったとして、不公正発行ではないとする事例が多かった[7]。しかし、これは従前の敵対的買収が、グリーン・メール型のものであったことに配慮したとも考えられるのであり、[8]　本来的な意味の敵対的買収であれば、同様の基準を用いるとは限らない（なお、新株予約権に関して、後述するニッポン放送新株予約権発行差止仮処分事件高裁決定参照。同決定は、主要目的ルールを採用しつつも、「株主全体の利益の保護という観点から新株予約権の発行を正当化する特段の事情がある場合には、例外的に、経営支配権の維持・確保を主要な目的とする発行も不公正発行に該当しないと解すべきである」と、発行目的の認定に加え「特段の事情」の存否の判断を行うという二段構えの判断枠組みを新たに採用した。）。

7　秀和対いなげや・忠実屋事件（東京地決平元・7・25判タ704号84頁・判時1317号28頁）、ベルシステム24事件（東京地決平16・7・30金判1201号4頁、東京高決平16・8・4資料版商事法務245号129頁（抗告審））。なお、M＆Aに関する判例全般につき、野村修也＝中東正文編『M＆A判例の分析と展開』（別冊金融・商事判例）（経済法令研究会、2007年）参照

8　江頭・前掲書683頁は、次のようにいう。「上場会社において、株式を買い占められた際に対抗措置として行われる第三者割当ての方法による募集株式の発行等については、著しく不公正と認めることを裁判所に躊躇させる事情があったと思われる。それは、わが国で従来行われた上場会社の株式買占めは、ほぼ例外なく、支配権取得が真の目的ではなく、……高値による市場での売却または会社関係者に対する高値肩代り要求をねらったものだったので、裁判所も取締役の対抗措置を容認せざるを得なかったからである。そうだとすれば、取締役の対抗措置が不当目的達成動機に出たものか否かの判断は、特定株主の持株比率を低下させることが主要目的であったか否かの点よりも、当該特定株主の会社事業運営計画の具体性等に焦点を当ててなされてもよさそうであるが、裁判所は、その点を正面から判断することは嫌うようである。」

とはいえ、この防衛策をとる際に、資金の必要性・使途等について、合理的な説明がまず求められることには変わりはない。

結論として、十分な資金力を持つ会社等[9]においては、第三者割当増資の方法を選択した場合、差止請求が認められてしまう可能性が相対的に高いとはいえ、他方、資金が乏しい会社においては、有効な防衛策となる[10]。

イ 有利発行について 新株発行が、引受人にとって、特に有利な金額である場合には、取締役会の決議だけでは行うことができず、株主総会の特別決議が必要となる（会社法201条1項・199条3項）。他の株主に損害が生じるからである。

ここで問題となるのは、有利発行とは、どのような場合をいうのかという点である。

この点について、社団法人日本証券業協会が平成15年（2003年）3月11日付けで示した「第三者割当増資の取扱いに関する指針」がひとつの判断基準となっている[11]。これは、「発行価額は、当該増資にかかる取締役会決議の直前日の価額（直前日における売買がない場合は、当該直前日からさかのぼった直近日の価格）に0.9を乗じた額以上の価額であること」（以下、「自主ルール」という。）というものである[12]。したがって、市場価格から1割程度の割引であれば、有利発行に該当しないと考えられている。

もっとも、現に敵対的買収が開始されている場合、あるいは敵対的買収のターゲットになっているという噂が流れた場合、市場価格が急騰することがある。このような実際の企業価値と乖離した高値を基準に判断すると、本来適正な価額であっても、有利発行となってしまい、妥当でない。しかし、裁判例は、敵対的買収が行われていた場合でも、異常な投機により一時的に急

---

9 前掲『敵対的M&A対応の最先端』135頁注42は、ユシロ・ソトー事件、村上ファンドによる昭栄、東京スタイルは、手許流動資産がきわめて豊富であった、とする。
　ユシロのアドバイザーを務めた江尻隆弁護士は、流動資産が豊富であるという認識から、第三者割当増資の方法を利用しなかったと語っている（2004年2月26日付け日経金融新聞）。

10 太田洋ほか・前掲注1論文参照。

11 江頭・前掲書681頁、木下崇「宮入バルブ事件」野村修也＝中東正文編『M&A判例の分析と展開』（別冊金融・商事判例）44頁。

12 ただし、自主ルールは、「直前日までの株価や売買高の状況等に鑑み、増資にかかる取締役会決議の日から発行価額を決定するために適当な期間（最長6ヶ月間）をさかのぼった日から当該決議の直前日までの平均の価額に0.9を乗じた価額以上の価額とすることもできる」としている。

騰した場合等でない限りは、自主ルールに即して判断している[13]。したがって、この裁判例の立場の当否はともかくとして、実務上は、自主ルールに従い、時価と乖離しない価格で新株の発行をする必要がある。

2　新株予約権の発行

(1)　前　説

新株予約権とは、新株予約権者が、あらかじめ定められた期間内に、あらかじめ定められた価額を株式会社に対して払い込めば、会社から株式の交付を受けることができる権利である（会社法2条21号）。

新株予約権を友好的な第三者に割り当てることは、第三者割当増資と同様の防衛効果、すなわち、敵対的買収者の持株比率の希釈化が得られる。さらに、第三者割当増資と比べて、次のようなメリットがある。第一に、既存株主への影響が少ないことである。すなわち、直ちに新株を発行するわけではないので、既存株主の持株比率の低下が直ちに生じるわけではないということである。第二に、新株予約権の発行価額は、株式価額よりも低額となるため、新株予約権の引受先の負担が少なく、協力が得られやすいことである。

(2)　問題点

新株予約権を有事の防衛策として用いる際には、第三者割当増資の場合と同様に、①不公正発行（会社法247条）、②有利発行（会社法238条3項）の問題が生じる。なお、以上の2つの問題点については、「第6章　2　新株予約権に絡む裁判例」で詳述してあるので、ここでは簡潔に述べておくにとどめる。

ア　不公正発行について（ニッポン放送の新株予約権の発行差止仮処分）

本件[14]は、不公正発行の認定、すなわち主要目的ルールの運用に関して、重要な判断を示したものである。

東京高裁[15]は、敵対的な買収がされている状況において、現経営陣の支配権を維持することを目的とする新株予約権の発行は、原則として、不公正な発

13　宮入バルブ事件（東京地決平16・6・1判時1873号159頁・金判1201号15頁）等にて維持されている。
14　ライブドアの敵対的買収に対し、ニッポン放送は、フジテレビジョンへ発行株式総数の1.4倍という大量の新株予約権を発行するという防衛策をとった。これに対し、ライブドアは、不公正発行であるとして、新株予約権の発行差止仮処分を申し立てた。

行に該当すると判示した。

　ただし、支配権維持を目的とする新株予約権の発行が、常に不公正発行に該当するのではなく、例外的に「特段の事情」がある場合は不公正発行に該当しないとし、その例として以下の4つの場合を挙げた。すなわち、①買収者がグリーンメイラーの場合、②焦土化経営目的の場合、③会社資産の流用目的の場合、④会社資産の売却により株価を急上昇させ、株価を高値で売り抜ける目的を有する場合である[16]。

　今後は、本決定が不公正発行の判断基準の一つの枠組みとなると考えられる。したがって、4つの例外事情およびそれに準じる事情が存在しない場合（4つの例外事情は限定列挙ではない。）は、新株予約権の発行は、差し止められる可能性が高く、防衛策としてはとるべきではないといえよう[17]。

　イ　有利発行について　　旧商法は、株主以外の者に対して特に有利なる条件をもって新株予約権を発行するには、株主総会の特別決議を必要としており（旧商法280条ノ21第1項）、会社法も基本的にこれを踏襲していると考えられる（238条3項・240条1項）。

　旧商法における新株予約権の有利発行規制については、①新株予約権の行使期間中における平均株価を予想し、当該価額と行使価額を比較して判断すべきか、②オプション評価モデルに従いオプションの発行時点におけるオプションの価値を算定し、それに見合う対価が支払われたか否かを判断すべきかについて議論があったが、立法担当官の見解や、有利発行規制の趣旨であ

15　東京地裁決定（東京地決平17・3・11判タ1173号125頁・金判1213号2頁）・保全異議審（東京地決平17・3・16判タ1173号125頁・金判1213号2頁）は、いずれも発行差止めの仮処分命令を出し、抗告審（東京高判平17・3・23判タ1173号125頁・判時1899号56頁・金判1214号6頁）は抗告を棄却した。これらの決定に対する総合的な判例評釈として、清水俊彦「ニッポン放送新株予約権発行差止仮処分事件（上）（下）」判タ1191号82頁、1192号75頁、仮屋広郷「ライブドアvsニッポン放送事件」野村修也＝中東正文編『M&A判例の分析と展開』78頁が有益である。

16　ニッポン放送事件においては、4つの要件のいずれにも該当しないと判断して、差止めを認めた。

17　第三者割当増資の場合に同じ基準が用いられるかについては、示されていない。しかし、資金調達を直接の目的としない新株予約権の発行と異なり、第三者割当増資においては、資金調達が直接の目的となりうるから、同じ基準が用いられるわけではないと考えられる。

　下級審ではあるが、名村造船所の新株発行差止事件では、仮処分申請を却下した。本件では、不公正発行の判断の際に、資金調達の必要性を考慮し、その必要性を認めた（大阪地決平18・12・13金判1259号40頁）。

18　長島・大野・常松法律事務所編『アドバンス　新会社法　第2版』（商事法務、2006年）

る既存株主の利益保護に資するとの観点から、②が通説的見解であった。[18]

上記ニッポン放送の新株予約権の発行差止仮処分事件（2005・3・11東京地裁決定）において、地裁決定は、「商法280条ノ21第1項にいう『特ニ有利ナル条件』による新株予約権の発行とは、公正な発行価額よりも特に低い価額による発行をいうところ、新株予約権の公正な発行価額とは、現在の株価、権利行使価格、権利行使期間、金利、株価変動率等の要素をもとにオプション評価理論に基づき算出された新株予約権の発行時点における価格をいうと解されるから、こうして算出された価額と取締役会において決定された発行価額とを比較し、取締役会において決定された発行価額が大きく下回るときは、新株予約権の有利発行に該当すると解すべきである。」として②説を採用した上で、「本件発行価額の算出方法について明らかに不合理な点は認められないから、本件新株予約権の発行が『特ニ有利ナル条件』による発行であるとまでいうことはできない。」と判示した。

その後の裁判例—サンテレホン募集新株予約権発行差止認容決定事件[19]（2006・6・30）、オープンループサンテレホン募集新株予約権発行差止認容決定事件[20]（2006・12・13）でも同様の理論が採用されている。ただ、これらの事件では、前者において「本件募集新株予約権の発行は、公正なオプション価額よりも特に低い払込金額によってなされた」と認定され、後者においても「本件募集新株予約権の発行は、公正なオプション価額よりも著しく低い払込金額によって発行される」と認定されており、相次いで新株予約権の発行の差止めを認める仮処分決定がなされている。

今後も同程事件に対する裁判所の決定を注視する必要があるとともに、防衛策として用いる場合は「特に低い払込金額」と判断されないよう注意が必要である。

---

19 金判1247号6頁
20 金判1259号14頁。なお、同判決については若松亮「新株予約権の有利発行該当性についての考察」金判1271号2頁等の評釈がある。

第4　増配による有事の防衛策

　有事に際して用いられる買収防衛策として、敵対的TOBに対して、大幅増配の議案を定時株主総会時に会社側から提出するという手法がある。これは、2003年12月のスティール・パートナーズ・ジャパン・ストラテジック・ファンドによる敵対的TOBに対し、ユシロ化学工業株式会社および株式会社ソトーがとった手法である（なお、「第4章　1」も参照されたい）。[21]

　配当の大幅増配という防衛策は、既存株主を高額配当の魅力で議決権行使の基準日までつなぎとめるものであり、冷静にみれば、当座の経営権の移動だけは阻止するものの、問題の根本的な解決には必ずしもつながらない「時間稼ぎ」的な作成ないし手法に過ぎないとの評価も一方ではあるようである。しかし、合併や共同持株会社の創設による経営統合等に応じてくれるホワイト・ナイトが現れない場合に、ともかく敵対的買収者によって経営権が奪取されることは防ぐという目的達成の上で有効であるとは言える。ただ、定時株主総会後に、敵対的TOBをかけられた場合は、この手法は事実上とれないという限界も有している。

　いずれにしても、同敵対的TOB事件の後、わが国企業経営者は、手持資産を用いて企業価値の最大化と株主への還元のバランスをいかにうまく図るか、という課題を負ったといえ、事実、最近、多数の上場企業で株主に対する利益配分が強化されていることは周知のところである。[22]

〔奈良　輝久〕

21　ユシロ化学工業株式会社、株式会社ソトーとも、経営陣側が経営権を守った。なお、スティール・パートナーズは、近時、明星食品株式会社に対してTOBをかけたほか、サッポロHD、ブルドックソースに対してもTOBによる買収提案を行ったことは記憶に新しい。ただし、いずれもTOBは成立しなかった。

22　日本経済新聞2007年3月19日付け朝刊は、上場会社の株主に対する配当金と1株利益の増加につながる自社株買いを合計した金額が2006年度は13兆3000億円程度と、前年度比23％増え、過去最高となる見通しであると伝えている。

10

有事防衛策(2)
取得条項付株式、取得請求権付株式または取得条項付新株予約権の発行を利用した方法

>[問題意識]
>① 取得条項付株式、取得請求権付株式または取得条項付新株予約権の発行による有事防衛策の概説。
>② 各防衛策の使用可能性、注意点。

第1　前　説

　4、(2)で述べた新株予約権を友好的な第三者に割り当てる方法に類似する買収防衛手法として、普通株式を取得対価とした取得条項付株式、取得請求権付株式（取得条項付株式および取得請求権付株式については完全無議決権としたもの）または取得条項付新株予約権を友好的な第三者に割り当てる方法がある。
　さらに、取得条項付株式、取得請求権付株式または取得条項付新株予約権の割当てによる買収防衛手法としては、上記第三者に割り当てる方法のほか、金銭等（普通株式もしくはこれと同じ議決権を有する株式またはその行使によりこれらを取得することができる新株予約権以外の対価をいう。以下本項において同じ。）を取得対価とした取得条項付株式、取得請求権付株式または取得条項付新株予約権（取得条項付株式および取得請求権付株式については普通株式と同じ議決権を有するもの）を株主全員に割り当てた上で、敵対的買収者に対してのみ取得条項を行使し、

当該買収者の議決権割合（取得請求権付新株予約権については新株予約権が行使された後の議決権割合）を低下させるという方法もある。

取得条項付株式とは、株式会社がその発行する全部または一部の株式の内容として当該株式会社が一定の事由が生じたことを条件として当該株式を取得することができる旨の定めを設けている場合における当該株式をいう（会社法2条19号）。取得請求権付株式とは、株式会社がその発行する全部または一部の株式の内容として株主が当該株式会社に対して当該株式の取得を請求することができる旨の定めを設けている場合における当該株式をいう（同条18号）。取得条項付新株予約権とは、取得条項付株式と同様の取得条項が新株予約権に付与されているものをいう（会社法236条1項7号）。

取得条項付株式、取得請求権付株式または取得条項付新株予約権を用いた事前防衛策としての買収防衛手法は第4章4(2)で紹介しているが、本項では敵対的買収者が現れた後の、いわゆる有事の防衛策を紹介する。

1 友好的な第三者に割り当てる方法

普通株式を取得対価とした取得条項付株式、取得請求権付株式（取得条項付株式および取得請求権付株式については完全無議決権としたもの）または取得条項付新株予約権を友好的な第三者に割り当てることは、新株予約権の第三者割当てとほぼ同様の防衛効果を有する。

すなわち、あらかじめ発行される取得条項付株式または取得請求権付株式それ自体には通常独自の意義はないため、株式については、剰余金配当および残余財産分配請求権を制限し、完全無議決権にするなど会社法108条1項に定められる株式の権利を制限し、かつ種類株主総会の決議事項を最小限にする（会社法322条2項）等、株式としての独自の権利を可能な限り小さくすることにより、株式または新株予約権に付与された普通株式を対価とする取得条項または取得請求権が新株予約権と同様の働きを持つことになる。

取得条項付株式および取得条項付新株予約権については、取得と普通株式の交付を会社側のイニシアティブで行うことができるため、株主側に取得請求権を行使するかどうかのイニシアティブがある取得請求権付株式に比べて、会社にとって確実な買収防衛効果が期待できるといった利点がある。ま

た、取得条項付株式および取得請求権付株式については、権利を可能な限り制限したとしても、種類株式として発行される以上最低限の株主としての権利や種類株主総会の必要性を考慮しなければならないという問題があるのに対し、取得条項付新株予約権については、株式の割当てを受けることができる権利としての新株予約権を発行するのみであるため、種類株主としての権利を考慮する必要はないという利点がある。

　上記から、友好的な第三者に取得条項が付された株式もしくは新株予約権または取得請求権が付された取得請求権付株式を割り当てる手法の中で最も会社にとって便宜であると考えられるのは、取得条項付新株予約権を友好的な第三者に割り当てる方法であると考えられる。この場合、単純に新株予約権を割り当てる場合と比べて、取得と普通株式の交付を会社側のイニシアティブで行うことができ、かつ種類株主の権利を考慮する必要はない。

　取得条項付株式、取得請求権付株式または取得条項付新株予約権の具体的な発行の方法については、第4章 ④(2)を参照されたい。

2　株主全員に割り当てる方法

　株主全員に割り当てる方法としては、金銭等を取得対価とした種類株式である取得条項付株式または取得条項付新株予約権（取得条項付株式については普通株式と同じ議決権を有するもの）を割り当てる方法が考えられる。会社は、敵対的買収者に対してのみ取得条項を行使し、当該取得条項が行使された株式の議決権分または新株予約権の行使により得られる普通株式の議決権分の議決権割合を低下させることになる。

　取得条項付株式を利用する場合、敵対的買収者以外の株主の下に残る取得条項付株式または取得請求権付株式には普通株式と同じ議決権が残る必要があるため[1]、これらの株式については普通株式と同じ議決権を有するものと設定する必要がある。一方、取得条項付新株予約権を利用する場合、敵対的買収者以外の株主は新株予約権を行使することにより議決権を有する普通株

1　敵対的買収者に対してのみ取得条項を行使し、当該割り当てた種類株式を取得してその分の議決権を減少させるという防衛方法の性質上、他の株主の下に残る種類株式は普通株式と同じ議決権を有する必要がある。

式を取得することになる。

　取得条項付株式および取得条項付新株予約権のいずれについても、取得を会社側のイニシアティブで行うことができることは共通するが、取得条項付株式を割り当てる場合、株式に普通株式と同じ議決権を付与する必要があり、かつ敵対的買収者が株主でなくなるまでは他の株主の議決権割合維持の観点から他の株主に対して取得条項を行使できないため、いつまでも取得条項付株式が残ることになり、利用しにくい面がある。一方、取得条項付新株予約権については、株式が将来の新株予約権の行使により発生するため、設定段階で種類株主や議決権の問題を考慮する必要はない。よって、会社にとって便宜なのは、取得条項付新株予約権の発行であると考えられる。

第2　問題点

1　友好的な第三者に割り当てる方法

　普通株式を取得対価とした取得条項付株式または取得請求権付株式（完全無議決権としたもの）を、有事に友好的な第三者に割り当てる場合、8(6)で述べた第三者割当増資と同様の問題が生じると考えられる。この場合、通常の第三者割当増資と異なり、割り当てられる株式自体には議決権はないが、取得条項または取得請求権の行使の結果として普通株式が割り当てられることから、普通株式を割り当てる場合と同じく、会社支配権の維持の問題が発生すると考えられる。

　また、普通株式を取得対価とした取得条項付新株予約権を割り当てる場合についても、3(1)で述べた新株予約権の発行と同様の問題が生じると考えられる。会社側のイニシアティブで取得できることを除いては、通常の新株予約権の発行と相違するところはないためである。

　さらに、取得条項付株式および取得請求権付株式について、そもそも有事において株式ではなく新株予約権を第三者に割り当てる場合のメリットは、払込みを不要としつつ敵対的買収者を牽制することにあるが、これらの株式については実質的に新株予約権と同じ機能を有するとはいえ実際に株式の発

行のための払込みが必要となるため、単純に通常の新株予約権を割り当てる場合と比べて利用しにくいと考えられる。

なお、会社法170条5項が取得条項付株式の対価として発行される株式について財源規制を課しておらず（170条5項は108条2項6号ロを列挙していない。）、また、同法166条が取得請求権付株式の対価として発行される株式について同様に財源規制を課していないため（166条1項は108条2項5号ロを列挙していない。）、取得条項または取得請求権の行使により普通株式を発行するにあたっては財源規制はかからない。

2　株主全員に割り当てる方法

金銭等を取得対価とした種類株式である取得条項付株式または取得条項付新株予約権（取得条項付株式については普通株式と同じ議決権を有するもの）を、株主全員に割り当てる場合、割当対象は株主全員であることから、有利発行等の問題は生じない。

もっとも、この方法は、有事において事実上特定の株主からのみ株式または新株予約権を強制的に取得する方法であることから、株主平等原則や不公正発行への該当性の観点から疑問がないわけではない。近時に取得条項付新株予約権の株主割当および特定株主からの取得条項行使による強制取得の当否が争われた事案であるスティール・パートナーズ対ブルドックソース新株予約権差止仮処分事件においては、一応最高裁において合法であるとの判断が示されているものの、今後もこの方法の合法性、有効性については十分に検討される必要があるものと思われる。スティール・パートナーズ対ブルドックソース新株予約権差止仮処分事件の詳細については、第6章⑨を参照されたい。

なお、取得条項付株式の場合、取得対価が金銭等となることから、会社が強制取得の対価として交付する金銭等の帳簿価額が、取得事由が発生した日の時点での分配可能額を超えている場合には、その強制取得は認められない（170条5項）。一方、取得条項付新株予約権の場合、財源規制は特に存在しない[2]。この点からも、会社にとって利用しやすいのは、取得条項付新株予約権であると考えられる。

〔琴浦　諒〕

【主要参考文献】

① 相澤哲編著『一問一答　新・会社法』（商事法務、2006年）
② 相澤哲＝葉玉匡美＝郡谷大輔編著『論点解説　新・会社法　千問の道標』（商事法務、2006年）
③ 江頭憲治郎『株式会社法』（有斐閣、2006年）
④ 「買収防衛策の導入等に関する上場制度」（東京証券取引所ウェブサイト）

2　取得条項行使による新株予約権の取得対価は、あくまで新株予約権の対価として支払われるものであり、株主に対する財産分配ではないことから、財源規制はかからない（江頭憲治郎『株式会社法』712頁注3（有斐閣、2006年）参照）。

11

有事防衛策(3)
組織再編・資本再編による方法

> **問題意識**
> ① 組織再編にはどのような効果や問題点があるか。
> ② クラウン・ジュエルとはどのような手法か。
> ③ 資本再編とは何か、どのような効果や問題点があるか。

第1 はじめに

 有事防衛策は、その効果からみると、①買収者の議決権比率を引き下げて買収コストを高めるもの、②買収者に魅力的な事業や資産を切り離すことで買収の意欲を下げるもの、③資本を債務に大幅に振り替えて買収のメリットを減少させ、社債などの債務に様々な条件を付して買収者の資金回収を阻止するもの、④買収者よりも有利な条件を提示して、買収者の株式取得を阻止するものなどに分けられる。

 ここでは、有事防衛策として、「組織再編」を中心に「クラウン・ジュエル[1]」、「資本再編」について検討する。組織再編は主に①と②を目的とするものであり、クラウン・ジュエルは②を、資本再編は③を目的とする。

 組織再編は、会社の効率性や収益性を向上させることを目的とする事業再編（事業の統合と分離）を行うための手法である。近年、国際的な競争の激化

---

1 本来は、買収者にとって魅力的な事業や資産を切り離すこと自体をクラウン・ジュエルといい、その手法を問わないが、ここでは、組織再編の手法を利用しないで取締役会限りで実行できる手法に限定している。

に伴い、国内の業界再編への圧力が高まっており、会社経営において事業再編の必要性は常に存在する。有事に第三者割当株式発行を行えば、経営者の自己保身の推定が働き、防衛策の適法性について裁判所の判断が厳しくなり、買収者からの差止請求や無効の訴えが認められる可能性が高くなるのに対して、敵対的買収を契機として組織再編を行うことは、経営効率化のために事業再編という目的の下で行われる限り、経営陣の自己保身として差止めの決定や無効の判決がなされるリスクが軽減される可能性がある。この点が有事防衛策としての組織再編の大きな特徴である。

つぎに、クラウン・ジュエルは、組織再編を利用しないで取締役会限りで事業や資産を切り離す方法であり、有事防衛策としての資本再編は、基本的な防衛策としての資本再編とは異なり、買収者の資金回収を阻止する直接的な手法である。

第2 組織再編（Restructuring）

有事防衛策としての組織再編は、①合併または株式交換により、会社の発行済株式総数を増やして買収者の議決権比率を引き下げること、②会社分割または事業譲渡により、買収者にとって魅力的な事業や資産を切り離して買収意欲を減殺することを意図して行われる。

敵対的TOBに対する有事防衛策として組織再編を行う場合、組織再編の承認を受ける株主総会の基準日は公開買付期間の満了日前に設定しておかなければならない。基準日がTOBの期間満了後では、TOBによって株式を取得した買収者が株主総会において議決権を行使できるため、買収者に否決されてしまうからである。

1 合併・株式交換―買収者の議決権比率を引き下げる方法

買収者の議決権比率を引き下げる手法としては、第三者割当株式発行が代表的であるが、株式発行を伴う合併または株式交換も利用できる。合併では消滅会社の株主に存続会社の株式が交付され、株式交換では完全子会社の株主に完全親会社の株式が交付されるため、存続会社や完全親会社の発行済株

式総数が増加し、買収者の議決権比率を低下させる効果があるからである。

　前述のとおり、敵対的買収を契機として、合併または株式交換を行うことは、経営効率化のために事業再編という目的の下で行われる限り、経営陣の自己保身として差止めの決定や無効の判決がなされるリスクが軽減される可能性があり、その点がメリットとなる。

　一方、いくつかのデメリットもある。第一に、合併や株式交換の相手先を探し出すことが容易でないことである。敵対的買収の対象となっている会社との合併や株式交換は、相手先にとっても争いに巻き込まれるおそれがあり、相手先に余程のメリットがなければ合併や株式交換に合意しにくい。現実には子会社や関連会社との合併や株式交換となるであろうが、発行済株式総数の大幅な増加が期待できない可能性があることやシナジー効果など再編の目的を説明できない可能性がある。この点、事前防衛策として合併や株式交換の相手先候補を確保していれば、有事防衛策として利用できる可能性は高くなる。

　第二に、手続に時間的な制約があることである。敵対的ＴＯＢに対抗して合併や株式交換を行う場合、その承認を受ける株主総会の基準日は公開買付期間（20営業日以上60営業日以内）の満了日前に設定しなければならない。基準日の設定には２週間前の公告が必要（会社法124条３項）とされており、公開買付期間が短い場合は、時間的に間に合わないこともある。株主総会の特別決議が不要な簡易合併や簡易株式交換を利用すればこの問題は回避できるが、買収者が６分の１以上の議決権を有していれば拒否されてしまう。

　第三に、複雑な税制である。子会社との合併や株式交換を除き、合併や株式交換が税制適格に該当しなければ課税が生じる。多額の法人税が発生し、株主にも課税が生ずる合併や株式交換を行うことを株主が賛成するかどうかという問題となる。

　有事防衛策として合併を利用した事例として、トラファルガーによるミネベアへの敵対的買収に対して、ミネベアとかねもりの合併（1986年）がある。

　さらに、有事防衛策としての合併や株式交換には、買収者の議決権希釈化以外の利用方法もある。合併は、買収対象会社が借入金の多い会社と合併して負債比率を高めて、買収者の意図する利益の獲得を阻止する資本再編の手

法として利用できる場合もあり、株式交換は、買収対象会社を完全子会社とする株式交換を実施し、その後完全子会社となった買収対象会社が友好的な者に第三者割当株式発行をして買収を阻止するという有事防衛策が可能となる場合もある。

2　会社分割・事業譲渡－買収者に魅力的な事業や資産を切り離す方法

　会社分割または事業譲渡によって買収者に魅力的な事業や資産を切り離し、買収者の買収意欲を減殺する方法は、買収者が買収後に事業や資産を売却して利益を得ることを目的とする場合や買収者が特定の事業や資産を欲している場合の防衛策として有効である。

　事業や資産を切り離すには、事業や資産を第三者へ譲渡する方法だけでなく、事業や資産を子会社として分離したうえで当該子会社が友好的な者に第三者割当株式発行をするという手法もある。

　米国では、会社分割（スピン・オフ）により、子会社の株式を親会社の株主に割り当てる方法も利用される。米国では一定の要件を満たすスピン・オフは課税を受けないが、買収があった場合には遡及的に課税される取扱いがあり、その点を利用した防衛策（タックス・ポイズン・ピル）も使われている。しかし、日本の税制では、会社分割（スピン・オフ）の時点で税制適格かどうかが判断されるため、米国のようなタックス・ポイズン・ピルは利用できない。

第3　クラウン・ジュエル（Crown Jewelry）

　クラウン・ジュエル（王冠の宝石）とは、買収者が欲している買収対象会社の事業や資産を第三者へ譲渡または長期間貸し出すことで、買収者の買収意欲を減殺する防衛策をいう。買収者にとって魅力的な事業や資産を切り離すには、前述の会社分割や事業譲渡による方法もあるが、クラウン・ジュエルは組織再編の手法を利用しないで、取締役会決議のみで行える方法である。

　クラウン・ジュエルとして行う事業や資産の譲渡や貸出しは、通常は取締役会決議で行われるが、「事業の重要な一部の譲渡」（会社法467条1項2号）に該当すれば、株主総会の特別決議が必要（会社法467条）となる。また、譲渡

価格や貸出条件が適正でなければ、株主による取締役の違法行為差止請求、株主代表訴訟の対象となるリスクもある。譲渡価格や貸出条件が適正であれば、企業価値が下がることはないともいえるが、買収者がその事業や資産自体を必要とする場合は効果がある。

クラウン・ジュエルの事例として、ニッポン放送が保有するフジテレビ株式をソフトバンクインベストメント（SBI）へ貸出しを行った事実がある。

なお、クラウン・ジュエルを大規模に行うことを焦土作戦という。焦土作戦は、事業や資産を安値で売却するなど企業価値を毀損するものであり、敵対的買収者との交渉ツールとはなり得るが、実際に実行に移すことは取締役の責任から考えれば現実的ではない。

第4　資本再編（Recapitalization）

基本的な防衛策としての資本再編は、手元資金が潤沢で借入金が少ない会社が、負債比率を高めて株主還元を図り株価を引き上げることによって防衛することである。これに対して、米国で行われる有事防衛策としての資本再編は買収者の資金回収を阻止する直接的な方法である。

米国では、一般株主の有する株式を現金または自社の社債を対価として自社株買いをする一方、経営陣の保有する株式はその対象としない方法が利用される[2]。その結果、経営陣の持株比率が高まると同時に、負債比率が増加して買収の標的としての魅力が減殺する。さらに、対価として発行する社債の発行条件に資産の売却制限や一定の財務比率を維持する条件を付すことにより、敵対的買収者が買収対象会社を利用して資金回収を行うことを困難にすることが可能となる。

日本では、LBOによる敵対的買収がほとんど実施されていなかったことから、資本再編を利用した防衛策はあまり言及されていなかった。また、米

2　田中信隆「敵対的テイクオーバーに対する防衛策のデラウェア州法に基づくルールと戦略〔9〕」国際商事法務29巻2号（2001年）185-186頁。また、米国における資本再編の具体的な方法として、①現金または債券による配当または自社株式の買戻し、②合併による手法、③既存株式を新普通株式と新優先株式へ再編成し、新優先株式を現金または債券と交換することの三つの手法を紹介している。

国との法制度の違いから、米国のようなドラスティックな方法が利用できるかどうかという問題もあるが、今後、ＬＢＯによる敵対的買収が増加すれば、資本再編による防衛策についての議論も増えるであろう。

〔山本　浩二〕

【参考文献】
① 武井一浩＝太田洋＝中山龍太郎編著『企業買収防衛戦略』（商事法務、2004年）
② 太田洋＝中山龍太郎編著『敵対的Ｍ＆Ａ対応の最先端』（商事法務、2005年）
③ 服部暢達『実践 Ｍ＆Ａマネジメント』（東洋経済新報社、2005年）
④ 田中信隆「敵対的テイクオーバーに対する防衛策のデラウェア州法に基づくルールと戦略〔9〕」国際商事法務29巻2号（2001年）

12 有事防衛策(4) 交渉戦略その他による方法

> **問題意識**
> ① 交渉戦略その他の方法による有事防衛策にはどのようなものがあるか。
> ② そのような方法にはいかなる問題が内在しているか。

第1 はじめに

　敵対的買収の脅威が現実化した有事における防衛策としては、前項目までで述べられたとおり、株式等の発行や組織再編等により対象会社の資本や資産の構造を変動させ、買収者が当初想定していた手段では買収を完遂できないようにする手法が考えられる。これらは、対象会社に何らかの変動を生じさせることを基礎とする防衛策である。

　しかし、有事における買収防衛策は、対象会社に変動を生じさせるものに限られない。実務的に用いられる防衛策には、敵対的買収者との交渉戦略による手法など、敵対的買収者を含めた対象会社の外部に対する働きかけによるものも挙げられる。こうした防衛策には、具体的な買収事案の背景事情によって様々なバリエーションが考えられるため、その全てを網羅することはできない。本項目では、こうした交渉戦略その他の方法による有事の買収防衛策のうち主要なものをいくつか紹介する。

第2　交渉戦略その他による主要な買収防衛策とその問題点

1　友好的第三者による買収提案

「白馬の騎士（ホワイト・ナイト）」と俗称される手法である。対象会社が敵対的買収者の傘下に入るよりは良いと判断できる別の買収者を見つけ、その買収者に友好的な買収提案をしてもらう、という手法である。このような友好的買収者による買収提案の例としては、対象会社に対する公開買付け、対象会社株式の第三者割当増資の引受け、対象会社との企業結合などが挙げられる。

この手法の問題点としては、まず、敵対的買収に晒された有事において適切な友好的第三者を見つけることが容易ではないことが挙げられる。友好的第三者は対象会社の有事において緊急に資金を投下してこれを買収し、あるいは企業結合することが期待されるが、そのような資金を有する第三者を見つけることは通常困難である。また、この手法が奏効して敵対的買収者が買収を断念し、友好的第三者による買収提案が完遂したとしても、その後その第三者が対象会社の経営に良い影響をもたらすとは限らないため、そのような第三者の影響下に入ることを決意した対象会社の経営陣の責任問題が生じる可能性があることも挙げられる。

2　買収者との交渉過程における買収価格の釣り上げ

「リバース・ベア・ハグ」と俗称される手法である。「ベア・ハグ」と俗称される敵対的買収手法を逆手にとった対抗手段であることがその名の由来である。「ベア・ハグ」とは、敵対的買収者が、対象会社の経営陣に対して、直接買収の申入れを行い、これに経営陣が協力的に応じなければ敵対的公開買付けによる強制的買収に踏み切ると威嚇する戦術である。その際に買収者により提示される買収価格が高額に設定されると、買収提案が既存の株主に有利に作用するため、経営陣自体は買収提案の受入れに消極的でも、株主代表訴訟のリスクに鑑みて、受け入れざるを得ないと判断する契機になる。

「リバース・ベア・ハグ」は、このような「ベア・ハグ」戦術による買収提案がなされた場合に、対象会社の経営陣が既存の株主に一層有利な条件を引き出すとの建前の下、買収者との交渉過程において、買収提案を受け入れる条件として買収価格の更なる高額化を提案し、買収費用の増大を嫌った買収者が買収を断念するように持ち込む、という戦術である。

「リバース・ベア・ハグ」においては、対象会社の経営陣は、表面的には株主価値の増大を目指して買収者との交渉にあたっているが、実際の目的が（既に既存の株主に十分に有利であるかもしれない）買収提案の排斥にあるとすれば、経営陣の忠実義務違反の問題をはらむこととなる。買収者が「ベア・ハグ」による買収提案を公開して対象会社の経営陣に圧力をかけることがあるが、これに対する経営陣の交渉姿勢が「リバース・ベア・ハグ」であると報道され、その買収防衛策としての意味が一般に知れ渡ると、経営陣の忠実義務違反の問題はより現実化することとなる。

3　買収者との交渉の意図的遅延

「砂袋（サンド・バッグ）」と俗称される手法である。この手法も、基本的には、上記2において説明した「ベア・ハグ」への対抗手段であり、買収者との交渉を意図的に遅延させることで、時機に応じた買収を事実上妨げ、最終的に買収者に買収を断念させ、あるいは時間稼ぎをしている間に別段の買収防衛策の準備を進める、というものである。

この手法についても、買収者の買収提案が既存の株主に有利なものである場合は、経営陣の忠実義務違反の問題をはらむこととなる。しかしながら、買収交渉への対応は慎重な判断を要するため、交渉の遅延に相応の理由があれば、買収防衛策として意図的に買収交渉を遅延させていたとしても、かかる実情が表面化する可能性は高くはないであろう。

4　買収者に対する逆買収

「パックマン・ディフェンス」と俗称される手法である。敵対的買収者に対して対象会社が逆に買収を仕掛けることで、もともとの敵対的買収を断念させる手法である。この手法が買収防衛策となる理由としては、まず、敵対

的買収者が逆買収への対応で疲弊し、あるいは自らが別会社からの更なる買収の対象となるなどして、結局もともとの敵対的買収を断念するという事実上の効果が挙げられる。しかし、これに加えて、逆買収手法が買収防衛策となる理由には法的裏付けもある。すなわち、会社法上、相互保有株式の議決権行使に制限が加えられており、例えばＡ社がＢ社の株主でありＢ社の議決権の25％以上を有している場合、Ｂ社はＡ社の株式を保有していても、その議決権を行使することができない（308条1項）。この相互保有株式の議決権行使制限の制度を利用して、例えばＣ社がＤ社に敵対的買収を仕掛けた場合に、Ｄ社がＣ社に逆買収を仕掛け、Ｃ社の議決権の25％を取得すると、Ｃ社は敵対的買収に成功しても、保有するＤ社株式の議決権を行使することができなくなり、買収の意味が失われることとなるのである。

　この手法の問題点としては、逆買収のために多額の資金が必要となること、対象会社はもともと買収する予定のなかった敵対的買収者を買収することとなるため、かかる手法に依拠したことについて対象会社の経営陣の責任問題が生じうること、敵対的買収者が先んじて対象会社の親会社[1]になってしまうと、親会社株式の取得が禁止されているため（135条1項）、対象会社が敵対的買収者の株式を取得することができなくなることが挙げられる。

5　買収案における法的障害の発見・作出

　敵対的買収が仕掛けられた場合に、その買収案に内在する法的障害を発見し、あるいは事後的に法的障害を作出し、その障害を対象会社が大々的に喧伝し、あるいはそれを根拠として法的救済を求めるなどすることで、買収を防止する手法である。そのような買収防止策をショウ・ストッパーと俗称することがある。例えば、Ａ社が事業分野を異にするＢ社から敵対的買収を仕掛けられた場合に、Ｂ社と同じ事業分野のＣ社を買収することで、結果的にＢ社による敵対的買収が成就した場合に独占禁止法違反の問題が生じるようにすることが挙げられる。

---

[1]　会社法においては、旧商法と異なり、「親会社」の判断基準として持株比率以外の実質基準が加えられたことに注意が必要である（2条1項4号）。

敵対的買収者に適切なアドバイザーがついている場合は、買収者が買収案の法的障害を完全に見落としていることは期待できない。しかし、買収者が潜在的な法的障害を認識しながら、そのリスクの程度が低いとして買収に踏み切っている場合には、かかる障害を対象会社が喧伝することが一定の買収抑止効果を持つことがある。また、対象会社が後発的に買収案に法的障害を作出することができた場合には、強力な買収抑止効果を期待できる。しかしながら、後者のように後発的に法的障害を作出することは通常は容易ではない。

第3 考 察

本項目において紹介した交渉戦略その他による買収防衛策は、いずれもそれ自体が直ちに違法となるものではなく、有事における対策として検討の価値が認められよう。しかしながら、実際に利用可能であるかは個別具体的な状況次第であるため、有事にならないと分からないものである。また、ホワイト・ナイトやパックマン・ディフェンスのように、防衛策が奏効した場合に対象会社にも大きな影響が生じうるものもある。このように現実的な利用可能性が不透明で、かつ劇的な変化を対象会社にも生じさせうる防衛策については、実際に実行する意図が必ずしも固まっていなくとも、有事において対象会社の経営陣が実行を検討している防衛策であると喧伝することで、買収者を牽制するという利用方法もあろう。敵対的買収者の視点からは、このような防衛策を対象会社の経営陣が公言してきた場合、それが単なる牽制にあるのか、あるいは現実的にその防衛策が実行される可能性があるのかを見極めることが肝要である。

〔日下部真治〕

【主要参考文献】
① 武井一浩＝太田洋＝中山龍太郎編著『企業買収防衛戦略』（商事法務、2004年）
② アンダーソン・毛利・友常法律事務所編著『新会社法の読み方』（金融財政事情研究会、2005年）

③　西村総合法律事務所編『M&A法大全』（商事法務研究会、2001年）
④　相澤哲編著『一問一答　新・会社法』（商事法務、2005年）

第5章

買収防衛策の導入・発動と取締役の責任

1

買収防衛策の導入・発動と取締役の責任

> **問題意識**
> ① 取締役は買収防衛策の導入・発動について、どのような場合に、どのような責任を負うか。
> ② 取締役の責任追及の方法としてどのような方法があるか。
> ③ 買収防衛策の導入・発動について取締役の責任が追及された裁判例としてどのような裁判例があるか。

第1 取締役の買収防衛策導入・発動についての責任

1 取締役の善管注意義務・忠実義務

　会社と取締役との関係は、委任に関する規定に従うこととなっており（会社法330条）、取締役は、その職務を遂行するに当たり、善良な管理者としての注意義務（「善管注意義務」）を負う（民法644条）。さらに、取締役は、法令・定款および株主総会の決議を遵守し、会社のため忠実にその職務を行わなければならない（「忠実義務」）（会社法355条）。したがって、取締役は買収防衛策を導入し、また発動するにあたっては、善管注意義務・忠実義務に違反しない範囲でこれらを行う義務を負うと解される。なお、善管注意義務と忠実義務の関係については、これらを区別して考えるべきか、忠実義務は善管注意義務を敷衍したものにとどまる[1]のかについては議論があるが、本稿では後

1　最判昭45・6・24民集24巻6号625頁

者の立場に立つこととし、以下では、原則として、善管注意義務の語のみを用いることとする。

2 どのような場合に取締役に善管注意義務違反があるかと判断されるか

　一般論としては、善管注意義務が尽くされたか否かの判断は、行為の当時の状況に照らし合理的な情報収集・調査・検討等が行われたか、その状況と取締役に要求される能力水準に照らし不合理な判断がなされなかったかを基準になされるべきであるとされている[2]。しかし、具体的にどのような場合に、買収防衛策導入・発動に関し、取締役に善管注意義務違反があるかと判断されるかについては、現時点では十分な議論の蓄積がなされていない。買収防衛策の導入・発動に限らず、取締役の業務執行は、不確実な状況で迅速な決断を迫られることが多く、具体的な事案ごとに判断せざるを得ないことや、買収防衛策の導入・発動に関し取締役の責任を追及した裁判例が乏しく、具体的に議論しにくいことが、その大きな原因ではないかと思われる。

　もっとも、買収防衛策の導入・発動に当たって、どのような事情を調査・検討し、どのような手続でこれらを行うかについてのルールに関する近時の議論は、買収防衛策の導入・発動に関する取締役の善管注意義務を検討する上で、参考になるであろう。

　例えば、平成17年5月27日に企業価値研究会から発表された企業価値報告書（「企業価値報告書」）[3]では、防衛策の合理性に関する判断基準として、脅威の存在（敵対的買収により企業価値が損なわれるという脅威があること）および防衛策の相当性（脅威に対して過剰な内容となっていないこと）という基準が示されているが、これらの基準を満たさない買収防衛策の導入・発動がなされた場合には、取締役の善管注意義務違反の問題が生じることになろう。

　また、企業価値報告書では、「経営者自身の保身のためではなく、企業価値を高めるために行っていることを証明するためには、防衛策の導入・維持・解除に関して、慎重かつ適切な行動が求められる。」とし、具体的には、①十分な時間をかけた検討、②外部専門家の分析、③第三者の関与が必要で

2　江頭憲治郎『株式会社法』423頁（有斐閣、2006年）
3　企業価値報告書の詳細については、本書「第1章　2および3」を参照。

あるとしている。

　本節の冒頭で述べたとおり、行為の当時の状況に照らし合理的な情報収集・調査・検討等が行われたかどうかが善管注意義務違反の判断根拠の一つとされているが、この点を考慮すると、上記①の基準に従い、情報収集・調査・検討等に十分な時間をかけることは、取締役に善管注意義務違反がないことを支持する根拠の一つとなると解される。

　また、上記②の基準に関しては、取締役会が買収提案の分析や防衛策の設計などについて外部専門家（弁護士、フィナンシャル・アドバイザーなど）からの十分な分析をもとにした助言を徴求することが予定されている。一般論として、弁護士・技師その他の専門家の知見を信頼した場合には、当該専門家の能力を超えると疑われるような事情があった場合を除き、善管注意義務違反とならないと解されているが[4]、買収防衛策の設計などについて十分な専門的知見を有する外部専門家から意見を徴求し、その意見を買収防衛策の導入・発動の際の判断材料とすることは、取締役に善管注意義務違反がないことを支持する根拠の一つとなるであろう[5]。

　上記③の基準に関しては、利害関係の比較的薄い社外取締役や社外監査役等の第三者が十分な情報をもとに防衛策の導入の意思決定に関与することが予定されている。第三者の独立性が十分確保されており、かつ、当該第三者が買収防衛策の設計などについて十分な知見を有する場合、当該第三者から意見を聴取することは、専門家の意見を徴求する場合と同様、取締役に善管注意義務違反がないことを支持する根拠の一つとなるであろう[6]。ただし、第三者の独立性が十分確保されており、かつ、当該第三者が買収防衛策の設計などについて十分な知見を有することが条件となると解されるため、当該第三者として誰を選定するかについては慎重な検討が必要である[7]。

---

[4]　江頭・前掲書423頁注（2）
[5]　弁護士その他外部専門家の意見を徴求するに際し、自らに都合の良い意見を出すよう圧力をかけるといったように、意見の独立性や信頼性を毀損する事情がある場合にはその限りではないことは言うまでもない。
[6]　弁護士その他外部専門家の意見に関する箇所で述べたとおり、意見の独立性や信頼性を毀損する事情がある場合にはその限りではないことは言うまでもない。

3 取締役の会社に対する責任、取締役の第三者に対する責任

取締役の責任は、会社に対する責任と第三者に対する責任に大別される。

(1) 取締役の会社に対する責任

取締役が職務執行上任務を怠ったこと（すなわち、善管注意義務に違反したこと）により会社に損害を生じさせた場合には、当該取締役は、会社に対し損害賠償する責任を負う（会社法423条1項）。なお、他の取締役に対する監督をすることも取締役の善管注意義務に含まれるため、違法な買収防衛策の導入・発動に直接関与しない場合でも監視義務違反を理由に責任が追及されることがありうることに留意すべきである[8]。したがって、違法な買収防衛策の導入・発動がなされようとしているような場合には、買収防衛策の問題点について弁護士等の専門家に相談する、取締役会で異議をとどめる、場合によっては辞任等をしなければ任務懈怠となることもあり得ると解される[9]。また、複数の取締役に任務懈怠がある場合には、これらの取締役は連帯して会社に対し責任を負う（会社法430条）。

(2) 取締役の第三者に対する責任

取締役がその職務を行うについて悪意・重過失があったときは、当該取締役は、連帯して、これによって第三者に生じた損害を賠償する責任を負う（会社法429条1項・430条）。会社債権者の他、株主もここでいう第三者に該当する。ただし、株主の場合、被った損害が間接損害、直接損害のいずれに区分されるかにより、会社法429条に基づき、取締役に対し直接損害賠償請求を求めることが出来るかどうかの結論が異なる可能性がある（間接損害、直接損害の定義も含め、この点については、**第2**参照）。

---

[7] 本文で述べた以外にも、株主総会の授権を得ることにより、買収防衛策について株主の理解を得るという方法も提案されている。

[8] 例えば、取締役会の決議に参加した取締役が取締役会議事録に異議をとどめない場合には、決議に賛成したものと推定される（会社法369条5項）。

[9] 江頭・前掲書425頁注（5）

第2　取締役の責任追及の方法

　取締役の会社・第三者それぞれに対する責任追及の方法は、原則として、損害賠償という金銭的な解決となる。ただし、その具体的手続は、会社に対する責任かどうか、第三者に対する責任かどうかにより異なってくる。

1　取締役の会社に対する責任の追及方法

　監査役設置会社では監査役が会社を代表して訴訟を提起し、取締役に対し損害賠償請求を求めることになる（会社法386条1項）[10]。

　しかし、会社を代表すると定められている監査役が取締役の責任を追及することを怠ることも十分に考えられるため、株主で、6か月前から引き続き株式を有する者（会社法847条1項・2項）（本項において「株主」）[11]が会社のために取締役に対して訴えを提起することが認められている（「代表訴訟」）（会社法847条から853条）。

　株主が代表訴訟を起こすためには、まず、会社に対し、被告となるべき者、請求の趣旨および請求を特定するに必要な事実を記載した書面等を提出し、取締役の責任を追及する訴えの提起を請求することが必要である（会社法847条1項、会社法施行規則217条）。そして、会社がその請求の日から60日以内に訴えを提起しない場合に、はじめて、当該株主は会社のために訴訟を提起することが出来ることとなる（会社法847条3項）。

2　取締役の第三者に対する責任の追及方法

　取締役による任務懈怠により第三者に生じる損害は、①取締役の悪意・重過失による任務懈怠から会社が損害を被り、その結果第三者に損害が生じる損害（「間接損害」）と、②取締役の悪意・重過失により、直接第三者が被る損

10　監査役設置会社以外の会社では代表取締役（会社法349条4項）または株主総会・取締役会によりそのような訴えについて会社を代表すると定められた者（会社法353条・364条）に代表権が与えられる。
11　ただし、非公開会社に置いては「6ヶ月前から引き続き株式を有する者」という制限は付されない。

害(「直接損害」)に区別される。取締役による放漫経営の結果、会社が倒産し、債権者が債権の完済を受けられなくなったことにより債権者が被った損害や、取締役による放漫経営の結果、その会社の株式の価値が下落し、その結果、株主が被った損害が間接損害の典型例であり、取締役による支払見込みのない手形の発行や各種の詐欺行為により第三者が被った損害が直接損害の典型例である。

　取締役の任務懈怠により損害を被ったのが会社の債権者である場合、当該債権者が被った損害が間接損害であるか、直接損害であるかに係わらず、当該債権者は、会社法429条に基づき、当該取締役に対し損害賠償請求を求めることが出来ると解されている。

　これに対し、損害を被ったのが株主である場合、当該株主が被った損害が直接損害であるか間接損害であるかにより損害賠償請求の方法が異なると解する立場が有力である[12]。この立場では、当該株主が被った損害が直接損害である場合には、当該株主は当該取締役に対して会社法429条に基づき損害賠償を請求することが出来るが、当該損害が間接損害である場合には、会社法429条に基づき、取締役に対し直接損害賠償請求を求めることは出来ないと解されている。株主が被った間接損害は、会社が代表訴訟によりその取締役から会社法423条に基づく損害の賠償を受ければ、株式の価値も上がって填補されるはずのものであるから、会社法429条に基づき、取締役に対し直接損害賠償請求を求める必要はないというのがこの見解の根拠である[13]。

　したがって、株主が被った損害が間接損害である場合には会社法429条に基づいて損害賠償請求することは出来ないという上記の見解によれば、違法な買収防衛策の導入・発動により損害を被った株主が取締役の責任を追及するためには、まず、当該損害が間接損害なのか、直接損害なのかを判断しなければならないこととなる。間接損害に該当する場合には、取締役に対して直接損害賠償請求訴訟を提起するのではなく、会社に対して書面で取締役の

12　前田庸『会社法入門〔第11版〕』441頁(有斐閣、2006年)など
13　なお、上場会社等の場合と閉鎖型の会社を区別し、上場会社等の場合は株主代表訴訟によるべきであるが、閉鎖型の会社の場合には会社法429条に基づく請求を認めるべきであるという見解もある(江頭・前掲書454頁注(3))。

責任を追及する訴えの提起を請求する等の手続を踏まなければならない（会社法847条）。

買収防衛策については本書の他の箇所で議論しているとおり様々な手法があり、違法な買収防衛策により生じた損害が直接損害か間接損害かはそれぞれの手法ごとに、かつ具体的な事例に則して検討する必要がある。また、間接損害か直接損害かについて見解が一致していない場合もある。例えば、株主総会の特別決議を経ずに特に有利な払込金額で募集株式の発行等を行ったことなど違法な募集株式の発行による保有株式の価値減少に関しては、直接損害であるという意見がある一方で、取締役により公正な払込金額との差額について会社に対する損害賠償がされれば足りる（会社法423条1項）ので違法な募集株式の発行による保有株式の価値減少は間接損害であるという考え方もある。なお、後述の通り、裁判例では、違法な募集株式の発行による保有株式の価値減少は直接損害であることを前提に、旧商法266条ノ3に基づき取締役らに損害賠償を命じたと解されるような事例がいくつか存在している。

第3　買収防衛策の導入・発動について取締役の責任が追及された裁判例

旧商法下において、買収防衛策の導入・発動に関し取締役の責任が追及された裁判例はほとんど存在しないようであるが、本節では、数少ない中で参考となりそうな裁判例を紹介する[14]。

14　買収防衛策には直接関係しないが、合併比率の公正さについて取締役の責任を追及したものとして、旧王子製紙と旧神崎製紙の合併に関して提訴された株主代表訴訟事件（東京地判平6・11・24資料版商事法務130号89頁、東京高判平7・6・14資料版商事法務143号161頁、最判平8・1・23資料版商事法務143号158頁）およびレンゴー株式会社とセッツ株式会社の合併に関して提訴された株主代表訴訟事件（大阪地判平12・5・31判タ1061号246頁）がある。いずれも、結論として、合併比率が不合理、不公平であったとしても、会社には損害は生じないとして原告の請求が棄却されている。
　その他に、会社財産の売却について、会社の代表取締役が権限なしに会社所有にかかる財産を他に売却した場合には、その売却行為の適法性を基礎付けるに足りるべき特段の事情がない限り、当該売却は旧商法266条1項にいう取締役がその任務を怠りたるときにあたるとし、取締役の責任を認めた裁判例もある（東京地判昭39・10・12判タ172号226頁）。

1 募集株式の発行等

　会社の支配権をめぐる紛争の過程で、株主Aに敵対する株主Bの持株比率を低下させるために、株主Aまたは株主A陣営の第三者に新株を割り当てるという手法は敵対的買収防衛策の導入・発動に注目が集まる以前からもしばしば行われており、法廷闘争に持ち込まれる事例も存在した。違法な募集株式の発行に関する法廷闘争としては、その発行の差止め（会社法201条）、発行無効の訴え（会社法828条1項2号2項2号・834条2号・839条・840条）の他に、関係者の民事責任の追及した事例がある[15]。ここではそのうち、大阪高判平11・6・17（金判1088号38頁）と東京地判平4・9・1（判タ831号202頁）について紹介をすることとする。

　大阪高判平11・6・17の事案は、以下の通りである。

　原告であるXと被告である取締役Yらは会社甲の経営権を巡って争っていた。ところが、Xが所有する会社甲の株式が競売されたため、YらはXを会社甲の株主と認めず、Xを株主として扱わなかった（なお、定款上、会社甲の株式を第三者に譲渡するためには取締役会の承認が必要であると定められていたところ、取締役会においてX所有株式の譲渡について承認がなされていなかった）。そこで、Xは自らが会社甲の株主であることの確認を求めて、株主権確認請求訴訟を提起したが、当該株主権確認訴訟の第一審および控訴審においてXの株主としての地位の確認請求を棄却すべきとする判決が言い渡されていた（ただし、その後、上告審においてXの株主としての地位を認める判決が言い渡された）。会社甲は、特に有利な価格で第三者割当てを実施するため、株主総会を招集したが、上記株主権確認訴訟の第一審および控訴審がXに株主としての地位を認めない判断を下したため、株主権確定請求訴訟に関する上記控訴審判決が確定していないにもかかわらず、Xを株主でないとみなし、Xに招集通知を行わなかった。そこで、Xは、Xに招集通知を送付しなかった点で上記募集株式の発行は違法であるとして、Yらに対して旧商法266条ノ3に基づき損害賠償請

---

[15] 本文で紹介する他に、会社の経営権をめぐる争いで、適法な手続を踏まずに特に有利な価格で新株を発行したことは取締役の善管注意義務違反に当たるとして旧商法266条ノ3に基づき取締役に損害賠償を命じた事案としては、東京地判昭56・6・12（判タ453号161頁）がある。

求を求めた。

　本事案で大阪高裁は、大要、「定款上株式の譲渡については取締役会の承認を要する旨の制限が付されている会社において株式の譲渡等がされた場合には、会社に対する関係でその効力が生じない限り、従前の株主が会社に対する関係ではなお株主としての地位を有し、会社はこの者を株主として取り扱う義務を負うのであるから、会社甲の取締役であるYらはXを会社甲の株主として取り扱い、株主総会招集通知を送付する義務を負っていた。当該株主権確認訴訟の控訴審においてXの株主としての地位の確認請求を棄却すべきとする判決が言い渡されていたが、確定に至るまでは会社の負う上記義務に消長を来すことはない。したがって、Yらに善管注意義務違反がある。」との判断を示し、旧商法266条ノ3に基づき取締役らに損害賠償を命じた[16]。

　東京地判平4・9・1は、原告である株主Xから株式譲渡の承認を求められた会社乙が、指定された譲渡先が暴力団と関係のある金融業者であると疑い、これに対する対抗策として、株主に対する通知も株主総会の特別決議も経ないで、会社乙の株式の40パーセント以上を保有する労働組合に有利な発行価額で新株を割り当てたため、株主Xが募集株式の発行を決議した取締役らおよび割当てを受けた労働組合に対し損害賠償を請求したという事案である。

　本事案で、被告らは本件新株発行は有利発行に当たらないと主張したが、東京地裁は、本件新株発行は特に有利な発行価額をもって新株を発行する場合に該当するとの判断を示した。さらに、東京地裁は、被告である取締役および労働組合は、意思を通じて、被告労働組合以外の者が新株を取得できないような方法で新株を発行したり（例えば、株主に新株引受権を与えないで公募する、申込順に割り当てることとし申込期間が始まった場合には直ちに被告労働組合が全株につき引受申込みを行うなど）、Xが新株発行無効の訴えを提起できないような措置を取った（例えば、新株発行日から6か月を経過しないうちは計算書類や登記簿上の記載に新株発行による資本金額、発行済株式数の増加等が現れないように取り計らう）

---

[16] なお、第一審（京都地判平4・8・5金判918号27頁）ではXの請求が認容されたが、差戻し前の控訴審（大阪高判平5・11・18金判1036号27頁）では請求が棄却され、上告審（最判平9・9・9金判1036号19頁）で破棄差戻しとなっている。

と事実認定した上で、これらの行為は、被告取締役に関しては善管注意義務違反を、被告労働組合に関しては不法行為を構成するとして、被告取締役に対しては、旧商法266条ノ3に基づく損害賠償を、被告労働組合に対しては、民法709条に基づき損害賠償を命じた。この労働組合に対し民法709条に基づく損害賠償を命じた点は、敵対的買収防衛策の協力者も損害賠償責任を負う可能性を示唆したものとして参考になると思われる。

2　上場廃止

買収防衛策のひとつとして上場廃止という手法が用いられることがある[17]。上場廃止には、買収防衛策以外にも、①株価の短期的動向を気にせずに長期的視野で事業遂行できるようになる、②機動的な経営が可能となるといったメリットがあるといわれている。

しかし、上場廃止がなされた場合には、株券の市場流通性が喪失される結果、会社の募集株式の発行等を困難にする、既存の株主が株式市場で売買する道を閉ざすことにより既存株主が機動的に投下資本を回収することを著しく困難にしてしまう、また、上場廃止により株価の下落が誘発され、その結果既存株主が株価の下落による損害を被る可能性がある、といった問題点も存在する。

実際、株主が上場廃止に伴う株価下落により損害を被ったと主張して、旧上場廃止を決定した取締役に対し、旧商法266条ノ3に基づき損害賠償を求めた事件がある。東京高判昭38・8・31（下民集14巻8号1701頁）がそれである。

本件事件の概要は以下の通りである。

訴外Z会社は大阪および神戸証券取引所に株券を上場していた。ところが、同社の株式の大部分は大株主により所有されて浮動株は甚だしく少なく、取引出来高も僅少となり、引き続き取引所に上場しておく意義に乏しい状態にあり、将来投機的売買の対象とされ善良な一般投資者に不測の損害を与える虞もあった。そのため、大阪証券取引所は上記会社の株券を上場廃止する方

17　上場廃止についての分析の詳細については本書「第2章　9」を参照。

針を立て、訴外Z会社に上場廃止の申請をなすよう勧告した。訴外Z会社の取締役Yらは、取締役会において、大阪証券取引所の上記勧告に従い、上場廃止申請を決議し、同社の株券は上場廃止された。神戸証券取引所についても同様の理由から上場廃止申請がされ、上場が廃止された。これに対し、訴外Z会社の株主であるX他6名は、上場廃止の必要がなかったのに上場廃止したのは取締役としての任務違背であるとして、Yらに対し、上場廃止に伴う株価の下落による損害の賠償を請求した。

　Xらの訴えに対し、裁判所は、同社の株式の大部分は大株主により所有されて浮動株は甚だしく少なく、取引出来高も僅少となり、引き続き取引所に上場しておく意義に乏しい状態にあり、将来投機的売買の対象とされ善良な一般投資者に不測の損害を与える虞もあったと事実認定した上で、そのような事情の下で、Yらが両証券取引所における訴外会社株式の上場を廃止する決議をなしたのは相当な理由と必要とに基づくものというべきであるから、取締役としての忠実義務に違背したものとすることができず、かつ予め株主に対し前記証券取引所の勧告の内容を通告して協力を求める措置を講じなかったとしても、その職務執行につき故意または重大な過失があるものと解することもできないと判断して、Xらの請求を退けた。

　上記東京高裁昭和38年8月31日判決の事件では、原告である株主の請求は認められなかったが、相当な理由と必要に基づかない場合には、上場廃止申請は取締役の善管注意義務違反となり、上場廃止申請を決定した取締役は株主に対し、会社法429条1項に基づき、損害賠償責任を負う可能性があることを示唆している[18]。

3　自己株式取得

　敵対的な買収者がある国内企業の発行する株式を買い占めようとする場合に、発行会社においてこれに対抗して自己株式を取得すれば、買値を上げ、

18　上柳克郎＝鴻常夫＝竹内昭夫編集代表『新版注釈会社法（6）』314頁〔龍田節〕（有斐閣、1987年）。龍田教授は、相当な理由と必要に基づかない株式の上場廃止申請は、会社の資産状態と無関係に、投資回収の妨害による損害を株主に直接もたらすと主張される（龍田・前掲書322頁以下）。

資金上あるいは採算上の考慮から敵対的な買収者に買占めを途中で思いとどまらせる効果を期待することができる。また、現在の経営者が相当数の自社株式を所有している場合に、発行会社が自己株式取得を行うことによって、全体の議決権数を減少させ、その結果、現経営者の議決権比率を高め、その支配権を確保し、将来における乗っ取りの危険を防ぐ効果も期待できよう[19]。これらの意味において、敵対的な買収者に対する対抗手段として、発行会社による自己株式取得を行うことが考えられる。

では、敵対的な買収者による株式の買占めに対抗する手段として発行会社による自己株式が行われた場合、取締役はかかる自己株式取得についてどのような場面で責任を追及されることがあるのであろうか。

(1) 旧商法下の場合

平成13年6月改正前旧商法のもとでは、自己株式取得による弊害の一般的予防の見地から、自己株式取得を原則的に禁止し、原則として、平成13年6月改正前旧商法上明文で認められている場合[20]以外には自己株式取得は認められていなかった。解釈により認められていたものもあったが、無償取得、包括遺贈、会社名義であっても他人の計算で取得する場合等、極めて限定的であった[21]。

このように自己株式取得が厳しく規制されていた状況の下で、いわゆる仕手筋が株式を買占め、放置をすれば当該会社、株主、および従業員等の会社関係者に多大な損害を与える危険性が強く、しかもそれが差し迫っている状況下では、緊急避難的措置として、自己株式の取得も許されるのではないかが争われた事件として、片倉工業自己株式取得損害賠償請求事件（東京地判

19　河本一郎「自己株式取得禁止緩和論の背景とその根拠」商事法務535号7頁
20　平成13年6月改正前旧商法においては、消却のため（平成13年6月改正前旧商法210条1号・212条ノ2）、合併・営業全部を承継する吸収分割・営業譲受け（平成13年6月改正前旧商法210条2号）、会社の権利の実行にあたりその目的を達成するため必要なとき（平成13年6月改正前旧商法210条3号）、株式買取請求権、単位未満株・端株買取請求等（平成13年6月改正前旧商法210条4号）、譲渡制限会社において自社を先買権者とする場合（平成13年6月改正前旧商法210条5号）、取締役・使用人に対するストック・オプション付与や従業員持株会への譲渡目的での取得（平成13年6月改正前旧商法210条ノ2）、譲渡制限株式についての相続人からの取得（平成13年6月改正前旧商法210条ノ3）が例外として明文で認められていた。
21　神田秀樹＝武井一浩編著『新しい株式制度　実務・解釈上の論点を中心に』62頁（有斐閣、2002年）

平3・4・18判タ763号164頁）がある[22]。

本事件の概要は以下の通りである。

片倉工業株式会社（「片倉工業」）は、甲らから、合計400万株の自己株式を代金合計23億6800万円で譲り受けると共に、その資金全額を乙から借入れ、これに対する利息を合計約500万円支払った。片倉工業は、その自己株式を同社の100％子会社で暁星エンタープライズ株式会社（「暁星」）に取得価格と同額で譲り渡し、暁星は同代金の支払に代えて片倉工業の乙に対する前記借入金債務を引受け、これを全額弁済した。暁星は、片倉工業株式を取得価格より安値で他に売却したことなどにより、合計約7億3870万円の損害を被った。また、これによって片倉工業が保有する暁星の株式に約1億4600万円の評価損が生じた。上記のような事情の下で、片倉工業の株主Xが片倉工業の取締役Yらに対し、上記自己株式取得により片倉工業に生じた損害の賠償を求めて、代表訴訟を提起した。

本事件では、被告となった取締役らは、いわゆる仕手筋が株式を買い占め、放置すれば、当該会社、株主、および従業員等の会社関係者に多大な損害を与える危険性が強く、しかもそれが差し迫っている状況下では、緊急避難的措置として、自己株式の取得も許されると主張した。しかし、第一審の東京地裁は、自己株式の取得が禁止されている理由を挙げた上で、旧商法210条は一般予防的見地から旧商法が明文で認める場合をのぞき、これを一律に禁止したものであり、旧商法が定める例外の他は、弊害が生じないことが類型的に明らかな場合に限り許容され、被告らが主張するような個別的な事情を判断して自己株式取得を許容することは、旧商法210条の趣旨を没却すると判示し、最終的に、自己株式取得を実行した取締役らに対し、旧商法266条1項5号に基づき片倉工業が被った損害を賠償するよう命じた。本事件はその後、控訴されたが、控訴審である東京高判平6・8・29（金判954号14頁）も第一審の判断を支持した。

---

22 その他に旧商法210条に違反して行われた自己株式取得について取締役の責任が追及された裁判例としては、三井鉱山取締役責任追及株主代表訴訟最高裁判決（最判平5・9・9資料版商事法務114号167頁）がある。

(2) 会社法下の場合

　平成13年6月の旧商法改正後、自己株式取得の規制が緩和され、会社法の下では、より広い範囲で自己株式取得が認めら得るようになった（会社法155条）。しかし、会社が株主との合意により自己株式を取得することは、剰余金の配当と同じく、株主に対する財産の分配の一形態であるとの考えから[23]、原則として株主総会の決議によって、取得する株式の種類・数、取得と引替えに交付する金銭等の内容・総額、株式を取得することが出来る期間を定めることが必要である（会社法156条1項・2項）。また、特定の株主から自己株式を取得する場合、特別決議により、上記の事項と株主の氏名について決議することが必要であるが（会社法160条1項・309条2項2号）、これは換金困難な株式の売却機会の平等を図るということのほかに、グリーンメイラーからの高値の取得を阻止する必要があることに基づくものであると説明されている[24]。自己株式取得の実行方法は、市場における取引による方法（会社法165条1項）、株券の公開買付けによる方法（同上）、株主全員に譲渡の勧誘をする方法（会社法157条以下）、株主総会で決議した特定の株主からの取得（会社法160条）に限られている。

　このように会社法の下でも自己株式取得は一定の手続に従って行われることが求められている。これらの手続に違反して自己株式取得が行われた場合には、会社法の下においても、取締役は会社に対して損害賠償責任を負うことになる（会社法423条1項）。

〔沢崎　敦一〕

23　江頭・前掲書238頁
24　江頭・前掲書238頁

第 6 章

企業買収に絡む裁判例・紛争事例の分析

1

新株発行に関する裁判例（宮入バルブ事件、ベルシステム24事件、ダイソー事件）

第1　問題の所在

　株式会社は、旧商法下において、新株発行の際に特定の第三者に新株を割り当てることができた（第三者割当増資）。しかし、この第三者割当増資が行われると、既存株主はその持株比率が低下するという不利益を被る。また、新株の発行価額が時価よりも低い価額である場合（以下、「有利発行」という。）、既存株主はその所有株式の経済的価値が低下するという不利益も被る。

　そこで、旧商法は、まず、後者の不利益を配慮して、「特に有利なる発行価額」で第三者割当増資を行う場合には、株主総会の特別決議を必要とするとして（旧商法280条ノ2第2項）、株主はこれを経ない第三者割当増資の差止めを請求することができるものとし（旧商法280条ノ10）、この点についての裁判例が蓄積されている。また、前者の不利益についても、後述するように、既存株主の持株比率の低下を目的とする新株発行は「著シク不公正ナル方法」による不公正発行として（旧商法280条ノ10）、差止めの対象となり得るとする裁判例が積み重ねられている。

　以下では、これらの差止めに関する最近の裁判例を5件検討する。

　なお、会社法の施行により、新株発行は「募集株式の発行等」という概念に含まれ、発行価額も「払込金額」という概念に変更されるなど、新株発行をめぐる規定は改正された（会社法199条1項等参照）。しかし、これらの改正は実質的改正をもたらすものではないと言われている[1]。したがって、以下で検討する裁判例はいずれも旧商法下の裁判例であるが、会社法の下でも先例としての意義を有すると考えられる。

第2　有利発行に関する裁判例：東京地決平成16年6月1日 判時1873号159頁（宮入バルブ事件）

1　事案の概要

　株式会社Y（発行済株式総数1630万株）の取締役会は、平成16年4月27日、第三者Zに対する新株発行（以下、「本件新株発行」という。なお、発行する株式数は770万株、発行価額（以下、「本件発行価額」という。）は1株につき393円である。）を決議した。これに対し、Yの株主であるX1ないしX4は、①Yの新株発行には、その発行価額が「特ニ有利ナル価額」（旧商法280条ノ2第2項）にあたるにもかかわらず株主総会の決議を経ていないという違法があり、また、②Yの新株発行は債務者の現経営陣の地位の維持、保全を目的としたものであり、「著シク不公正ナル方法」に該当するとして、旧商法280条ノ10に基づき、Yの新株発行の差止めを求める仮処分を申し立てた。

2　決定内容の概要

　本件決定（以下、「宮入バルブ決定」という。）は、X1らの申立てのうち、前記①について判断し、X1らの申立てを認容した。

　すなわち、旧「商法280条ノ2第2項にいう『特ニ有利ナル発行価額』とは、公正な発行価額よりも特に低い価額をい」い、ここにいう公正な発行価額は、最三小判昭50・4・8（民集29巻4号350頁）に照らし、「原則として、発行価額決定直前の株価に近接していることが必要であると解すべきである」とした。その上で、日本証券業協会の平成15年3月11日付け一部改正に係る「第三者割当増資の取扱いに関する指針[2]」（以下、「新自主ルール」という。）は上記の調和の観点から一応の合理性を認めることができるとの判断を示し

---

[1]　相澤哲＝豊田祐子「株式（株式の併合等・単元株式数・募集株式の発行等・株券・雑則）」相澤哲編著『立案担当者による新・会社法の解説』51頁（商事法務、2006年）。しかし、デフォルト・ルールでは募集株式の発行は株主総会の特別決議事項とされているため（会社法199条2項・309条2項5号）、有利発行に関する裁判例は、有利発行の場合を除き（会社法201条1項）、取締役会で新株発行を決議することができる会社法上の公開会社が行う場合に限り、従前の裁判例と同様の形で問題となる点には注意を要する。

1 新株発行に関する裁判例（宮入バルブ事件、ベルシステム24事件、ダイソー事件） | 355

た。そして、新自主ルールに照らして計算される公正な発行価額は、本件新株発行決議の直前日の価額に0.9を乗じて算出すると909円、本件新株発行決議の日の前日から6か月前までの平均の価額に0.9を乗じて算出すると650円となるところ、本件発行価額は前者の約43％、後者の約60％の価額であるから、本件発行価額は、本件新株発行決議の直前日の株価と著しく乖離しており、公正な発行価額より特に低い価額であると認定した。

なお、この点に関し、Ｙは、Ｙの株価が平成16年1月以降急激に上昇しており、それはＸ１らによる株価操縦、投機を目的とした違法な買占めを原因とするものであるから、この株価上昇を公正な発行価額の算定基礎から排除すべきであると主張していた。しかし、宮入バルブ決定は、確かに株価の急騰という事実は認められるものの、それはＸ１らのＹに対する企業買収を目的として長期的に保有するために取得したものであることが伺われ、しかも、Ｙの業績は改善し、証券業界のＹの評価も向上していることやＹの競業他社の株価も高騰していること、Ｙの株価が同年1月以降、500円以上で推移していること等の事情が認められるとして、Ｙの株価の高騰は一時的な現象ではなく、公正な発行価額の算定基礎から排除すべきではないとした。

3　検　　討

(1) 有利発行が問題となる場合

ある募集株式の発行価額が「特に有利な発行価額」であるかが問題となる事例には、①上場会社の株式のように当該会社の株式に市場価格が存在する場合と、②当該会社の株式に市場価格が存在しない場合とがある。宮入バルブ決定は、このうち前者に関するものである。以下においては、この類型について検討する[3]。

2　「発行価額は、当該増資に係る取締役会の直前の価額（直前日における売買がない場合は、当該直前日からさかのぼった直近日の価額）に0.9を乗じた額以上の価額であること。ただし、直前日又は直前日までの価額又は売買高の状況等を勘案し、当該決議の日から発行価額を決定する為に適当な期間（最長6ヶ月）をさかのぼった日から当該決議の直近日までの間の平均の価額に0.9を乗じた額以上の価額とすることができる。」というルールである。
3　②の類型の最近の裁判例としては、東京地決平6・3・28判時1496号123頁がある。

(2) 裁判例の変遷

旧商法280条ノ2第2項の「特ニ有利ナル発行価額」とは、通常新株を発行する場合の公正な価額に比較して、特に低い価額をいうと解されている（最判昭51・4・30判時827号107頁）。それゆえ、新株発行価額が「特ニ有利ナル発行価額」に該当するか否かは、公正な発行価額の算定方法によって結論を異にすることになる。

この点に関する最高裁判例としては－旧商法280条ノ11に関するものであるが－前掲最三小判昭50・4・8がある（以下「昭和50年最判」という。）[4]。この昭和50年最判は、「公正発行価額は、発行価額決定前の当該会社の株式価格、右株価の騰落習性、売買出来高の実績、会社の資産状態、収益状態、配当状況、発行済み株式数、新たに発行される株式数、株式市況の動向、これらから予測される新株の消化可能性等の諸事情を総合し、旧株主の利益と会社が有利な資本調達を実現するという利益との調和の中に求められるべきものである」として、新株発行直前の終値を基礎として決定した時価の約10パーセント引きの発行価額は、「著シク不公正ナル発行価額」に当たらないとした。

昭和50年最判は新株発行直前の終値を基礎として算出された発行価額が公正な発行価額であると判断したが、買収防衛策として第三者割当増資を行う時に、買収者がその直前に当該会社の株式を大量に取得している場合がある。その結果、当該会社の株価が高騰することになり、新株発行の直前に株価が急騰した事案においてその直近の高騰した株価を公正な発行価額の算定の基礎としてよいかが問題となった。この点に関する裁判例が秀和対忠実屋・いなげや事件（大阪地決昭62・11・18判時1290号144頁）である。同決定は、「株式が市場において取引されている場合には、原則として市場価額が右公正な価額の反映と考えられるから、新株の発行を決議した時点における株価を中心として新株が発行された場合において予想される株価の変動等の事情を加味して発行価額を決定すればそれが公正な価額ということができる。しかし、右の株価はしばしば当該株式が投機の対象になる等により、必ずしも公正な価

---

[4] 同判例については、最高裁調査官解説がある（『最高裁判所判例解説民事編昭和50年度』129頁〔川口冨男執筆〕（法曹会））。

値を反映しない場合があり、このような形で形成された株価は、公正な価額を決定するうえでの基準たり得ず、これとの比較において発行価額が公正か否かを決定することはできない」として、問題となった新株発行の直前の株価高騰を公正な発行価額の算定の基礎に含めることを否定した。

この決定を契機として、日本証券業協会は、平成元年8月8日、「時価発行増資に関する考え方」の中で新株発行価額に関する自主ルール[5]を設定した（以下、「旧自主ルール」という。）。それ以後は、発行価額がこの旧自主ルールに沿って決定されるようになったが、今度は、この旧自主ルールに沿った発行価額が「特ニ有利ナル発行価額」に該当するかが争われるようになった。そして、この点が争われた東京地決平元・9・5（判時1323号48頁）、大阪地決平2・7・12（判時1364号100頁）では、いずれも旧自主ルールに沿って決定された新株発行価額が「特ニ有利ナル発行価額」に該当しないと判断された[6]。

(3) 宮入バルブ決定の意義

宮入バルブ決定は、前述(2)の裁判例に沿ったものであるが、同決定は、平成15年3月11日付けで旧自主ルールが改正され、新自主ルールが制定された後の事案に関するものである。それゆえ、宮入バルブ決定が、この新自主ルールに「一応の合理性が認めることができる」として、新自主ルールに基づいて算出された新株発行価額を尊重して原則として「特ニ有利ナル発行価額」には該当しないと判断した点には独自の意義を見出すことができる。そして、実務では、新自主ルールに則った発行価額であれば、差止めの対象とはならないという基準が確立したとの評価もある[7]。

もっとも、宮入バルブ決定を含め裁判例においては、自主ルール（新ない

---

5 「当該第三者割当増資についての取締役会決議の直前日の終値又は直前日を最終日としこれより遡る6か月以内の日を初日とする期間の終値平均に、0.9を乗じた価額」というルールである。取締役会決議の直前日の終値を原則的な基準とはしていない点で、新自主ルールとは異なる。
6 学説上は、証券業界の自主ルールに従うことの是非について賛否両論がある。太田洋「宮入バルブの新株発行差止申立て事件東京地裁決定」商事法務1702号24頁（2004年）で引用されている各文献を参照。
7 江頭憲治郎『株式会社法』681頁（有斐閣、2006年）。なお、新自主ルールに則った最近時の判例として、TDF（テーデーエフ）新株発行差止請求事件（仙台地決平19・6・1金判1270号63頁）がある。

し旧自主ルール）に従うことが公正な発行価額の唯一の算定基準として明言されているわけではなく、発行価額が自主ルールに則ったものでなくとも、公正な発行価額と認定される場合を排除する趣旨ではないと考えられる。

　宮入バルブ事件においても、Yは、新株発行の取締役会決議直前の株価の高騰を除外して発行価額を算定するため、新自主ルールとは異なった方法で本件発行価額を決定している。そこで、Yが自己の算出方法の合理性を審尋において主張し、これに対し宮入バルブ決定は、相当詳細な事実認定をしてYの主張に反駁している。

　すなわち、株価が高騰する場合には、①株価の高騰が買収により企業価値の増大することに対する市場の合理的な評価による場合と、②株式が市場において極めて異常な程度にまで投機の対象とされ一時的に株価が高騰した場合とが考えられるが、裁判例は、①の場合に、直前の株価も公正な発行価額の算定の基礎とするよう苦心してきた[8]。宮入バルブ決定においても、株価の高騰が①に該当することを根拠として、前述のとおり、Xの株式買占めの目的、Yの業績の向上、そして、株価の高騰が一定程度継続していたことを挙げ、本件の株価の高騰が①に該当することを論証している。

　そうすると、宮入バルブ決定は、以上のような事情が認められる場合に、株式会社が第三者割当増資を行うときには少なくとも、株式会社が直近の株価の高騰をも考慮して公正な発行価額を算出すべきとしたにすぎず、それ以外の場合、例えば、買収者がグリーン・メイラーである場合にまで、同様な方法で発行価額を算定することを要求するものではないと考えられる[9]。

第3　不公正発行に関する裁判例①：東京高決平成16年8月4日金判1201号4頁（ベルシステム24事件）

1　事案の概要

　テレマーケティング業を主要な事業とする株式会社Y（発行済株式総数489万

---

[8] 田中亘「防衛策としての第三者割当増資の発行価額」江頭憲治郎ほか編『会社法判例百選』65頁（有斐閣、2006年）。なお、新株発行に関する一連の裁判例につき、野村修也＝中東正文編『M&A判例の分析と展開』（別冊金融・商事判例）参照。
[9] 大阪地決昭62・11・18判タ978号178頁参照。

① 新株発行に関する裁判例（宮入バルブ事件、ベルシステム24事件、ダイソー事件）

8700株）の取締役会は、平成16年7月20日、Aとの業務提携（以下「本件事業計画」という。）のための資金を得るために、Zに対し、新株を520万株（当時のYの発行済株式総数は489万8700株である。）割り当てることを決議した。これに対し、Yの筆頭株主で、同月16日当時、Y株式を191万9000株（約39.2％）有していたXが、Yの新株発行が旧商法280条ノ10所定の「著シク不公正ナル方法」による株式発行に当たるとして、本件新株の発行の差止めを求める仮処分を申し立てた。

2　決定内容の概要

本決定（以下「ベルシステム24事件決定」という。）は、Yの新株発行の直前、XY間でYの経営方針・役員構成をめぐって対立が生じていたこと、Yの社外取締役であるX代表者に対し、本件新株発行について全く説明がなされていなかったこと、本件新株発行により、Xの持株比率が39.2％から19.0％間で低下する一方で、Zの持株比率が51.5％となることから、Yの代表者をはじめとする相手方の現経営陣の一部がXの持株比率を低下させて、自らの支配権を維持する意図を有していたとの疑いは容易に否定することができないとした。しかしながら、本件事業計画のために本件新株発行による資金調達の必要性があり、本件事業計画にも合理性が認められる本件においては、相手方がXの持株比率を低下させて自らの支配権を維持する意図を有していたとしても、それが本件新株発行の唯一の動機であったとは認め難いうえ、その意図するところが会社の発展や業績の向上という正当な意図に優越するものであったとまで認めることは難しいとして、本件新株発行が「著シク不公正ナル方法」によるものということはできないと判示した。

3　検　討

(1)　裁判例の変遷

会社支配をめぐる対立が生じた際に行われる第三者割当増資が不公正発行に当たるかが争われた事案においては、当初、会社に資金調達目的がある限り、不公正発行に当たらないとする裁判例が見られた（新潟地判昭42・2・23判時493号53頁等）。しかし、その後、資金調達目的があっても、他方に会社支

配権を維持・強化する目的があり、後者の目的が主要な目的である場合には、当該新株発行は不公正発行に当たるという、いわゆる主要目的ルールに依拠する裁判例が登場し、以後、このルールを採用する裁判例が数多く見られるようになった。

例えば、主要目的ルールを採用した初期の裁判例である大阪地堺支判昭48・1・31（金判355号10頁）は、仮に公正な発行目的が認められさえすれば、他方においていかに取締役会が不公正な発行目的を有していたとしても常に不公正発行に当たらないならば、新株発行差止請求権の立法趣旨を無視することになるとして、「不当な目的を達成するため新株を発行する場合と言うためには、少なくとも、取締役会が新株発行を行なうに至った種々の動機のうち、不当な目的を達成するという動機が、他の動機よりも優越し、それが主要な主観的要素であると認められる場合をいうものであり、差止請求においては、その程度の疎明がなされることが必要かつ十分であると解すべきである。」と判示した。そして、同判決後も、多くの裁判例が主要目的ルールを採用した（東京地決昭52・8・30金判533号22頁、大阪地決昭62・11・18判時1290号144頁、大阪高決昭62・11・18民商100巻1号30頁、大阪地決平2・7・12判時1364号104頁など）。

なお、裁判例の中には、主要目的ルールを採用しつつも、ニュアンスの異なる裁判例も存在する。東京地決平元・7・25（判時1317号17頁＝秀和対忠実屋・いなげや事件）は、「株式会社においてその支配権につき争いがある場合に、従来の株主の持株比率に重大な影響を及ぼすような数の新株が発行され、それが第三者に割り当てられる場合、その新株発行が特定の持株比率を低下させ現経営者の支配権を維持することを主要な目的としてされたものであるときは、その新株発行は不公正発行にあたるというべきである」と述べた後に、「新株発行の主要な目的が右のところにあるとはいえない場合であっても、その新株発行により特定の株主の持株比率が著しく低下されることを認識しつつ新株発行がされた場合は、その新株発行を正当化させるだけの合理的な理由がない限り、その新株発行もまた不公正発行にあたるというべきである」との補完的な準則を付け加えている。[10]

以上のように、裁判例では主要目的ルールがほぼ定着しているといえるが、

各裁判例の当該事案における当てはめを見てみると、多くの場合、会社側の主張を支持して、新株発行が資金調達目的の公正な発行であると認定しており、主要目的ルールにより不公正発行と認定された事例はほとんど存在しない（例えば、前掲東京地決平元・7・25）。これは、割当自由の原則により、取締役会は新株発行についての裁量権を有しているとの認識に基づくものであると考えられるが[10]、この点を捉えて、裁判例における目的の認定は会社側に甘く、資金調達の必要性が認定できれば、支配目的による新株発行も許す傾向が強いとの指摘を受けるに至っており[12]、学説[13]からの批判は強い。

(2) ベルシステム24事件決定の意義

ベルシステム24事件決定は、Yの一部の取締役の支配権維持の意図を認定しながら、それが本件新株発行の唯一の動機ではなく、また、その意図は正当な意図に優越するものであったとは認められないとして、Xの差止請求を退けている。このように取締役の有していた意図の比較を行っていることから、ベルシステム24事件決定は主要目的ルールの考え方を採用し、従前の裁判例の流れを踏襲するものであると評価することができる。ただ、ベルシステム24事件決定固有の注目点として、以下の点を指摘することができる。

第1に、ベルシステム24事件決定は、前掲東京地決平元・7・25の示した、特定の株主の持株比率が著しく低下されることを認識しつつ新株発行がされた場合には原則として不公正発行に当たるとの基準を採用しなかったことが

---

10 この点についての解説としては、「本決定の示した準則が、従来の主要目的ルールの実体的な部分を変更し、または新たなルールを加えたものとは考えられない。というのは、それまでの裁判例においても、不当目的を判断する際に、資金調達の必要性や手段としての新株発行の合理性についてまがりなりにも判断を加えているからである。本決定はその判断内容を明確化したに過ぎない。むしろ本決定は、支配権の争奪戦が行われているもとでの募集株式の発行等については、発行等を行う会社側にその正当性・合理性を疏明・証明すべき責任があることを示した点でそれまでの裁判例（前掲東京地決昭52・8・30〔弥栄工業事件〕では、株主側に合理性の不存在の疎明を求めるような記載がある）と異なる判断をした点により大きな意義がある、と評価すべきである。」との指摘がある（久保大作「忠実屋・いなげや事件」野村修也＝中東正文編『M&A判例の分析と展開』27頁。山田純子「本件判批」商事法務1337号37頁（1993年））。
11 太田洋＝野田昌毅「敵対的企業買収と第三者割当増資－ベルシステム24新株発行差止仮処分申立て事件の分析を通じて－」商事法務1710号53頁（2004年）
12 森本滋「第三者割当をめぐる諸問題」河本一郎ほか『第三者割当増資』225頁（有斐閣、1991年）
13 学説については、吉本健一「会社支配権争奪と新株発行」家近正直編『現代裁判法大系17会社法』397頁以下（新日本法規、1999年）を参照されたい。

挙げられる。本決定の事例は、筆頭株主であるXの持株比率を大幅に低下させ、新株の割当てを受けるZを筆頭株主となるような新株発行がなされたケースであり、前掲東京地決平元・7・25の基準に照らせば、不公正発行に該当する可能性が高いケースであった（原審においてXもこの点を主張している。)。しかしながら、原決定は前掲東京地決平元・7・25の基準を採用しないことを明言し、ベルシステム24事件決定もこの点について判断を維持していると指摘されている[14]。裁判例において、主要目的ルールの理論的根拠が「被選任者たる取締役に選任者たる株主構成の変更を主要な目的とする新株等の発行をすることを一般的に許容することは、商法が機関権限の分配を定めた法意に明らかに反する」点に求められているところ[15]、ベルシステム24事件決定も、専ら取締役の支配権維持の観点から本件新株発行が不公正発行か否かを判断したと考えられる。

　第2に、ベルシステム24事件決定は、本件事業計画に対する新株の割当てを受けるZの肯定的評価や、証券アナリストの肯定的評価について具体的に認定した上で、「本件新株発行による資金調達を実行する必要があり、かつ、……本件業務提携を必要とする経営判断として許されないものではなく、本件事業計画自体にも合理性があると判断することができ」ると判示している。つまり、ベルシステム24事件決定は、本件新株発行が公正なものであることを認定するために、資金調達の必要性を生じさせた事業計画の合理性をも問題としている。従前の裁判例では、資金調達の必要性を生じさせる会社の事業内容についてまで踏み込んで判断する傾向は見られず、ベルシステム24事件決定がこの点についても判断要素とした点は、従前の裁判例よりも更に厳格に会社の目的を精査しようとしているといえる。もっとも、ベルシステム24事件決定は、本件事業計画に合理性が見いだせることを理由に、支配権維持の目的も認められ、また、ドラスティックな資本関係の変動を招くことになる本件新株発行であっても不公正発行に当たらないと判断している。それゆえ、資金調達の発端となった事業計画に合理性が認められれば、それを理由として新株発行を行うという取締役会の経営判断を尊重して当該新株発行

14　太田＝野田・前掲論文52頁参照。
15　東京高決平17・3・23判時1899号56頁（ニッポン放送事件）

は公正な発行であると認める点で、ベルシステム24事件決定においても、従前の裁判例と同様、取締役会の新株発行についての裁量権を尊重するという姿勢を見いだすことができる。いわゆる経営判断の原則に関する裁判例において、裁判所は取締役の専門的、予測的な判断を尊重しているが、新株発行の場面における取締役の経営判断にも同様の姿勢を見い出すことができるのである。ベルシステム24事件決定は、この点をふまえて、取締役の裁量権を尊重したと評価することが可能であろう。[16]

第4　不公正発行に関する裁判例②：大阪地決平成16年9月27日金判1204号6頁（ダイソー事件）

1　事案の概要

　化学メーカーであるYの取締役会は、平成16年9月10日、設備投資、借入金返済および運転資金を調達するため、発行価額の総額43億3680万円にのぼる新株発行を行うことを決議した（以下、「本件新株発行」という。）。本件新株発行では、取引銀行および取引先15社をその新株の割当先としたが、その当時、Yの筆頭株主で約10.6％の持株比率の株式を有していたXには新株が割り当てられなかった。そこで、Xは、本件新株発行が資金調達の必要性がないのに、新株を発行してXの持株比率を低下させ、本件新株発行により割当てを受ける株主らにより構成されるYの安定株主グループの持株比率を増加されるなど、現経営者の支配権を確保するためにのみされるから、著しく不公正な方法による新株発行に当たるとして、Yに対し、新株発行の差止めを

16　江頭・前掲書682頁は、次のようにいう。「裁判例には、取締役会が募集株式の発行等を決定した場合の種々の動機のうち、自派で議決権の可半数を確保する等の不当目的達成動機が他の動機に優越する場合にその発行等の差止めを認め、他の場合には認めない「主要目的ルール」と呼ばれる考え方が有力であり、かつ、実際には不当目的達成動機が優越していたとはめったに認定しない（会社に「資金調達の必要」があったことが認定されれば、調達方法の選択には原則として取締役会の判断を尊重する）傾向が強い。」なお、さいたま地決平19・6・22（金判1270号55頁＝日本精密新株発行差止事件）は、会社法（210条）下の事件であるが、従来の裁判例同様、主要目的ルールに依拠しつつ、新株の発行が資金調達の必要性から行われるものであるか、それとも現経営陣の支配権維持のために行われるものであるかについて検討した上、経営陣が支配権の維持するためであると判断し、差止めの仮処分申立てを認めている。

請求した。

2 決定内容の概要

本決定（以下「ダイソー決定」という。）は、XがYの支配権を有しておらず、XY間で支配権を争う状態があったとはいえないこと、本件新株発行により新株の割当てを受けた株主グループにYの支配権を有する株主は存在せず、このグループの株主らが今後常にYの経営陣を支持して議決権を行使するとはいえないこと、資金調達の必要性が認められることを認定した。その上で、本件新株発行によっても、XはYの筆頭株主であること、他方、Yは資金調達が必要であることを現に判断した上で本件新株発行を決定しており、本件新株発行により、Yを支持する株主グループが構成されてYの経営陣の支配権が確保されることはないとして、本件新株発行は不公正発行には当たらないと判断した。

3 検　討

(1) ダイソー決定[17]は、ベルシステム24事件決定の事案とは異なり、株主と会社との間で支配権をめぐる紛争が生じていたケースではなく、株主・会社間あるいは会社・敵対的買収者間で紛争が生じている場合を有事とすれば、一方の平時における新株発行が不公正発行に当たるかが問題となったケースである。

しかしながら、ダイソー決定も、Yに支配権維持の目的があるか否かを問題としており、主要目的ルールに則って不公正発行に該当するか否かを判断しているといえる。したがって、ダイソー決定は、平時における新株発行が不公正発行に当たるかの判断基準として、前述した他の裁判例の考え方を踏襲した裁判例であると評価することができる。

(2) もっとも、ダイソー決定は、ベルシステム24事件決定とは異なり、本件新株発行に当たり不当な目的が認定されず、資金調達目的と不当な目的との主従について検討することなく、本件新株発行は不公正発行に当たらない

17　ダイソー決定の判例評釈として、大塚和成「ダイソー事件」野村修也＝中東正文編『M＆A判例の分析と展開』（別冊金融・商事判例）68頁が参考になる。

と判断したにとどまる。その意味では、ダイソー決定は踏み込んだ判断を示したものではない。

　また、平時における新株発行が不公正発行に該当するか否かについては、新株予約権についての裁判例ではあるが、東京地決平17・6・1（判時1218号8頁＝ニレコ事件）が新しい判断を示しており、従前の不公正発行に関する裁判例において、「現に支配権につき争いがある場合」において主要目的ルールの適用が問題となる旨表現が散見され、裁判例は現に支配権に争いが生じている有事を念頭に主要目的ルールを適用しているともいえること[18]をふまえると、平時における不公正発行該当性に関する裁判例の判断基準は未だ固まっておらず、なお今後の裁判例の集積に待つところが存在すると評価するのが穏当であると思われる。

〔奈良　輝久＝加藤　雄士〕

18　例えば、ベルシステム24事件の原決定などがある。
　　なお、裁判例の「主要目的ルール」について、資金調達の必要性と資金調達方法の相当性の2つの観点から鋭く分析した近時の論文として、清水俊彦「主要目的ルールの再構成」Lexis企業法務2007年6月号17頁、「主要目的ルールの再構成（続）」Lexis企業法務2007年7月号46頁がある。清水弁護士は、これらの論文で、経営支配権をめぐる争いがある中で企てられた第三者割当増資の差止めが求められた事案において、主要目的ルールの下で支配権維持に対置すべき正当化事由として資金調達が主張される場合、資金調達の必要性や事業計画など資金使途の合理性もさることながら、何故、資金調達を借入れや公募あるいは株主割当増資によらず、第三者割当増資によらなければならないのか、それも経営陣が選んだ特定の第三者に対して行われなければならないのかが問題の核心であること、そして、それを正当化する事情として、①他に資金を拠出しようとする者がいない場合（消極的正当化事由）のほか、②その第三者との提携により企業価値が高まる場合（積極的正当化事由）が挙げられる、などと指摘している。

② 新株予約権の発行に関する裁判例（ニッポン放送事件）

第1　問題の所在

　敵対的買収に対する企業防衛の手段の一つとして、新株予約権を第三者に発行する方法が採られることがある。

　新株予約権の発行は、これを割り当てられた第三者により行使された場合に、敵対的買収者の株式保有比率を下げ、現経営陣の支配権の維持・確保を図る効果をもたらす点で、新株の発行と共通する面がある。さらに、新株予約権を発行する場合、被割当人が当初払い込む資金の額は、新株発行の場合と比較して少額で済む上に、会社側が新株予約権を発行する際に、予め取得条項を設け、新株予約権の発行により買収者が買収を断念した場合には、被割当人から新株予約権を発行価額で買い戻すことができるスキームを組んでおけば、場合によっては無償での企業防衛も可能である。その点で、新株予約権の発行は、敵対的買収に対する対抗措置として、新株の発行よりもより強力な手段であるともいえる。

　ただし、会社法上、このような買収防衛のための新株予約権の発行が「著しく不公正な方法により行われた場合」（以下「不公正発行」という。）、既存の株主（買収者を含む。）は、裁判所に対し、新株発行の場合（210条2号）と同様、新株予約権の発行が不公正発行に該ることを理由にその差止めを請求し得る（247条2号）。

　新株予約権の不公正発行についての裁判例[1]としては、イチヤ事件（高知地決平16・7・8商事法務1251号216頁）、ニレコ事件（東京高決平17・6・15判タ1186号254頁）などがあるが、ここではニッポン放送事件の抗告審決定（東京高決平

17・3・23判タ1173号125頁）を紹介する。

本件は、旧商法下における裁判例ではあるが、敵対的買収から経営権を維持する目的の新株予約権の発行の正当性が正面から争われた日本で最初の事案であり、敵対的買収に関する多くの問題点を含み、社会的にも敵対的買収に対する防衛策の問題を広く考えさせる契機となった重要な事案である。[2,3]

第2　事案の概要

フジテレビがニッポン放送の発行済株式全部の取得を目指して公開買付け（TOB）中の平成17年2月8日、ライブドアが、子会社であるライブドアパートナーズを通じ、東京証券取引所のToSNeT‐1を利用した時間外取引により、ニッポン放送の発行済株式総数の約29.6％に相当する972万270株を買い付けた。その後、平成17年2月21日までに、ライブドアとライブドアパートナーズ（以下「ライブドアら」という。）は、ニッポン放送の株式1152万9930株を取得し、ニッポン放送の総議決権における株式保有比率が37.85％となった。

これに対し、ニッポン放送は、平成17年2月23日の取締役会において、発行総額158億7209万320円の新株予約権をフジテレビに発行する旨の決議を行った。この新株予約権の行使によって発行される新株は、4720万株であり、これらが全て行使された場合、ライブドアらの株式保有比率は約42％から約17％に減少することになる。

ライブドアは上記決議の翌日、東京地方裁判所（以下「東京地裁」という。）に対し、新株予約権の発行の差止めの仮処分を申請した。東京地裁は、本件

1　これらは、旧商法下の裁判例であるが、不公正発行の差止請求を認める会社法247条は、旧商法280条ノ39第4項、280条ノ10を受け継いだものであり、会社法下でもこれらの裁判例の議論はあてはまる。

2　本件にデラウェア州法が適用された場合を想定し、その場合でもほぼ確実に差止めが認められたであろう旨分析する文献として、田中亘「デラウェア州の買収防衛法理―ニッポン放送事件に適用するとどうなるか」法律時報79巻5号52頁以下がある。

3　なお、株主総会型の新株予約権の発行の適法性に関して、近時ブルドックソース事件の最高裁決定（最二小決平19・8・7金判1273号2頁）が出されている。同決定の分析については本書471頁以下参照のこと。

新株予約権の発行を有利発行にあたるものではないが、不公正発行にあたるとして新株予約権の発行の差止めを認めた（以下「原審決定」という。）。ニッポン放送は、原審決定に対し、異議を申し立てたが、異議決定（東京地決平17・3・16判タ1173号140頁）も同様の判断を下し、原審決定を認可した。

ニッポン放送は、東京高等裁判所（以下「抗告審」という。）に対し、抗告をしたが、抗告審も本件新株予約権の発行を不公正発行にあたるとし、ニッポン放送の抗告を棄却した。

第3　抗告審決定（東京高決平17・3・23判タ1173号125頁）判旨（下線筆者）

1　新株予約権の発行が不公正発行と判断されるのは、どのような場合か

「商法上、取締役の選任・解任は株主総会の専決事項であり（254条1項、257条1項）、取締役は株主の資本多数決によって選任される執行機関といわざるをえないから、被選任者たる取締役に、選任者たる<u>株主構成の変更を主要な目的とする新株等の発行をすることを一般的に許容することは、商法が機関権限の分配を定めた法意に明らかに反するものである</u>。この理は、現経営者が、自己あるいはこれを支持して事実上影響力を及ぼしている特定の第三者の経営方針が敵対的買収者の経営方針より合理的であると信じた場合であっても同様に妥当するものであ」る。

「取締役自身の地位の変動がかかわる支配権争奪の局面において、取締役がどこまで公平な判断をすることができるのか疑問である」「公開会社として株式市場から資本を調達しておきながら、多額の資本を投下して大量の株式を取得した株主が現れるやいなや、取締役会が事後的に、支配権の維持・確保は会社の利益のためであって正当な目的があるなどとして新株予約権を発行し、当該買収者の持株比率を一方的に低下させることは、投資家の予測可能性といった観点からも許されないというべきである。」

したがって、「<u>会社の経営支配権に現に争いが生じている場面において、株式の敵対的買収によって経営支配権を争う特定の株主の持株比率を低下させ、現経営者又はこれを支持し事実上の影響力を及ぼしている特定の株主の</u>

経営支配権を維持・確保することを主要な目的として新株予約権の発行がされた場合には、原則として、商法280条ノ39第4項が準用する280条ノ10にいう『著シク不公正ナル方法』による新株予約権の発行に該当するものと解するのが相当である。」

2 経営支配権の維持・確保を主要な目的とする新株予約権の発行が許容される場合があるのか

「もっとも、経営支配権の維持・確保を主要な目的とする新株予約権の発行が許されないのは、取締役は会社の所有者たる株主の信認に基礎を置くものであるから、株主全体の利益の保護という観点から新株予約権の発行を正当化する特段の事情がある場合には、例外的に、経営支配権の維持・確保を主要な目的とする発行も不公正発行に該当しないと解すべきである。例えば株式の買収者が、①真に会社経営に参加する意思がないにもかかわらず、ただ株価をつり上げて高値で株式を会社関係者に引き取らせる目的で株式の買収を行っている場合（いわゆるグリーンメイラーである場合）、②会社経営を一時的に支配して当該会社の事業経営上必要な知的財産権、ノウハウ、企業秘密情報、主要取引先や顧客等を当該買収者やそのグループ会社等に移譲させるなど、いわゆる焦土化経営を行う目的で株式の買収を行っている場合、③会社経営を支配した後に、当該会社の資産を当該買収者やそのグループ会社等の債務の担保や弁済原資として流用する予定で株式の買収を行っている場合、④会社経営を一時的に支配して当該会社の事業に当面関係していない不動産、有価証券など高額資産等を売却等処分させ、その処分利益を持って一時的な高配当をさせるかあるいは一時的高配当による株価の急上昇を狙って株式の高値売り抜けをする目的で株式買収を行っている場合など、当該会社を食い物にしようとしている場合には、濫用目的をもって株式を取得した当該敵対的買収者は株主として保護するに値しないし、当該敵対的買収者を放置すれば他の株主の利益が損なわれることが明らかであるから、取締役会は、対抗手段として必要性や相当性が認められる限り、経営支配権の維持・確保を主要な目的とする新株予約権の発行を行うことが正当なものとして許されると解すべきである。」「株主全体の利益保護の観点から当該新株予約権

発行を正当化する特段の事情があること、具体的には、敵対的買収者が真摯に合理的な経営を目指すものではなく、敵対的買収者による支配権取得が会社に回復し難い損害をもたらす事情があることを会社が疎明、立証した場合には、会社の経営支配権の帰属に影響を及ぼすような新株予約権の発行を差し止めることはできない。」

3 本件新株予約権の発行は、経営支配権の維持・確保を主要目的とするものか

本件新株予約権の発行の主要目的については、「本件新株予約権の発行は、債務者の取締役が自己又は第三者の個人的利益を図るために行ったものではないとはいえるものの、会社の経営支配権に現に争いが生じている場面において、株式の敵対的買収を行って経営支配権を争う債権者等の持株比率を低下させ、現経営者を支持し事実上の影響力を及ぼしている特定の株主であるフジテレビによる債務者の経営支配権を確保することを主要な目的として行われたものであるから」「これを正当化する特段の事情がない限り、原則として著しく不公正な方法によるもので、株主一般の利益を害するものというべきである。」

4 本件新株予約権の発行に、新株予約権発行を正当化する特段の事情はあるか

本件における特段の事情の有無について、「債権者が（略）債務者の事業や資産を食い物にするような目的で株式の敵対的買収を行っていることを認めるに足りる確たる資料はない。」「債権者が債務者の支配株主となった場合に、債務者に回復し難い損害が生ずることを認めるに足りる資料はなく、また、債権者が真摯に合理的経営を目指すものでないとまでいうことはできない。」

5 買収による企業価値の毀損の有無を新株予約権の発行の適否の判断にあたって考慮すべきか

企業価値の比較検討について、「事業経営の当否の問題であり、経営支配

の変化した直後の短期的事情による判断評価のみではこと足りず、経営事情、社会的・文化的な国民意識の変化、事業内容にかかわる技術革新の状況の発展などを見据えた中長期的展望の下に判断しなければならない場合が多く、結局、株主や株式取引市場の事業経営上の判断や評価に委ねざるを得ない事柄である。」「それらの判断要素は、事業経営の判断に関するものであるから、経営判断の法理にかんがみ司法手続の中で裁判所が判断するのに適しないものであり、」「本件新株予約権の発行の適否の判断に取り込むことは相当でない。」

6 ライブドアの時間外取引の問題を新株予約権発行を正当化する特段の事情として考慮すべきか

株式買収の証券取引法上の問題について、「本件ＴｏＳＴＮｅＴ取引は、東京証券取引所が開設する、証券取引法上の有価証券市場における取引であるから、取引所有価証券市場外における買付け等には該当せず、取引所有価証券市場外における買付け等の規制である証券取引法27条の２に違反するとはいえない。」「本件ＴｏＳＴＮｅＴによって発行済株式総数の約30％にも上る債務者の株式の買付けを行ったことは、それによって市場の一般投資家が会社の支配価値の平等分配に与る機会を失う結果となって相当でなく、」「公開買付制度を利用すべきであったとの批判もあり得るところである。」

しかし、「上記問題があるとしても、それは証券取引運営上の当不当の問題にとどまり、証券取引法上の処分や措置をもって対処すべき事柄であって」「主要な目的が経営支配権確保にある本件新株予約権の発行を正当化する特段の事情があるということはできない。」

7 敵対的買収に対する事前の対抗策を設けることは可能か

事前の対抗策について、「上記の機関権限の分配を前提としても、今後の立法によって、事前の対抗策を可能とする規定を設けることまで否定されるわけではない。」また、「新たな立法がない場合であっても、事前の対抗策としての新株予約権発行が決定されたときの具体的状況・新株予約権の内容（株主割当か否か、消却条項がついているか否か）・発行手続（株主総会によ

る承認決議があるか否か）等といった個別事情によって、適法性が肯定される余地もある。」

第4　検　討

1　本件抗告審決定は、主要目的ルールを採用するものか

（1）　新株の発行に関する従前の下級審判例[4]では、第三者に対する新株発行の不公正発行該当性につき、新株発行の目的が資金調達であるか支配権維持・確保にあるかを問題とし、前者であればたとえ新株発行の結果、既存株主の持分の低下があっても不公正発行にはならず、後者であれば不公正発行になると判断するいわゆる主要目的ルールが採られてきた。[5]

本件抗告審決定も、「会社の経営支配権に現に争いが生じている場面において、株式の敵対的買収によって経営支配権を争う特定の株主の持株比率を低下させ、現経営者又はこれを支持し事実上の影響力を及ぼしている特定の株主の経営支配権を維持・確保することを主要な目的として新株予約権の発行がなされた場合には、原則として、商法280条ノ39第4項が準用する280条ノ10にいう『著シク不公正ナル方法』による新株予約権の発行に該当する」とし、その上で、本件新株予約権発行の主要目的を、「株式の敵対的買収を行って経営支配権を争う債権者等の持株比率を低下させ、現経営者を支持し事実上の影響力を及ぼしている特定の株主であるフジテレビによる債務者の経営支配権を確保することを主要な目的」であると認定している[6,7]ことから、従前と同様の主要目的ルールを採用しているようにもみえる。

---

[4]　ベルシステム24事件抗告審決定（東京高決平16・8・4金判1201号4頁）、忠実屋・いなげや事件決定（東京地決平元・7・25判時1317号28頁）など（本書「第6章　1」参照）。

[5]　主要目的ルールの枠組みを資金調達の必要性と資金調達方法の相当性の観点から詳しく分析し、その問題点を指摘する文献として、清水俊彦「主要目的ルールの再構成―資金調達の必要性と資金調達方法の相当性」Lexis企業法務2007. 6 No18、17頁以下がある。

[6]　ニッポン放送は、臨海副都心スタジオプロジェクトの整備資金の調達も新株予約権の発行の目的に加えたが、抗告審決定は「本件紛争になって言い出した口実である疑いが強く、にわかに信用し難い。」として、これを認めなかった。ニッポン放送が、新株ではなく、確実な資金調達が約束されない新株予約権（新株予約権者に払込の有無の選択権がある。）発行しようとしたことも資金調達の目的が主要目的でないと判断することの一材料となろう。

しかし、本件で抗告審決定が採用している不公正発行該当性についての判断枠組みには、従前採用されてきた主要目的ルールと大きく異なる点がいくつかある点に注意が必要である。

　(2)　まず、抗告審決定が不公正発行該当性について二段構えの判断枠組みをとっている点である。

　従来の主要目的ルールの判断枠組みは、不公正発行該当性につき、支配権維持が主要目的であれば、新株予約権の発行が不公正発行にあたるとの判断枠組みであり、従前の判断枠組みに従えば、本件も支配権維持が主要な目的であると認定された段階で直ちに新株予約権の発行が不公正発行に該当すると認定されるはずであった。

　しかし、本件抗告審決定は、支配権維持を目的とする場合でも、「株主全体の利益の保護という観点から新株予約権の発行を正当化する特段の事情」（以下「特段の事情」という。）がある場合には不公正発行に該当しないとし、支配権維持が主要目的であっても不公正発行とならない場合があることを初めて認め、特段の事情の存否の判断を行った。このように、本件抗告審決定における主要目的ルールは、発行目的の認定に加えて特段の事情の存否の判断を行うという二段構えの判断枠組みを採る点で、従来の主要目的ルールと異なる。

　従来の主要目的ルールは、発行目的の段階で最終的な判断を行う枠組みであったため、企業価値毀損を防止するために支配権を維持することが正当と認められる事案においても、不公正発行該当性を否定するためにやや強引に資金調達目的を認定しようとするきらいがあった。[8]

　これに対し、本件抗告審決定の判断枠組みによれば、企業価値毀損を防止する目的の正当性につき、特段の事情の存否の判断の時点で正面から検討することが可能であり、不自然な認定を避けて事案の実態に即した認定による

7　この点、ニッポン放送は、支配権維持の目的につき、取締役の個人的利益を図る目的と限定的に解釈した上で、これとライブドアの子会社となることによる企業価値の毀損を防ぐ目的を比較しいずれが優先するかを問題とした。これに対し、本件抗告審決定は、経営者の支配権維持の目的につき、取締役が個人的利益を図る目的に限定せず、現経営者を支持し事実上影響力を及ぼしている特定の株主の経営権確保を目的とする場合も含むとした。この点の抗告審の判断は、従前の裁判例の考え方を変更するものではない。

8　タクマ事件（大阪地決昭62・11・18判時1290号144頁）など。

判断をすることができる点からより適切な判断枠組みと評価できよう。[9]

(3) 次に本件抗告審決定が、従来の主要目的ルールに対して一部学説で唱えられていた機関の権限分配秩序説（以下「権限分配秩序説」という。）の強い影響を受けている点が挙げられる。

権限分配秩序説とは、取締役は株主間の支配権争奪に介入してはならず、どの株主が会社支配権を獲得すれば会社にとり有益かについて決定する権限を有しないというドイツの学説を背景に、取締役が株主の支配関係上の争いに介入する目的で第三者に新株を発行するときは、企業経営上合理的であるとしても不公正発行になるとする見解である。[10]

本件抗告審決定は、被選任者である取締役に選任者たる株主構成の変化を主要な目的とする新株等の発行を一般的に許容することは、商法が機関権限の分配を定めた法意に明らかに反するものであり、誰を経営者としてどのような事業構成の方針で会社を経営させるかは、株主総会における取締役選任を通じて株主が資本多数決によって決すべき問題というべきである旨明確に判示しており、権限分配秩序説の影響を強く受けている。

支配権維持目的が主要な目的である場合には原則として不公正発行になるとの判示から分かるように、本件抗告審決定が主要目的ルールそのものを放棄するものでないことは明らかだが、権限分配秩序説の考え方からすれば、支配権維持目的の存在が認められるにも関わらず、資金調達目的等の別の目的が主要目的であるとして、新株等の発行が不公正発行に該当しないと判断される場合は、相当限定されるものと考えられる。

(4) 最後に、抗告審決定が傍論ではあるが、新株予約権の発行目的として、取締役会の一般的権限に属する場合として、主要目的ルールをとる過去の裁判例と異なり、資金調達目的に限定せず、さまざまな目的による新株予約権の発行を正面から認めている点が挙げられる。

---

9 同旨、清水俊彦「ポイズンピルと司法判断」金法1746号104頁、仮屋広郷「ライブドア vs ニッポン放送事件」野村修也＝中東正文編『M＆A判例の分析と展開』（別冊金融・商事判例）78頁以下（経済法令研究会、2007年）。
10 権限分配秩序説の内容、本件抗告審決定が権限分配秩序説を採用したか等についての記述は、青竹正一「新株予約権の有利発行と不公正発行（下）－ニッポン放送事件決定の検討」（判例時報1903号172頁以下）が詳しい。

保全抗告審決定は、具体例として、①具体化している事業計画の実施のための資金調達、②他企業との業務提携に伴う対価の提供あるいは業務上の信頼関係を維持するための株式の持合い、③従業員等に対する勤務貢献等に対する報償の付与や従業員の職務発明に係る特許権の譲受けの対価を支払う方法としての付与を挙げ、「これらの事項について、実際にこれらの事業経営上の必要性と合理性があると判断され、そのような経営判断に基づいて第三者に対する新株等の発行が行われた場合」には、たとえ既存株主の持株比率の低下につながっても許容されるとする。

　近時の新株予約権の発行目的は、多様化しており、新株予約権の発行につき、資金調達の必要性を厳格に要求することは適切ではない。この点で本件抗告審決定が現状における新株予約権の機能の多様化に伴う様々な目的による新株予約権の発行を正面から認めていることは評価できる。

　しかし、本件抗告審決定が強く影響を受ける権限分配秩序説の考え方からすれば、支配権を巡る紛争が顕在化した後で、上記のような目的だけを掲げて新株等の発行を正当化しうるのは、よほど特殊な事情のある場合であり、このような目的が主要目的ルールにおける目的として機能しうるかどうかには疑問もある。[11,12]

2　特段の事情

(1)　本件抗告審決定は、支配権維持を主要な目的とする場合でも、このような新株発行が許されないのは、取締役が会社の所有者たる株主の信認[13]に

11　例えば、支配権維持争いが健在化している時点で、支配権の維持の効果を実際にもたらすような新株予約権の発行が決議された場合に、主要な目的が役員や従業員に対するストックオプションであるとして、新株予約権の発行が正当化されるとは考えがたい。

12　本件では、主要目的が支配権維持・確保にあることは比較的簡単に認定されており、このような詳細な類型論を展開することは必要がなかった（原審仮処分決定にも保全異議決定にもみられない。）。

13　抗告審決定は、「会社の所有者たる株主」と明言しており、この文言からして取締役が支配権維持目的の新株予約権発行の段階で株主のみならず、広く企業関係者（ステークホルダー）の利益を考慮できるとするいわゆるステークホルダー論を採用していないことは明らかである。この点、原審決定は、「会社には、株主の他にも、従業員・取引先・顧客・地域社会などの利害関係者が存在し、これら利害関係者の利益を高めることは、長期的には株主全体の利益にも沿うということができるから、企業価値の検討にあたっては、これら利害関係者の利益をも考慮する必要があると一応いうことができる。」としている。

基礎を置くものであることに基づくものであるから、株主全体の利益の保護の観点から新株予約権の発行を正当化する特段の事情がある場合には、例外的に、経営支配権の維持・確保を主要な目的とする発行も不公正発行に該当しないと解している。

では、この特段の事情が認められる場合とは、どのような場合をいうのであろうか。この点、抗告審決定は、具体例として、以下の4つの類型を挙げる。

すなわち、株式の敵対的買収者が、

① 真に会社経営に参加する意思がないにもかかわらず、ただ株価をつり上げて高値で株式を会社関係者に引き取らせる目的で株式の買収を行っている場合（いわゆるグリーンメイラーである場合）

② 会社経営を一時的に支配して当該会社の事業経営上必要な知的財産権、ノウハウ、企業秘密情報、主要取引先や顧客等を当該買収者やそのグループ会社等に移譲させるなど、いわゆる焦土化経営を行う目的で株式の買収を行っている場合

③ 会社経営を支配した後に、当該会社の資産を当該買収者やそのグループ会社等の債務の担保や弁済原資として流用する予定で株式の買収を行っている場合

④ 会社経営を一時的に支配して当該会社の事業に当面関係していない不動産、有価証券など高額資産等を売却等処分させ、その処分利益を持って一時的な高配当をさせるかあるいは一時的高配当による株価の急上昇を狙って株式の高値売り抜けをする目的で株式買収を行っている場合である。

その上で抗告審は、これらの「敵対的買収者が真摯に合理的な経営を目指すものではなく、敵対的買収者による支配権取得が会社に回復し難い損害をもたらす事情があることを会社が疎明、立証した場合には会社の経営支配権の帰属に影響を及ぼすような新株予約権の発行を差し止めることはできない。」とする。

抗告審決定の文言から明らかなように、特段の事情の立証責任は会社側にある。

そのうえで、抗告審決定は、ライブドアが「債務者の事業や資産を食い物

にするような目的で株式の敵対的買収を行っていることを認めるに足る確たる資料はない」とし、特段の事情の存在を認めなかった。

(2) ここで、注意しなければならないことは、抗告審決定が特段の事情が存する場合として挙げる4類型（以下「4類型」という。）は、抗告審決定自体が「例えば」と前置きしていることからもあくまで例示列挙であり、特段の事情が認められる場合がこの4類型にあたる場合に限られる訳ではないことである。

本件抗告審決定後、4類型に関する議論が一人歩きし、敵対的買収に対する企業防衛目的での新株予約権発行が許されるか否かは、あたかもこの4類型に該当するかどうかで決せられるかのように捉え、4類型を精緻化しようとする動きもあるが、筆者の私見としては、このような抗告審決定の捉え方は適切ではないと考える。

株主全体の利益を害するような敵対的買収であれば、4類型に該当しない場合でも特段の事情が認められる場合があることは当然であるし、逆にLBO（レバレッジド・バイアウト）のように形式的にみれば4類型に該当するような敵対的買収であっても実質的にみて株主全体の利益を害しない場合であれば、特段の事情は認められないと考えるべき場合もあるからである。

(3) この観点から、4類型を検討するに、まず③は、LBOが含まれ得る表現となっている。

しかし、LBOには、有効活用されていない現金や有価証券を有効利用する側面や、保有する企業を借金漬けにすることにより、金利以上のリターンを生み出させるよう経営者を動機づけるという側面[14]もあり、一概に会社に回復し難い損害をもたらし、株主全体の利益を害するものとはいえない。

また、④は遊休資産を効率的に処分して高配当を得るという正当な行為まで含まれる表現となっているが、かかる行為も会社に回復し難い損害をもたらし、株主全体の利益を害するものとはいえない。

③④については、企業の解体や財務状態の著しい悪化をもたらすような場合に限定されるものと考えるべきである。

14　G・P・ベーカー＝G・D・スミス（日本債券信用銀行金融技法研究会訳）『レバレッジド・バイアウト　KKRと企業価値創造』（東洋経済新報社、2000年）に同旨。

以上から明らかなように、特段の事情が認められるか否かは、形式的に4類型に該当するか否かではなく、あくまで敵対的買収者による支配権取得が会社に回復し難い損害をもたらす事情の有無を実質的に判断すべきであろう。

　(4)　また、株主全体の利益の保護の観点からすれば、敵対的買収の手法（プロセス）が、株主や投資家の合理的な選択を害するような手法である場合には、株主の合理的な意思決定を守るために防衛措置が正当化される特段の事情が認められる場合もあると考える。

　これは、抗告審決定が挙げる「敵対的買収者による支配権取得が会社に回復し難い損害をもたらす」場合には該当しないかもしれないが、株主の合理的な意思決定を守るために防衛措置が正当化されるという論理は、抗告審決定の説く機関権限の分配という観点とも調和するように思われる[15]。

　買収のプロセスの点から特段の事情が認められる具体例としては、強圧的二段階買収[16]や株主に対し、株主が株式を買収者に譲渡するか、保持し続けるかを判断するために十分な時間や情報を不当に提供しないような買収手法が採られた場合が挙げられる[17,18]。

　後述するライブドアの時間外取引の問題が特段の事情に該当するか否かという点も、買収のプロセスが株主全体の利益を不当に害するものであるかという点から検討すべきと考える。

　(5)　さらに、抗告審決定は、特段の事情が認められた場合でも、無条件に

15　実際にも、買収者（ファンドなど）や買収手法（SPCを用いた方法など）が多様化する中、敵対的買収者の濫用目的を会社側が立証することは、極めて困難であり、濫用目的に着目するよりも買収プロセスに着目した基準の方がより基準として機能しうると考える。

16　最初の買付で全株式の買付を勧誘することなく、二段階目の買付条件を不利に設定し、あるいは明確にしないで、公開買付け等の株式買付を行うこと。

17　もっとも、抗告審決定後のTOBルールの整備により、買収のプロセスにおいて、株主の判断の合理性を担保するために必要な情報や時間を株主に与えるよう買収者に義務付けがなされており、それにも関わらず株主全体の利益の保護の観点から特段の事情が認められる場合は相当限定されるであろう。

18　この点に関し、夢真ホールディング対日本技術開発事件仮処分（却下）決定において東京地裁が、「企業の経営支配権の争いがある場合に、現経営陣と敵対的買収者（中略）のいずれかに経営を委ねるべきかの判断は、株主によってされるべきである」との原則を示した上で、「取締役会は、株主が適切にこの判断を行うことができるよう、必要な情報を提供し、かつ、相当な考慮期間を確保するためにその権限を行使することが許されるといえる。」と述べている点が注目される。同決定の詳細は、本書第6章5「夢真ホールディング対日本技術開発事件」参照。

支配権維持目的での新株予約権の発行を認めるわけではなく、対抗手段としての必要性や相当性を要求している点にも注意が必要である。

特段の事情が認められるにもかかわらず、なお、対抗手段の必要性が認められない場合は必ずしも想定し難いが（必要性が認められない場合は、通常、そもそも特段の事情が認められないであろう。）、少なくとも対抗手段としての新株予約権の発行に相当性が求められることは明らかであり、新株予約権が全て行使された場合に発行される株式数が従来の発行済株式総数の1.44倍にも及ぶ本件新株予約権の発行についていえば、仮に特段の事情が認められた場合であっても対抗手段としての相当性が認められたかどうかは相当に疑問である。

3　企業価値の比較検討について

(1)　本件において、ニッポン放送は、ライブドアがニッポン放送の経営支配権を取得した場合とフジサンケイグループにとどまる場合とを比較し、後者の方が企業価値が高まる旨主張し、そのための企業防衛目的の新株予約権の発行は正当化されると主張した。

これに対し、本件抗告審決定は、そのような企業価値の比較検討は、「株主や株式取引市場の事業経営上の判断や評価に委ねざるを得ない事柄」であり、「それらの判断要素は、事業経営の判断に関するものであるから、経営判断の法理にかんがみ司法手続の中で裁判所が判断するのに適しないものであり、」「本件新株予約権の発行の適否の判断に取り込むことは相当でない。」と判断した[19]。

この点の抗告審決定の判断は、敵対的買収による企業価値の毀損の有無を判断するのは、本来株主であり、取締役会やまして裁判所が判断すべきではないという「経営判断の法理」の考え方や、過去の事実を証拠によって合理的疑いのない心証が得られるか否かで事実認定していくという裁判の本質に

---

[19] 経営判断の法理とは、通常、取締役の会社や第三者に対する損害賠償責任が問題となる場面において取締役の専門的な経営判断につき裁量の幅を認める原則をいう。しかし、本件抗告審決定における「経営判断の法理」は、企業価値の比較について、株主や株式市場の判断に委ね裁判所は判断しないという通常用いられている用語と異なる意味で用いられている点に注意が必要である。

鑑みれば、見込みや予想にすぎない未発生の将来の事実を前提に認定判断することは、必ずしも裁判の本質ではないという観点などからみて妥当であると考える[20]。

(2) しかし、抗告審決定は、ライブドアによる買収がニッポン放送の企業価値の毀損を招くとの主張について、「念のため」として傍論で以下のように判断する。

ニッポン放送は、ライブドアの子会社になり、フジサンケイグループから離脱すると、①フジサンケイグループとの契約、取引が打ち切られる、②買収に反対する従業員が流出する、③フジサンケイグループとしてのブランド価値が失われる、④ライブドアがニッポン放送の経営支配をするならニッポン放送との出演契約を見合わせることなどを表明する芸能人、タレント、パーソナリティがいることなどを挙げ、ライブドアによる支配が企業価値を毀損させると主張した。

これに対し、抗告審決定は①については、独占禁止法、証券取引法に反するおそれがあるとした[21,22]。また②については、「労使間の処理の問題であり、株式の取引等の次元で制約要因として法的に論ずるのが相当な事柄にならないというべき」とした。さらに、抗告審決定は、③については、ニッポン放送自体が高い知名度を有することなどから、④については、現段階でこれらの人材が確保できなくなるかは不明確であることから、会社に回復し難い損害をもたらすとはいえないとしている。

---

20 判例時報1899号57頁（無署名記事）の見解に同旨。
21 独占禁止法違反のおそれについて、「債務者は、債権者が債務者の経営支配権を手中にした場合には、フジテレビ等から債務者やその子会社が取引を打ち切られ多大な損失を被ることを主張しており、このことは有力な取引先であるフジテレビ等は取引の相手方である債務者やその子会社が自己以外に容易に新たな取引先を見出せないような事情があることを認識しつつ、取引の相手方の事業活動を困難に陥らせること以外格別の理由もないのに、あえて取引を拒絶するような場合に該当することを自認していると同じようなものであり」「これらの行為は、独占禁止法及び不公正な取引方法の一般指定第2項に違反する不公正な取引に該当するおそれもある。」と指摘した。
22 証券取引法違反のおそれについて、「フジテレビが株式の公開買付けの期間中に、公開買付けがその所期を達することができず、敵対的買収者の株式買収競争において敗れそうな状況にあるとき、公開買付価格を上回っている株式時価を引き下げるような債務者の企業価値についてのマイナス情報を流して、公開買付けに有利な株式市場の価格状況を作り出すことは、証券取引法159条に違反するとまではいわないとしても、公開買付けを実行する者として公正を疑われるような行動といわなければならない。」と指摘した。

しかし、筆者の私見ではあるが、ニッポン放送がフジサンケイグループに属するラジオ局であるという事情を考慮すれば、ライブドアによる敵対的買収の成功により、ニッポン放送がフジサンケイグループから離脱することによって、取引、ブランド、人的資源などの点で同社が損害を負うこと自体（回復し難いものであるかはともかく）は、十分に考えられたところであり[23]、ニッポン放送が回復し難い損害を負わないとする抗告審決定のこの点の説示は、やはり将来の見込みや予想に類するものであって、必ずしも十分な説得力を有するものではない[24]。

(3) なお、抗告審決定のこの点の判示には、ニッポン放送の経営陣やフジサンケイグループによる一連の焦土作戦的な行動を独占禁止法や証券取引法違反の可能性にまで言及して、厳しく批判する論調が目立つ。

本件抗告審決定後の平成17年4月8日に、ライブドアとフジテレビとの間で、和解が成立することになるが、フジサンケイグループが実施を言明していた焦土作戦を行わず、ライブドアとの和解に踏み切ったのには、ライブドアらがニッポン放送の過半数の株式を取得したことが最大の理由ではあろうが、抗告審決定の焦土作戦に対する厳しい態度も大きく影響しているものと推測される。

この点で、抗告審決定のこの点の判示が本件の解決に寄与したことは確かだが、抗告審決定がこのような判示をしたことの是非については、その影響力の大きさ[25]の点からも議論の余地があろう。

4　事前の対抗策

本件抗告審決定は、以上の判断基準の適用場面を、現に会社支配権につき

23　フジサンケイグループの取引打切り等が独占禁止法や証券取引法に違反したとしても、そのことによってニッポン放送が損害を負わなくなるわけではない。
24　例えば、売上げや粗利益の減少は、考慮の対象になるが、従業員の意向等の問題は、労使交渉の問題であって、法的に論ずるのが正当でないとの抗告審決定の切り分けには、ラジオ局のような専門的知識・技能が要求される企業においては、人的資源の流出により会社が損害を受けることも十分考えられるところであり、このような切り分け方が適切であるかにつき疑問がある。
25　前代表者の証券取引法違反による逮捕等の不祥事によりライブドアの株式価格が大きく下落したため（ライブドアは、平成19年4月14日に上場廃止）、ライブドアとの和解により、同社の株式1億3374万株を440億円で取得したフジテレビは大きな損失を蒙った。

争いが具体化した段階であるとし、今後の立法によって事前の対抗策を可能とする規定を設けることは否定されないとした。また、新たな立法がなくても個別事情により事前の対抗策の適法性が肯定されうるとした。そして、新たな立法がなくても事前の対抗策が適法とされうる個別事情として、新株予約権が発行されたときの具体的状況・新株予約権の内容（株主割当てか否か、消却条項がついているか否か）・発行手続（株主総会による承認決議があるか否か）といった指針を示した。

　本件抗告審決定の後、経済産業省と法務省が「企業価値・株主共同の利益の確保又は向上のための買収防衛策に関する指針」（平成17年5月27日付け）を出し、事前の防衛策についての指針を示した[26]。

　また、事前の対抗策としての新株予約権の発行に関する裁判例としては、ニレコ事件抗告審決定がある（東京高決平17・6・15判時1900号156頁）[27]。ニレコ事件の原審（東京地決平17・6・1商事法務1734号37頁）においては、事前の対抗策としての新株予約権の発行が許される条件として、新株予約権の発行に株主総会の意思が反映される仕組みになっていること、取締役会の恣意的な判断が防止される仕組みがあること、買収と無関係の株主に不測の損害を与えないことが挙げられている。

5　ライブドアによる本件株式買収の証券取引法上の問題

　(1)　ライブドアがＴｏＳＴＮｅＴを利用した時間外取引により発行済株式総数の約30％を買い付けた結果、ライブドアが約35％のニッポン放送株式を保有することとなった点が問題となったのは、ライブドアによる時間外取得が、当時の証券取引法27条の2が規定する支配株式の取得に関する強制公開買付規制に違反しないかという点である。強制公開買付規制は、株式の市場価値を超える価値（いわゆる「支配プレミアム」）を含む支配株式の取得に株式公開買付けを強制することによって、一部の株主が支配プレミアムを独占することを防止する目的で規定されたものであるが、ＴｏＳＴＮｅＴによる時間外での株式の取得は、この強制公開買付規制を実質的に潜脱するものであ

26　詳細は、本書第1章2「買収防衛指針と企業価値報告書」参照。
27　詳細は、本書第6章3「ニレコ事件」参照。

ったからである。

　(2)　この点につき、ニッポン放送は、取引所有価証券市場外における買付け等について、買付け後に総議決権の3分の1を超える株式を有することになる場合には著しく少数の者から取得する場合であっても、公開買付けによらねばならない旨規定する証券取引法27条の2第1項に違反する買付けであると主張し、本件の新株予約権の発行はそのような威嚇的な買収に対する対抗措置であり正当化されると主張した。

　これに対し、本件抗告審決定は、「本件ＴｏＳＴＮｅＴ取引は、東京証券取引所が開設する、証券取引法上の有価証券市場における取引であるから、取引所有価証券市場外における買付け等には該当」しないとし、ライブドアの株式取得は証券取引法27条の2第1項に違反しないと判断した。

　このように、証券取引法27条の2第1項の「取引所有価証券市場」を形式的に解する立場に対して、支配プレミアムの全株主に対する平等配分という同条項の趣旨を重視し「取引所有価証券市場」とは競争売買の場に限るとする見解[28]があり、かかる見解からすればＴｏＳＴＮｅＴ取引は「取引所有価証券市場」に該らないことになる。しかし、本件ＴｏＳＴＮｅＴ取引が、東京証券取引所が開設する取引である以上、当事者の予測可能性の点を考慮すれば、抗告審決定の判断が妥当であろう。

　(3)　ただし、抗告審はこの点についての判断を行っていないが、筆者の私見では、ライブドアによる株式取得が証券取引法の規制には違反していないものの、公開買付規制を実質的に潜脱する取得であり、買収プロセスに問題がある事例である以上、先述の株主や投資家の合理的な意思決定を阻害する買収方法である場合には特段の事情が認められうるという考え方（2(4)）からすれば、本件でもこの点から特段の事情が認められるか検討の余地があると考える。

　その点から本件を検討するに、本件のライブドアの買収手法が株主の支配プレミアムを奪うような態様でなされていることは疑いないが、時間外取得により過半数の株式を取得するまでには至らなかったために、その後もニッ

28　神崎克郎＝志谷匡史＝川口恭弘『証券取引法』（青林書院、2006年）。

ポン放送の株価は下落せず、株主は実際には支配プレミアムを失わなかった。
　このようにみると、ライブドアによる買収が株主や投資家の合理的な意思決定を阻害し、株主全体の利益を損ねる買収プロセスであったとまではいえず、この点の検討からも特段の事情は認められないことになろう。ただし、本件において、ライブドアが時間外取引によってニッポン放送の株式の過半数を取得し、そのことにより株価が下落しているような状況が生じていた場合に、ニッポン放送が株主の支配プレミアムを回復させる限度で（ライブドアの株式保有比率を過半数以下に下げる程度）新株予約権の発行を行ったような場合には特段の事情が認められた可能性もあったのではないかと考える。
　(4)　なお、平成17年6月22日に、証券取引法27条の2第1項は改正され、競争売買の方法以外の方法による有価証券の売買等として、内閣総理大臣が定めるものについては、取得後に3分の1を超える株式を保有することになる場合、公開買付けによらなければならないことになった。そして、ToSTNeT取引は、競争売買の方法以外の方法による有価証券の売買として指定され、3分の1ルールの適用を受けることとなった。

第5　補足－有利発行該当性（原審決定）－

1　有利発行該当性の判断基準

　会社法は、新株予約権の被割当人が金銭の払込みをする場合において、その払込金額が「特に有利な金額」である場合には、株主総会の特別決議が必要であると規定している（238条3項・240条1項）。
　新株予約権の発行の際の有利発行該当性は、将来自己に有利な価額で行使することができる期待権であるという新株予約権のオプションとしての性格から、その経済的価値を明確に判断することが新株発行の場合（発行価額も発行日も特定されており明確である。）と比して困難であり、その判断基準は必ずしも明確とはいえない状況にある。
　本件の原審決定（東京地決平17・3・11判タ1173号143頁）においては、本件新株予約権の有利発行該当性についての判断がなされている[29,30]。同決定は、

新株予約権の有利発行該当性の判断基準が初めて示されたものとして重要である。

　従来、新株予約権の有利発行該当性の判断基準については、学説上、①新株予約権の発行価額と新株予約権の行使に際して払い込む金額との合計額が、新株予約権の行使時におけるその会社の株式の合理的に予測される時価よりも特に有利な条件で新株予約権が発行される場合には、その新株予約権の発行は有利発行になるとする見解（予想株価基準説）と②オプション評価モデルに従い新株予約権の発行時点におけるオプションとしての価値を計算し、それに見合う対価が支払われたか否かで判断する見解（オプション価値基準説）が唱えられていた。

　原審決定は「新株発行予約権の公正な発行価額とは、現在の価格、権利行使価格、権利行使期間、金利、株価変動率等の要素をもとにオプション評価理論に基づき算出された価額をいうと解されるから、こうして算出された価額と取締役会において決定された発行価額とを比較し、取締役会において決定された発行価額が大きく下回るときは、新株予約権の有利発行に該当すると解すべきである。」として、②のオプション価値基準説を採用することを明らかにした。

　予想株価基準説によれば、合理的な予想価額を上回る額を行使価額とすれば無償で新株予約権を発行してもよいことになる。しかし、新株予約権は、その行使により得られる株式の時価が権利行使価額を上回っている場合はもちろん、下回っている場合でも、行使期間内に上回る期待がいくらかでも存在する限り、何らかの経済的価値がある。そして、現在ではオプション評価モデルに従ってある幅をもった合理的な新株予約権の評価額を算定することができるのであるから、有利発行該当性の判断基準としては、新株予約権の価値を正面から算定し、発行価額と比較するオプション価値基準説によるべきである[31]。この点で原審決定の判断は妥当といえる。

29　有利発行の主張は、抗告審において撤回された。
30　かかる決定は、旧商法下のものであるが、有利発行に株主の特別決議を要求する会社法の規定（247条1号・309条2項6号・238条2項・239条1項・240条1項）は、旧商法280条の21第1項を受け継いだものであり、本決定の議論は会社法でもあてはまる。

2 本件におけるあてはめ

(1) オプション価額の算定

本件では、オプション価格算定モデルとして三項ツリーモデルが用いられ、新株予約権の目的となる株式の数を4720万株（希釈化率143.9パーセント）として、オプション価額を算定している[32]。

この点、ライブドアは、本件新株予約は支配権維持のために発行されるものだから、全てが行使されるわけではないとし、行使割合が54.8%とすればオプション価額は447円（希釈化係数0.56倍）、行使割合が25.5%とすればオプション価額は585円（希釈化係数0.73倍）となり、本件新株発行が有利発行にあたるとする。

これに対し、原審決定は、「現段階で本件新株予約権が全部行使されないのかどうかは明らかではない」として、新株予約権が全部行使されることを前提としたオプション価額の算定が不合理とまではいえないとした。

イ 消却条項

本件新株予約権には消却条項がついているところ、消却条項の存在を考慮すればオプション価額を減額する余地もある[33]。この点につき、ライブドアは、消却条項がついているとしても、1か月の猶予期間中にフジテレビが本件新株予約権を行使することが可能であるから、消却条項の存在を理由にオプション価額を減額するのは相当ではないと主張した。

これに対し、原審決定は、ニッポン放送が「本件新株予約権発行価額の算出に当たり消却条項を考慮していない」というのだから、ライブドアの主張は前提を欠くとした。

31　藤田友敬「オプションの発行と会社法［上］―新株予約権制度の創設とその問題点―」商事法務1622号を参照。
32　裁判所は、実務において一般的に用いられているオプションモデルを使用する場合には、そのオプションモデルにより算出された株式オプション価額を尊重している。この裁判所の姿勢は、どのオプション理論を採用するかによって、有利発行に該当するか否かが左右されることは、適切でないこと、裁判所にオプション理論の合理性を検証する能力が必ずしもないことを考慮すれば妥当な姿勢と評価できる。
33　筆者の私見としては、消却条項を行使するか否かが取締役会の裁量に委ねられている以上、オプション価額の減額要因とすべきではないと考える。

ロ　支配プレミアム

　ライブドアは、本件新株予約権の発行は、経営支配権が争われているときに、片方に支配権を与えるのであるから、支配プレミアムを上乗せして計算すべきであると主張した。

　これに対し、原審決定は、本件新株予約権発行の決議の前日の過去 1 か月平均、3 か月平均、6 か月平均の株価が、本件発行価額を下回っていることから、本件において支配プレミアムを考慮しなければ不合理であるとまではいえないとした。

(2)　新株発行と同様の基準を用いた判断

　原審決定は、本件新株予約権が「行使がなされることが確実であり、かつ、発行後極めて短期間に行使されることが予定されている」ことから、新株の発行と同視できるとして、「株価を基準とした公正なる発行価額と 1 株あたりの本件発行価額と行使価格の合計額を比較することにも一応の合理性がある」とし、新株発行と同様の基準による判断も併せて行った。

　しかし、行使期間が短期であることは、オプション評価モデルに従った計算において評価されており、それとは別に新株発行と同様の判断基準を用いた判断を行う必要はなかったと考える。新株発行と新株予約権の発行には、①新株予約権の被割当人には、新株予約権を行使するか否かの裁量権が与えられていること、②新株予約権の価値は、行使価額のみではなく、行使期間（ニッポン放送事件の場合は 3 か月）等の要素によっても大きく左右されることなどの違いがあり、両者を単純に同一視することはできないからである。原審決定のこの点の判断は、新株と新株予約権の経済的な価値の違いを十分に考慮しないものであり、問題があると考える。

〔若松　亮＝石井　亮〕

3

ニレコ事件

第1 はじめに

　本件は、オートメーション装置および計測器装置の製造、販売等を主たる事業とする株式会社ニレコが、敵対的買収行為が具体的に開始されていない時点で導入した買収防衛策に基づく新株予約権の発行の差止めの可否が争われた仮処分の事案である。

　既に見たライブドア対ニッポン放送事件は、敵対的買収行為（具体的には、取引所時間外取引等による株式の買い集め）が現実に行われた後で導入された買収防衛策に基づく新株予約権発行の差止めの可否が争われた事案であるのに対し、本件は、そのような敵対的買収行為が現実化する前の、いわゆる平時に導入された買収防衛策に基づく新株予約権の発行の差止めが争われた事案であるという点に特徴がある。

　ライブドア対ニッポン放送事件に見られるように、敵対的買収行為が現実化した後での買収防衛策の導入は、会社の支配権維持が主目的であると見られる可能性が高く、その結果として同買収防衛策に基づいて発行される新株予約権の差止めが認められる蓋然性が高くなることから、買収防衛策として有効に機能しない場合がある。したがって、新株予約権を利用した買収防衛策は、敵対的買収行為が現実化する前のいわゆる平時の時点において予防策として導入されることが、その有効性を確保する上での重要な要素となる。

　実際に、ライブドア対ニッポン放送事件や本件の後、多くの会社が新株予約権を利用した買収防衛策を導入したが、それらはほぼ全て平時の定時株主総会、取締役会等において導入されており、敵対的買収行為が現実化する前

に予防的に導入されている。その意味で、敵対的買収行為が行われた後で買収防衛策を導入したライブドア対ニッポン放送や、後述のスティール・パートナーズ対ブルドックソースの件は、新株予約権を利用した買収防衛策の導入事案としては、例外に属するものであるといえる。

このように、新株予約権を利用した買収防衛策の大半が平時に導入されるものであることを考慮すると、まさに平時に導入した買収防衛策に基づく新株予約権の発行の差止めの可否が問われたリーディングケースである本件は、新株予約権を利用した買収防衛策の有効性を検討するにあたって、実務上極めて重要かつ参考になる事案であると思われる。

第2　事案の概要

本件は、株式会社ニレコ（差止請求の債務者。以下「債務者」という。）の株主であるケイマン諸島法上の有限責任会社（差止請求の債権者。以下「債権者」という。）が、債務者に対し、債務者が平成17年3月14日の取締役会決議に基づいて発行を決議した新株予約権（以下「本件新株予約権」という。）について、当該新株予約権の発行は、①商法が定める機関権限の分配秩序違反、取締役の善管注意義務・忠実義務違反等の法令違反に該当すること、②著しく不公正な方法によるものであることを理由として、その発行を仮に差し止めることを求めた事案である。

債務者は、オートメーション装置および計測装置の製造、販売および据付ならびにこれらの機器およびその関係部品の輸出入、販売および据付等を主たる事業とする、資本金約31億円、発行済株式総数約1000万株（いずれも本件新株予約権の発行が決議された平成17年3月当時の数字。）の株式会社であり、その発行する株式をジャスダック市場に上場している。

債権者は、英領西インド諸島ケイマン諸島法に基づいて設立された、日本の上場企業の発行株式に対する投資を主たる事業とする有限責任会社（LLC）であり、平成17年3月31日当時、債務者の発行済株式を28万5000株（債務者の発行済株式数の2.85％（小数第4位以下四捨五入）に相当。）保有していた。

債務者が平成17年3月14日の取締役会決議において発行することを決議した本件新株予約権の概要は、下記の通りである。

① 割当日および割当方法

債務者の、平成17年3月31日の最終の株主名簿または実質株主名簿に記載または記録された株主に対し、その所有株式（ただし、債務者の有する債務者普通株式を除く。）1株につき2個の割合で新株予約権を割り当てる。

② 発行総数

平成17年3月31日最終の発行済株式数（ただし、債務者の有する債務者普通株式の数を除く。）に2を乗じた数を上限とする。なお、新株予約権1個当たりの目的となる株式の数は1株とする。

③ 新株予約権の発行価額

無償

④ 新株予約権の発行日

平成17年6月16日

⑤ 譲渡制限

新株予約権の譲渡については、債務者の取締役会の承認を要する。ただし、債務者の取締役会は、新株予約権の譲渡につき、取締役会の承認の申請がなされた場合でも、かかる譲渡の承認は行わない。

⑥ 各新株予約権の行使に際して払込みをなすべき額（以下「払込価額」という。） 1円

⑦ 新株予約権行使の条件

新株予約権者は、平成17年4月1日から平成20年6月16日までの間に手続開始要件が満たされた場合でなければ新株予約権を行使することができない。「手続開始要件」とは、ある者が特定株式保有者（債務者の株券等の保有者、公開買付者または当該保有者かつ公開買付者である者であって、当該保有者等およびこれと一定の関係にある者が保有する債務者の議決権付株式の合計数が、債務者の発行済議決権付株式総数の20パーセント以上に相当する数となる者）に該当したことを債務者の取締役会がそのように認識し公表したことをいう。

また、債務者は、手続開始要件が成就するまでの間、取締役会が企業価値の最大化のために必要があると認めたときは、取締役会の決議をもって新株

予約権の発行日以降において取締役会の定める日に、新株予約権の全部を一斉に無償で消却することができる。

　すなわち、本件で債務者が発行した新株予約権は、平成17年3月31日の最終の株主名簿または実質株主名簿に記載または記録された株主に対し、平成17年6月16日を発行日として、所有株式1株につき2個の割合で無償で割り当てるが、譲渡は認められておらず、また、行使できるのは、敵対的買収行為により債務者の発行済議決権付株式総数の20パーセント以上に相当する数が取得された場合に限定されており、その場合の行使価額は1円というものであった。また、「取締役会が企業価値の最大化のために必要があると認めたとき」には取締役会による消却が認められており、これはいわゆる友好的な買収に対応することを可能とするものであった。

　さらに、債務者においては、本件新株予約権について「新株予約権の消却に関するガイドライン」が定められており、その内容は概要下記の通りであった（同ガイドラインは平成17年3月14日付けの取締役会で定められた後、本件の原決定の審査過程中の平成17年5月20日付けの取締役会で改正されている。以下では、裁判所の判断において斟酌された改正後のガイドラインの概要を述べる。）。

　①　取締役会は、債務者の事業計画その他の資料等に基づいて算出される債務者の発行済株式の正当な価値に関する事項、買収者等による買収が債務者の少数株主に与える影響に関する事項、買収者等による買収提案の内容に関する事項等、ガイドラインの定める考慮すべき事項を合理的範囲内において十分考慮した上で、企業価値の最大化を実現し得るよう、本件新株予約権の無償消却をするまたは無償消却をしないという決議を行う。

　②　①の取締役会決議に際しては、債務者および本件新株予約権の消却等につき利害関係のない有識者、弁護士または公認会計士2名以上3名以内の委員で組織される特別委員会[1]による勧告を最大限尊重する。

　③　債務者取締役会は、企業価値最大化のために必要があると認めず、本件新株予約権を一斉に無償で消却しない旨を決議をする場合は、原則として、

---

[1] 改正前のガイドラインでは、特別委員会は債務者の代表取締役社長および債務者取締役会が指名した本件新株予約権の消却等につき利害関係のない弁護士、公認会計士または学識経験者から2名の合計3名の委員で組織されるものとされていたが、改正により債務者代表取締役社長が委員から除外された。

次の各場合に限り行うことができる[2]。

ⓐ 買収者等が、真に債務者の経営に参加する意思がないにもかかわらず、株価をつり上げて高値で株式を会社関係者に引き取らせる目的で債務者の株式の取得ないし買収提案を行っている場合（いわゆるグリーン・メーラーである場合）

ⓑ 買収者等が、債務者の事業経営上必要な知的財産権、ノウハウ、企業秘密情報、主要取引先や顧客等を当該買収者等やそのグループ会社等に移譲させるなど、いわゆる焦土化経営を行う目的で債務者の株式の取得ないし買収提案を行っている場合

ⓒ 買収者等が、債務者の資産を当該買収者等やそのグループ会社等の債務の担保や弁済原資として流用する予定で債務者の株式の取得ないし買収提案を行っている場合

ⓓ 買収者等が、債務者の資産等の売却処分等による利益をもって一時的な高額の株主還元をさせるか、あるいは一時的な高額の株主還元等による株価上昇に際して買収株式の高値売り抜けをする目的で、債務者の株式の取得ないし買収提案を行っている場合

ⓔ その他、買収者等が債務者の経営を支配した場合に、債務者株主、取引先、顧客、地域社会、従業員その他の債務者の利害関係者を含む債務者グループの企業価値が毀損される虞があることが明らかな場合など、債務者取締役会が、本件新株予約権を一斉に無償で消却しない旨の取締役会決議を行うことを正当化する特段の事情がある場合

第3　裁判所の判断

1　原審決定（東京地決平成17年6月1日）

本件新株予約権の発行を仮に差し止めることを求める申立てを認容するとの決定がなされた。

---

[2] この取締役会が本件新株予約権を消却しない旨の決議を行うことができる場合の明確化は、ガイドラインの改正後になされた。

申立理由のうち、①商法が定める機関権限の分配秩序違反、取締役の善管注意義務・忠実義務違反等の法令違反への該当性については、いずれも否定した。

一方、②著しく不公正な方法への該当性については、「会社の経営支配権に現に争いが生じていない場面において、将来、株式の敵対的買収によって経営支配権を争う株主が生じることを想定して、かかる事態が生じた際に新株予約権の行使を可能とすることにより当該株主の持株比率を低下させることを主要な目的として、当該新株予約権の発行がされる場合については……取締役会において一種の緊急避難的行為として相当な対抗手段を採るべき必要性は認められない。」「本件のような事前の対抗策としての新株予約権の発行は、原則として株主総会の意思に基づいて行うべきであるが、……事前の対抗策として相当な方法による限り、取締役会の決議により新株予約権の発行を行うことが許容される場合もあると考えられる。」「取締役会の決議により事前の対抗策としての新株予約権の発行を行うためには、①新株予約権が株主総会の判断により消却が可能なものとなっているなど、事前の対抗策としての新株予約権の発行に株主総会の意思が反映される仕組みとなっていること、②新株予約権の行使条件の成就が、取締役会による緊急避難的措置が許容される場合、すなわち敵対的買収者が真摯に合理的な経営を目指すものではなく、敵対的買収者による支配権取得が会社に回復し難い損害をもたらす事情がある場合に限定されるとともに、条件成就の公正な判断が確保される（客観的な消却条件を設定するとか、独立性の高い社外者が消却の判断を行うなど）など、条件成就に関する取締役会の恣意的判断が防止される仕組みとなっていること……、③新株予約権の発行が、買収とは無関係の株主に不測の損害を与えるものではないことなどの点から判断して、事前の対抗策として相当な方法によるものであることが必要（である）」、と述べた上で、①の点につき「平成17年6月に予定される次期株主総会において、本件新株予約権発行について、株主総会の意思を反映させる仕組みは設けられていないといわざるを得ない」とし、②の点につき「（ガイドラインの内容が）取締役会の恣意的判断を防止するための判断基準としては広範に過ぎ、明確性を欠く部分を含むことは否定でき」ず、また、「取締役会が特別委員会の勧

告に従わない余地を残していることは否定できない」ことから、「本件新株予約権が、その仕組みにおいて、取締役会の恣意的判断を防止するものとなっているとまでいうことは困難である。」とし、③の点につき「権利落ち日以降に債務者株式を取得した株主は、その持株比率が約3分の1まで希釈されるリスクを負担することになるが、……そのリスクを合理的に算定することは困難であり、合理的な投資家であれば、こうした重大なリスクを内包した株式への投資には慎重になると考えられる結果、既存株主にとっては市場において高い評価での売却の機会を失うことになるというのであり、こうした判断は合理的ということができる。」、「既存の株主にとっては、上記のような本件新株予約権の発行による債務者株式の投資対象としての魅力の減少による価値の低下は看過できない不測の損害というべきである。」と、それぞれ判示した上で、本件新株予約権の発行は著しく不公正な発行にあたるとした。

また、本件新株予約権の発行によって直ちに債権者が看過し得ない不測の損害を被るおそれがあることは、上記③の検討により明らかであるから、保全の必要性も認められるとした。

2　原審異議決定（東京地決平成17年6月9日）

原審とほぼ同旨の理由により、原審が行った仮処分決定を認可するとの決定がなされた。

なお、保全の必要性について、新株予約権の発行がなされなかった場合の債務者株式の価格を合理的に算定することは困難であることを理由に、新株予約権の発行による損害を事後の損害賠償によって償うことは相当困難であるとして、事後の損害賠償が理論的に可能であるとしても保全の必要性は認められるとした。

3　保全抗告決定（東京高決平成17年6月15日）

原審異議決定に対する保全抗告を棄却するとの決定がなされた。

以下のように述べた上で、本件新株予約権の発行は、著しく不公正な方法によるものであり、また債権者が本件新株予約権の発行によって不利益を受

けるおそれがあること、および保全の必要性があることを肯定した。

　本件新株予約権は、「平成17年3月31日時点の株主に対して無償で1株につき2個を割り当て、新株予約権の行使の要件が充たされたときには、1個当たり1円というほとんど無償に近い価額で債務者の株式1株を取得することができる権利であり、株式分割と同様に会社資産に増加がないのに発行済株式総数だけが3倍に増加するという効果を生じさせるものである。したがって、将来、新株予約権が消却されることなく、現実にこれが行使されて新株が発行されたときには、債務者の株式の価額は、理論的にはその時点で時価の3分の1程度に下落する可能性が存在する。」

　「したがって、新株予約権の権利落ち日（平成17年3月28日）以後に債務者の株式を取得した株主は、平成20年6月16日までの間に本件新株予約権が消却されずに、新株予約権が行使され新株が発行されたときには、当該株主が濫用的な買収者であるかどうかにかかわらず、債務者株式の持株比率が約3分の1程度に希釈されるという危険を負担し続けることになる。そして、本件プランによれば、新株予約権の行使の要件が将来充足される事態が発生するか否か、いかなる時点において充足されることになるのかは予測不能であるから、その確率がかなり低いものであるとしても、いずれの日にか上記の新株予約権が行使されて債務者株式の持株比率が約3分の1にまで希釈され、株価が大きく値下がりするという危険性を軽視することはできない。また、そのような事情が、今後約3年間にわたって株式市場における債務者株式の株価の上昇に対し、上値を抑える強力な下げ圧力として作用することも否定できない。

　そうすると、上記のような不安定要因を抱えた債務者株式（その上、本件新株予約権がその適切な対価を払い込むことなく無償交付されるため、その価値に相当する分だけ価値が低下している。）は投資対象としての魅力に欠ける、買い意欲をそそられない株式となり、購入を手控える傾向が高まるものと考えられ、その結果、当該株式の株価が長期にわたって低迷する可能性の高いことが想定されるところである。そして、そのことは、新株予約権を取得した既存株主にとっても、株価値下がりの危険のほか、長期にわたってキャピタルゲインを獲得する機会を失うという危険を負担するものであり、

このような不利益は、本件新株予約権の発行がなければ生じ得なかったであろう不測の損害というべきである。」

　債権者を含む既存株主にとっては、将来、敵対的買収者（特定株式保有者）が出現し、新株予約権が行使され新株が発行された場合には、その取得する新株によって、株価の値下がり等による不利益を回復できるという担保はあるものの、既存株主としても、本件新株予約権の譲渡が禁止されているため、敵対的買収者が出現して新株が発行されない限りは、新株予約権を譲渡することにより、上記のような株価低迷に対する損失をてん補する手立てはないから、既存株主が被る上記のような損害を否定することはできない。このような損害は、敵対的買収者以外の一般投資家である既存株主が受忍しなければならない損害であるということはできない。」

　「そうすると、本件新株予約権の発行は、既存株主に受忍させるべきでない損害が生じるおそれがあるから、著しく不公正な方法によるものというべきであり、しかも、上記のとおり債権者が本件新株予約権の発行によって不利益を受けるおそれがあることも明らかである。」

　「当該差止めを求める新株予約権が発行されてしまうと、その差止めを求める訴えは不適法となり、新株予約権発行差止請求権を行使する余地がなくなるところ、本案訴訟で差止めを求めるのでは、通常その時機を失してしまうことになり、実体上認められた請求権が画餅に帰することになる。このような本件差止請求権の性質からいって、債務者主張のような事後の損害賠償の余地があっても、保全の必要性を肯定するのが相当である。」

第4　検　討

1　要件か総合考慮の視点か

　原審決定は、いわゆる平時に買収防衛を目的として、取締役会決議により新株予約権の発行を行うことが許容される場合の要素として、「①買収防衛策としての新株予約権の発行に株主総会の意思が反映される仕組みとなっていること、②新株予約権の行使条件の成就が、取締役会による緊急避難的措

置が許容される場合、すなわち敵対的買収者が真摯に合理的な経営を目指すものではなく、敵対的買収者による支配権取得が会社に回復し難い損害をもたらす事情がある場合に限定されるとともに、条件成就の公正な判断が確保される（客観的な消却条件を設定するとか、独立性の高い社外者が消却の判断を行うなど）など、条件成就に関する取締役会の恣意的判断が防止される仕組みとなっていること……、③新株予約権の発行が、買収とは無関係の株主に不測の損害を与えるものではないことなどの点から判断して、事前の対抗策として相当な方法によるものであることが必要（である）」との３つの判断要素を示した上であてはめを行い、本件新株予約権の発行は著しく不公正な発行にあたるとした。原審異議決定も、この判断基準を踏襲している。

一方、高裁の保全抗告決定においては、上記３要素のうち、①および②については言及せず、専ら③の点に絞ってより詳細な検討を行い、結論としては抗告を棄却して原審決定および原審異議決定を維持した。

そこで、原審決定、原審異議決定および保全抗告決定は上記３要素を要件と解した上で、そのうちの１つの要件である③を満たさないとして不公正発行にあたるとしたのか、総合考慮の視点と解した上で、③の株主への不測の損害が相当程度に大きいことから不公正発行にあたるとしたのかが、裁判所の判断基準を検討するにあたって問題となる。

原審決定が挙げた３要素が、１つでも満たさなければ不公正発行となる要件として解されるのか、それとも総合考慮の視点であるのか（したがって、満たさないものがあったとしても比較衡量により不公正発行とはみなされない余地があるのか）は論者によって見解が分かれているが[3]、総合考慮の視点を示したものであると解するのが妥当である。①の要素（新株予約権発行への株主総会の意思反映）を満たさないが、②の新株予約権発行の条件成就に関する取締役会の恣意的判断が排除されており、かつ、③買収とは無関係の株主に不測の損害

3　３つの要素を要件と解する見解につき、川村正幸「敵対的買収に対する事前の対抗策として行った取締役会の新株予約権発行が著しく不公正な発行に当たるとされた事件－ニレコ新株予約権発行差止事件保全公告審決定事件」金融・商事判例1227号、藤原俊雄「敵対的企業買収反対抗策としての新株予約権の発行（３・完）」民事法情報234号等。３つの要素を総合考慮の視点と解する見解につき、大杉謙一「新株予約権を用いた買収防衛策と不公正発行－ニレコ新株予約権発行差止事件保全公告」ジュリスト 1313号、（無署名記事）「ニレコ新株予約権（ポイズン・ピル）発行差止仮処分事件」判例タイムズ1186号等。

を与えるものではないような場合には、新株予約権の発行は著しく不公正な発行に該当しないとの解釈を採ることは不当ではないし、また、「などの点から判断して」との原審決定の文言は、総合考慮の視点を示したものと解するのが素直な読み方であると考えられるからである。したがって、例えば、いわゆる信託型ライツ・プラン[4]が、恣意的判断が排除された取締役会決議のみで発行された場合等、②、③の要素が十分に満たされている場合には、原審決定の基準に準拠したとしても平時の買収防衛策としての新株発行が許容される余地はあると考えられる。

なお、保全抗告決定においては、判断基準自体に関する明確な記載はないが、原審決定の判断基準について特に言及することなく原審決定が示した③の要素について詳細な検討を行っている点からして、基本的には原審決定の判断基準を踏襲しているものと解するのが妥当である[5]。

2　株主の不測の損害

原審決定は、「（権利落ち日以降に債務者株式を取得した株主について持株比率が約3分の1まで希釈されるリスクにより）既存の株主にとっては、上記のような本件新株予約権の発行による債務者株式の投資対象としての魅力の減少による価値の低下は看過できない不測の損害というべきである。」とする。また、保全抗告決定は、「（上記希釈リスクという不安定要因及び新株予約権自体の無償交付によって、債務者株式が投資対象としての魅力に欠ける、買い意欲をそそられない株式となることにより）新株予約権を取得した

---

[4] 信託型ライツ・プランは、買収防衛策が発動された時点の株主に対して、予め信託銀行等に信託財産として信託されていた新株予約権を交付するスキームであるため、買収防衛策導入時点の株主に対して新株予約権を発行するライツ・プランに比べて、買収とは無関係の株主に不測の損害を与える可能性は低いと考えられる。

[5] この点につき、保全抗告決定を掲載した判例時報1900号158頁の無署名記事は、原審決定および原審異議決定は、新株予約権の発行段階での株主総会の意思反映につきいわゆる機関権限分配の法理を採用したものとした上で、保全抗告決定はそのような法理を採用しなかったとする見解を示している。しかし、そもそも原審決定および原審異議決定の判断基準を要件ではなく総合考慮の視点と解するのであれば、かかる見解は妥当しないと考える。高裁も、不公正発行に該当するかどうかの判断にあたって①や②の視点を否定したものではないと考えられるからである（以上につき、大杉謙一「新株予約権を用いた買収防衛策と不公正発行－ニレコ新株予約権発行差止事件保全公告」ジュリスト1313号参照）。

既存株主にとっても、株価値下がりの危険のほか、長期にわたってキャピタルゲインを獲得する機会を失うという危険を負担するものであり、このような不利益は、本件新株予約権の発行がなければ生じ得なかったであろう不測の損害というべきである。」、「既存株主としても、本件新株予約権の譲渡が禁止されているため、敵対的買収者が出現して新株が発行されない限りは、新株予約権を譲渡することにより、上記のような株価低迷に対する損失をてん補する手立てはないから、既存株主が被る上記のような損害を否定することはできない。」とする。

保全公抗告決定は、原審決定およびこれと同旨の原審異議決定の認定を、より具体的に説明しているものと解されることから、これらの決定における認定は実質的には同旨であると考えられる。

いずれの決定においても、本件新株予約権の発行は、「当該新株予約権を付与される基準日前の既存株主の損害」として認定されており、防衛策の発動後、基準日以降にニレコの株式を取得する株主の損害としては認定されていない。これは、差止めを求めた債権者が既存の株主であったこと、また、後者の損害については、当該株主については将来の希釈化のリスクを承知した上で購入したものとして説明される余地があることによると考えられる。

3 保全の必要性

新株予約権の発行差止めを求める仮処分は、仮の地位を定める仮処分命令に該当し、「債権者に生ずる著しい損害」(民事保全法23条2項) が要件とされている。もっとも、新株予約権発行の差止めについては、そもそも会社法上の要件として、「株主が不利益を受けるおそれ」が要件とされているため(会社法247条、旧商法280条ノ10に同様の規定)、同要件を満たす場合には、特段の事情がない限り、民事保全法23条2項の要件も当然に認められることになると解される (深山卓也「新株発行差止仮処分」金融法務事情1409号32頁)。

いずれの決定においても、本件新株予約権の発行自体により、既存株主が損害を被ることを理由に保全の必要性を肯定しているが、さらに、原審異議決定においては、新株予約権の発行がなされなかった場合の債務者株式の価格を合理的に算定することは困難であり、したがって新株予約権の発行によ

る損害を事後の損害賠償によって償うことは相当困難であるから、事後の損害賠償が理論的に可能であるとしても保全の必要性は認められるとの理由が示されている。また、保全抗告決定においては、差止めを求める新株予約権が発行されてしまうと、その差止めを求める訴えは不適法となり、新株予約権発行差止請求権を行使する余地がなくなるという当該差止請求権の性質を理由に、事後の損害賠償の余地があっても、保全の必要性を肯定している。

　一般に、いわゆる平時に買収防衛を目的として新株予約権の発行を行う場合、当該新株予約権の発行を差し止めることにより、事後の損害賠償によっては償えない著しい損害が会社に生じると認められる可能性は低いものと考えられる。平時とは、すなわち買収の危険が未だ現実化していない段階であり、この段階で新株予約権の発行が差し止められたとしても、会社には具体的な損害は生じないためである。よって、いわゆる平時における買収防衛を目的とした新株予約権の発行の場合、「債権者に生ずる著しい損害」および「株主が不利益を受けるおそれ」という要件が満たされている限り、通常は保全の必要性は認められると考えられる。

4　その他（企業価値・株主共同の利益の確保または向上のための買収防衛策に関する指針）

　原審決定は平成17年6月1日であるが、その5日前の平成17年5月27日に、経済産業省・法務省により、「企業価値・株主共同の利益の確保又は向上のための買収防衛策に関する指針」（商事法務1733号26頁）と題する指針が発表されており、同指針においては、直接名指しはされていないものの、本件のニレコによる新株予約権発行が不公正発行に該当する可能性が高い旨述べられている。

　同指針と原審決定との関係の有無は不明であるが、時期、内容的に考えて何らかの影響を与えた可能性は十分にあると思われる（なお、保全抗告審では、同指針に対する言及がある。）。

　なお、同指針では、会社経営者が適当と認めない株式大量取得者について、新株予約権の行使を認めないとする差別的行使条件が、株主平等原則に違反しないとの解釈が示されている（同指針注4①）。本件において、ニレコは、

差別的行使条件は株主平等原則に違反するおそれがあるとの危惧から、基準日の株主名簿上の株主全員に新株予約権を割り当てるという設計を選択したものであるが[6]、本件の原審決定に先立って発表された同指針により差別的行使条件が株主平等原則に違反しないとの解釈が示されていることは、本件のリーディングケースとしての試行錯誤を示すものとして興味深い。

〔琴浦　諒〕

【参考文献】
① 大杉謙一「新株予約権を用いた買収防衛策と不公正発行－ニレコ新株予約権発行差止事件保全公告」ジュリスト1313号（2006.6.10）
② 山田剛志「敵対的買収に対する平時導入型ライツプランと『著しく不公正な発行方法』－ニレコ新株予約権発行差止事件保全公告審決定」判例時報1918号（2005.12.17）
③ 川村正幸「敵対的買収に対する事前の対抗策として行った取締役会の新株予約権発行が著しく不公正な発行に当たるとされた事件－ニレコ新株予約権発行差止事件保全抗告審決定事件」金融・商事判例1227号（2005.11.1）
④ 藤原俊雄「敵対的企業買収対抗策としての新株予約権の発行（3・完）」民事法情報234号（2005.11.1）
⑤ （無署名記事）「ニレコ新株予約権（ポイズン・ピル）発行差止仮処分事件」判例タイムズ1186号（2005.10.15）
⑥ （無署名記事）「敵対的買収に対する事前の対抗策（ポイズンピル）として行った取締役会の新株予約権発行が著しく不公正な発行に当たるとしてその差止めが認められた事例－ニレコ新株予約権発行差止事件保全抗告審決定事件」判例時報1900号
⑦ 深山卓也「新株発行差止仮処分」金融法務事情1409号32頁
⑧ 経済産業省・法務省「企業価値・株主共同の利益の確保又は向上のための買収防衛策に関する指針」（商事法務1733号26頁）
⑨ 太田洋「ニレコの企業買収防衛策」太田洋＝中山龍太郎編著『敵対的M＆A対応の最先端』396頁（商事法務、2005年）

6　太田洋「ニレコの企業買収防衛策」太田洋＝中山龍太郎編著『敵対的M＆A対応の最先端』396頁

4

住友信託vs.東京三菱UFJ事件

第1 問題の所在

　企業買収案件においては、初期の交渉の結果として両当事者で一応の合意に至った基本的な条件を書面化して明確にするとともに、買主に売主との独占交渉権などを与えることを内容として基本合意書が締結されることが多い。これは、買主と売主が安心して費用と時間をかけて本格的な取引の検討および交渉に入ることができるようにするためのものである。この基本合意書の段階では、買主は未だ対象事業についての正確な情報を取得しておらず、最終契約を締結するまでの過程で、デュー・ディリジェンス等の結果により取引条件が変更される可能性があるため、一部の条項を除いて、基本合意書は法的拘束力をもたないものとされるのが通常である。ここで例外的に法的拘束力があるものとして定められるものの一つが独占交渉権・優先交渉権に関する条項であるが、本件では、その法的拘束力の有無、ならびに、差止めおよび損害賠償による救済が認められる要件に関連して、次の4つの事項が主要な論点となった。

　ア　基本合意書に基づく独占交渉義務は法的拘束力を有するか（**論点1**）。
　イ　基本合意書に基づく独占交渉義務は消滅したか（**論点2**）。
　ウ　仮処分の必要性はあるか（**論点3**）。
　エ　基本合意書に基づく独占交渉義務違反により生じた損害は何か（**論点4**）。

　本件各事件の判決・決定は、本件で締結された基本合意書の具体的な条項および交渉決裂に至る具体的な経緯を前提とした事実認定に基づくものでは

あるが、企業買収において締結される基本合意書に関する先例としては実務の参考となる事例といえる。

第2　事案の概要

1　事案の概略

本件は、ユーエフジェイ信託銀行（以下「UFJ信託」という）を住友信託銀行（以下「住友信託」という）に売却することを主な目的とする協働事業化に関する基本合意書（以下「本件基本合意書」という）（末尾条項参照）に関する①保全処分の許可抗告事件と②損害賠償を求めた本案事件である。前者（①）は、ユーエフジェイホールディングス（以下「UFJHD」という）、UFJ信託およびユーエフジェイ銀行（以下「UFJ銀行」といい、これら3社を「UFJ3社」という）が、本件基本合意書に基づく独占交渉義務および誠実協議義務に違反したとして、住友信託が、UFJ3社に対し、UFJ信託の営業等の第三者への移転等に関する情報提供または協議を行うことの差止めを求めた仮処分命令の申立てに係る許可抗告事件（最決平16・8・30、以下「保全事件」という）であり[1]、後者（②）は、UFJ3社が本件基本合意書に基づく協働事業化に関する最終契約を締結する義務もしくは基本合意に基づく独占交渉義務および誠実協議義務に違反したまたは一方的に基本合意を破棄したなどと主張して、住友信託が、UFJ3社に対し、債務不履行または不法行為に基づく損害賠償として、各自損害金2331億円の一部である1000億円等の支払を求めた事件（東京地判平18・2・13、以下「本案事件」という）である。[2]

本件に関しては、保全事件について、東京地裁が住友信託の申立てを認める仮処分決定を行い（以下「保全地裁決定」という）[3]、これに対する異議申立てに対して、東京地裁は保全地裁決定を認可したが（以下「保全地裁異議決定」という）[4]、東京高裁は保全地裁決定および保全地裁異議決定を取り消して、本

1　最決平16・8・30民集58巻6号1763頁・判タ1166号131頁・金判1205号3頁
2　東京地判平18・2・13判タ1202号212頁・金判1237号7頁
3　東京地決平16・7・27商事法務1708号22頁
4　東京地決平16・8・4商事法務1708号22頁

件仮処分申立てを却下し（以下「保全高裁決定」という）[5]、最高裁も住友信託の抗告を棄却した（以下「保全最高裁決定」という）。また、本案の損害賠償請求事件（以下「本案事件」という）について、東京地裁は、住友信託の請求を棄却したが（以下「本案地裁判決」という）、控訴審では、東京高等裁判所による和解勧告を受け、平成18年11月21日、UFJHDの訴訟承継人である株式会社三菱UFJフィナンシャル・グループが25億円の解決金を住友信託に支払うことを骨子とする訴訟上の和解が成立した。[6]

2　本件事案の経緯

本件に関連する主要な事実の経緯は以下のとおりである。

平成16年4月28日	UFJHDが同年3月期銀行単体合算当期純利益1250億円、与信関連費用8130億円との予想を公表した。
平成16年5月21日	住友信託とUFJ3社が本件基本合意書を締結し、UFJ信託を住友信託に売却することを報道発表した。
平成16年5月24日	UFJHDが決算短信で当期純利益マイナス3755億円、与信関連費用1兆3115億円と公表した。
平成16年6月4日頃	住友信託は、本件協同事業化プロジェクト・チーム・メンバー約80名を選出した。その後プロジェクト・チーム・メンバーは最大約240名となった。
平成16年6月5日頃	UFJHDは、住友信託に、本件基本合意書に基づき締結される住友信託の売却に関する基本契約及び合併契約書の締結日を同年7月22日とし、合併期日を9月21日とするスケジュール案を送付した。

---

[5]　東京高決平16・8・11商事法務1708号22頁
[6]　平成18年11月21日付け三菱信託の報道発表（http://www.sumitomotrust.co.jp/IR/company/jp/pdf/nr2006/061121.pdf）

平成16年6月18日	金融庁は、UFJHDおよびUFJ銀行に対し、4月28日と5月24日に公表された決算計数の相違に関連して業務改善命令をだした。
平成16年7月8日	住友信託が、UFJ3社に対し、基本契約書案第1案を送付した。
平成16年7月9日	第1回協同事業化推進委員会が開催された。
平成16年7月12日	UFJ3社が、住友信託に、上記基本契約書第1案への要望およびコメントを送付した。一方、住友信託は、100パーセント子会社である住信ビジネスサービス（以下「SBS」という）を本件対象営業等の受け皿会社とするために、SBSの約950名の従業員を住信パーソネルサービスに移籍させ、かつSBSへ20億円の増資払込みを行った。
平成16年7月13日	UFJHDは、住友信託に、本件協同事業化の白紙撤回を通告したが、住友信託は、了承しなかった。
平成16年7月16日	UFJHDは、三菱東京フィナンシャル・グループ（以下「MTFG」という）との経営統合に向けて協議を開始することを合意した。
平成16年7月16日	住友信託が本件仮処分を申し立てた。
平成16年7月27日	保全地裁決定。
平成16年8月4日	保全地裁異議決定。
平成16年8月6日	三井住友フィナンシャル・グループ（以下「SMFG」という）が、UFJHDおよびUFJ銀行に対し、5000億円以上の資本提供を含む経営統合に関する提案を送付した。
平成16年8月11日	保全高裁決定。UFJHD、UFJ銀行とMTFG等が、最大7000億円の資本増強を含む経営統合に関する基本合意書を締結した。
平成16年8月24日	SMFGが、UFJHD等に対し、統合比率等に関する提案を送付し、資本増強額を7000億円に増額し

平成16年 8 月30日	保全最高裁決定。
平成16年 9 月17日	UFJ銀行の第 1 回戊種優先株式発行に関するMTFGによる7000億円の払込みが完了した。
平成17年 2 月18日	UFJ 3 社とMTFGは、統合契約書を締結した。
平成17年 4 月20日	UFJ 3 社とMTFGは、合併契約書を締結し、両者の合併は平成17年 6 月の各株主総会で承認された。
平成18年 2 月13日	本案地裁判決
平成18年11月21日	和解成立

第 3 　判　　旨

1 　保全事件最高裁決定

(1)　（論点1、2）

「本件条項に基づく債務、すなわち、本件条項に基づき抗告人及び相手方らが負担する不作為義務が消滅したか否かについてみるに、前記の事実関係によれば、本件条項は、両者が、今後、本件協働事業化に関する最終的な合意の成立に向けての交渉を行うに当たり、本件基本合意書の目的と抵触し得る取引等に係る情報の提供や協議を第三者との間で行わないことを相互に約したものであって、上記の交渉と密接不可分なものであり、上記の交渉を第三者の介入を受けないで円滑、かつ、能率的に行い、最終的な合意を成立させるための、いわば手段として定められたものであることが明らかである。したがって、今後、抗告人と相手方らが交渉を重ねても、社会通念上、上記の最終的な合意が成立する可能性が存しないと判断されるに至った場合には、本件条項に基づく債務も消滅するものと解される。

本件においては、前記のとおり、相手方らが、本件基本合意を白紙撤回し、同年 7 月14日、抗告人に対し、本件基本合意の解約を通告するとともに、A に対し、相手方Y 2 の本件対象営業等の移転を含む経営統合の申入れを行い、この事実を公表したこと、抗告人が、これに対し、本件仮処分命令の申立て

を行い、本件仮処分決定及び異議審の決定を得たが、相手方らは、原審においてこれらの決定が取り消されるや、直ちにAらとの間で、相手方らグループとAグループとの経営統合に関する基本合意を締結するなど、上記経営統合に係る最終的な合意の成立に向けた交渉が次第に結実しつつある状況にあること等に照らすと、現段階では、抗告人と相手方らとの間で、本件基本合意に基づく本件協働事業化に関する最終的な合意が成立する可能性は相当低いといわざるを得ない。<u>しかし、本件の経緯全般に照らせば、いまだ流動的な要素が全くなくなってしまったとはいえず、社会通念上、上記の可能性が存しないとまではいえないものというべきである。そうすると、本件条項に基づく債務は、いまだ消滅していないものと解すべきである。</u>」

(2) (論点3)

「抗告人が被る損害の性質、内容が上記のようなものであり、事後の損害賠償によっては償えないほどのものとまではいえないこと、前記のとおり、抗告人と相手方らとの間で、本件基本合意に基づく本件協働事業化に関する最終的な合意が成立する可能性は相当低いこと、しかるに、本件仮処分命令の申立ては、平成18年3月末日までの長期間にわたり、相手方らが抗告人以外の第三者との間で前記情報提供又は協議を行うことの差止めを求めるものであり、これが認められた場合に相手方らの被る損害は、相手方らの現在置かれている状況からみて、相当大きなものと解されること等を総合的に考慮すると、本件仮処分命令により、暫定的に、相手方らが抗告人以外の第三者との間で前記情報提供又は協議を行うことを差し止めなければ、抗告人に著しい損害や急迫の危険が生ずるものとはいえず、本件仮処分命令の申立ては、上記要件を欠くものというべきである。」

(3) (論点4)

「前記の事実関係によれば、本件基本合意書には、抗告人及び相手方らが、本件協働事業化に関する最終的な合意をすべき義務を負う旨を定めた規定はなく、最終的な合意が成立するか否かは、今後の交渉次第であって、本件基本合意書は、その成立を保証するものではなく、抗告人は、その成立についての期待を有するにすぎないものであることが明らかである。そうであるとすると、相手方らが本件条項に違反することにより抗告人が被る損害につい

ては、最終的な合意の成立により抗告人が得られるはずの利益相当の損害とみるのは相当ではなく、抗告人が第三者の介入を排除して有利な立場で相手方らと交渉を進めることにより、抗告人と相手方らとの間で本件協働事業化に関する最終的な合意が成立するとの期待が侵害されることによる損害とみるべきである。」

2 本案事件東京地裁判決要旨

(1) (論点4)

「以上検討したところによれば、UFJ 3 社が独占交渉義務及び誠実協議義務を履行し原告との間で本件協働事業化に向けて協議、交渉を継続していたとしても、本件協働事業化に関する最終契約が成立していたことが客観的に確実又は高度の蓋然性があったとは認められないし、また、UFJ 3 社と原告との間では、その事務局ないし担当者レベルにおいてすら、本件協働事業化に関する最終契約の内容も具体的に確定していなかったのであり、<u>その契約の成立を前提とする履行利益というものを観念することができないから、本件協働事業化に関する最終契約が締結されていれば原告が得られたであろう利益相当額は、UFJ 3 社の独占交渉義務違反及び誠実協議義務違反と相当因果関係にある損害ということはできない。</u>」

第4 検 討

1 独占交渉義務の法的拘束力
   (本基本合意書に基づく独占交渉義務は法的拘束力を有するか)

(1) 保全事件において最高裁は、本件基本合意書に基づき両当事者が負担する「本基本合意書の目的と抵触しうる取引等にかかる情報提供・協議を行わない」という不作為義務について、一般的には、今後、住友信託とUFJ側が「交渉を重ねても、社会通念上、上記の最終的な合意が成立する可能性が存しないと判断されるに至った場合には、本件条項に基づく債務も消滅するものと解される」としながらも、「本件の経緯全般に照らせば、いまだ流動

的な要素が全くなくなってしまったとはいえず、社会通念上、上記の可能性が存しないとまではいえないものというべきである」として、本件基本合意書に基づく独占交渉義務に法的拘束力があることを前提として、その債務は消滅していないものと認定した。本件基本合意書に基づく独占交渉義務に法的拘束力があるという点は、保全事件の地裁から最高裁まで、および、本案事件の地裁判決においても、共通して認められる判断である。

(2)　M＆Aの本格的な交渉を開始する段階において、本件のように、交渉当事者が意図する基本的な条件を確認し、正式契約の締結へ向けて誠実に協議を行うことを約するとともに、一定の期間に限定して、相互に独占交渉権を与える合意は、M＆A取引においてはよく行われている。このような交渉開始段階の基本合意は、原則として法的拘束力を有しないものとして合意されるが、その場合であっても、秘密保持義務と独占交渉義務については、法的拘束力を有することを明確に定めるのが通常である。一定の規模を超えるM＆A取引の場合には、M＆Aを前向きに検討し、具体的な条件について本格的な交渉に入ると、対象会社のデュー・ディリジェンスやM＆Aの効果の予測やその後の経営方針の検討のために高額の費用を支出する必要があり、また、経営陣や担当部署の人的な負担も非常に重くなる。したがって、買主としては、他の交渉相手の当て馬にされたり、交渉の途中で相手方から一方的に交渉を打ち切られたりするような事態は避けなければならない。仮に、独占交渉権条項に法的拘束力が認められないとすれば、買収を実現した場合によほどの利益があるか、または、確実に買収を実現できる見込みがなければ、多大なコストを負担して交渉を開始する正当性を説明することができなくなる。そのようなことになれば、売主としても、取引相手を誘引するためにより不利な条件を提示しなければならなくなったり、場合によっては取引相手を探すこと自体が困難になったりする。このように、独占交渉権条項には合理性があり、合意は拘束するという契約の原則に従い、本件基本合意書に基づく独占交渉義務に原則として法的拘束力を認めた判決の考え方は当然のことといえよう。

(3)　もっとも、本件各判決に関連して、会社法的な観点から法的拘束力の限界を論ずるものがある。ある論者は、このように独占交渉権条項が善管注

意義務に違反して締結された場合に当該条項が無効となるとし[7]、また、別の論者は、例えば、敵対的な買収の対象となった会社の経営陣が、緊密な会社に対して、買収に対する防衛策として独占交渉権を付与した場合には、その独占交渉権は無効となるとする。[8]　また、株主総会の自由な諾否の決定権を損なうような独占交渉権条項は無効となるとする見解もある。[9]　取締役は、会社に対し、善管注意義務を負うから、M&A取引における独占交渉権に関する条件が会社の企業価値を毀損するような場合には、善管注意義務違反の問題が生じうることは当然である。しかし、M&A取引の相手方にとって、どのような場合に相手方の取締役の善管注意義務違反が生じるのかを正確に判断することは困難であり、売主の取締役の行為が善管注意義務違反と認定されれば直ちに独占交渉条項が無効になるとすれば、買主としては独占交渉条項に依拠して交渉を開始することができなくなる。また、独占交渉義務を負うことは、多かれ少なかれ合併等の組織再編行為等に対する株主総会の決定権を制限するものであり、それが合理的な範囲に限られるものであれば許容されるべきである。独占交渉義務について原則として法的拘束力が認められることについては、異論のないところであろう。問題は、例外的に法的拘束力が否定される場合があるか、また、その要件は何かということであるが、独占交渉義務の拘束力が安易に否定されることになれば、買主が安心してM&Aの検討および交渉を開始するための基礎を提供するという独占交渉義務の目的自体を毀損することになるから、あくまで合意がある以上は独占交渉義務の法的拘束力を認めたうえで、独占交渉義務の内容、独占交渉義務の期間、Fiduciary Out条項等の株主保護規定の有無および内容、解約違約金の金額等の条件を総合的に判断して、本格的な検討や交渉を行うための基礎を保証するという独占交渉義務の目的に照らして、著しく過剰な拘束が課され、当事会社の株主の利益が不当に侵害されると認められるような極め

---

[7]　岩倉正和＝大井悠紀「M&A取引契約における被買収会社の株主の利益保護〔下（2）〕」商事法務1748号37頁
[8]　手塚裕之「M&A契約における独占権付与とその限界」商事法務1708号12頁、中東正文「法的問題点の整理と司法の役割」中東正文編『UFJ vs. 住友信託vs. 三菱東京　M&Aのリーガルリスク』34頁（日本評論社、2005年）
[9]　新谷勝「UFJの経営統合をめぐる法律上の問題点」判タ1172号100頁

て例外的な場合にのみ、公序良俗に反する契約として法的拘束力を否定すべきと考える。このような考え方をとったとしても、保全の必要性や損害賠償の範囲の判断において、当事者の利害のバランスをとることは可能である。[10]

　なお、Fiduciary Out条項とは、株主利益保護を目的として、第三者からより望ましい競合提案を受けた場合であって、その競合提案を検討したり受け入れたりしないことが、取締役の義務に抵触するような場合には、一定の手続を経たうえで解約違約金を支払って、当初の買主候補との合意を解約することができるというものである。[11]　米国のM&A実務においては、このようなFiduciary Out条項が定められることが多く、我が国においても、UFJグループと三菱東京フィナンシャル・グループとの統合契約書において同様の規定が採用されたようである。[12]

2　独占交渉義務の失効
（本件基本合意書に基づく独占交渉義務は消滅したか）

(1)　保全高裁決定は、「今日においては、客観的にみると、抗告人らと相手方との間の信頼関係は既に破壊され、かつ、最終的合意の締結に向けた協議を誠実に継続することを期待することは既に不可能となったものと理解せざるを得ない。したがって、遅くとも審理終結日である平成16年8月10日の時点において、本件合意のうち少なくとも本件条項については、その性質上、将来に向かってその効力を失ったものと解するのが相当であり、現時点において差止請求権を認める余地はない」として、本件基本合意書に基づく独占交渉義務が消滅したと認定した。これに対し、最高裁は、「今後、抗告人と相手方らが交渉を重ねても、社会通念上、上記の最終的な合意が成立する可能性が存しないと判断されるに至った場合には、本件条項に基づく債務も消滅するものと解される」として、一般的には独占交渉義務の消滅の可能性を

10　浅妻敬＝野島梨恵「住友信託銀行 vs 旧UFJ事件【仮処分決定】」野村修也＝中東正文編『M&A判例の分析と展開』（別冊金融・商事判例）214頁（経済法令研究会、2007年）

11　Fiduciary Out条項等の詳細については、岩倉正和＝大井悠紀「M&A取引契約における被買収会社の株主の利益保護〔上、中、下（1）、下（2）〕」商事法務1743号32頁、商事法務1745号27頁、商事法務1747号30頁、商事法務1748号37頁参照

12　岩倉正和＝大井悠紀「M&A取引契約における被買収会社の株主の利益保護〔下（1）〕」商事法務1747号30頁

認めたうえで、「本件の経緯全般に照らせば、いまだ流動的な要素が全くなくなってしまったとはいえず、社会通念上、上記の可能性が存しないとまではいえないものというべきである」として、独占交渉義務は未だ消滅していないとした。

(2) 最高裁も指摘するとおり、M&Aの基本合意書は、最終的な合意の成立に向けての交渉を行うに当たり、初期の交渉の結果として両当事者で一応の合意に至った買収の基本的な条件を書面化して明確にするとともに、買主に売主との独占交渉権などを与えることで、買主が安心して取引を検討する基礎を与えることを主な目的としている。したがって、客観的に判断して、最終的な合意が成立する可能性がなくなった場合には、その目的の達成自体が不能になるのであるから、基本合意書に基づく独占交渉義務も消滅すると解さざるを得ないであろう。この点、保全高裁決定は、①UFJ 3社が窮状を乗り切るため本件基本合意を白紙撤回することを決断し、これを対外的に公表したこと、②これに対し住友信託が仮処分を申し立てたこと、③その後地裁および高裁の審理を経たが双方の主張は対立し、信頼関係はますます悪化し、双方の溝を埋めることは困難な状況にあることを理由として、客観的にみると、UFJ 3社と住友信託との間の信頼関係は既に破壊され、かつ、最終的合意の締結に向けた協議を誠実に継続することを期待することは既に不可能となったものと認定した。確かに、UFJ 3社が窮状を乗り切るため本件基本合意を白紙撤回することを決断し、これを対外的に公表したうえで、MTFGとの協議を開始したという状況においては、UFJ 3社が第三者と交渉をすることを一時的に差し止めたとしても、本件基本合意に基づく最終的な合意が成立する可能性は極めて低いといわざるを得ない。したがって、最終合意に向けた協議は既に不可能となったという東京高裁の認定もあながち不自然ではないようにも思われる。しかし、これらの事情のみで独占交渉義務が消滅するというのであれば、一方の当事者が一方的に契約を破棄し、相手方が仮処分を申し立てればその時点で独占交渉義務が消滅することになり、実質的に独占交渉義務に基づく差止めを求めることを一切否定することになってしまうのではないであろうか。本件では、MTFGとの協議は開始されたばかりで、保全地裁決定により中断されている状況下において、実際に

SMFGが、UFJHDおよびUFJ銀行に対し、5000億円以上の資本提供を含む経営統合に関する提案をしており、仮に一定期間の差止めが認められ、住友信託がSMFGと共同して再提案を行ったとすれば、UFJHDの経営陣が善管注意義務を果たすためには、住友信託の再提案を真剣に検討せざるを得ないような状況になっていた可能性も否定できない。したがって、本件においては、「社会通念上、上記の可能性が存しないとまではいえないものというべき」とし、保全の必要性の問題として、UFJHDらの損害と比較衡量により仮処分の成否を判断した最高裁決定が妥当であったように思われる。

3 仮処分の必要性（仮処分の必要性はあるか）

(1) 保全最高裁決定は、保全事件について、概略次の３つの理由を述べて保全の必要性を否定し、住友信託の特別抗告を棄却した。

①UFJ側らが本件条項に違反することにより住友信託が被る損害については、「最終的な合意の成立により抗告人（住友信託）が得られるはずの利益相当の損害とみるのは相当ではなく、抗告人が第三者の介入を排除して有利な立場で相手方（UFJ）らと交渉を進めることにより、抗告人と相手方らとの間で本件協働事業化に関する最終的な合意が成立するとの期待が侵害されることによる損害とみるべき」であり、事後の損害賠償によっては償えないほどのものとまではいえないこと。

②住友信託とUFJHDらとの間で、本件基本合意に基づく本件協働事業化に関する最終的な合意が成立する可能性は相当低いこと。

③本件仮処分命令が認められた場合にUFJHDらの被る損害は、UFJHDらの現在置かれている状況からみて、相当大きなものと解されること。

(2) 保全事件において求められた仮処分命令は仮の地位を定める仮処分であり、その発令には「争いがある権利関係について債権者に生ずる著しい損害又は急迫の危険を避けるためこれを必要とする」ことが要件とされている（民事保全法23条２項）。この保全の必要性の判断においては、仮処分命令により債務者が被る損害を考慮すべきであるとする見解が多数説であり、最高裁保全命令もこの見解に従って保全の必要性の判断において、③UFJHDらの被る損害を考慮している。また、この仮処分にあっては、暫定的な地位を形

成する必要性が明らかに存する場合でなければならず、債務者の被る不利益に比べて、この仮処分により防止しようとする債権者の損害が著しく大きいものであることを要するものとされている。[13]　各判決文からは、UFJHDが主張した具体的な損害の内容が明らかではないが、仮に、MTFGとの経営統合交渉を進めなければ、UFJHDが経営危機を回避することができないおそれがあるといった事情がなく、単にMTFGがUFJHDに有利な提案を行ったというだけであれば、最高裁も保全の必要性を認めていたものと考えられる。

　(3)　この点について、裁判所が本基本合意書における独占交渉条項の有効期間が、平成16年5月21日から平成18年3月末日という約2年間もの長期に亘ることを重視していることに着眼し、裁量によって、仮処分命令の期間を合理的な期間に限って発令することを検討すべきであったとする見解もあるが、最高裁は、②住友信託とUFJHDらとの間で、本件基本合意に基づく本件協働事業化に関する最終的な合意が成立する可能性は相当低いという事実に鑑み、数か月間の差止仮処分を認めるだけでは、住友信託とUFJHDらの取引が成立する見込みはなく、徒に無駄な時間だけが経過して、UFJHDの損害が拡大することになりかねないため、むしろ仮処分ではなく事後の損害賠償により解決を図るのが妥当であるとの価値判断に至ったものと考えられる。[14]

4　損　　害
（本件基本合意書に基づく独占交渉義務違反により生じた損害は何か）

　(1)　保全事件について、最高裁は、本件基本合意書は、最終契約の成立を保証するものではなく、住友信託は最終契約の成立についての期待を有するにすぎないことが明らかであるから、独占交渉条項に違反することにより住友信託が被る損害については、最終契約の成立により住友信託が得られるはずの利益相当の損害とみるべきではなく、住友信託が第三者の介入を排除し

13　柳川眞佐夫『保全訴訟（補訂版）』136頁（判例タイムズ社、1976年）、沢栄三『保全訴訟研究』139頁（弘文堂、1960年）、小山昇「仮処分における保全の必要性」『仮処分の研究（上巻）』116頁（日本評論社、1929年）、鈴木正裕「仮の地位を定める仮処分と保全の必要性」『保全処分の体系（上巻）』226頁（法律文化社、1974年）、新谷勝「UFJの経営統合をめぐる法律上の論点」判タ1172号100頁、司法研修所編『改訂民事保全（補正版）』76頁（日本弁護士連合会、2005年）
14　新谷勝「UFJの経営統合をめぐる法律上の論点」判タ1172号100頁

て有利な立場で相手方らと交渉を進めることにより、最終契約が成立するとの期待が侵害されることによる損害とみるべきであるとし、本案事件において、東京地裁も、最高裁の判断に沿って、本件協働事業化に関する最終契約が成立した場合の得べかりし利益（履行利益）は、独占交渉義務違反および誠実協議義務違反と相当因果関係があるとは認められないとした。

(2) 本件においては、基本合意書が締結され、最終契約の前の段階として締結することが予定されていた基本契約書の第1案に対する最初の要望およびコメントが回答された段階であり、しかも、第1案の提示から5日しか経過していない時点であるから、契約締結交渉が成熟していたとはとても言うことはできず、最終的な合意に至らない場合も十分にあり得る段階にとどまっている。また、基本合意書では、M&Aのスキームとして会社分割による承継を想定しており、仮に両当事者の経営陣において合意が成立したとしても、株主総会決議を停止条件とせざるを得ない取引である。したがって、本件で独占交渉義務違反により最終契約の締結が阻害されたからといって、履行利益が相当因果関係にある損害と認めることはできないであろう。この点、いわゆる「契約の熟度」論を踏まえて、契約交渉過程を3段階に分けたうえで、徐々に契約成立に向けた義務と責任を強化している見解があるが、この見解に立った場合であっても、「UFJ3社が独占交渉義務及び誠実協議義務を履行し原告との間で本件協働事業化に向けて協議、交渉を継続していたとしても、本件協働事業化に関する最終契約が成立していたことが客観的に確実又は高度の蓋然性があったとは認められないし、また、UFJ3社と原告との間では、その事務局ないし担当者レベルにおいてすら、本件協働事業化に関する最終契約の内容も具体的に確定していなかった」という本案地裁判決の事実認定に基づけば、履行利益が相当因果関係にある損害と認められることはないであろう。もっとも、履行利益か信頼利益かという二者択一的な認定には批判的な見解も多く、保全最高裁決定も、「最終的な合意が成立するか否かは、今後の交渉次第であって、本件基本合意書は、その成立を保証するものではなく、抗告人は、その成立についての期待を有するにすぎないものであることが明らかである」としていることからすれば、その後の交渉の展開により最終的な合意が保証されるような段階に至り、交渉の成熟度が高

まれば、単なる期待の侵害による損害だけでなく、履行利益についての賠償も認める余地があることを認めているものとも考えられる。したがって、本件で開示されていない具体的な事情や本案事件における当事者の主張立証方法によっては、いわゆる信頼利益を超えて、履行利益の一部を認めるような損害の賠償が認められる可能性もあったかもしれない。[15]

(3) 実務的な観点からすれば、本件で履行利益の賠償が否定されたことにより、基本合意書において、損害賠償額の予定または違約罰としての違約金条項（民法420条）を定める必要性がより明確に意識されるようになったといえる。違約金条項については、損害賠償額の予定として定める場合に、実損害額とは無関係に損害賠償額が決まってしまうため、双方の納得できる合理的な賠償予定額を合意することには困難が伴うことや、賠償予定額が想定される実損害との比較において著しく高額な場合には暴利行為に該当し公序良俗に反し無効とされうること等の問題もある。[16] しかし、裁判所が認定する損害額の不確実性を回避し、独占交渉条項の実効性を確保するとともに、前述したFiduciary Out条項と組み合わせることにより賠償予定額を支払って独占交渉義務から開放される自由を得ることもできるようにするなど柔軟な条件設定も可能であるため、損害賠償額の予定または違約罰としての違約金条項は、基本合意書の交渉における最も重要な検討事項の一つといっても過言ではないものと考えられる。[17]

〔清水　建成〕

15　中島茂＝池田裕彦＝中東正文による座談会「M&A実務の第一線からみたUFJ裁判」前掲中東編『UFJ vs 住友信託 vs 東京三菱　M&Aのリーガルリスク』80頁、池田眞朗「M&Aの中でも貫徹されるべき契約の論理」金融・商事判例1238号2頁、松本恒雄「M&A基本合意書の拘束力と損害賠償の範囲」金融・商事判例1238号4頁、中東正文「積極的な法創造を」金融・商事判例1238号8頁、山本和彦「民事手続法の観点から」金融・商事判例1238号10頁、野村修也「①業務提携を企図した協同事業化に関する本件基本合意の法的性質、②本件協同事業化に関する最終契約が成立した場合の履行利益は独占交渉義務違反および誠実協議義務違反と相当因果関係があるとは認められないとされた事例―住友信託銀行対UFJホールディングス事件―」金法1780号75頁、大塚和成「法務時評　M&A基本合意書の法的拘束力」銀行法務21　659号1頁参照。

16　大阪地判昭61・10・8判時1223号96頁他参照。M&A取引においてどの程度の違約金までが許容されるかは裁判例の集積を待つほかないが、米国においては、取引金額の1％から5％の範囲が妥当と考えられているようであり、この程度の金額であれば公序良俗に反して無効とされるおそれは低いのではないかと考えられる。

17　米国における違約金条項の事例について、岩倉正和＝大井悠紀「M&A取引契約における被買収会社の株主の利益保護〔中〕」商事法務1745号27頁、ケン・シーゲル＝ジェフ・シュレップファー「UFJの合併統合保護条項の米国法上の評価」国際商事法務Vol. 33, No. 1 （2005年）1頁参照。

<本件基本合意書の条項（抜粋）>

前文
　UFJ3社及び原告は、企業グループを超えた協働事業を推進するために、本件協働事業化に関し、本件基本合意をする。

第1条（協働事業化の目的）
　本件協働事業化は、(中略)UFJグループ・原告グループ各々の株主及び顧客の利益に最大限貢献することを目的とし、各当事者は、かかる目的の達成に向けて、相互の信頼関係を維持して誠実に努力する。

第2条（スキーム・移転時期）
1．UFJHD及びUFJ信託は、<u>基本・最終契約書の規定に従うことを条件として</u>、対象営業等を、以下の各号に記載されるとおり、原告又は新信託銀行に移転する。
(1) UFJ信託は、対象営業等のうち証券代行業務、資産金融業務、受託資産業務、証券業務及びこれらに必要な企画管理業務等に関する営業を新信託銀行に分割承継させ、新信託銀行はこれを承継するとともに、UFJHD及びUFJ信託は、当該分割により割り当てられた株式全部を平成17年3月までに原告に譲渡する。
(2) UFJ信託は、対象営業等のうち不動産業務に関する営業を平成17年3月末までに原告に分割承継させ、原告はこれを承継するとともに、当該分割に際してなす新株の発行に代えて金銭をUFJHD又はUFJ信託に交付する。
(3) UFJHD及びUFJ信託は、本項1号及び2号に記載される営業以外の対象営業等を吸収分割等の方法により、平成17年3月末までに<u>原告又は新信託銀行</u>に移転させるよう最大限努力する（以下略）。

第3条（移転範囲・価額）
1．対象営業等を構成する資産・負債の範囲及び移転方法等は、以下のとおりとする。
(1) UHJHD、UFJ信託及び原告は、<u>調査の結果等を踏まえ</u>、対象営業等に含めるUFJグループの株式の範囲及び移転方法等を<u>協議の上決定する</u>〈略〉。
(2) UFJHD、UFJ信託及び原告は、対象営業等のオンバランス及びオフバランスの資産・負債については、<u>調査の結果等を踏まえ</u>、その範囲及び移転方法等を協議の上決定する。
2．UFJHD、UFJ信託及び原告は、<u>本件基本合意書の規定に従うことを条件として</u>、対象営業等の価額を、対象営業等に含まれる資産・負債の時価純資産額（貸出・預金等に係る含み純益を除く。）に、営業権及び貸出・預金等に係る含み純益として金3,000億円を加算し、<u>別途合意する</u>退職給付債務に係る金額等を減算した額と

することに同意し、調査の結果等を踏まえて調整する。

第6条（協働事業化の推進体制）
　各当事者は、本件基本合意書の目的実現のために、以下のとおり、協働事業化の推進体制を敷く。
１．協働事業化推進会議：各当事者の頭取・社長及び担当役員で構成し、特に重要な協議事項を協議・決定する。
２．協働事業化推進委員会：各当事者の担当役員、担当部長、担当部員で構成し、個別具体的協議事項を協議・決定する。

第8条
１．各当事者は、事業・会計・法務等に関する検討、関係当局の確認状況又は調査の結果等を踏まえ、誠実に協議の上、2004年7月末までを目途に協働事業化の詳細条件を規定する基本契約書を締結し、その後実務上可能な限り速やかに、協働事業化に関する最終契約書を締結する。

第10条（有効期間）
　本件基本合意書の有効期間は、本締結日から平成18年3月末までとする。

第12条（誠実協議）
　各当事者は、本基本合意書に定めのない事項若しくは本基本合意書の条項について疑義が生じた場合、誠実にこれを協議するものとする。各当事者は、直接又は間接を問わず、第三者に対し又は第三者との間で本基本合意書の目的と抵触しうる取引等にかかる情報提供・協議を行わないものとする。

【参考文献】
　〔本件の評釈等〕
① 佐藤藍平「基本合意書の法的拘束力－東京高決平成16.8.11本誌本号4頁について」金融・商事判例1198号（2004.9.1）
② 手塚裕之「M＆A契約における独占権付与とその限界－米国判例からみたＵＪＦグループ統合交渉差止仮処分決定の問題点－」商事法務1708号（2004.9.15）
③ スティーブン・ギブンズ「デラウェア州最高裁であったら、今回UFJホールディングス側がとった合併統合防止策に対して、どのような司法判断を下したであろうか？」国際商事法務32号（2004.10）
④ 佐山展生「M＆A実務家としてUFJ信託の事例に思う」NBL 794号（2004.10.1）
⑤ 小林秀之＝柏木昇＝森下哲朗「座談会　住信vsUFJ法廷闘争の教訓－独占交渉権の

法的拘束力の限界示した最高裁決定」週刊金融財政事情2004年10月25日・11月1日合併号
⑥ 小林秀之「特集 住信 vs UFJ法廷闘争の教訓 最高裁決定は今後のM＆A実務に大きな影響－「契約を破る自由」を認めたのか、限定的仮処分ならみとめたのか」週刊金融財政事情2004年10月25日・11月1日合併号
⑦ 手塚裕之「特集 住信 vs UFJ法廷闘争の教訓 買手が買収対象会社を完全に拘束することはできない－最高裁決定に欠落する会社的視点」週刊金融財政事情2004年10月25日・11月1日合併号
⑧ 大塚和成「M＆A基本合意書における独占交渉権付与条項の効力－UFJグループの経営統合をめぐる仮処分事件最高裁決定を題材にして－」金融法務事情1723号（2004.11.25）
⑨ ケン・シーゲル＝ジェフ・シュレップファー「UFJの合併統合保護条項の米国法上の評価」国際商事法務33号（2005.1）
⑩ 新谷勝「M＆A契約における独占交渉権に基づく、第三者との経営統合協議等差止仮処分申請が認められなかった事例－住友信託銀行対UFJホールディングス等事件－」金融・商事判例1206号（2005.1.1）
⑪ 中東正文ほか編『UFJ vs 住友信託vs 東京三菱 M＆Aのリーガルリスク』（日本評論社、2005年）
⑫ スティーブン・ギブンズ「UFJ－MTFGの「取引防衛対策」はどの「取引」を「誰」のために「保護」しているのか？」国際商事法務33号（2005.2）
⑬ 中山裕介「独占交渉権の有用性と限界－UFJグループ統合交渉差止仮処分事件をめぐって－」金融法務事情1729号（2005.2.5）
⑭ 畑郁夫「最近の大型企業統合（M＆A）紛争を巡る法的諸問題について－住友信託vs UFJ経営統合交渉破綻仮処分事件に即して－」民商法雑誌132-1号（2005.4）
⑮ 新谷勝『UFJの経営統合をめぐる法律上の問題点』判例タイムズ1172号（2005.4.15）
⑯ 岩倉正和＝大井悠紀『M＆A取引契約における被買収会社の株主の利益保護〔上〕〔中〕〔下（1）〕〔下（2）〕－Fiduciary Out条項を中心に－』商事法務1743号（2005.9.25）、商事法務1745号（2005.10.25）、商事法務1747号（2005.11.15）、商事法務1748号（2005.11.25）
⑰ 大塚和成「法務時評 M＆A基本合意書の法的拘束力」銀行法務21 659号1頁（2006.4）
⑱ 河野玄逸『契約の拘束力と合意原則』金融・商事判例1238号（2006.4.1）
⑲ 池田眞朗「(1) M＆Aの中でも貫徹されるべき契約の論理」金融・商事判例1238号（2006.4.1）
⑳ 松本恒雄「(2) M＆A基本合意書の拘束力と損害賠償の範囲」金融・商事判例1238号（2006.4.1）

㉑　川村正幸「(3) 会社法、M＆A法の視座から」金融・商事判例1238号（2006.4.1）
㉒　中東正文「(4) 積極的な法創造を」金融・商事判例1238号（2006.4.1）
㉓　山本和彦「(5) 民事手続法の観点から」金融・商事判例1238号（2006.4.1）
㉔　高橋聖「M＆A取引における取引保護措置と取締役の善管注意義務」商事法務1773号（2006.7.25）
㉕　野村修也「①業務提携を企図した協同事業化に関する本件基本合意の法的性質、②本件協同事業化に関する最終契約が成立した場合の履行利益は独占交渉義務違反および誠実協議義務違反と相当因果関係があるとは認められないとされた事例—住友信託銀行対UFJホールディングス事件—」金法1780号75頁（2006.9.5）
㉖　浅妻敬＝野島梨恵「住友信託銀行 vs 旧UFJ事件【仮処分決定】」野村修也＝中東正文編『M＆A判例の分析と展開』（別冊金融・商事判例）210頁（経済法令研究会、2007年）
㉗　中東正文「住友信託銀行 vs 旧UFJ事件【本案・第一審判決】」野村修也＝中東正文編『M＆A判例の分析と展開』（別冊金融・商事判例）220頁（経済法令研究会、2007年）

〔保全の必要性に関する参考文献〕
①　沢栄三『保全訴訟研究』（弘文堂、1960年）
②　鈴木正裕「仮の地位を定める仮処分と保全の必要性」『保全処分の体系〔上巻〕』（法律文化社、1965年）
③　小山晃「仮処分における保全の必要性」村松裁判官還暦記念論文集刊行会編『仮処分の研究（上巻・総論）』（日本評論社、1965年）
④　柳川眞佐夫『保全訴訟〔補訂版〕』（判例タイムズ社、1976年）
⑤　西山俊彦『新版　保全処分概論』（一粒社、1985年）
⑥　竹下守夫＝藤田耕三編『注解　民事保全法（上巻）』（青林書院、1996年）
⑦　山﨑潮監修『注釈民事保全法〔上〕1条～42条　総則／保全命令に関する手続き』（社団法人民事法情報センター、1999年）

5

夢真ホールディング対
日本技術開発事件

第1 はじめに

　本件は、大証ヘラクレス市場に上場していた株式会社夢真ホールディングス（有価証券の保有、売買、投資および運用業務等に従事。以下「夢真ホールディングス」という。）が、ジャスダック市場に上場していた日本技術開発株式会社（建設コンサルタント業務等に従事。以下「日本技術開発」という。）に対して、平成17年7月20日に公開買付けを開始したところ、日本技術開発株式会社が取締役会決議に基づく株式分割を決定したため、夢真ホールディングスが当該株式分割の差止めの仮処分を求めた事案である。

　本件は、株式分割が公開買付けに対抗する買収防衛の手法として用いられた点に特徴がある。株式分割が、本件当時において、公開買付けに対抗する買収防衛の手法となりえたのは、以下のような理由に基づく。

　すなわち、上場会社の買収を企図する者が、当該上場会社の支配権を取得するためには、通常公開買付けによることを要するが（本件当時も現在も、上場有価証券等の3分の1以上を市場外で取得する場合、証券取引法上公開買付けが強制される。）、公開買付期間は、本件当時も現在も、20日以上60日以内と定められている（金融商品取引法27条の2第2項、金融商品取引法施行令8条1項）[1]。これに対し、株式分割を行うための基準日公告は、本件当時も現在も、株式分割の基準日の2週間前までに行えば足りるとされている（旧商法219条1項、会社法183条2項1号および124条3項）。そのため、買収者が公開買付期間を最短の20

---

[1] 厳密には、後述の平成18年12月証券取引法改正により、現在では、暦日で20日から60日ではなく、営業日で20日から60日とされている。

日として公開買付けを開始したとしても、買収対象会社は、同期間内に株式分割基準日を設定した株式分割を取締役会決議により決定することができる（旧商法218条1項、会社法183条2項）。この決定がなされた場合、買収者が公開買付期間中に、既存の株式の議決権数に照らして支配権を獲得できるだけの株式数を買い付けることができたとしても、分割新株が基準日時点での株主名簿記載の株主に割り当てられてしまうことから、株式分割の効力発生日に買収者の保有議決権は希釈化されることとなる。そのため、公開買付けが開始された後すみやかに取締役会を開催して株式分割を決定し、その株式分割の効力発生日を買収者による臨時株主総会の招集よりも前に設定することにより、買収防衛が達成できることになる。

上記は、①株式分割が決定されたとしても、株式分割の効力が発生し分割新株が発行されるまでは分割新株の買付けを行うことはできないこと、また、②株式分割を理由として公開買付けを撤回することはできず、かつ公開買付期間中の公開買付価格の引下げが認められないことを前提としている。

①について、本件当時は、公開買付期間開始前または期間中に株式分割が決定されたが株式分割の効力が未発生の段階で、株式分割後に生じる分割新株について公開買付けの対象とすることができるかどうかについては解釈が明確でなく、株式分割が決定された場合に発行前の分割新株を対象として買付予定数の上方修正を行うことができるかどうかが明らかでなかった[2]。

また、②についても、本件当時は、株式分割が公開買付けの撤回事由に該当するかどうかが解釈上明確でなく[3]、かつ、証券取引法上、公開買付価格の引下げが禁止されていたため[4]、買収者は、公開買付け開始後に買収対象会社による株式分割が行われた場合、当該株式分割を前提としない高値の公開買付価格（例えば、1対5の株式分割が行われた場合、理論上は市場価格の5倍）で

---

[2] 公開買付けの買付予定数の上方修正自体は、当時も現在も証券取引法上認められているが、分割新株自体がそもそも買付対象とならないのであれば、買付予定数の上方修正では対応できないことになる。

[3] 後述の平成18年12月証券取引法改正前は、公開買付けを撤回できる場合について定めた証券取引法施行令14条1項1号に株式分割が明示的に列挙されておらず、株式分割が当時の同号ヲの「イからルまでに掲げる事項に準ずる事項」に該当するかどうかにつき見解が分かれていた。なお、同改正後は、同条第1項1号ヲに「株式又は投資口の分割」が明示的に列挙され、買収対象会社による株式分割の決定が公開買付けの撤回事由となりうることが明文で規定された。

上限株数まで買付けを行わなければならないというリスクを負うことになり、これにより株式分割の可能性を示唆することで買収者による買収を牽制、抑止することが可能となっていた。

　本件では、公開買付法制（当時）の株式分割への対応の不備が正面から問題となったものであるが、かかる不備は、夢真ホールディングスによる本件の仮処分申立てが行われる前から指摘されていたところである[5]。これらの不備については、平成18年6月14日法律第65号（平成18年12月13日施行）による証券取引法の改正（以下、「平成18年12月証券取引法改正」という。）により、ある程度立法的な解決がなされたが、公開買付期間中の株式分割そのものが規制されたわけではないため、なお解釈に委ねられる部分が残っている。

　本件の仮処分申立てに対する決定では、公開買付けの対象に発行前の分割新株が含まれるかどうか、株式分割に対する旧商法280条ノ10の適用または類推適用の可否、および敵対的な買収行為があった場合の対抗策を定める取締役会決議の有効性について判断がなされている。この法令解釈および判断の枠組み自体は、平成18年12月証券取引法改正後および会社法施行後の今日においてもなお有効であり、本決定は、今日においてもその重要性を失うものではないと考えられる[6]。

第2　事案の概要

　本件は、日本技術開発（差止請求の債務者。以下「債務者」という。）の株主で

4　同様に、平成18年12月証券取引法改正前は、証券取引法27条の6第3項により、買付価格の引下げは禁止されていた。なお、同改正後は、同条第1項1号により、公開買付開始公告および公開買付届出書において、公開買付期間中に買収対象会社が株式の分割その他の行為を行ったときは内閣府令で定める基準に従い買付け等の価格の引下げを行うことがある旨の条件を付した場合には、同条件に従って買付価格の引下げを行うことが認められている。

5　例えば、自由民主党総合経済調査会企業統治に関する委員会では、平成17年7月7日付けで（本件の仮処分申立ては同月21日）、公開買付期間中に株式分割が行われた場合には公開買付価格の下方修正を認めることを早急に検討すべきであるとの立法提言を行っている。

6　平成18年12月証券取引法改正において、分割新株が公開買付けの対象となるかどうかについての明文規定の創設はなされていない。また、平成18年5月に施行された会社法においても、株式分割の差止請求は明文で認められておらず、募集株式の発行等の差止請求について定める会社法210条は、旧商法280条ノ10とほぼ同じ条文構成となっている。

ある夢真ホールディングス（差止請求の債権者。以下「債権者」という。）が、債務者が平成17年7月18日の取締役会決議に基づいて現に手続中の株式分割について、①当該株式分割が旧商法218条1項、証券取引法157条および民法90条等の法令に違反し、または著しく不公正な方法によるものであることを理由とする旧商法280条ノ10の適用または類推適用による差止請求権、②当該取締役会決議が旧商法218条1項等の法令に違反することを理由とする取締役会決議無効確認請求権、③当該株式分割が債権者の営業権を侵害するものであることを理由とする差止請求権をそれぞれ本案の請求権として、当該株式分割を仮に差し止めることを求めた事案である。

後述の通り、本件では、仮処分申立ては却下されたが、決定の理由中において、株式分割における分割新株についても公開買付けの対象となりうること、したがって株式分割によっては本件の公開買付けの目的の達成が妨げられないことが示されたことや、却下決定に先立って金融庁から上記と同様の見解および株式分割が行われた場合を公開買付けの撤回条件とすることを容認する見解が示されたこと[7]などから、実質的に仮処分申立てを維持する必要はなくなっており、異議申立てはなされずにそのまま確定している。

本件の経緯の概略は、下記の通りである。

平成17年6月中旬から下旬 債権者は、債務者株式を大量に取得し、同月24日時点では、債務者株式47万8000株（発行済株式総数の約6.42パーセント）を保有するに至っていた（なお、仮処分申請時の同年7月21日時点では、50万9000株（発行済株式総数の約6.83パーセント）を保有していた。）。

同年7月7日 債務者が債権者に債務者株式を大量に取得した目的等を聴くために面会したい旨を申し出たことにより、債権者と債務者とは、会談を行い、その席において債権者は債務者に対して業務提携を申し入れた。

同月8日 債務者は、「大規模買付行為への対応方針に関するお知らせ」という文書を公表し、その中で、債務者において「事前の情報提供に関する一定のルール」（以下「本件大規模買付ルール」という。）を導入すること、本件大規模買付ルールの内容は、「(1)事前に大規模買付者が債務者取締役会に対し十分な情報を提供し、(2)債務者取締役会による一定の評価期間が経過した後に大規模買付行為を開始する。」であるものとした。さらに、大規模買付

者が本件大規模買付ルールを遵守しない場合には、対応方針として、「大規模買付者により、大規模買付ルールが遵守されなかった場合には、具体的な買付方法の如何にかかわらず、債務者取締役会は、債務者及び債務者株主全体の利益を守ることを目的として、株式分割、新株予約権の発行等、商法その他の法律及び債務者定款が認めるものを行使し、大規模買付行為に対抗する場合がある。具体的にいかなる手段を講じるかについては、その時点で最も適切と債務者取締役会が判断したものを選択することとする。ただし、債務者取締役会が具体的対抗策として一定の基準日現在の株主に対し株式分割を行うことを選択した場合には、株式分割1回につき債務者株式1株を最大5株に分割する範囲内において分割比率を決定するものとする。[8]」旨明らかにした。

同月11日 債権者は、債務者株式につき公開買付けを行う旨を取締役会に

---

[7] 平成17年7月22日の伊藤達也金融担当大臣の閣議後記者会見において、記者の質問に対し、①株式分割が公開買付けの目的の達成に重大な支障となる場合には、公開買付けの撤回が可能であると解することが妥当であると考えられる旨の回答、および②株式分割により将来発行される株券の買付けも、基本的に公開買付けの対象となる株券等の買付けに該当すると解される旨の回答がなされている。
　金融庁のウェブサイトで公表されている上記に係る問答の記録は下記の通りである。
　「問）夢真ホールディングスの日本技術開発に対するTOBの申し入れの届出を受理したという話ですが、その中に途中での撤回条項が含まれているのですが、その点も容認したというふうに受け取られているようですが、この点についていかがお考えかお聞かせください。
　答）個別事案についてでございますので当局からのコメントは差し控えさせていただきたいと思います。一般論で申し上げますと、公開買付届出書が提出された場合、その内容について審査を行い必要があれば更に訂正を求めることになっているかと思います。更に個別事案を離れて一般論として申し上げますと、公開買付の撤回の事由として、株式交換、合併、破産等が法令上列挙されるとともに、これに準ずる事項で公開買付届出書において指定した事項が生じた場合には、撤回が可能とされているところでございます。株式分割自体は、例示に含まれておりませんが、公開買付期間中に株式分割が行なわれた場合に、撤回が認められないとすることは公開買付者に非合理的な買付を強いることになります。従って株式分割が行われ、公開買付の目的の達成に重大な支障となる場合には、公開買付の撤回が可能であると解することが妥当であると考えられると思います。
　（中略）
　問）TOBの関係ですが、TOB期間中の株式分割後の権利についてもTOBの対象に含めることを容認されていると報道がされていますが、その点はいかがでしょうか。
　答）一般としてお答えをさせていただきたいと思いますが、株式分割により将来発行される株券の買付も、基本的に公開買付の対象となる株券等の買付に該当するものと解されます。仮に、これが公開買付規制の対象外とされた場合これらの権利の買付が証券取引法の規制を受けることなく全く自由に行われることになると解さざるを得ず、かえって証券取引の公正性の観点から問題が生じることに留意する必要があると思っております。」

おいて決議、公表し、同日、債務者はこれに対抗して本件大規模買付ルールの対応方針に従って対抗措置を講じる場合がある旨公表した。

同月15日 債権者は、関東財務局に対し、上申書を提出し、①公開買付価格について予め希釈化防止規定を設けておき、実際に株式分割がなされた場合は希釈化防止規定に従って株式分割の分割比率に応じて、買付予定の株券等の数を増加させるとともに、買付価格の修正を行うことは可能である、ならびに②買付者が、公開買付開始および公開買付届出書において、予め、公開買付けを撤回する条件として対象者が公開買付期間中に株式分割の基準日を設定することを指定し、実際に公開買付期間中に株式分割の基準日が設定された場合に公開買付けを撤回することは可能である、との意見表明を行った。

同月18日 債務者は、取締役会において、大規模買付ルールに従ったものとして、平成17年8月8日最終の株主名簿および実質株主名簿に記載された株主の所有普通株式1株につき5株の割合をもって株式分割を行う旨決議した。

平成17年7月20日 債権者は、概要以下の内容の公開買付開始公告を行うとともに、関東財務局に公開買付届出書を提出し、債務者株式の公開買付けを開始した（以下「本件公開買付け」という。）。本件公開買付けにおいては、撤回の条件として、証券取引法施行令14条1項列挙事由のほか、同項ヲに係る事項として、公開買付期間中に債務者が新たに債務者株式について商法218条に定める株式分割に関する取締役会決議を行い、かつ、かかる決議において公開買付期間の末日までの一定の日が同法219条1項に定める「会社ノ定ムル一定ノ日」として定められた場合には、公開買付けの撤回を行うことが

8　ここで、分割を最大1対5に制限しているのは、当時、証券取引所が上場株式についての大幅な株式分割の自粛を求めており、かかる大幅な株式分割とは、分割比率が1対5を超えるものをいうとしていたことによると考えられる（東京証券取引所「大幅な株式分割の実施に際してのお願い」（平成17年3月7日）等）。なお、証券取引所が大幅な株式分割の自粛を求めたのは、平成18年1月4日に制度改正されるまでは株式分割の実施日から分割新株が発行されて市場に流通するまでに約2か月程度の時間差があったことを背景として、流動性の不均衡による株価高騰が生じることが多く、公正な市場価格の形成が歪められていたこと、また、これを見越した発行会社による1対100等の大規模な株式分割が多くなされており、これに歯止めをかける必要があったこと等による。

あるとされた。

  買付け等の期間   平成17年7月20日から平成17年8月12日まで
  買付け等の価格   1株につき110円
  買付け予定の株券の数 349万1000株

同月21日 東京地方裁判所に本件の株式分割の差止めの仮処分が申し立てられた。

同月22日 金融庁から、発行前の分割新株も公開買付けの対象となる旨、および株式分割が公開買付けの撤回事由となりうる旨の見解が示された（脚注7参照）。

同月29日 東京地方裁判所により仮処分申立てを却下するとの決定がなされた。

第3 裁判所の判断

 本件の株式分割を仮に差し止めることを求める申立てを却下するとの決定がなされた（東京地方裁判所平成17年7月29日決定。以下、「本決定」という）。

 本決定は、まず、前提として、株式分割後の発行前の分割新株を公開買付けにおける買付対象とすることができるかどうかにつき、特に理由を示すことなく「公開買付けの買付期間後に効力が生ずる株式分割によって付与される株式についても公開買付けの対象となり得ると解することができ」る旨判示した。

 次に、本案の請求権が認められるかどうかについて、①本件株式分割が商法218条1項、証券取引法157条および民法90条等の法令に違反し、または著しく不公正な方法によるものであることを理由とする商法280条ノ10の適用または類推適用による差止請求権は認められないとした。本決定は、商法218条1項、証券取引法157条および民法90条等の法令違反の点につき、それぞれ、本件株式分割は商法上取締役会の決議権限に属することおよび機関権限分配秩序違反自体は取締役会決議の無効事由とならないこと、証券取引法157条1号にいう「不正の手段」には公開買付けを阻止しようとする買収対象会社の行為は含まれないと解されること、ならびに公開買付制度そのもの

は民法90条にいう「公の秩序」を構成しているとはいえず、しかも本件株式分割は本件公開買付けを不可能とするものということはできないことを理由に、全て否定した。また、旧商法280条ノ10の適用または類推適用の点につき、直接適用を「株式ヲ発行」という同条の文言を理由に否定した上で、株式分割は通常株主を害するものではないこと、発行前の分割株式も公開買付けの対象とできることから、本件株式分割が法的に本件公開買付けの目的の達成を妨げるものということはできないとして、同条の類推適用も否定した。

次に、②株式分割についての取締役会決議が旧商法218条1項等の法令に違反することを理由とする取締役会決議無効確認請求権も、諸事情に照らすと本件株式分割を行った取締役会決議が権限を濫用したものとまでは認められないこと、ならびに本件株式分割は旧商法上取締役会の決議権限に属することおよび機関権限分配秩序違反自体は取締役会決議の無効事由とならないことから、これを否定した。

さらに、③当該株式分割が債権者の営業権を侵害するものであることを理由とする差止請求権についても、仮に営業権が認められるとしても、この営業権に基づき本件株式分割の差止めを請求する権利があるとの実体法上の根拠がないとして、これを否定した。

なお、①ないし③が全て否定された結果、被保全権利が認められなかったため、保全の必要性については判断されていない。

第4　検　討

裁判所は、上記①ないし③の被保全権利の有無の判断の前提として、そもそも、本件において、株式分割が債権者による公開買付けを妨げるものであるかどうかについて検討している。これは、もし公開買付期間開始前または期間中に株式分割が決定されたが株式分割の効力が未発生の段階で、株式分割後に生じる分割新株について公開買付けの対象とすることができるのであれば、そもそも事務的な負担増を除いては債権者が公開買付けを妨げられることにはならないと判断されるためであると考えられる。

そこで、以下では、公開買付けの対象に発行前の分割新株が含まれるかど

うかについての本決定の判断について述べた上で、本決定中の重要と思われる判断につき概観する。

1 公開買付けの対象に発行前の分割新株が含まれるか

本決定では、「公開買付けの買付期間後に効力が生ずる株式分割によって付与される株式についても公開買付けの対象となり得ると解することができ」る旨判示しており、この点について金融庁が平成17年7月22日に示した同趣旨の見解を事実上追認している。

もっとも、本決定においては、なぜ「公開買付けの買付期間後に効力が生ずる株式分割によって付与される株式についても公開買付けの対象となり得ると解することができ」るのかの理由が示されていない（なお、金融庁は、上記見解の理由として、仮に「株式分割により将来発行される株券の買付」が「公開買付け規制の対象外とされた場合」、「これらの権利の買付が証券取引法の規制を受けることなく全く自由に行われることになると解さざるを得ず、かえって証券取引の公正性の観点から問題が生じる」ことを述べている。脚注7参照。）。

金商法上、公開買付けによらなければならないとされる有価証券は、「株券、新株予約権証券及び新株予約権付社債券」等の有価証券とされているところ（金商法27条の2第1項、金商法施行令6条1項）、「公開買付けの買付期間後に効力が生ずる株式分割によって付与される新株」については、公開買付期間中は法的権利として存在しておらず（券面の不存在ではなく権利自体が存在しない。）、これが公開買付けの対象となる「株券」に該当すると解するのにはやや疑義が残る[9]。本決定の判断は、上記金融庁が述べた理由の観点から、実質的には妥当であると思われるが、法令の文言と相反するようにも思われることから、法解釈上の許容性の観点から明確な理由が示されるべきであったといえよう。

なお、発行者以外の者による株券等の公開買付けにおいて、公開買付けによらなければならない有価証券等については、金融商品取引法施行令6条の定めるところによるが、本条は平成18年12月証券取引法改正において特段の

---

9 太田洋「日本技術開発の株式分割差止仮処分命令申立事件－東京地裁平成17年7月29日決定とその意義」商事法務1742号42頁以下参照。

改正がなされておらず、上記解釈に関しては立法による手当がなされていない[10]。そのため、現在でも、「公開買付けの買付期間後に効力が生ずる株式分割によって付与される株式についても公開買付けの対象となり得ると解することができ」るとの本決定の判断は、公開買付期間開始前または期間中に発行会社により株式分割が決定された場合に、買付者が（公開買付けを撤回せずに）分割新株もその対象とできるかどうかという点の解釈指針として機能するものと考えられる。

2　株式分割に対する旧商法280条ノ10の適用または類推適用の可否

　本決定は、まず、旧商法280条ノ10の「株式ヲ発行」という文言を理由に、同条を株式分割に直接適用することを否定している。

　また、本決定は同条の類推適用も否定している。本決定は、株式分割につき新株発行と同様の差止請求権が規定されていないのは、株式分割は株式を単に細分化して従来よりも多数の株式とするにすぎず、通常は株主の議決権割合が低下したり、株主が株価の減少に伴う損害を受ける等の不利益がないためであるという法の趣旨を挙げた上で、分割新株も公開買付けの対象とできるという上記1の判断に基づき、本件株式分割が法的に本件公開買付けの目的の達成を妨げるものということはできないとしている。

　これらの判断は、株式分割による分割新株も公開買付けの対象とできるという1の判断が実質的理由になっていると考えられる。株式分割が公開買付けを妨げるものではないという立場に立てば、買付者にとっても（事務負担の増加を無視すれば）これを差し止める必要がなく、したがって類推適用を認める必要性がないということになるためである。

　なお、本決定は、本件株式分割により債権者が損害を被る場合には、取締役の第三者に対する責任の問題として、債務者に対する旧商法266条ノ3

10　なお、平成18年12月13日に公表された平成18年12月証券取引法改正に係るパブリックコメント（募集は平成18年9月13日から10月13日まで）の回答番号32において、金融庁が平成17年7月22日に示した理由と同様の理由で分割新株が公開買付けの対象となることが述べられている。また、同回答では、分割新株を買付け等の対象とする場合には、公開買付義務や全部買付義務の判断基準となる株券等所有割合（証券取引法27条の2第8項、発行者以外の者による株券等の公開買付けの開示に関する内閣府令6条）は、当該分割新株の議決権を含めて計算すべきとの見解が示されている。

（会社法429条）に基づく損害賠償により塡補されるべきであるとの判断を示している。

3 敵対的な買収行為があった場合の対抗策を定める取締役会決議の有効性

本決定は、「企業の経営支配権の争いがある場合に、現経営陣と敵対的買収者（中略）のいずれに経営を委ねるべきかの判断は、株主によってされるべきである」との原則を示した上で、「取締役会は、株主が適切にこの判断を行うことができるよう、必要な情報を提供し、かつ、相当な考慮期間を確保するためにその権限を行使することが許されるといえる。」、「したがって、経営支配権を争う敵対的買収者が現れた場合において、取締役会において、当該敵対的買収者に対し事業計画の提案と検討期間の設定を求め、当該買収者と協議してその事業計画の検討を行い、取締役会としての意見を表明するとともに、株主に対し代替案を提示することは、提出を求める資料の内容と検討期間が合理的なものである限り、取締役会にとってその権限を濫用するものとはいえない。」と判示している。

その上で、「取締役会としては、株主に対して適切な情報提供を行い、その適切な判断を可能とするという目的で、敵対的買収者に対して事業計画の提案と相当な検討期間の設定を任意で要求することができるのみならず、合理的な要求に応じない買収者に対しては、証券取引法の趣旨や商法の定める機関権限の分配の法意に反しない限りにおいて、必要な情報提供と相当な検討期間を得られないことを理由に株主全体の利益保護の観点から相当な手段をとることが許容される場合も存する」としている。そして、「敵対的買収者が真摯に合理的な経営を目指すものではなく、敵対的買収者による支配権取得が会社に回復し難い損害をもたらす事情が認められないにもかかわらず、取締役会が公開買付けに対する対抗手段として、公開買付けを事実上不可能ならしめる手段を用いることは証券取引法の趣旨に反し、また、直ちに新株発行や新株予約権の発行を行うことは、商法の定める機関権限の分配の法意に反し」、「相当性を欠くおそれが高い」としている。一方で、取締役会の対抗手段の選択についても一定の配慮を示した上で、「取締役会が採った対抗手段の相当性については、取締役会が当該対抗手段を採った意図、当該

対抗手段をとるに至った経緯、当該対抗手段が既存株主に与える不利益の有無及び程度、当該対抗手段が当該買収に及ぼす阻害効果等を総合的に考慮して判断するべきである。」としている。

上記本決定の判断の枠組みは、本件株式分割のみならず、取締役会による敵対的買収に対する対抗手段一般の判断基準として機能しうるものであり、他の買収防衛に関する事件の判例が述べるところと併せて、敵対的買収者が現れた後に取締役会が取りうる対抗手段の限度を画する上で参考となる判断基準であると思われる。

本決定は、結論としては、本件株式分割の決定は取締役の対抗手段として相当性を欠くものではないと認定しているが、この認定にあたっては、「仮に、本件株式分割の結果、本件公開買付けに事実上著しい支障を来したと認められる場合には、対抗手段としての相当性を欠くと解する余地もないではない。」と述べており、かかる認定については、株式分割による分割新株も公開買付けの対象とできるという1の判断が実質的理由の一つとなっていることが示唆されている。

第5　証券取引法の改正

本件では、債権者が本件株式分割にもかかわらず公開買付けを維持し、その撤回を主張していないこと、また、公開買付けの開始にあたって、当初から株式分割を前提としたいわゆる権利落ちの価格を買付価格として設定していたことから、株式分割を理由とする公開買付けの撤回の可否および公開買付期間中の公開買付価格の引下げの可否については、裁判所の決定上、直接の論点とはされていない。

もっとも、これらは、株式分割が公開買付けの対抗手段たりうることを支える大きな理由の一部であり、本件当時から公開買付法制の株式分割への対応の不備として指摘されてきたものであるため、平成18年12月証券取引法改正において、立法上の対応がなされている。

具体的には、公開買付けを撤回できる場合について定めた証券取引法施行令14条1項1号のヲに「株式又は投資口の分割」が明示的に列挙され、買収

対象会社による株式分割の決定が公開買付けの撤回事由となりうることが規定されている。また、金融商品取引法27条の6第1項1号により、公開買付開始公告および公開買付届出書において、公開買付期間中に買収対象会社が株式の分割その他の行為を行ったときは内閣府令で定める基準に従い買付け等の価格の引下げを行うことがある旨の条件を付した場合には、同条件に従って買付価格の引下げを行うことが規定されている。

　これらの法改正は、株式分割による分割新株も公開買付けの対象とできるという金融庁および本決定の判断と相まって、公開買付けへの対抗手段としての株式分割の効果を大幅に減殺するものであり、その結果、現時点においては、もはや株式分割は公開買付けを用いた敵対的買収に対する対抗手段としては機能しないとの考え方が一般的となっている。

〔琴浦　諒〕

【参考文献】

① 太田洋「日本技術開発の株式分割差止仮処分命令申立事件－東京地裁平成17年7月29日決定とその意義」商事法務1742号
② 布井千博「株式分割差止仮処分における被保全権利－夢真対日本技術開発事件」金融・商事判例1229号（2005.12.1）
③ 編集部記事「緊急速報　日本技術開発株式分割差止却下決定事件」金融・商事判例1222号（2005.8.15）
④ 徳本穣「株式分割について商法280ノ10（新株発行の差止め）の類推適用が認められるか」ジュリスト1313号（2006.6.10）
⑤ 大塚和成「買収防衛策としての株式分割－夢真ホールディングスによる日本技術開発を対象とした公開買付け案件を題材として－」金融法務事情1747号（2005.8.25）
⑥ 田中亘「夢真ホールディングス vs 日本技術開発事件」野村修也＝中東正文編『M＆A判例の分析と展開』（別冊金融・商事判例）114頁（経済法令研究会、2007年）

6

村上ファンドによる阪神電鉄買収

第1　概　要

　世上、いわゆる村上ファンド（なお、実際には「村上ファンド」という名称の会社は存在せず、阪神電鉄買収当時、「村上ファンド」は日本国内およびケイマン島等に本社を有する複数の会社からなっていた。しかし、本稿では、一般的に呼称される「村上ファンド」で通すこととする。）は、平成12年1月、38億円の出資金で、元通産官僚の村上世彰氏により設立されたヘッジファンドであり、平成14年3月に昭栄に対して敵対的TOBを仕掛けて以来、アクティビスト・ファンド（モノをいう投資家）として、世に知られるようになった。村上ファンドの投資手口は、豊富な資産を保有しながら市場における評価が低く、解散価値に比べ時価総額が低い企業の株式を大量に買い付け（いわゆる「資産リッチ銘柄投資」といわれる。）、内部留保の吐き出しなどによる増配や自己株式の取得を経営陣に迫ったり、あるいは株価を上昇させて売り抜けるなどといった手法である。村上ファンドは「資産リッチ銘柄投資」を多数行ったが、中でも、冒頭で触れた昭栄に対する敵対的TOBや、東京スタイル、クレイフィッシュ、ニッポン放送、住友倉庫、TBS、そして、本稿で取り上げる阪神電鉄買収に対する投資が著名である。[1]

　村上ファンドは、平成18年3月には、米国の大学基金など海外からの出資を中心に4000億円を超す資金を運営するまでに巨大化したが、村上世彰氏が、平成18年6月5日、証券取引法違反容疑（インサイダー取引。ライブドアによるニッポン放送株式会社の大量取得の意思を知りながら同社の株式を買い増したという容疑である。）で逮捕され、以後は、解散が示唆されるなどして実質的な活動を終

えつつある。

　一方、阪神電鉄（阪神電気鉄道株式会社）は、明治32年設立され、阪神百貨店（子会社）が建つ大阪・梅田の一等地や甲子園球場などの優良不動産を有していたが、市場株価は1株400円程度に留まっており、解散価値に比べ時価総額が低い企業であった。

　村上ファンドによる阪神電鉄買収騒動は、大略、以下のような経過をたどっている。

　平成17年9月26日、村上ファンドが提出した大量保有報告書により、同ファンドが、阪神電鉄の株式33.98％を取得していることが表面化した（突如、表面化したので、「村上ステルス大作戦」などと呼ばれた。）。この時点で、村上ファンドは、合併や営業譲渡といった重要事項についての株主総会の特別決議（議決権の3分の2以上の賛成）を阻止することが可能となった。

　その後も、村上ファンドは、阪神電鉄株を買い進め、平成18年5月10日には、同株式46.65％を保有するに至り、事実上、株主議決権の過半数を握った。

　この間、阪神電鉄は、京阪電鉄その他在阪の大手私鉄との事業提携等を模索したようであるが、最終的には、阪神地域の長年のライバル会社である、阪急電鉄グループがホワイト・ナイトとして登場することになった。

　すなわち、阪急ホールディングスが、同年5月30日に、阪神電鉄に対する公開買付け（ＴＯＢ）を1株930円で開始し、ＴＯＢ期間中に、東京地検が村上ファンド代表の村上世彰氏に対し証券取引法違反（インサイダー取引）の疑いにより捜査を進めているとの報道がなされた。村上ファンドの保有銘柄が売りに出される中、阪神電鉄株の市場価格はＴＯＢ価格を下回り、村上ファンドは、ＴＯＢに応じることを決定した。そして、同年6月19日に発行済株

1　胥鵬（しょほう）「どの企業が敵対的買収のターゲットになるのか」宮島英昭編著『日本のＭ＆Ａ　企業統治・組織効率・企業価値へのインパクト』197頁以下（東洋経済新報社、2007年）は、実証分析の結果、村上ファンドとスティール・パートナーズの目的は企業価値が低く、かつキャッシュ・リッチな企業から株主利益還元を引き出すことだと示唆される、と述べる。また、鈴木一功「敵対的企業買収者と企業経営」新井富雄ほか編『検証　日本の敵対的買収』135頁以下（日本経済新聞出版社、2007年）も、村上ファンドの投資銘柄の実証研究を行い、村上ファンドのターゲットとなった企業およびその業種の比較企業の株価は、ＴＯＰＩＸ対比で大幅に上昇した一方で、相対的業績（ＲＯＡ）は悪化したこと等を報告している。

式63.71％を集めてＴＯＢが成立した。

　同年10月１日、阪急ホールディングスは、阪神株１株につき阪急株1.4株を割り当てる株式交換を実施し、阪神電鉄を完全子会社化し、社名を「阪急阪神ホールディングス株式会社」に変更している。

第2　隠密裡の買占め

　村上ファンドは、基準日の翌月15日にあたる平成17年９月15日前、すなわち大量保有報告書の提出期限までに、阪神電鉄の株式を8.99％、阪神百貨店の株式を9.99％まで買い進め、その後、実際に大量保有報告書を提出しなければならない９月26日までに、阪神電鉄の普通株および転換社債を併せて33.98％に達するまで買い進めた。さらに、10月１日には、阪神百貨店株が株式交換により阪神電鉄株となり、これも併せて村上ファンドは、阪神電鉄の株式38.18％を取得するに至っている。村上ファンドは、大量保有報告書の提出前までに、隠密裡に阪神電鉄の株式を大量取得することに成功した。正に「村上ステルス大作戦」の名に相応しい買占め行為である。

　金融商品取引法が施行された現在では、上場会社の株式の保有割合が５％を超えた場合、その日から５営業日以内に、その旨を記載した大量保有報告書を内閣総理大臣（実際は財務局）にそれぞれ提出しなければならないのが原則となっている（金融商品取引法27条の23以下）。これは、大量保有者の存在、取得資金の提供者などの情報を開示することにより、一般投資家の保護を図る趣旨である。もっとも、旧証券取引法の下では、証券会社、投資顧問業者、投資ファンドといった機関投資家は、株券等を５％以上保有した場合でも、10％未満の保有に留まれば、３か月に１度定められた基準日の翌月15日に大量保有報告書を提出すればよいという特例（特例報告）があった。かかる特例の下では、10％近い株式の取得を行っても、最大で約４か月間は、買収対象会社や一般投資家に悟られないことが可能であった。この特例は、機関投資家は頻繁に証券取引を行うことから事務手続上の負担を軽減すべきこと、機関投資家は通常買占めを行わないと考えられていたことから設けられたものである。

しかし、村上ファンドのように企業の株式の買占め、議決権を背景に経営陣に対し内部留保の吐き出しを迫ったり、高値での売り抜けを狙う機関投資家の登場により、機関投資家が買占めを行わないという前提が破られることとなった。そこで、金融商品取引法では、発行会社の事業活動に重大な変更を加え、または重大な影響を及ぼす行為（重要提案行為等）を目的として株式を保有する場合は、機関投資家であっても特例が適用されないこととなった（金融商品取引法27条の26第1項）。また、特例報告が適用される場合でも、基準日の設定は、従来の「3か月に1回」から「1か月に2回」に、基準日において5％を超えた場合の報告書提出期限は、従来の「翌月15日」から「5営業日以内」に変更された（同法27条の26第1項）。

村上ファンドは、阪神電鉄株の大量取得後、阪神タイガース株の公募・売出しを実施して大阪証券取引所ヘラクレス市場へ上場すること、村上氏や同ファンドの社員を含む取締役を選任すること、鉄道事業と不動産事業を分離することを阪神電鉄の経営陣に提案しており、重要提案行為を目的として株式を取得したといえる。したがって、仮に今回の買収が、現在の金融商品取引法の規制の下で行われたとしたら、特例は適用されず、村上ファンドは阪神電鉄株、阪神百貨店株をそれぞれ5％を超えて保有した日から5営業日以内に大量保有報告書を出さなければならないはずであった。また、当初は重要提案行為を目的としておらず、特例が適用されたとしても、5％を超えて取得した日から最大でも約20日間で大量保有報告書を提出しなければならなかったはずである。

このように、金融商品取引法の下では、投資ファンドが大量報告書を提出せずに株式の買占めを進めることが困難となり、一般投資家や対象会社への情報開示が図られることになった。

第3　公開買付け（TOB）によらない買収

阪神電鉄の買収において、村上ファンドは、市場で普通株および転換社債を取得する一方で、相対取引により2093万株分の転換社債を取得するなど、市場内外での取引を組み合わせることで、公開買付け（TOB）によること

なく、約1か月間のうちに阪神電鉄株の40％近くを取得している。

　金融商品取引法では、市場外での3分の1を超える株式を取得する場合、原則として、公開買付け（ＴＯＢ）によることが義務づけられることとなった（金融商品取引法27条の2第1項）。これは、会社支配権に影響を与えるような株式の大量買付けにおいて、一般投資家に適切な情報を開示すること、対象会社の株主に平等に支配プレミアを得る機会を与えることを趣旨とする。この点、旧証券取引法の下では、市場外で3分の1近くの株式を買い進めても、3分の1を超える時点の取引が市場内で行われた場合には、ＴＯＢの対象外となっていた。そのため、市場内外の取引を組み合わせることによって、ＴＯＢによらずに株式の3分の1超を取得することができた。

　しかし、このような買収手法を認めれば、不公正、不透明な買収が横行し、一般投資家、対象会社の株主が不利益を受ける。そこで、平成18年に証券取引法が改正され、これを金融商品取引法が受け継ぎ、3か月間で、市場外において5％を超える株式を、市場内外において10％を超える株式を取得し、その結果3分の1超の保有割合に達する場合には、ＴＯＢが義務付けられることとなったのである（金融商品取引法27条の2第1項4号）。

　村上ファンドは、阪神電鉄の買収において、5日間で市場外取引により約6％の転換社債を取得し、12日間で市場内外の取引により約25％の株式を取得し、その結果、33.98％の保有割合に達している。したがって、仮に今回の買収が、現在の金融商品取引法の下で行われるとすれば、ＴＯＢを義務付けられることになる。

　ＴＯＢによった場合、対象会社は公開買付開始公告が行われた日から10営業日以内に、ＴＯＢに関する意見表明書を提出しなければならない（同法27条の10第1項、施行令13条の2第1項）。この意見表明書には、公開買付者に対する質問を記載することができる（同法27条の10第2項1号）。公開買付者は、意見表明書の写しの送付を受けた日から5営業日以内に対質問回答報告書を提出しなければならない（同法27条の10第11項）。これにより、対象会社と公開買付者の意見の対立が鮮明となり、株主がＴＯＢに応じるかどうかを適切に判断するための情報が公開されることになる。なお、阪神電鉄の買収にあたって阪神電鉄は、村上ファンドに、買収した場合の経営方針や取締役候補者の経歴につ

いての照会状を2回にわたって送付し、同ファンドからの回答もなされたが、これらの内容は公開されなかった。仮に今回の買収が金融商品取引法の下で行われたとすると、これらのやりとりは一般株主に公開されることになる。

第4　阪急ホールディングスによる公開買付け（TOB）

1　ホワイト・ナイトとしての阪急ホールディングス

　敵対的買収を仕掛けられた対象会社の経営陣の要請を受け、買収者に対抗して対象会社の重要財産を譲り受けたり、対象会社を買収したりする第三者をホワイト・ナイトと呼ぶ。今回の買収では、阪急ホールディングスが、最終的にホワイト・ナイトとして登場した。阪急ホールディングスは、平成18年5月30日に、阪神電鉄に対する公開買付け（TOB）を1株930円で開始し、6月19日に発行済株式63.71％を集めてTOBが成立したわけである。

　金融商品取引法の下では、当該株式の3分の1超を超えて保有している者が、6か月以内に、既にTOBが実施されている会社の株式の5％を超えて取得する場合、TOBによらなければならないとされる（同法27条の2第1項5号、施行令7条5項・6項）。対抗TOBに伴い対象会社から出される意見表明などにより、ホワイト・ナイトが登場したことが一般株主に明らかとなって、敵対的買収者とホワイト・ナイトのいずれに譲渡するか（あるいは保有を続けるか）を判断するための情報が提供されることになる。

　阪神電鉄の買収が、金融商品取引法の下で行われた場合、村上ファンドはTOBによらなければ阪神電鉄株を買収できなかったことは既に述べた。一方、阪急ホールディングスは、村上ファンドの株式の3分の1超を保有する株主ではなかったため、上記に紹介した金融商品取引法27条の2第1項5号の適用はない。しかし、村上ファンドの保有する株式を買い受けると、60日以内に10名以下の者から市場外で株券等を買い付け、買付後に保有割合が3分の1を超える場合に該当することから、同法27条の2第1項2号によりTOBを義務づけられることになる。いずれにせよ、金融商品取引法の下であれば、村上ファンドと阪急ホールディングスは、お互いにTOBを実施しな

ければならず、意見表明書や、質問に対する回答書などにより一般株主に対する情報公開がなされ、透明性のあるM＆Aが行われることになったはずである。

2　TOB価格と株主代表訴訟リスク

　阪急ホールディングスのＴＯＢ価格は１株930円であった。村上ファンドが大量取得する前の阪神電鉄株の株価は400円程度であったこと、村上ファンドの平均取得単価は693円であったことなどから、阪急ホールディングスの株主の間では、ＴＯＢ価格が高すぎるのではないかとの声が上がっていた。ＴＯＢ価格が高すぎる場合、株主から株主代表訴訟を提起されるリスクがある（今回、阪急ホールディングスの株主からの代表訴訟はなかった。）。

　なお、今回とは逆に、ＴＯＢ価格が低すぎると評価される場合には、ＴＯＢに応じた企業の経営者が株主代表訴訟を提起される場合がある。ライブドアによるニッポン放送株の大量取得が問題になった頃、東京電力がフジテレビによる市場価格より低い価額でのＴＯＢに応じたことに対し、市場価額との差額につき損害が生じたとする同社の株主が取締役らを相手に代表訴訟を提起した（結局、市場価格が買付価格を１割程度上回っているだけで、経営陣が著しく不合理な選択をしたとはいえない、として東京地裁は請求を棄却した。）。また、村上ファンドも、新東京無線にＴＯＢを仕掛けた際、より低い価額で行われた日清紡の対抗ＴＯＢに応じた新日本無線の監査役に対し、取締役への損害賠償請求の訴え提起を求め、代表訴訟を行う構えをみせた（結局、代表訴訟には至らなかった）。

第5　なぜ、阪神電鉄が狙われたのか

1　敵対的買収の標的となる企業とは

　1990年代まで、銀行を中心とした株式の持ち合いにより、企業は敵対的M＆Aから守られてきた。銀行は貸出しで十分利益を受けており、株主として経営に口を出すことはなく、放漫経営も放置されてきた。

6　村上ファンドによる阪神電鉄買収

　しかし、金融危機、ＩＴバブル崩壊の最中に、資産と負債を取得価格ではなく毎期末の時価で評価する時価会計が導入され、株価下落による損失を畏れる銀行は持ち合い株を売却し始めた。これにより、企業は、敵対的Ｍ＆Ａに直接さらされるようになった。

　株価を解散価値（1株あたりの純資産価値）で割った数値である株価純資産倍率（ＰＥＲ）が低い企業、すなわち解散価値に比べ時価総額が低い企業の株式は割安であるため、敵対的Ｍ＆Ａの対象になりやすく、村上ファンドもこのような企業を狙ってＭ＆Ａを繰り返してきた。これらの企業は、現金や有価証券、優良不動産を抱えているが、有効活用できずに収益が低いままであったり、株主に還元していないなどの理由で市場における評価が低い企業である。村上ファンドが、平成12年1月に、最初の敵対的ＴＯＢを仕掛けた昭栄は、キャノン株などの有価証券を大量に持つなど660億円の資産を有しつつ、時価総額は100億円程度であった。他にも、現金資産や有価証券を大量に保有しながら（約1280億円）、売上げが約600億円強にとどまりＰＥＲが1を割っていた東京スタイル、自社の時価総額が保有するフジテレビ株の時価を大きく下回っていたニッポン放送、赤坂や横浜に優良不動産を有するなど時価総額（約3862億円）に比べ多額の営業外資産（約2500億円）を有していたＴＢＳ放送、多額の内部留保（200億円超）を抱えていた大阪証券取引所など、いずれも豊富な資産と比較して市場における評価が低い企業がターゲットとなっている。阪神電鉄も、大阪梅田の阪神百貨店や甲子園球場などの優良不動産を抱え解散価値が高い割には、時価総額が低く、村上ファンドの格好の標的であったといえる。

　冒頭でも指摘したとおり、村上ファンドは、対象企業の株式を大量に取得したあと、企業が蓄えた資産の切り売りや内部留保の吐き出しによる増配を経営陣に迫ったり、価格が上昇した株式を売り抜けたりすることにより利益を得てきた。ＴＢＳに対しては、赤坂の不動産を売却することを提案し、大阪証券取引所に対しては、内部留保の吐き出しを迫って5000円の増配を実現した。また、昭栄に対しては自己株式を買い取らせ、ＴＢＳ株は楽天に、ニッポン放送株はライブドアにそれぞれ売却し多額の利益を得たのである。

　阪神電鉄についても、不動産の売却や証券化による増配、または上昇した

株価での株式売却を行うことが目的であったと考えられる。結局、阪急ホールディングスのTOBに応じることにより、村上ファンドは約470億円の利益を得ることとなった。

村上ファンドの手法について、資産の切り売りや内部留保の吐き出しは、企業の成長を阻害し、長期的な企業価値を損なうという批判が強い。阪神電鉄が優良不動産を有しているといっても、梅田の土地や甲子園などは、百貨店や球場として使用しており、売却したとしても賃貸しなければ事業が行えない。したがって、これら事業に使用している不動産を売却して一時的な利益が出たとしても、税金および賃料を考えれば長期的には差し引きゼロ（あるいはマイナス）となる。村上ファンドが阪神株を売却できなかった場合（かつ村上代表が逮捕されていなかった場合）、事業に必要な不動産まで売却、あるいは証券化され、阪神電鉄の企業価値が毀損されていた可能性はあった。

2　IR活動の重要性

結局、阪神電鉄が村上ファンドに狙われたのは、経営努力を怠り収益を上げられていなかったこと、優良不動産による含み益が株価に反映されていなかったことなどにより、時価総額が低かったからである。

したがって、阪神電鉄が近鉄や南海、京阪などとのM＆Aを推進するなどして収益を上げたり、優良不動産の含み益についての情報を株主や投資家に対して提供するなどのIR活動（インベスター・リレーションズ。企業が株主や投資家に投資判断に必要な情報を継続して提供する活動。）を行っていれば、時価総額が上がり、村上ファンドによる敵対的M＆Aの攻勢に曝されることもなく、ライバルである阪急電鉄の子会社となることもなかったと思われる。

第6　ま と め

村上ファンドの一連の株式投資活動に対しては、上場企業の経営陣からは非常にシビアな批判が寄せられてきたが、一方で、かねてより一定程度肯定的ないし積極的に評価する意見があったことは事実である。その内容を簡単に言えば、資本主義国である以上、適切なマネーゲームは資本市場にとって

有益で、村上ファンドの投資行動のいくつかには、合理的判断のできない経営者の規律を高める効果があった、というものである[2]。勿論、村上ファンドの最終的な評価は、今後の我が国のM&A史の展開を待つ必要があるかもしれないが、少なくとも、村上ファンドによる阪神電鉄株の大量取得が、公開買付け（TOB）の規制を著しく進化・成長させたことは事実である。

すなわち、村上ファンドによる阪神電鉄株の大量取得は、大量保有報告書を提出した時点で3分の1の保有割合を超えていた。また、市場外で大量の転換社債を取得しながら、TOBによらずに46.65％まで買取りを進めた。このような一般株主、投資家に対して十分な情報公開がなされない買収手法に対する批判の高まりは、大量保有報告書の提出、TOBが義務付けられる条件の厳格化をもたらした。

また、解散価値に比べ時価総額が低い企業は、敵対的買収、それも資産の吐き出しを狙った買収に曝される危険が高いことが浮き彫りとなり、株主、投資家への情報提供（IR活動）、企業価値の向上の重要性が——とりわけ、上場企業の経営者により——改めて認識されたといえる。

平成19年7月19日、証券取引法違反事件で村上世彰被告は東京地裁より、懲役2年、追徴金11億円余の実刑判決を受けた。

彼は、著しく進化・成長した公開買付規制を前に、今、何を思っているであろうか。

〔奈良　輝久＝石井　　亮〕

【参考文献】

注掲記のほか

① 上村達男＝金児昭『株式会社はどこへ行くのか』（日本経済新聞出版社、2007年）
② 牧野洋『不思議の国のM&A』（日本経済新聞出版社、2007年）

---

[2] なお、新井富雄東京大学大学院経済学研究科・経済学部教授は、前掲書『検証　日本の敵対的買収』の「敵対的買収を問う」との論文において、村上ファンドなどの投資ファンドを含めた「バイアウト・ファンド」につき、「現時点では日本の経済社会におけるパワーバランス上、投資家の力は弱く制度変革に対して大きな影響力を持ち得ていない。投資家は、市場での投資行動でその影響力をもっと発揮すべきであり、経営改善努力の足りない企業に対してはもっと積極的にExit（売り）で対抗すべきである。……年金基金などは、バイアウト・ファンドをもっと前向きに活用した方がよいと言えよう。」（29頁）と指摘している。

7

王子製紙対北越製紙

第1 事案の概要

　本事案は、製紙業界における大手国内企業の間での敵対的買収案件である。敵対的買収を仕掛けたのは王子製紙株式会社、ターゲットとなったのは北越製紙株式会社である。しかし、本事案では、王子製紙と北越製紙のみならず、製紙業界に関わる他の企業の思惑が絡まり、買収戦の帰趨に大きく影響を与えた。

1　製紙業界の状況

　製紙業界の国内市場では、1990年代から合併や経営統合が相次ぎ、王子製紙と日本製紙の2強態勢となっていた。
　国内シェア第1位は1873年創業の王子製紙である（シェア約27%）。王子製紙は、1993年に神崎製紙と、1996年には本州製紙と合併するなど、積極的な再編で業容を拡大してきた。しかし、王子製紙は北海道などの地方に老朽化した設備を多く抱えていたという経営上の問題を有していた。
　一方、ターゲットとなったのは、1907年設立の北越製紙であり、国内シェア第5位であった（シェア約11%）。しかし、北越製紙の主力の新潟工場は紙の主力製品である印刷・情報用紙の国内最大の工場であり、最高水準のコスト競争力を持っていた上、最大需要地である首都圏からも近く、物流上の優位性があった。北越製紙は1964年の新潟大地震により壊滅的な打撃を受け、倒産寸前に陥ったが、その後の自助努力により高い営業利益率を維持する経営基盤を確立したという経緯があり、経営陣も従業員も自社への愛着が強く、

経営の主導権を握り続け、自主独立を貫きたいとの意向が強かった。

　王子製紙にとっては、北越製紙と経営統合を果たすことができれば、自社の国内シェアトップの地位をより強固にすることができ、また、北越製紙の新潟工場などの優良設備と自社の老朽化した設備の統廃合をすることによって、競争力を高めることも期待できた。

　一方、国内製紙業界シェア第2位の日本製紙グループ本社や第3位の大王製紙など、競合他社にとっては、王子製紙と北越製紙の経営統合は、相対的な地位の低下を意味するため、望まざるものであった。

2　買収戦の経緯

　上記の製紙業界における状況を踏まえ、2006年3月、王子製紙は、北越製紙に対して、経営統合に向けた協議の打診を開始した（この時期の協議の内容については両社のプレス・リリース等では詳細を確認できない）。以下は、その後の事実経過である。

　7月3日　王子製紙は北越製紙に対して、①王子製紙が北越製紙株式を公開買付けにより議決権ベースで50.1％取得し、②その後、株式交換等により北越製紙を王子製紙の完全子会社とすることを柱とした統合提案書を提出し、同月24日までの回答を求めた。統合提案書は、王子製紙における取締役会決議を経ていない状態で、王子製紙の代表取締役により北越製紙に提出された。

　7月19日　北越製紙の取締役会は、新株予約権発行を柱とする事前警告型の買収防衛策の導入を決定した（以下、「本買収防衛策」という）。本買収防衛策の概要は、以下のとおりである。

　(1)北越製紙の株式20％以上を取得しようとする買付者は、北越製紙の取締役会が指名する社外監査役又は社外の有識者により構成される独立委員会に対して、買付の内容の検討に必要な情報等を買付説明書等により提供しなければならず、独立委員会による一定の検討期間（最長60日だが、独立委員会による延長・再延長あり）が経過した後に初めて、買付を開始することができる。

　(2)北越製紙の取締役会は、買付者が本買収防衛策の定める手続きを遵守し

ない、あるいはいわゆるグリーン・メーラーである等の一定の場合において、独立委員会の勧告を最大限尊重し、対抗措置を発動することがある。

(3)対抗措置の内容は、北越製紙が、取締役会決議により、自社の株主に対して、発行済み株式総数の2倍を上限として新株予約権を無償で割り当てるものである。新株予約権の内容は、①買付者は新株予約権を行使できず（差別的行使条件）、②仮に買付者以外の株主が新株予約権を行使しなかったとしても、北越製紙がかかる新株予約権を自社の株式と引き換えに強制的に取得できる（強制取得条項）、というものである。

7月21日 北越製紙は、三菱商事に第三者割当てによる新株発行を行うことと（以下、「本第三者割当増資」という）、業務提携契約を締結することを発表した。本第三者割当増資においては、三菱商事は、1株あたり607円、総額約303億円を出資し、8月7日に北越製紙株式の約24.4％を取得する予定とされた。1株あたり607円という対価は、この時点からみた直近1か月の株価終値の平均値に7％のディスカウントをかけたものであった。本第三者割当増資がなされると、王子製紙が北越製紙株式の過半数を取得するために必要とする株式数が増えるため、公開買付けが困難になる。北越製紙は、三菱商事から払い込まれる資金を、新潟工場で計画している設備増強の資金に充てる計画であると発表した。

7月23日 王子製紙は、統合提案書の回答期限（7月24日）の満了を待たずして、自社の取締役会決議を経て、北越製紙と三菱商事の間での本第三者割当増資および業務提携が撤回されることを条件として、北越製紙株式につき公開買付けを実施すると発表した。開始時期は8月中旬、公開買付期間は約1か月、買付価格は1株あたり860円で、北越製紙株式の少なくとも50.1％を取得する計画であった（買収額は約700億円）。なお、この買付価格は、王子製紙が北越製紙に統合提案書を提出した7月3日に先立つ6月中の北越製紙株式の終値平均に対して約34％のプレミアムを加えたものであった。また、王子製紙は、7月3日付けの統合提案書も公開し、公開買付け後には、株式交換等により北越製紙を完全子会社化することを予定していることも発表した。なお、王子製紙による北越製紙の買収案が最初に公開されたのはこの時点である。

これに対し、北越製紙は強く反発し、同社社長は、「カネと力を振り回してねじ伏せるようなやり方には徹底的に対決する」と発言したが、一方の王子製紙としては、極力友好的に公開買付けを進めたい意向を強調した。

7月24日 北越製紙は、本第三者割当増資を撤回しない方針を表明した。また、北越製紙は、7月3日の統合提案書は王子製紙からの非公式な打診に過ぎず、7月23日の王子製紙の提案は、三菱商事との間の本第三者割当増資と業務提携の撤回を前提条件とするものに過ぎないとして、（未だ）本買収防衛策の対象となるものではないと発表した。

7月28日 王子製紙と北越製紙の間でトップ会談が行われた。その際、王子製紙が、北越製紙に対して、再考を求めるべく、三菱商事との間での本第三者割当増資および業務提携の見直しと公開買付けの凍結を提案した。

7月29日 北越製紙は、本第三者割当増資および業務提携を撤回する意思がないことを公表した。

7月30日 北越製紙労働組合の中央委員会は、王子製紙による統合提案に反対する旨の声明を決議した（これに対して、王子製紙は、8月2日、同労働組合の示した反対理由に対する回答を公表している）。

8月1日 王子製紙は、北越製紙に対する公開買付けを、8月中旬から開始するとの当初の予定を早め、翌2日から実施すると発表した。発表された買付価格は本第三者割当増資の影響を踏まえて1株あたり800円とされ、予定買付株式数は1億81万8,239株、取得後の王子製紙の北越製紙株式の保有割合は50.0004％となるものであった。買付期間は8月2日から9月4日までの34日間とされた。更に、王子製紙は、公開買付期間中に予定されている本第三者割当増資が撤回された場合には、買付価格を当初予定していた860円に引き上げ、予定買付株式数も見直すことも表明した。また、王子製紙は、統合提案書は7月3日に北越製紙に提出され、北越製紙が本買収防衛策を導入したのは7月19日であるから、上記公開買付けは本買収防衛策の対象とならないとの意見を表明した。

この頃より、製紙業界の他社の動きが対外的に見られるようになった。製紙業界シェア第3位の大王製紙は、王子製紙が計画する北越製紙との経営統合が独占禁止法に反するとの上申書を公正取引委員会に提出する準備に入っ

たと報道されている。

　8月2日　北越製紙は、王子製紙による公開買付けに対する反対意見を正式に表明した。その理由として、北越製紙は、本経営統合が北越製紙の企業価値にいかなる利益を与えるのかについて王子製紙から十分な説明がないこと、北越製紙の従業員が本経営統合に反対しており、本経営統合後には生産効率の低下が免れないこと、王子製紙が本買収防衛策の定める手続を無視していることなどを挙げている。また、北越製紙は、同日、本買収防衛策の定める独立委員会の招集を決定した。更に、北越製紙労働組合は、王子製紙の経営統合案と公開買付けの双方に反対する声明を公表した。一方、王子製紙は、主要株主に対して公開買付けに応じるよう個別の説得を開始した。

　8月3日　製紙業界シェア第2位の日本製紙グループ本社が、同社の連結子会社である日本製紙を通じて、本第三者割当増資後の議決権保有率で10％を上限として、北越製紙株式を取得する意向を表明した。これは、独占禁止法上、日本製紙グループが公正取引委員会の審査を受けずに北越製紙株式を取得できるのはその議決権の10％までであったためと報道されている。日本製紙グループによる北越製紙株式の取得には制限があったが、三菱商事が北越製紙の議決権の約24.4％を保有する筆頭株主になる予定であったことが、王子製紙による敵対的買収に対する日本製紙グループの妨害策の土台となっていた。すなわち、三菱商事と日本製紙グループの北越製紙における議決権比率の合計は3分の1を上回ることとなるため、両者が協力すれば北越製紙の株主総会における特別決議を否決できることとなり、仮に王子製紙が公開買付けを成功させたとしても、株式交換など株主総会の特別決議を必要とする手法による北越製紙の完全子会社化を阻むことができることとなる。また、日本製紙グループが公開買付けに応じる可能性のある浮動株を市場から買い集めることで、そもそも王子製紙による公開買付けの成功を難しくするという意味合いもあった。同日、北越製紙は、日本製紙グループ本社による発表を好感する旨の発表を行っている。

　8月7日　三菱商事は、予定どおり北越製紙株式の第三者割当てを引き受け、約303億円を投じて北越製紙の約24.4％の株式を保有する筆頭株主となった。

8月8日　北越製紙の独立委員会は、取締役会に対して対抗措置を発動するよう勧告した。その理由としては、王子製紙は本買収防衛策に従う理由がないと表明していることから、買付説明書等により情報提供する意思があると期待できず、引き続き買付説明書等の提供を求めるべき特段の事情も認められないため、とされている。なお、独立委員会の勧告書には、王子製紙の統合提案の内容についての実質的な検討は全く記載されていない。また、同日、製紙業界のユーザーである印刷業者13,000社の加盟団体である日本印刷産業連合会が、本公開買付けに対して、ユーザーの意見を無視し、商品を寡占化して利益を得ようとするものであるとして反対声明を公表した。

8月9日　北越製紙は、王子製紙とのそれまでの交渉経緯や本統合提案の独占禁止法上の問題にも言及しながら、再び王子製紙の統合提案に対して反対する意見を表明した。また、王子製紙が条件付き統合提案や公開買付けを公表したのは7月23日の取締役会以降であり、本買収防衛策はそれ以前の7月19日に導入されているから、王子製紙は本買収防衛策に従う必要がある旨、意見表明している。一方、王子製紙は、8月11日、これに対する反論を公表し、本買収防衛策の問題については、統合提案書は7月3日に王子製紙の代表取締役が北越製紙に提出したもので、正式な提案であったから、その後に導入された本買収防衛策に王子製紙が従うべき理由はないと述べている。

9月5日　公開買付けの結果、応募株式の総数は11,254,829株（5.2％）に過ぎず、公開買付けは不成立となったことが公表された。同日、北越製紙は、本買収防衛策に基づく対抗措置を発動する必要性がなくなったとして、取締役会において対抗措置の不発動を決議した。

第2　検　討

1　本統合提案が失敗した原因

本事案は、国内大手企業間での公開買付けを用いた初の敵対的買収案件である。過去においては、例えば、三井住友フィナンシャルグループが、ＵＦＪホールディングスに対して一方的に統合提案を行ったことはあったが、公

開買付けには踏み込まなかった。国内最大手の王子製紙が北越製紙の取締役会の賛成を得られないまま公開買付けに踏み切ったのは、友好的買収しかできないようでは国際的な競争に勝ち残れないとの危機感があったためといわれている。

しかしながら、日本企業による敵対的買収には成功例がないといわれ、本事例も失敗例の一つとなった。その原因は何だったのであろうか。

(1) 友好的アプローチから強行的アプローチへの切換え

王子製紙が北越製紙に経営統合の打診を始めたのは、2006年3月である。この頃の両社間での交渉の詳細については明らかではないが、その後の北越製紙の対応をみる限りは、北越製紙が王子製紙の完全子会社となる経営統合案に対して賛意を示したことはなかったと思われる。

その後、王子製紙は、7月3日に統合提案書を北越製紙に提出したが、同月24日まで回答期限を与えている。これに際し、王子製紙は取締役会で統合提案書を承認する決議をしていない。これは、王子製紙が取締役会で統合提案を機関決定した場合には、自らも上場企業として市場に適時開示をせざるを得ないところ、それは北越製紙に対する不意打ちとして受け取られ、友好的買収の可能性を失わせるおそれがあると懸念したためといわれている。すなわち、王子製紙は、機関決定を経ていない代表取締役による打診と位置付けることで、市場への開示とそれによる買収交渉の難化を避けたものといわれている。

上記のような扱いは、証券取引所の開示ルール上適切であったのかの問題は別として、少なくとも北越製紙に買収防衛のための対策をする時間的猶予と理由付けを与えることとなった。すなわち、北越製紙は、7月24日の回答期限までの間に、①本買収防衛策の導入（7月19日）、および②三菱商事に対する本第三者割当増資と業務提携の決議（7月21日）を行った。①については、本買収防衛策の導入は7月3日の統合提案書の受領より後であったが、王子製紙が統合提案書を提出した時点では機関決定を経ていないという位置付けをとったため、北越製紙は「王子製紙による正式な統合提案は本買収防衛策の導入後になされている」と主張することが可能となった。②については、たとえ王子製紙が7月3日の時点で統合提案を市場に開示していたとし

ても、北越製紙が三菱商事に対する本第三者割当増資を行った可能性はある。しかし、後述のとおり、王子製紙による統合提案の公表前に本第三者割当増資を北越製紙が公表することで、本第三者割当増資の法的有効性が相対的に認められやすくなったと評価することができる。そして、本第三者割当増資により三菱商事が約24.4％の北越製紙株式を取得することは、単独では本経営統合を阻止することが難しかった競合他社である日本製紙グループに、10％までの北越製紙株式の取得により、王子製紙の期待する北越製紙株主総会の特別決議を妨げることを可能とした。これは、王子製紙が北越製紙を完全子会社とする経営統合案を破綻させるものであった。以上のとおり、結果的にみれば、王子製紙が経営統合案を早期に市場に開示して公開買付けに踏み込まなかったことは、本経営統合が不成功に終わった理由として挙げることができる。

　一般論として、買収後の統合コストやシナジー効果への影響の観点からは、敵対的買収よりも友好的買収の方が買収者には望ましい。そのため、王子製紙が北越製紙に対して買収に友好的に応じてもらうようアプローチを開始したことは合理的である。問題は、ターゲットの経営陣が買収に否定的な態度を示した場合に、友好的なアプローチにどの時点で見切りをつけ、どのような態様で強行的なアプローチに切り替えるかの判断である。考慮すべき要因は多岐にわたるが、本事案に則していえば、少なくとも、ターゲットの経営陣の予想される反応、ターゲットの買収防衛策の導入状況、競業他社の動向などを考慮すべきことがいえるであろう。もっとも、敵対的買収が成功したとしても、ターゲットの経営陣や従業員に強い不満を残した状況では、上記のとおり、統合コストやシナジー効果への悪影響が予想される。友好的なアプローチでは買収が奏功しない場合には、買収案自体を見直すべきことも多いであろう。

(2) 他の関係者の動向

　上記でも触れたが、本事案では、買収者であった王子製紙とターゲットの北越製紙以外の関係者の関与が、本経営統合案の失敗の原因となっている。北越製紙から本第三者割当増資を受けた三菱商事、これを契機として北越製紙の株主総会特別決議の成立を阻むべく株式取得を進めた日本製紙グループ

の他、独占禁止法上の観点から本経営統合案の阻止を図った大王製紙、本経営統合案に反対の声明を出した北越製紙労働組合と日本印刷産業連合会その他地元関係者も挙げられる。

　日本製紙グループなどの競業他社の動向を考慮すべきことの他、公開買付けの成否の観点からは、株主一般の動向に影響を与える世論に関わる要素が重要である。特に、ターゲットの企業価値を左右する広い意味でのステーク・ホルダー、すなわち、従業員、取引相手、地元などが買収案を好感する基礎があるかはよく吟味する必要があり、場合によっては、従業員の待遇の改善や取引条件の相手方に有利な見直し、具体的な地元支援策などを経営統合案の中に含めて市場にアピールすることも検討すべきであろう。

　なお、王子製紙による北越製紙との経営統合案が失敗した後、北越製紙は、2006年10月27日に大王製紙と技術提携を行うことを、同年12月1日には日本製紙と業務提携を行うことをそれぞれ発表している。本事案を契機に、王子製紙の競業他社が結合する形で業界の再編が進んでいることは、敵対的買収が失敗した場合の副作用といえよう。

(3) 北越製紙による三菱商事に対する本第三者割当増資への対応

　王子製紙は、北越製紙が三菱商事に対する本第三者割当増資を行うに際し、裁判所に差止めの申立てを行わなかった。この判断は適切であったろうか。

　本第三者割当増資が公表された2006年7月21日のほぼ1年4か月前に下された、いわゆるニッポン放送事件の抗告審決定（東京高決平17・3・23判タ1173号125頁）は、「会社の経営支配権に現に争いが生じている場面において、株式の敵対的買収によって経営支配権を争う特定の株主の持株比率を低下させ、現経営者又はこれを支持し事実上の影響力を及ぼしている特定の株主の経営支配権を維持・確保することを主要な目的として新株予約権の発行がされた場合には、原則として、商法280条ノ39第4項が準用する280条ノ10にいう『著シク不公正ナル方法』による新株予約権の発行に該当するものと解するのが相当である。」として、伝統的な主要目的ルールが原則として妥当すると判示した。しかし、同決定は、「経営支配権の維持・確保を主要な目的とする新株予約権発行が許されないのは、取締役は会社の所有者たる株主の信認に基礎を置くものであるから、株主全体の利益の保護という観点から新

株予約権の発行を正当化する特段の事情がある場合には、例外的に、経営支配権の維持・確保を主要な目的とする発行も不公正発行に該当しないと解すべきである。」とした上で、かかる特段の事情が認められる例として、株式の敵対的買収者が以下の4つに該当する場合を挙げ、そのような場合には、対抗手段として必要性や相当性が認められる限り、経営支配権の維持・確保を主要な目的とする新株予約権の発行も許されると判示した。

①真に会社経営に参加する意思がないにもかかわらず、ただ株価をつり上げて高値で株式を会社関係者に引き取らせる目的で株式の買収を行っている場合（いわゆるグリーンメイラーである場合）

②会社経営を一時的に支配して当該会社の事業経営上必要な知的財産権、ノウハウ、企業秘密情報、主要取引先や顧客等を当該買収者やそのグループ会社等に移譲させるなど、いわゆる焦土化経営を行う目的で株式の買収を行っている場合

③会社経営を支配した後に、当該会社の資産を当該買収者やそのグループ会社等の債務の担保や弁済原資として流用する予定で株式の買収を行っている場合

④会社経営を一時的に支配して当該会社の事業に当面関係していない不動産、有価証券など高額資産等を売却等処分させ、その処分利益をもって一時的な高配当をさせるかあるいは一時的高配当による株価の急上昇の機会を狙って株式の高価売り抜けをする目的で株式買収を行っている場合など、当該会社を食い物にしようとしている場合

上記裁判例は、新株予約権の発行について判示しているが、基本的に新株の発行の場合でも同様の考え方に依るものと考えられる。これを本事案に照らしてみると、実質的には、北越製紙が三菱商事に対する本第三者割当増資を公表した7月21日の時点では、王子製紙との間で北越製紙の経営支配権に争いが生じていた。そして、北越製紙と三菱商事との間での本第三者割当増資や業務提携の交渉がいつどのような経緯で始まったのかなど、諸般の事情を検討しなければ判断できないが、本第三者割当増資の公表の時期に鑑みると、その主要な目的が現経営者の経営支配権の維持・確保であった可能性は否定できないであろう。また、王子製紙の製紙業界における地位や経営統合

案の内容からは、王子製紙が上記①ないし④に該当するなど、経営支配権の維持・確保を主要な目的とする新株発行を許容すべき特段の事情を見出すことはできないと思われる。これらを総合的に勘案すると、王子製紙が裁判所に本第三者割当増資の差止めを請求した場合、裁判所が差止めを認める可能性はあったと思われる。

しかしながら、本第三者割当増資の主要な目的が現経営者の経営支配権の維持・確保にあることを疎明できるか見通しが立たない、本事案を法廷論争に持ち込んだ場合に友好的買収の可能性がほぼ完全に失われる、などといった考慮に基づき、王子製紙が差止請求に踏み込まなかったとすれば、それは一つの判断であろう。

なお、北越製紙は、王子製紙が本経営統合案を公表するより前に、三菱商事に対する本第三者割当増資を公表しているため、表面的には、本第三者割当増資の公表時には、会社の経営支配権に争いが生じている場面にそもそもなっておらず、したがって、本第三者割当増資の主要な目的は現経営者の経営支配権の維持・確保ではないと主張できる余地がある。このような主張は7月3日の統合提案書の提出経緯に照らせばあまり説得力を有するものではないが、少なくとも、王子製紙の立場を相対的に弱くする可能性があったと評価できるであろう。

2　買収防衛策発動の可否と独立委員会の判断

北越製紙は、独立委員会の勧告にもかかわらず、本買収防衛策の定める対抗措置である新株予約権の発行に踏み切らなかった。この判断は適切であっただろうか。

ここでの新株予約権は、差別的行使条件と強制取得条項が付されたもので、敵対的買収を極めて困難にすることを目的として設定されたものであり、上記ニッポン放送事件の抗告審決定に照らしていえば、現経営者の経営支配権の維持・確保を主要な目的とするものであることは明らかである。そして、前述のとおり、王子製紙が上記①ないし④に該当するなど、経営支配権の維持・確保を主要な目的とする新株発行を許容すべき特段の事情を見いだすことはできないと思われる。したがって、本買収防衛策が仮に発動されたとす

ると、旧商法280条ノ10にいう「著シク不公正ナル方法」による新株予約権の発行に該当し、差止めを受けるべきものと判断される可能性は非常に高かったと思われる。北越製紙は本買収防衛策における対抗措置を発動して新株予約権を発行することはなかったが、法的観点からは結論として妥当な判断であったというべきであろう。

それでは独立委員会の判断はどのように評価すべきであろうか。北越製紙の公表した本買収防衛策によれば、「対抗措置の発動、不発動又は中止等の判断については、当社取締役会の恣意的判断を排するため、独立委員会規程に従い、(i) 当社社外監査役又は (ii) 社外の有識者 (実績ある会社経営者、官庁出身者、弁護士、公認会計士及び学識経験者等) で、当社経営陣から独立した者のみから構成される独立委員会の判断を経るとともに、株主の皆様に適時に情報開示を行うことにより透明性を確保することとしています。」とされる。しかし、本事案における独立委員会は、8月2日に招集されてからわずか6日後の8月8日には対抗措置の発動を勧告し、その間、王子製紙に対して買付けの内容の検討のために情報提供を求めることもしていない。確かに王子製紙は、統合提案書の提出が本買収防衛策の導入に先立つことを理由として、これに従う理由がないと意見表明していたが、独立委員会から正式に情報提供を求められた場合にも一切の回答をしなかったか否かは明らかではないし、少なくとも本買収防衛策に従う理由の有無について留保付きながら情報提供に応じる可能性はあったと思われる。独立委員会は、そのような可能性も一切ないと判断して対抗措置の発動を勧告しているようであるが、その判断は合理的といえるか疑問である。また、本事案においては、王子製紙は経営統合案の具体的な内容について公表し、北越製紙との間で数か月にわたり交渉も行っていたのであるから、王子製紙による買付けの内容について一定の情報は独立委員会にも容易に入手可能であった。独立委員会は、「対抗措置の発動、不発動又は中止等の判断について、取締役会の恣意的判断を排する」という目的を担っているが、上記の点を踏まえると、独立委員会が、形式的に王子製紙が本買収防衛策の手続に従わない姿勢を示していたことを理由として対抗措置を勧告したことにつき、北越製紙（実質的にはその株主一般）に対する善管注意義務を果たしたか甚だ疑問である。

なお、一般的な事前警告型買収防衛策においては、買付者が独立委員会による情報提供要請に応じないなど所定の手続に従わない場合、独立委員会は原則として対抗措置の発動を勧告するとされている。独立委員会による検討は一定期間のうちにすべきこととされているが、検討に必要な範囲内で、独立委員会は検討期間の延長も決議できるとされている。この仕組みは、独立委員会が検討プロセスを恣意的に運用した場合に、敵対的買収に対する事実上の妨害手段として機能する危険性がある。すなわち、独立委員会が、買付けの内容についての情報提供要請を細部にわたり延々と繰り返すことで、敵対的買収者が公開買付けに踏み切るタイミングを不当に遅らせ、これを嫌った敵対的買収者が情報提供要請への対応を打ち切った場合には、手続に従わないことを理由として対抗措置の発動を勧告して、買収に対する否定的な世論を喚起する、というものである。もし仮にこのような運用がターゲット企業の現経営者の影響を受けて独立委員会によりなされるとすれば、独立委員会は現経営者の保身の道具に堕することとなり、株主一般の投資判断に悪影響をもたらすだけの存在となる。現状においては、独立委員会は会社法上の機関ではなく、株主代表訴訟によって一般株主が責任追及することはできないが、独立委員会の運営には適正を担保する措置を設けるべきであり、独立委員会の委員にも監査役類似の責任を会社法上負わせることを検討すべきではなかろうか。

3 本事案の意義

本事案は、裁判所における司法判断を受けるものではなかったが、国内大手企業間での初の敵対的買収案件であり、敵対的買収における実務的な教訓を数多く与えるものである。その意味で本事案は、我が国における敵対的買収のケース・スタディーの重要な素材であり、法的観点以外からも多面的に研究されるべきであろう。また、法的観点からは、本事案を一つの契機として、事前警告型買収防衛策における独立委員会のあり方について、立法論を含めた問題提起がなされるべきであろう。

〔日下部真治〕

【主要参考文献】

王子製紙および北越製紙による各プレス・リリース。

8 「TBS対楽天」会計帳簿等閲覧・謄写仮処分命令申立事件

第1 事案の説明

本件は、TBS（株式会社東京放送）と楽天（楽天株式会社）との間の業務提携交渉ないし楽天によるTBSの買収をめぐる一連の紛争の過程で起こった事件である（東京高決平19・6・27商事法務1804号42頁・金判1270号52頁）。

事案は、TBS（相手方、債務者）の大株主（出資比率15.71％）である抗告人（債権者）（楽天メディア・インベストメント株式会社。楽天の100％小会社）が相手方の株主総会で権利行使するためには、会社法433条1項の規定する会計帳簿の閲覧等（以下「閲覧等」という）の請求権に基づき、投資有価証券の明細を記載した帳簿（有価証券台帳）の閲覧、謄写が不可欠なところ、相手方がこれを認めないなどとして、閲覧等の仮処分命令を求めたものである。

原決定（東京地決平19・6・15商事法務1803号31頁・金判1270号40頁）は、抗告人の申立てを却下し、同決定に対し抗告人が抗告した。

第2 争点

本件の争点は以下のとおりである。
1 閲覧等請求の理由の有無
(1) 閲覧等請求の理由の記載が具体性を欠く（会社法433条1項）か否か。
(2) 抗告人の権利行使のために閲覧等が必要な本件書類の範囲
2 閲覧等請求の拒絶事由の有無
(1) 当該拒絶を行う株主がその権利の確保又は行使に関する調査以外の目

的で請求を行ったとき（会社法433条2項1号）に該当するか否か。
(2) 請求者が請求の相手方会社の業務と実質的に競争関係にある事業を営み、またはこれに従事するものであるとき（会社法433条2項3号）に該当するか否か。
3 保全の必要性の有無

第3 争点に対する裁判所の判断

1 閲覧等請求の理由の有無

(1) 閲覧等請求の理由の記載が具体性を欠く（会社法433条1項）か否か
　高裁は、「請求の理由は、具体的に記載されなければならないが、債権者（抗告人）は・・・債務者（相手方）において安定株主工作としてどのような行為が行われ、どの程度の会社財産が流出したかという事実を知ることが株主総会において議決権を行使する上で、また、債務者（相手方）取締役の損害賠償責任の有無を検討し、責任が存在する場合における株主の権利行使をする上で、また、債務者（相手方）取締役の損害賠償責任の有無を検討し、責任が存在する場合における株主の権利行使の準備をする上で必要であると閲覧及び謄写請求の理由を記載しており、この記載は、・・・具体性に欠けるところはない」と判示した。

(2) 抗告人の権利行使のために閲覧等が必要な本件書類の範囲
　高裁は、「本件書類のうち平成18年3月期及び平成19年3月期の2事業年度に関するもの（以下「必要書類」という。）については、楽天による業務提携案が行われた後に債務者（相手方）が取得した株式の銘柄、取得時期、株式数、単価が記載されており、楽天による業務提携案が行われた後に債務者（相手方）が取得した株式の内容を知るために閲覧及び謄写が必要であると一応認められる。これに対し、本件書類のうちその余の事業年度に関するものについては、楽天による業務提携案後における債務者（相手方）の安定株主工作としてどのような行為が行われ、どの程度会社財産が流出したかという事実を知る上で、その閲覧及び謄写が必要であると認めることはできな

い。」と判示した。

2 閲覧等請求の拒絶事由の有無

(1) 当該拒絶を行う株主がその権利の確保又は行使に関する調査以外の目的で請求を行ったとき（会社法433条2項1号）に該当するか否か

　この点につき、高裁は該当しないと判断している。その理由は、「会社法433条2項1号にいう請求を行う株主の権利とは、株主が株主たる地位において有する権利のことをいうところ、債権者（抗告人）は、議決権（質問権、意見陳述権）の行使、株主提案権の行使、取締役の違法行為差止請求権及び責任追及の訴えの提起請求権等の検討のため、本件書類の閲覧及び謄写が必要であると主張しており、これらの権利はいずれも株主たる地位において有する権利であるということができる。」として、会社法433条2項1号が規定する株主の権利の内容につき判断した上で、「必要書類の記載が、債務者（相手方）による有価証券の取得目的や取得行為と債務者（相手方）の事業との関連性を明らかにする上で具体的に役立つか否か、あるいは、債権者（抗告人）による株主総会における意見陳述等に役立つか否かについては、債権者（抗告人）が当該書類の閲覧又は謄写をし、他の資料とも突き合わせながらその内容を検討して初めて判明する事柄であるから、債務者（相手方）の投資先との関係がさまざまであるとしても、そのことから直ちに必要書類の閲覧及び謄写が債権者（抗告人）の権利行使に必要がないということができない。」とした。

　次に、債権者（抗告人）の調査は、有価証券報告書の記載および株主名簿により達成できるとの債務者（相手方）の主張に対しては、「有価証券報告書に相当割合の株式の銘柄ごとの個別株数及び貸借対照表計上額が開示されているとしても、必要書類の閲覧及び謄写が債権者（抗告人）の権利行使に必要がないということはできない。」として、これを排斥した。

　さらに、本件の具体的事情を認定したうえ、「債務者（相手方）定時株主総会の直前に債権者（抗告人）が請求書類の閲覧及び謄写の請求をしたことから、ただちに、当該請求が債権者（抗告人）の株主としての権利の行使とは関係がない目的でなされたものであると認めることはできない。」と判示

⑵ 請求者が請求の相手方会社の業務と実質的に競争関係にある事業を営み、またはこれに従事するものであるとき（会社法433条2項3号）に該当するか否か

　この点につき、高裁は、原決定とは異なるアプローチによる判断を行い、相手方に抗告人の閲覧等請求を拒絶することが出来る事由を認めることができるとした。その判断の方法および理由は、以下のとおりである。

（ア）　433条2項3号の「請求者」の解釈について

　まず、実質的競争関係の有無は請求者そのものではなく、その完全親会社と相手方との間で判断すべきであるという相手方主張については、「会社法433条2項3号は、『請求者が当該株式会社の業務と実質的に競争関係にある事業を営み、又はこれに従事するものであるとき』を閲覧等請求の拒絶事由の一と定め、請求者が『営み、又はこれに従事する』事業と相手方会社の業務との間に『実質的に』競争関係があるか否かによって拒絶事由を判定することとしたと解すべきであって、請求者（完全子会社）の親会社が競業する会社である場合を排除するという内容に閲覧等の拒絶事由を変更したものであるとは解し難い。」として、完全親子会社かどうかが問題なのではないとした。

　その上で、「会社法433条2項3号にいう『請求者が当該株式会社の業務と実質的に競争関係にある事業を営み、又はこれに従事する』場合とは、単に請求者の事業と相手方会社の業務とが競争関係にある場合に限るものではなく、<u>請求者（完全子会社）がその親会社と一体的に事業を営んでいると評価できるような場合において</u>（注：下線は筆者による。以下判旨下線部につき同様。）、当該事業が相手方会社の業務と競争関係にあるときも含むものであると解するのが相当である。」として、完全親子会社との間で一体的に事業を営んでいると評価できるかどうかで判断すべきとした。

（イ）　433条2項3号の「競争関係」の解釈について

　また、高裁は、会社法433条2項3号の「競争関係」の解釈にも触れ、「現に競争関係にある場合のほか近い将来において競争関係に立つ蓋然性が高い場合をも含むと解するのが相当である」とし、その理由として「近い将来に

おいて競争関係に立つ蓋然性が高い者からの請求も相手方会社に甚大な被害を生じさせるおそれがある点では現に競争関係にある者からの請求と何ら変わりがない」ことを挙げている[1]。

(ウ) 433条2項3号は「会計帳簿の謄写等によって入手した情報を濫用するおそれ」を要件としているか

高裁は、この点についても触れ、同条項の趣旨から、上記「濫用のおそれ」を要件とすることについては、「3号の規定は、請求者の主観的要件を何ら問題とせずに、もっぱら請求者が相手方会社の業務と実質的に競争関係にある事業を営み又はこれに従事するものであるという客観的事実の存否によって決せられるものであ」り、これに加えて、いったん競争者に渡った企業秘密は、請求者の意図や立場の如何にかかわらず、「悪用される危険性が常に存在することにかんがみれば、同号該当性の判断においては濫用するおそれの有無を要件とすることはできない」として、要件とはならないことを明言した。

(エ) 高裁は、以上の判断をもとに、具体的事実に基づき、433条2項3号の要件該当性につき、次のとおり判断している。

まず、上記（ア）の点につき、「抗告人は、有価証券の保有及び運用等を目的とする株式会社であるが、…楽天の完全子会社であり、また、楽天と抗告人は、相手方株主に対する委任状勧誘など株主としての権利行使を共同して行っていることが一応認められるから、抗告人と楽天は一体的に事業を営んでいると評価することができる」として、抗告人と楽天との間の事業の一体性を認めている。

さらに相手方の事業内容については、「楽天は、インターネットでの通信に関するサービス事業のほか、既に放送事業を営んでおり、相手方は、放送事業のほか、既にインターネットでの動画配信業務を行っていることが一応認められる」として、「抗告人は、相手方の業務と実質的に競争関係にある事業を営み、又は近い将来において相手方と競争関係に立つ蓋然性が高い者に当たることが一応認められ」ると判断できることから、「本件においては、

---

[1] 東京地決平6・3・4（判時1495号139頁）も同旨。

相手方に抗告人の閲覧等請求を拒絶することができる事由を一応認めることができる」として、「その余について判断するまでもなく、抗告人の本件申立ては理由がない。」と結論付けた。

したがって、原決定で問題とされた、433条2項2号（請求者が相手方会社の業務の遂行を妨げ、株主の共同の利益を害する目的で請求を行ったときに該当するか）の点について、高裁では判断がなされていない。

（オ）原決定との結論の違い

原決定は、同条項3号について、「債権者（抗告人）が債務者（相手方）の業務と実質的に競争関係にある事業を営み、又はこれに従事するものであると認めることはできない」と判断し、さらに同条項2号についても要件該当性は認められないと判断した上で、閲覧等の請求拒絶事由を認めることはできないことから、債権者（抗告人）は閲覧等の請求することができると一応認められると結論付けている。

3 保全の必要性の有無

この点につき、高裁は、（厳密に言えば原決定とは異なる表現を用いてはいるが）、原決定と同様、比較衡量による判断を行って、以下のように判示している。

「会計帳簿の閲覧等請求権に係る仮処分命令申立ては、…いわゆる満足的仮処分であるが、万一、会計帳簿の閲覧等を命ずる仮処分がいったん執行され、閲覧等がなされた後になって、会計帳簿請求権がないことが本案訴訟で確定したときは、相手方会社としては競争関係にある無権利の請求者に企業秘密を開示したことにより不測の損害を被るおそれがあるし、その原状回復は不可能である。」として、満足的仮処分において考慮すべき点を示したうえで、「民事保全法23条2項は、本件のようないわゆる満足的仮処分については、『債権者に生ずる著しい損害又は急迫の危険を避けるためにこれを必要とするときに』発することができると定めていることに照らせば、競争関係の有無を争点に含むような本件においては、<u>相手方の上記の損害のおそれと抗告人が本件書類の閲覧等を即時に満たされないために生ずる損害を避けるための緊急の必要性とを彼此考慮し、抗告人の必要性が相手方の損害のお</u>

それを凌駕する場合に本件処分の必要性を肯認することができると解するべきである。」としている。

第4　検　討

1　閲覧等請求の理由の有無

(1)　閲覧等請求の理由の記載が具体性を欠く（会社法433条1項）か否か

閲覧等請求の理由の記載の具体性について、最高裁判例は、「請求の理由は、具体的に記載されなければならない」と判示しており[2]、本決定は、同最判を踏襲したものである。

閲覧等の請求に際し記載される「理由」がどの程度具体的であるべきかは、実務上困難な問題である。ここで、「理由」につき具体的な記載を求める趣旨を考えてみると、①会社が閲覧に応ずる義務の存否および閲覧させるべき帳簿等の範囲を判断できるようにするとともに、②株主等による探索的・証拠漁り的な閲覧等を防止し、③株主等の権利と会社の経営の保護とのバランスをとることにある。とすれば、株主等が会社の財政状況等を確認し、誤った経営についての疑いを調査するために閲覧等の請求をする場合には、単に株主の権利の確保または行使に関して調査するためとか、会計の不正を調査するためといった記載では十分ではなく、具体的に特定の行為が違法または不当である旨を記載すべきものと解される[3]。

本決定は、請求理由について会社の財政状況の確認とそれに基づく事実を知ることが株主総会において株主が議決権を行使する上で、また取締役の損害賠償責任の有無を検討や責任が存在する場合における株主の権利行使の準備をする上で必要であると閲覧等の請求の理由を記載しており、「理由の記載としてその具体性にかけるところはない」と判断している。

すなわち、本決定は、具体的に特定の行為が違法または不当である旨の記

2　最判平16・7・1民集58巻5号1214頁。なお、「請求理由を具体的に記載する必要はあるが、原告において、請求理由を基礎づける事実が客観的に存在することまで立証する必要はない」とした裁判例として、東京高判平18・8・29判タ1209号266頁がある。
3　江頭憲治郎ほか編『会社法百選』〔7版〕No.85〔西山芳喜〕参照。

載はないが、閲覧等の請求対象となる書類を確認することが、株主の権利行使の準備に必要なものであることを認定し、具体性に欠けるところはないと判断したものである。これは、株主の具体的な権利行使につながる必要性が「請求理由」から認められるのであれば、具体性に欠けるものではないと判断される可能性を一般的に認めたと解されるのであって、近時の株主の権利行使の重要性に着目し、東京高判平18・8・29（注3参照）などとも平仄の合った判断であるといえよう。

なお、本決定でも明らかにしているように、「請求の理由は、具体的に記載されなければならない」ものであるが、株主側にとって上記趣旨の②を意図したものでないにしても、通常、請求者たる株主は会社内部の事情を知り得る立場になく、閲覧請求時における理由の具体性につき完全なものを求めるのが困難な場合も当然あろう。その場合には、上記趣旨③の見地から、会社側も直ちにこれを無効と解すべきではなく、会社は一定の期限をつけてその補正を求めるべきであろう[4]。

(2) 抗告人の権利行使のために閲覧等が必要な本件書類の範囲

この点に関して、抗告人は平成15年3月期から平成19年3月期の5事業年度に関する書類につき閲覧等の請求をしたが、本決定は、必要性が認められるのは「平成18年3月期及び平成19年3月期の2事業年度に関するものであると判断する。」と判断した。

このように、2事業年度に関するものに限定したのは、本決定が「楽天による業務提携案後における債務者（相手方）の安定株主工作としてどのような行為が行われ、どの程度会社財産が流出したかという事実を知る上で、その閲覧及び謄写が必要」か否かで判断したためである。

すなわち、株主側の視点からの具体的必要性と、会社側の視点で株主にとって本当に必要な書類のみに限定するという両者の検討に基づくものと解され、前記趣旨③の姿勢の表れと解することが出来よう。なお、株主が、何年度のどの帳簿というように、閲覧対象まで具体的に特定して請求しなければ

---

[4] もっとも、閲覧請求訴訟提起後の主張によって当初の閲覧請求としての補正がされたと解することは、あまりにも時機に遅れた補正を認めることとなり、かつ会社の立場を著しく不安定にすることから、到底許されるものではないとの判例がある（最判平2・11・8金判863号20頁）。

ならないのか否かについては争いがあるが、通説的な理解は、株主は会社内部における記帳の状況を知り得ないのが通常であるから、同人がそれを特定して請求する必要はなく、会社側が閲覧目的等からして不要な会計帳簿・資料の範囲を立証して閲覧を拒絶することで足りる、と解している（江頭憲治郎『株式会社法』628頁（有斐閣、2006年））。

2　閲覧等請求の拒絶事由の有無

(1)　当該拒絶を行う株主がその権利の確保または行使に関する調査以外の目的で請求を行ったとき（会社法433条2項1号）に該当するか否か

ⅰ）　本決定は、まず、会社法433条2項1号にいう請求を行う株主の権利につき判断した上で、必要な書類の記載が請求理由との関係で具体的に役立つか否かについては、当該書類等が相手方の投資先との関係が多様であることを理由として、そのことから直ちに抗告人の権利行使の必要性がないということはできないとしている。

これは、株式会社も一社会的存在として、多様な投資を行うことが現状として多く存在しており、その投資の内容自体が会社の存続に大きな影響を与えうるものであること、そのことに株主が大いに関心を持つことは必須であることに鑑み、本件での相手方もそのような株式会社の一つであることから、投資先との関係の多様性を理由として、直ちに抗告人の権利行使の必要性を否定することはできないと判断したものと考えられる。

ⅱ）　また、本決定は、抗告人の調査は、有価証券報告書の記載および株主名簿により達成できるとの相手方の主張に対して、具体的事情[5]を検討した上で、「必要書類の閲覧等が抗告人の権利行使に必要がないということはできない」と判断している。

これは、株主が会社の投資内容自体に多くの関心を持ち、その投資の具体的内容を詳細に知ることが、株主の権利行使に必要かつ有効であると判断したものと考えられる。

5　相手方が開示している有価証券報告書では、銘柄が開示されていない株式が平成19年3月期で72銘柄（貸借対照表計上額74億6500万円）にものぼることや、銘柄が開示されている株式についても、その取得時期および取得金額は明らかではないといった事情。

ⅲ）さらに、本決定は、抗告人が相手方取締役に対する責任追及を意図するのであれば、より早期に閲覧等請求訴訟等の法的措置を講ずることが出来たはずであるとの相手方の主張に対して、「債務者（相手方）定時株主総会の直前に債権者（抗告人）が…（閲覧等の）請求をしたことから、ただちに、当該請求が…株主としての権利の行使とは関係がない目的でなされたものであると認めることはできない。」と判断した[6]。

　この点につき、相手方は、定時総会の直前になって本件申立てを行ったことに対して、「社会一般にあたかも相手方取締役が違法又は不正な行為をしているかのような印象を与え、自らに有利な議案の議決を実現し、相手方株式の大量取得を果たそうとするもの」と主張しているが、本決定は、抗告人が相手方の株式の15％超を有していること、そのような抗告人が相手方の投資先につき関心を持つことは無理からぬことを理由として、定時株主総会の直前の申立てが「ただちに抗告人の株主としての権利行使とは無関係とはいえない」と判断した。

　本来、433条1項は（一定の議決権数もしくは一定数以上の株式を有する）株主の権利として「営業時間内は、いつでも…請求できる」と規定していることから、閲覧等の請求は株主総会の時期にかかわらず、営業時間内「いつでも」請求できるものであるはずである。とすれば、本決定は当然の判断をしたまでとも評価できるが、一方で定時株主総会の直前の申立ては、請求者の株式保有状況等の具体的事情の下では「ただちに」株主の権利としての権利行使とは無関係とはいえないとしているにとどまることから、請求者の株式保有状況が本件よりも低率であった場合は異なる判断となった可能性もあるといえよう。

(2) **請求者が請求の相手方会社の業務と実質的に競争関係にある事業を営み、またはこれに従事するものであるとき（会社法433条2項3号）に該当するか否か**

　ⅰ）会社法433条2項3号の「請求者」の解釈および「競争関係」の解釈について

---

[6] なお、事実関係としては、定時株主総会は平成19年6月28日であり、抗告人が閲覧等の請求をしたのは同年5月22日付けであり、本件仮処分命令を申し立てたのは、同年6月6日である。

実質的競争関係の有無の判断については、完全親子会社かどうかが問題なのではないとした上で、「請求者（完全子会社）がその親会社と一体的に事業を営んでいると評価できるような場合において、当該事業が相手方会社の業務と競争関係にあるときも含むものであると解するのが相当である。」として、完全親子会社の間で一体的に事業を営んでいると評価できるかどうかで判断すべきとしている。

さらに「競争関係」の解釈については、「現に競争関係にある場合のほか近い将来において競争関係に立つ蓋然性が高い場合をも含むと解するのが相当である」との判断をしている[7]。

ⅱ）433条2項3号は「会計帳簿の謄写等によって入手した情報を濫用するおそれ」を要件としているか

この点について、本決定は「3号の規定は、請求者の主観的要件を何ら問題とせずに、もっぱら…客観的事実の存否によって決せられるものである」と判断している。

そもそも同条項3号は、「情報を濫用するおそれ」というものを明確に規定しておらず、書かれざる要件として必要と解されるかが問題となった場面である。本決定に関する資料[8]からは、抗告事件となってから相手方の主張として、このような論点が出されたものであると考えられる。

この点については、旧法下（旧商法293条ノ7第2号）においても議論があったところであり[9]、主観的要件不要説[10]が通説とされていたが、その他主観的要件必要説[11]や主観的意図推定説[12]など学説が分かれていたところであった。

7　東京地決平6・3・4判時1495号139頁（ニッポン放送事件）も同旨。
8　原決定・商事法務1803号31頁および本決定・商事法務1804号42頁。
9　鴻常夫ほか編『新版　注釈会社法（9）』217頁参照（有斐閣、初版・昭和63（1989）年4月10日発行）。
10　株主の閲覧請求の具体的意図を問わないとするもの。理由として、文理上このように解するべく、また主観的要件の挙証が困難であること等がある（江頭・株式会社法628頁（有斐閣、2006年））。
11　株主の閲覧請求の具体的意図を必要とするもの。権利の不当な行使を許さないというのが本条の趣旨であることに基づく。
12　会社側は客観的事実と主観的要件との両者の存在を立証する必要はなく、客観的事実の存在を立証すれば足りる。しかし、客観的事実を立証された株主の側で主観的意図の不存在を立証すれば、閲覧等請求権を行使できるとするもの。これは、競業関係にあるという特殊の地位からして、主観的意図の存在が推定されて然るべきだからである。

本決定では、「濫用のおそれ」という主観的要件は必要とせず、「客観的事実の存否によって決せられるものである」と判断し、主観的要件不要説に立つことを明確にした点において、今後の実務に少なからず影響を与えるものと思われる。

ⅲ）次に、高裁が原決定と異なった判断方法、結論に至った経緯について考えてみる。

高裁の判断方法・結論は、争点についての判断を参照していただきたい。ⅰ）の「請求者」については、原決定においても高裁と同様の判断をしている。その上で、「請求者がその子会社又は親会社と一体的に事業を営んでいると評価できるような場合において、当該事業が相手方会社の業務と実質的に競争関係にあるときも含むものと解するのが相当である」と判断していることから、一見、高裁と同じ判断方法をとっているように思われる。

しかし、原決定では、以上の判断の後、抗告人および親会社である楽天が、相手方の業務と実質的に競争関係にある業務を営んでいると認められるかという、あてはめの問題にうつっており、諸事情を考慮すると、「債務者（抗告人）と楽天との間に実質的な競争関係があるとは認められない。」と判断している。その過程で、原決定も高裁と同様、「委任状勧誘」を楽天と抗告人は共同して行っていることなどから、一体的に事業を営んでいると評価できるとしているが、結論は高裁と異なり、楽天と抗告人及び相手方とでは「事業が実質的に競争関係にあるとはいえない」と判断したのである。

この判断の違いは、高裁では「競争関係」の意義や「客観的事情による判断」を用いていることから、「競争関係」についての判断を原決定よりもより実質的かつ緩やかに行っていることに基づくものと考えられる。[13]

---

[13] この点につき、藤原俊雄教授は、「競業関係の認定の一般論としては、法人格は異にするとはいえ完全親会社でも完全子会社でも、いずれかが相手方会社と競業関係に立つ場合には、双方ともに3号に該当することになると解してよいだろう」としつつ、「しかしながら、本件で楽天と抗告人の事業がそのような関係にあるといえるかについての判断は相当慎重になすべきであり、本件事案に即していえば、原決定の認定の方に分があると思う」と評している（金融・商事判例1272号65頁）。

3 保全の必要性の有無

　本争点は、従来から、本件のような仮処分は一般的に満足的仮処分にあたることから、「権利の実現が遅きに失する危険を除去するために権利を暫定的に実現することを目的とするものであることから、必要性の判断については特に厳格に解すべきである」との考慮に基づき、問題とされてきたところである[14]。

　この点につき、本決定での必要性の判断方法については、判旨を参照していただきたいが、比較衡量を行っている。なお、原決定[15]では、表現に微妙な違いがあるものの、同様の判断方法を用いているということができよう（本件については、楽天の子会社である楽天メディア・インベストメント株式会社（以下「楽天メディア」という。）が、TBSの会計帳簿の閲覧・謄写を求める訴訟を東京地裁に提起していたが、東京地裁は、本稿脱稿後の平成19年9月20日、楽天側とTBSの事業が実質的に競争関係にあることを認定した上、楽天メディアの請求を棄却した。）。

〔奈良　輝久〕

14　浦和地決昭38・2・15下民集14巻2号214頁も同旨。
15　「…閲覧謄写請求権に係る権利関係が確定しないために生ずる権利者の損害と…仮処分により相手方が被るおそれのある損害とを比較衡量し、相手方の被るおそれのある損害を考慮しても、なお債権者の損害を避けるため緊急の必要がある場合に限って認められるものと解するのが相当である」と判断している。

9

スティール・パートナーズ対 ブルドックソース事件

第1 はじめに

　本件は、有事において株主総会の特別決議によって導入が決定された新株予約権の無償割当てを利用した買収防衛策（以下「本件買収防衛策」という。）に対する初めての司法判断であり、買収防衛策に対して最高裁判所の判断が初めて下された事案でもある。

　また、本件は、敵対的買収者が過去にユシロやソトーに対する敵対的買収を試み、現在も多くの企業に対して敵対的買収や株主権の行使を試みている著名な投資ファンド（スティール・パートナーズ）であることもあって、裁判所の判断が注目されていた。

　最高裁は、企業価値の毀損の有無を判断するのは株主であるとして、株主の判断を尊重して本件買収防衛策が適法であるとの判断を導いたが、買収防衛策の判断基準としては、企業価値研究会が平成17年5月に発表した企業価値報告書[1]および、経済産業省・法務省が同日、企業価値報告書の内容を踏まえて発表した「企業価値・株主共同の利益の確保又は向上のための買収防衛策に関する指針」（以下「指針」という。）において提示された企業価値基準[2]を基本的に採用しているものと推測される[3]。

---

[1] 企業価値報告書とは、経済産業局長の私的研究会である企業価値研究会（座長：神田秀樹東京大学大学院法学政治学研究科教授、以下「研究会」という。）が公正であると考える買収防衛策のあり方を公表したものである。

[2] 企業価値基準とは、買収防衛策が公正なものとして認容されるべきものであるかは、「企業価値を高める買収は実現し、企業価値を損ねる買収は実現しない」という基準によって判断されるべきとする考え方である。

最高裁決定は、買収防衛策の適法性の判断基準として企業価値基準が採用されることおよび企業価値の判断権者は株主であることを明確にしたうえ、買収防衛策と株主平等原則との関係についても詳細に判示するものであって、今後の敵対的買収と買収防衛策の問題を考えるにあたって実務上極めて重要な意義を有する決定である[4]。

第2　事案の概要

(1)　本件買収防衛策は、ソースその他の調味料の製造および販売等につき、全国1位のシェアを有し、その発行する株式を東京証券取引所市場第二部に上場しているブルドックソース株式会社（以下「ブルドック」という。）に対し、関連会社と併せて同社の保有株式数の約10.25パーセントを有するスティール・パートナーズ（以下、関連会社と併せて「スティールら」という。）が敵対的TOBを仕掛けたのに対して、ブルドックが株主総会の特別決議を経て導入を決めたものである。

(2)　本件買収防衛策としての新株予約権無償割当ては、基準日（平成19年7月10日）株主に対して、その有する株式1株に付き3個の割合で本件新株予約権を無償で割り当てるが、スティールらは「非適格者」として本件新株予約権を行使することができない旨の行使条件（以下「本件行使条件」という。）を付け、さらにスティールら以外の株主に対しては、新株予約権取得の対価として株式を交付するが、スティールらに対しては対価として株式ではなく金銭（スティールのTOBの当初公開買付価格に本件新株予約権無償割当てによって見込まれる希釈化の割合（4分の1）を乗じて得られた価格）を交付する旨の取得条項（以下「本件取得条項」という。）を付することを主な内容とするものであった。

(3)　本件買収防衛策は、平成19年6月24日に開催され、総議決権の約94％を有する株主が出席したブルドックの定時株主総会において、出席株主の議決権の約88.7％（総議決権の約83.4％）の賛成により可決承認された。

3　指針は、「企業価値」とは、「会社の財産、収益力、安定性、効率性、成長力等株主の利益に資する会社の属性又はその程度をいう」と、定義している。
4　ただ、最高裁決定の射程範囲の広狭については、本事案の特殊性から議論があろう。

(4) スティールが、会社法247条の類推適用に基づき、本件新株予約権無償割当てを仮に差し止めることを求めたところ、東京地裁が申立てを却下したため（東京地決平19・6・28金判1270号12頁）、スティールはこれを不服として東京高裁に即時抗告したが、東京高裁も即時抗告を棄却した（東京高決平19・7・9金判1271号17頁）。スティールは、東京高裁の決定に対して、さらに特別抗告および許可抗告を行った[5]。東京高裁は、スティールの抗告を許可し、最高裁において審理が行われたが、最高裁も許可抗告を棄却（最小二決平19・8・7金判1273号2頁）し、差止めを認めなかった[6]。

第3　決定要旨（括弧および下線筆者）

1　本件新株予約権無償割当ては、株主平等原則に反しないか

(1) 新株予約権無償割当てに株主平等原則の趣旨が及ぶか。

「新株予約権無償割当てが新株予約権者の差別的な取扱いを内容とするものであっても、これは株式の内容等に直接関係するものではないから、直ちに株主平等の原則に反するということはできない。しかし、株主は、株主としての資格に基づいて新株予約権の割当てを受けるところ、法278条2項は、株主に割り当てる新株予約権の内容及び数又はその算定方法についての定めは、株主の有する株式の数に応じて新株予約権を割り当てることを内容とするものでなければならないと規定するなど、株主に割り当てる新株予約権の内容が同一であることを前提としているものと解されるのであって、<u>法109条1項に定める株主平等の原則の趣旨は、新株予約権無償割当ての場合についても及ぶ</u>というべきである。」

---

[5] 最高裁は、特別抗告については、特別抗告は民事訴訟法336条1項が規定する（憲法違反などがあることを理由とする。）場合に限られ、本件の抗告理由は、高裁決定が単に法令違反であると主張するもので、特別抗告の理由に該当しないとしてこれを棄却した。

[6] スティールは、最高裁決定後、TOB価格を変更してTOBを継続したが、結局スティールのTOBに対する応募は、ブルドックの発行済み株式総数の約1.89％にとどまった。

(2) 新株予約権無償割当てにおいて、行使条件や取得条項について差別的取扱いをすることが株主平等原則に違反しないとされることがあるのか、その要件は。

「株主平等の原則は、個々の株主の利益を保護するため、会社に対し、株主をその有する株式の内容及び数に応じて平等に取り扱うことを義務付けるものであるが、個々の株主の利益は、一般的には、会社の存立、発展なしには考えられないものであるから、特定の株主による経営支配権の取得に伴い、会社の存立、発展が阻害されるおそれが生ずるなど、会社の企業価値がき損され、会社の利益ひいては株主の共同の利益が害されることになるような場合には、その防止のために当該株主を差別的に取り扱ったとしても、当該取扱いが衡平の理念に反し、相当性を欠くものでない限り、これを直ちに同原則の趣旨に反するものということはできない。」

(3) 企業価値の毀損の有無は、誰が判断するのか（不公正発行該当性の点とも共通の論点）。

「特定の株主による経営支配権の取得に伴い、会社の企業価値がき損され、会社の利益ひいては株主の共同の利益が害されることになるか否かについては、最終的には、会社の利益の帰属主体である株主自身により判断されるべきものであるところ、株主総会の手続が適正を欠くものであったとか、判断の前提とされた事実が実際には存在しなかったり、虚偽であったなど、判断の正当性を失わせるような重大な瑕疵が存在しない限り、当該判断が尊重されるべきである。」

(4) 本件における株主の判断は尊重されるべきか（あてはめ）。

「本件総会において、本件議案は、議決権総数の約83.4％の賛成を得て可決されたのであるから、抗告人関係者以外のほとんどの既存株主が、抗告人による経営支配権の取得が相手方の企業価値をき損し、相手方の利益ひいては株主の共同の利益を害することになると判断したものということができる。そして、本件総会の手続に適正を欠く点があったとはいえず、また、上記判断は、抗告人関係者において、発行済株式のすべてを取得することを目的としているにもかかわらず、相手方の経営を行う予定はないとして経営支配権取得後の経営方針を明示せず、投下資本の回収方針についても明らかに

しなかったことなどによるものであることがうかがわれるのであるから、当該判断に、その正当性を失わせるような重大な瑕疵は認められない。」

(5) **本件新株予約権無償割当てが衡平の理念に反し、相当性を欠くものであるか。**

「抗告人関係者は、本件新株予約権に本件行使条件及び本件取得条項が付されていることにより、当該予約権を行使することも、取得の対価として株式の交付を受けることもできず、その持株比率が大幅に低下することにはなる。しかし、本件新株予約権無償割当ては、抗告人関係者も意見を述べる機会のあった本件総会における議論を経て、抗告人関係者以外のほとんどの既存株主が、抗告人による経営支配権の取得に伴う相手方の企業価値のき損を防ぐために必要な措置として是認したものである。さらに、抗告人関係者は、本件取得条項に基づき抗告人関係者の有する本件新株予約権の取得が実行されることにより、その対価として金員の交付を受けることができ、また、これが実行されない場合においても、相手方取締役会の本件支払決議によれば、抗告人関係者は、その有する本件新株予約権の譲渡を相手方に申し入れることにより、対価として金員の支払を受けられることになるところ、上記対価は、抗告人関係者が自ら決定した本件公開買付けの買付価格に基づき算定されたもので、本件新株予約権の価値に見合うものということができる。これらの事実にかんがみると、抗告人関係者が受ける上記の影響を考慮しても、本件新株予約権無償割当てが、衡平の理念に反し、相当性を欠くものとは認められない。なお、相手方が本件取得条項に基づき抗告人関係者の有する本件新株予約権を取得する場合に、相手方は抗告人関係者に対して多額の金員を交付することになり、それ自体、相手方の企業価値をき損し、株主の共同の利益を害するおそれのあるものということもできないわけではないが、上記のとおり、抗告人関係者以外のほとんどの既存株主は、抗告人による経営支配権の取得に伴う相手方の企業価値のき損を防ぐためには、上記金員の交付もやむを得ないと判断したものといえ、この判断も尊重されるべきである。」

(6) **本件新株予約権無償割当ては、株主平等の原則に反しないか（結論）。**

「したがって、抗告人関係者が原審のいう濫用的買収者に当たるといえる

か否かにかかわらず、これまで説示した理由により、本件新株予約権無償割当ては、株主平等の原則の趣旨に反するものではなく、法令等に違反しないというべきである。」

2 本件新株予約権無償割当てが著しく不公正な方法により行われる場合に該当するか

(1) 最高裁が著しく不公正な方法に該当するか否かを検討した事情は、その検討結果は（番号は筆者）。

「本件新株予約権無償割当てが、①株主平等の原則から見て著しく不公正な方法によるものといえないことは、これまで説示したことから明らかである。また、②相手方が、経営支配権を取得しようとする行為に対し、本件のような対応策を採用することをあらかじめ定めていなかった点や③当該対応策を採用した目的の点から見ても、これを著しく不公正な方法によるものということはできない。」

(2) 買収防衛策が事前に定められたものでないことをもって不公正発行該当性を認定すべきか。

「本件新株予約権無償割当ては、本件公開買付けに対応するために、相手方の定款を変更して急きょ行われたもので、経営支配権を取得しようとする行為に対する対応策の内容等が事前に定められ、それが示されていたわけではない。確かに、会社の経営支配権の取得を目的とする買収が行われる場合に備えて、対応策を講ずるか否か、講ずるとしてどのような対応策を採用するかについては、そのような事態が生ずるより前の段階で、あらかじめ定めておくことが、株主、投資家、買収をしようとする者等の関係者の予見可能性を高めることになり、現にそのような定めをする事例が増加していることがうかがわれる。しかし、事前の定めがされていないからといって、そのことだけで、経営支配権の取得を目的とする買収が開始された時点において対応策を講ずることが許容されないものではない。本件新株予約権無償割当ては、突然本件公開買付けが実行され、抗告人による相手方の経営支配権の取得の可能性が現に生じたため、株主総会において相手方の企業価値のき損を防ぎ、相手方の利益ひいては株主の共同の利益の侵害を防ぐためには多額の

支出をしてもこれを採用する必要があると判断されて行われたものであり、緊急の事態に対処するための措置であること、前記のとおり、抗告人関係者に割り当てられた本件新株予約権に対してはその価値に見合う対価が支払われることも考慮すれば、対応策が事前に定められ、それが示されていなかったからといって、本件新株予約権無償割当てを著しく不公正な方法によるものということはできない。

(3) **本件新株予約権無償割当ての目的は、不公正発行該当性を充たすものであるか。**

「株主に割り当てられる新株予約権の内容に差別のある新株予約権無償割当てが、会社の企業価値ひいては株主の共同の利益を維持するためではなく、専ら経営を担当している取締役等又はこれを支持する特定の株主の経営支配権を維持するためのものである場合には、その新株予約権無償割当ては原則として著しく不公正な方法によるものと解すべきであるが、本件新株予約権無償割当てが、そのような場合に該当しないことも、これまで説示したところにより明らかである。」

3 結 論

「したがって、本件新株予約権無償割当てを、株主平等の原則の趣旨に反して法令等に違反するものということはできず、また、著しく不公正な方法によるものということもできない。」

第4 検 討

1 最高裁決定の判断構造

本件において主要な争点となったのは、本件買収防衛策が、①株主平等原則（会社法109条1項）に違反するか、②著しく不公正な方法による新株予約権の発行ではないか（会社法247条2号）という点であるが、最高裁決定は、これらの争点につき、企業価値基準に基づいて買収防衛策が適法となるかという観点から判断を示している。本件は買収防衛策の適法性については企業

価値基準に基づいて判断すべきとの判断が示された初めての最高裁決定である。

最高裁決定の判断基準は、決定部分の随所に指針の基準を意識した記載が見られ、指針において示された買収防衛策の3原則を強く意識しているものと推測される。

指針において示された買収防衛策の3原則は以下のとおりである。
① 企業価値・株主共同の利益の確保・向上の原則
② 事前開示・株主意思の原則
③ 必要性・相当性の原則[7]

最高裁決定は、本件買収防衛策が上記3原則を満たすものであると判断し、その適法性を肯定したものと推測される。

2 買収防衛策と株主平等原則

(1) 問題の所在

本件買収防衛策は、新株予約権を全株主に平等に無償割当てするものであるものの、スティールらは新株予約権を行使することができない旨の行使条件を付するとともに、スティールらのみ対価を現金とする（他の株主の対価は株式）取得条項を設けている点でスティールらを差別的に取り扱うものであるため、本件買収防衛策が会社法の定める株主平等原則に違反するのではないかが問題となった。

地裁決定、高裁決定は、ともに本件買収防衛策は株主平等原則に違反するものではないとの判断を示したが、地裁決定が、買収防衛策が株主平等原則に違反するか否の要件として買収防衛策が正当な目的（必要性）を有するものであることを要求せず、買収防衛策が株主総会の特別決議を経て導入されていることやスティールらに経済的対価が支払われることなど手段としての相当性を有していることを理由として本件買収防衛策が株主平等原則に違反しないとの結論を導いているのに対し、高裁決定は買収防衛策が株主平等原

---

[7] なお、買収防衛を行う必要性そのものは、買収防衛策が①の企業価値・株主共同の利益の確保・向上の目的を有する場合には通常認められるであろうから、③の必要性がどのような内容を意味するものであるかは必ずしも明確ではない。

則に違反するか否かの要件として、手段としての相当性のみならず、買収防衛策が正当な目的（必要性）を有するものであることをも要求したうえ、本件買収防衛策が正当な目的を有していることを認定し、株主平等原則に違反しないとの結論を導いた。

これに対し、最高裁決定は、会社の企業価値が毀損され、会社の利益ひいては株主の共同の利益が害されることを防止する目的（正当な目的）を要求しながら、企業価値の毀損の有無の判断は多数派株主自身が判断するものとし、株主総会の手続が適正を欠くものであったとか、判断の前提とされた事実が実際には存在しなかったり、虚偽であったなど、判断の正当性を失わせるような「重大な瑕疵」が存在しない限り、裁判所としてその判断を尊重するものとしており、実質的には正当な目的を要件としない地裁決定の考え方に近いものと考えられる。

(2) 会社法下における株主平等原則

旧商法下においては、株主は、株主としての資格に基づく法律関係については、原則としてその有する株式の数に応じて平等の取扱いを受けるとの「株主平等の原則」が一般に認められてきた。そこでは、①各株式の内容が同一であることと②株式の内容が同一である限り同一の取扱いがなされることが株主平等の原則の内容であり、この原則は団体における構成員の平等待遇は正義・衡平の理念に基づく当然の要請であると考えるのが通説的見解であった。ただ、旧商法においてこの株主平等原則を明確に定める規定は存在しなかった。[8]

---

[8] なお、米国および英国には、株主平等の原則は存在しない。旧商法下の文献ではあるが、この点などを捉えて、従来の株主平等原則論に疑問を唱える文献として上村達男「株主平等原則」竹内昭夫編『特別講義商法Ｉ』13頁以下（有斐閣、1995年）がある。他方、ドイツにおいては日本同様株主平等原則が存在している。ドイツにおける株主平等原則の例外が認められるか否かの基準の一つとしてZöllnerは、次のような基準によって不平等取扱いの合理的正当化が可能か判断されるとする。(1)侵害は、一定の、重要ではないとはいえない会社固有の利益を促進すること、ゆえに、会社固有の動機に資することに適していなければならない。侵害は第三者の利益または公共利益のみに向けられたものではなく、ある株主の特別利益を満たすための努力によって導かれてはならない。(2)もっとも緩やかな手段を行使すべきであるとの原則を守るために、侵害は必要であると認められうるものでなければならない。(3)最後に、侵害は、不平等取扱いを受ける株主を考慮に入れた包括的な利益衡量に基づき、なお一部の株主をほかの株主よりも不利益に扱うことが相当な手段であることが要件となる（狭義の相当性）。以上の基準については、南保勝美「新会社法における株主平等原則の意義と機能」法律論叢79巻第二・三合併号357頁参照。

この点、会社法においては「株式会社は、株主を、その有する株式の内容及び数に応じて、平等に取り扱わなければならない。」（会社法109条1項）という規定が置かれた。

　この条項の「株式の内容及び数に応じて」という文言から明らかなように、立法担当者は、株式の内容をどのように定めるかという点については、109条1項の適用はないとしている。[9]　ただし、立法担当者は、公開会社において、特定の株主の個性に着目して差別的取扱いをするような株式の内容を定めることは、非公開会社においてのみ株主ごとに異なる定めを置くことを許容することにしている109条2項に違反することになるものと解される旨述べており、少なくとも公開会社において、株主の属性に着目して株式の内容に差別的取扱いがなされる場合には株式の内容についても株主平等原則の適用があるものと考えられる。

(3)　**本件買収防衛策に株主平等原則の適用があるか**

　ア　本件買収防衛策は、株式そのものではなく、新株予約権の内容についてスティールらを他の新株予約権者と差別的に取り扱うものであるため、そもそも「株主としての資格に応じて」平等な取扱いを受ける株主平等原則の適用があるかが問題となる。

　イ　この点、新株予約権の行使条件や取得条項に関して差別的条件を設定することは、可能であるとの見解が一般的である。たとえば、指針は、「新株予約権を行使する権利は、株主としての権利の内容ではないから、新株予約権の行使条件として、買収者以外の株主であることという条件を付すことは、株主平等原則に違反するものではない」とし（6頁注(4)）[10]、江頭教授も「新株予約権は株式ではないから、権利内容につき株式のような厳格な『平等の原則』は存在せず、したがって行使の条件に関して新株予約権者を右〔持株割合20％未満の株主にのみ行使を認める〕のように差別的に取り扱う

9　相澤哲＝葉玉匡美＝郡谷大輔編著『論点解説　新・会社法　千問の道標』108頁（商事法務、2006年）参照。
10　指針によると、本文に挙げた①新株予約権者が一定割合以上の株式を有しない株主（買収者以外の株主）であることを行使条件とする新株予約権の発行のほか、②買収者以外の株主に対する新株・新株予約権の発行、③種類株式の発行が株主平等原則に違反しない「株主間で異なる取扱いをする買収防衛策」であるとされる。

ことは当然に違法」ではないとする。[11,12]

このように、新株予約権の行使条件につき差異を設けることを許容する立場は、①「新株予約権の行使権は、株主権の内容ではないこと」または②「新株予約権（者）は、株式（主）ではないこと」を根拠とする。

最高裁決定も「新株予約権無償割当てが新株予約権者の差別的な取扱いを内容とするものであっても、これは株式の内容等に直接関係するものではないから、直ちに株主平等の原則に反するということはできない。」として新株予約権の行使条件や取得条項に差別的条件を定めることは、「直ちに」株主平等原則違反にはならないとする。[13]

　ウ　では、新株予約権が株主に無償で割り当てられる場合も同様に株主平等原則に違反しないと考えてよいのか。

新株予約権無償割当ては、会社法で新たに導入された制度である（会社法277条以下）。この制度を利用すれば、会社は、株主に対して、新たな払込みや申込みを必要とせず自動的に、保有株式数に応じて（会社法278条2項）、新株予約権を割り当てることができる。そこで、上記イで述べたとおり、新株予約権の行使条件等につき差異を設けることが株主平等原則に抵触しないとしても、なおその割当てが「無償割当て」という特殊な手続でなされる場合には、別論とする余地がありうる。

新株予約権無償割当てにおいては、株主としての地位を標準とする「株主割当て」の形式でなされることから、新株予約権の行使条件等に差異を設け

11　江頭憲治郎『株式会社法』700頁注(6)（有斐閣、2006年）。ただ同教授は、一方で「株主の利益となる買収提案に際しては会社が当該新株予約権を取得する等の合理的な内容でないものは、経営者の保身を目的とするものであり」不公正発行（会社法247条2号）となり差し止められうるという一定の歯止めをかけている。

12　ただし、前者（指針）は、新株予約権の行使条件につき設けられる差異を、そもそも株主平等原則の範疇には位置付けていないと受け止められるのに対し（企業買収防衛戦略242頁〔手塚発言〕も同旨と思われる）、後者（江頭・前掲書）は、緩やかながら、それをあくまで株主平等原則の範疇に位置付けているものということができ（企業買収防衛戦略243頁〔大杉・江頭発言〕参照）、そうすると、結論は同じながらも、両者の視点には根本的な違いがある可能性がある点には注意が必要である。

13　なお、最高裁決定が、新株予約権の行使条件や取得条項に差別的条項を付すことが、そもそも株主平等原則の範疇に入らないものと考えているのか否かは、必ずしも明確でないが、同決定が、「直ちに」株主平等原則違反にはならないという表現を用いていることからすると、最高裁決定は、一定の場合にこのような差別的条件を用いた新株予約権が株主平等原則の範疇に位置づけられることがあること自体は否定していないものと思われる。

た場合、そこで考慮すべき利益状況は「特定の差異を設けられた株主対それ以外の株主」となり、第三者割当ての場合（株主対第三者）に比して、株主平等原則違反の問題が顕在化しやすい。また、行使条件等の差異の内容によっては、これによって新株予約権の内容に制約を受ける株主は深刻な損害を被るおそれがある。

さらに、新株予約権は確かに株式ではないが、他方で「潜在的株式」ともいうべき地位を有するものであり、それが行使された場合には直接株主たる地位に影響するものである。そして、株主によって新株予約権の内容が同一でない場合には、持株比率の希釈化など、より大きな影響が生じる可能性がある。

以上の諸点を考慮すると、新株予約権無償割当ての場合に、会社法109条1項の株主平等原則の趣旨が及ぶとする最高裁決定の判断は適切である。[14]

(4) 株主平等原則とその例外（学説等の整理）

では、本件買収防衛策に株主平等原則の趣旨が及ぶとして、その例外は認められないのか、認められるとすればその要件をどのように設定すべきであるのか。この点については、ライツ・プランと株主平等原則との関係を中心に様々な見解が発表されている。そこで、ここでは本件を論じる前提としてそれら見解の整理を試みる。[15]

ア　例外否定説　末永教授は、「株主の権利ないし利益には、その内容が株式数に比例するもの（比例的権利）とそうでないもの（人的権利）があり、前者には比例的平等原則が妥当し、後者には人的平等原則が妥当する」のであって、この「2つの株主平等の原則に本質的差異はな」く、「したがって、株主平等原則は、絶対的なものとして法律の規定がない限り、例外を認めるべきではない」[16]とされる。

14　高裁決定は、本件新株予約権無償割当てにつき「平等原則の理念ないし趣旨に反することになるものではないかとの疑問が生じないではない」と指摘するにとどまり、この場合に株主平等原則の趣旨が及ぶことを明確にはしなかった。

15　なお、ライツ・プランと株主平等原則との関係については、そもそも新株予約権は株式そのものではないから株主平等原則の適用はないとする指針の考え方や、ライツ・プランは株主の「保有株式数」に着目したものであり、株主の「個性」に着目したものではなく会社法109条2項に反するものではないとする考え方（葉玉匡美「議決権制限株式を利用した買収防衛策」商事法務1742号28頁参照）もある。

この見解からすると本件買収防衛策やライツ・プランは株主平等原則に違反するものとなる。

イ 例外許容説（正当な目的（必要性）＋相当性要求説、高裁決定、最高裁決定の立場） 株主平等原則の例外を認めながら、正当な目的（必要性）と相当性を要求する立場である。正当な目的を要求するとしても、それに加えて正当な目的を達成する買収防衛策として他にとるべき手段がないこと（手段の必要性＝（補充性））まで要求するかについては意見が分かれよう。ただ、最高裁決定は、正当な目的の有無の判断を差別的取扱いを行う多数派株主自身の判断に委ねるものであるため、実質的には目的不要説に近い。

① 上村教授　「会社が株主間に不平等な取扱いをした場合には、形式的に不平等であるという一事によって直ちに株主平等原則違反として無効との推定が与えられる。次に、この推定を覆すためには、その事項が株主平等原則の政策目的である大株主の専横を防止するという観点に反することのない事項であり、かつ何らかの合理的な政策目的を積極的に有するものであることを立証しなければならない。この立証ができない場合には、すべて直ちに株主平等原則違反として無効となる。」[17]

② 江頭教授　（持株割合によって議決権行使条件に差異を設ける議決権制限株式を念頭に）「同一種類の株式につき持株割合により権利内容を違える定款は、一般的には法が認めないものであり、何らかの強い必要性・合理性がある場合にのみ有効性が認められると解すべきである。したがって、右の条項は、事後に現れる買収者が強圧的な行動等株主に不利な行動をとるケースを阻止する手段として必要である限りにおいて認められるものであり、すべての敵対的企業買収がほぼ確実に阻止されるという内容のものであれば、有効とは解し難い。」[18]

16 　末永敏和「株主平等の原則」森淳二郎＝上村達男編『会社法における主要論点の評価』103頁以下（中央経済社、2006年）。

17 　森＝上村編・前掲書21頁。なお、同教授は、例外として合理性の認められる政策として、①少数株主の発言強化、②資金調達の便宜、③個人株主増大策などを挙げるが、企業価値の毀損を防止する目的を排除する趣旨ではないと思われる。同教授は、その上で抗告人による今回の敵対的買収を厳しく非難し、本件買収防衛策に正当な目的が認められるとする（上村達男＝金児昭『株式会社はどこへ行くのか』207頁ないし221頁、361頁以下（日本経済新聞出版社、2007年）。

18 　江頭・前掲書126頁。

ウ 例外許容説（相当性のみを要求する説、地裁決定） 　株主平等原則の例外を認め、かつ差別に正当な目的（必要性）は要せず、相当性のみで足りるとする立場である。地裁決定は、「会社法の規律の内容に照らすと、株主に無償で割り当てられた新株予約権について定められた差別的な行使条件又は取得条項のために、特定の株主が持株比率の低下という不利益を受けるとしても、少なくとも株主総会の特別決議に基づき当該新株予約権無償割当てが行われた場合であって、当該株主の有する株式の数に応じて適正な対価が交付され、株主としての経済的利益が平等に確保されているときには、当該新株予約権無償割当ては、株主平等原則や会社法278条2項の規定に違反するものではないと解するのが相当である。」として、買収防衛策につき株主平等原則との関係での正当な目的（必要性）を要求しておらず、この立場に立つものと思われる。

(5) **本件買収防衛策と株主平等原則（あてはめ）**

では、この問題につき、具体的にどのように考えるべきであろうか。

まず、株主平等原則が会社法上の重要な原則の一つであるにしても、法に定める場合以外の一切の例外を認めないという結論には賛成しがたい。株主平等原則の短所として要件の客観性・明確性のゆえに機械的・硬直的であるという点が指摘されている[19]が、差別的取扱いを認めなければ大多数の株主の権利が大きく侵害されるような場合にまで一切の差別的取扱いを認めないというのではかえって株主の衡平に反する結論となるからである。[20] この点で、企業価値の毀損を防止する目的が認められる場合に株主平等原則の例外が認められるとする高裁決定および最高裁決定の考え方は適切なものといえよう。

他方、差別的取扱いをする目的の正当性を要求しないことには、疑問がある。

目的の正当性を不要とする見解の最大の根拠は、会社法上、交付金合併の際に現金等の対価を供することによって少数株主の株主としての地位を強制

19　江頭・前掲書126頁。
20　例えば、暴力団等の非合法組織が会社の一定数の株式を取得したような場合など、株主共同の利益を著しく害するような事態が生じている場合に、この株主に差別的取扱いを行う行為までもが、株主平等原則に違反するものとは考え難い。

的に失わせることを許容しており、この場合に特に正当な目的が要求されていないこと（会社法749条１項２号等）にあろうが、組織再編行為の対価は、各株主に対しその有する株式数に応じて交付しなくてはならない（会社法749条３項等）とされていることからも、会社法がある特定の株主にだけ金銭を交付し、他の株主には株式を交付するといった処理を一般的に許容しているとみるべきではない。[21] また、本件買収防衛策は、事実上買収者の保有する株式の大部分を剥奪するものであり、株主権の一部（株主監督権等）を行使できなくさせる程度の差別的取扱いとは異なり、株主権に対して最も重大な制約を課すものであるから、団体の構成員間の正義・衡平を保つという株主平等原則の根本にある考え方からしても買収防衛の目的に正当性があることが必要であると考えられるからである。[22]

　この点、最高裁決定が株主平等原則の例外を認めながら、それを認める要件として正当な目的（必要性）と相当性を要求しているのは適切である。

　ただ、最高裁決定は、正当な目的の判断につき株主総会の判断に重大な瑕疵がない限り、これを尊重するものとし、重大な瑕疵の内容としては、総会の手続に違反があった場合や株主が判断の前提とした事実に誤りがあった場合などを挙げるのみであり、株主の判断の内容自体の妥当性については判断しないものとしているため、実質的な結論としては、目的不要説に近い。

　最高裁決定のこの点の判断については、少数株主の保護を目的とする株主平等原則の例外を認めるべき正当な目的の有無を差別的取扱いをする側の多数派株主に判断させることには問題があるという批判がある[23]。

　ただ、最高裁決定は、株主優待制度のような会社の営業政策の一局面に過ぎない場合と異なり、敵対的買収をかけられている場合など会社存立の方向

21　田中亘「ブルドックソース事件の法的検討（上）」商事法務1809号４頁以下も、「会社法の諸規定を見渡しても、そこから『特別決議に基づき、かつ経済的利益の平等ささえ確保していれば、特定の株主についてだけその持株比率を強制的に下げてもよい』という一般的な準則をただちに導くことは無理」であると指摘する。

22　さらに、差別的取扱いの対象が株式ではなく新株予約権であることから会社法109条２項が直接適用される事案ではないものの、本件買収防衛策が株主がスティールらであるという属性に着目して導入されるものであることを重視すれば、本件買収防衛策が株主平等原則に反しないものとされるためには、目的の正当性や手段の相当性のみならず、本件買収防衛策以外に他にとるべき手段がないこと（手段の補充性（必要性））をも必要とする考え方もありえよう。

性自体が問題となっているような場合には株主平等原則は一歩後退するとの実質的判断を示したとも捉えることができ、実質的妥当性の観点から考えればそれも一つの価値判断であろうか。

なお、買収防衛策が株主平等原則の例外として認められる要件として差別的取扱いの正当な目的を要求する立場に立ち、正当な目的の有無の判断を多数派株主に委ねることはできないとする考え方に立った場合、裁判所が正当な目的の有無（企業価値の毀損の有無）という非常に困難な判断を行わなければならなくなる[24]。地裁決定が正当な目的を要求しなかったのは、この困難な判断を避けるためであったとも推測される。

(6) 買収防衛の目的の正当性の判断基準

ア　判断権者　株主平等原則の点のみならず、およそ買収防衛策が適法であると認められるためには、その買収防衛策が正当な目的、すなわち、企業価値、ひいては、株主共同の利益を確保し、または向上させる目的を有していることが必要とされる。

指針は、買収防衛策が適法とされるための3原則の第1テーゼとして、企業価値・株主共同の利益の確保・向上の原則を掲げているが、地裁決定、高裁決定、最高裁決定のいずれも本件買収防衛策が企業価値・株主共同の利益を確保する目的を有していることを本件買収防衛策の適法性の根拠としている。

買収防衛策の適法性が争われる場合、その買収防衛策に正当な目的が認められるか否かが、最大の争点となることが多く、まさにこの点が買収防衛策を巡る争いの天王山であるといえる。

この点、最高裁決定は、企業価値の毀損のおそれの有無は、「最終的には、会社の利益の帰属主体である株主自身により判断されるべきであるとして」

23　鳥山恭一「差別的行使条件付新株予約権無償割当てと株主平等の原則—ブルドックソース事件—」金判1274号2頁以下は、「最高裁の決定が差別的な取扱いを伴う買収防衛策の必要性については、株主の判断が原則として尊重されるべきであるとすることにより自らの実体判断を回避する結果になっている点にはやはり疑問が残る。」と指摘する。また、公開会社において、特定の株主の個性に着目して差別的取扱いをするような株式の内容を定めることは、非公開会社においてのみ株主ごとに異なる定めを置くことを許容することにしている会社法109条2項の趣旨を軽視するものとの批判も考えられよう。

24　高裁決定は、あえてこの点の判断に踏み込み、スティールを濫用的買収者であると認定した。

判断権者は株主であるとの考え方を示した。最高裁は、株主の判断の正当性を失わせるような重大な瑕疵が存する場合には株主の判断を尊重しない場合もあることを示唆するが、最高裁が例としてあげる重大な瑕疵とは、株主総会の手続に瑕疵がある場合や、株主の判断の材料となる前提事実に誤りがある場合といった株主の判断の前提事情に問題がある場合であって、最高裁決定は、株主が企業価値の毀損のおそれがあると判断したその判断内容自体については判断しない立場であるものと思われる。[25]

これに対し、高裁決定は、株主のみならずステークホルダーの利益をも考慮すべきであることなどを理由として、裁判所自らを判断権者とし、スティールを濫用的買収者であると認定し、さらにブルドックの解体のおそれまでを認定して企業価値の毀損のおそれを肯定した。

企業価値の毀損の有無の判断は、あくまで将来の出来事に関する予測の問題であり、過去の事実の存否を証拠に基づいて認定するという本来の裁判とは異なり、判断をする人間によっても結論が大きく左右される非常に困難な問題である。

この判断は、判断者の企業に対する考え方やさらにはその人の価値観をも反映したものとなり[26]、判断権者を担当裁判官とし、裁判官の主観において企業価値の毀損の有無を判断することとすると事案ごとに結論が大きく異なることになりかねず、法的安定性を著しく害することとなろう。

また、株主以外のステークホルダーの利益をも広く考慮するとしても、会

---

[25] 最高裁決定は、重大な瑕疵を判断するに際してスティールが経営権取得後の経営方針を明らかにしなかったことに言及するが、同決定は、「判断の前提とされた事実が実際には存在しなかったり、虚偽であった」場合などを問題とする立場であり、経営権取得後の経営方針を明らかにしなかったという事実の存否のみを問題としているのであって、同決定が経営方針を明らかにしなかったこと自体をとらえて否定的な判断を示したものと読むべきではないと考える。この点、地裁決定は、「株主総会の判断が明らかに合理性を欠く場合」には対抗手段の必要性が否定される旨述べるが、この場合の裁判所による検証の対象には、株主の判断内容も含まれるものと思われる。地裁決定は、スティールが経営権取得後の経営方針を具体的に明らかにしなかった点などを捉えて、スティールによる経営支配権の取得がブルドックの企業価値を損なうのではないかという疑念を抱かせるのも無理からぬものというほかない旨認定しているからである。この地裁決定の立場は、裁判所としても株主の判断内容の合理性を一定程度は検証すべきとの立場であると推測され、この点で最高裁決定と地裁決定の判断権者に関する考え方には違いがあるように思われる。

[26] 高裁決定を読む限り、高裁決定がスティールを濫用的買収者と認定した判断には、担当裁判官の投資ファンドに対する否定的な価値判断が大きく反映されているように思われる。

社を取り巻くステークホルダーは多種多様である上に相互に利害が対立することも予想されるため[27]、ステークホルダーの利害を広く判断の基礎事情に取り入れるという基準は実際にはなかなか機能しえないものと思われる。

このように見れば、企業価値の毀損の有無の判断権者はやはり株主であると考えざるを得ず、株主の大多数が企業価値の毀損のおそれがあると判断する本件においてその判断を尊重する最高裁の立場はごく穏当な立場ということができよう。

ただ、最高裁決定は、株主総会決議によって買収防衛策が導入された場合の判断権者を明らかにしたものに過ぎず、株主総会の判断が示されていない場合の企業価値の毀損の有無の判断権者を誰とするかという問題は残るものとなる。

また、企業価値の毀損の有無についての判断を株主総会に委ねるべきか、地裁決定のように株主総会の判断の正当性についてある程度は裁判所自らも検証すべきかという点についても議論があろう[28]。

(7) 買収防衛策の相当性の判断基準

買収防衛策が、企業価値、ひいては、株主共同の利益を確保し、または向上させる目的を有していると認められた場合であっても、その防衛策については、対抗手段としての相当性が認められなければならない。買収防衛策に対抗手段としての相当性が要求されることは、ニッポン放送事件決定（東京高決平17・3・23金判1214号6頁）以降の裁判例[29]や指針も当然の前提としており、高裁決定は、対抗手段の相当性は、「買収防衛策を導入するに至った経緯及び手続、濫用的買収者あるいはその他の株主に与える不利益の程度、当該買収に及ぼす効果等に買収行為の不当性の程度等を総合的に考慮すべき」であるとする。

最高裁決定は、高裁決定のような一般的な判断基準は定立しなかったもの

---

27 本件について言えば、従業員の利害と会社債権者の利害とは対立する関係にあるのではないかと思われる。
28 敵対的買収の増加に伴い、いずれは裁判所自身が企業価値の毀損の有無を判断することを迫られるときが来るものと思われる。その時のために①誰を基準として判断するのか（合理的株主か、それ以外か）、②企業価値の毀損のおそれはその可能性で足りるのか、蓋然性まで必要なのか、といった点などにつき、議論を深めておく必要があろう。
29 日本技術開発事件決定（東京地決平17・7・29金判1222号4頁）等。

の、地裁決定、高裁決定同様、本件買収防衛策が株主総会の特別決議によって導入されていることおよびスティールらに対して経済的対価が交付されることを理由として相当性を肯定した。最高裁決定が、株主総会の意思を尊重する立場を採用した以上、本件のような事情が存する場合に相当性が認められるとの結論自体はごく穏当なものであるが、どの程度の割合の株主の同意が必要であるのか、経済的対価はどの程度のものが必要かなどといった点は、今後の課題として残される。

なお最高裁決定が、本件買収防衛策が多額の経済的対価を会社資産からスティールらに対して支出する内容である点[30]を「それ自体、相手方の企業価値をき損し、株主の共同の利益を害するおそれのあるものということもできないわけではない」として相当性の判断において検討している点は注目される。

この点は、地裁決定および高裁決定においては必ずしも十分に検討されていなかった点であるが、少なくとも短期的に見て本件買収防衛策がブルドックの企業価値を毀損する可能性があるものであることは明らかであり[31]、最高裁決定がこの点を相当性の判断において検討の対象としたことは適切な判断であったと考える。

ただ、最高裁決定は、この点につき、スティールら以外のほとんどの既存株主が、上記金員の交付もやむを得ないと判断したものであって、この判断も尊重されるべきである旨述べるが、相当性を害さないという結論自体は妥当としても、スティールら以外の反対株主や会社債権者の立場も考慮しなくて良いのか[32]という点については議論の余地があろう。

30　ブルドックは、平成19年8月7日、本件買収防衛策の導入費用が約28億円に上る旨発表している。

31　企業価値を毀損する者に対し、経済的対価を与えて退出してもらうという本件買収防衛策の考え方の相当性についても議論の余地はあろう。

32　本件買収防衛策の導入に際しては、反対株主の株式買取請求権や会社債権者に対する債権者保護手続などは用意されなかった。

3 不公正発行該当性

(1) 不公正発行該当性につき、最高裁決定が考慮した事情

　最高裁決定は、本件買収防衛策が著しく不公正な方法に該当するか否かにつき、①株主平等原則、②事前防衛策でない点、③目的が支配権維持目的でないかという3点につき判断している。最高裁決定は、株主平等原則の点も不公正発行該当性の判断に取り込んで判断する立場であるが、株主平等原則には違反するが不公正発行ではないという事態は考え難いことから、この最高裁決定の考え方は適切であると考える。なお、①株主平等原則の点については、既に検討したとおりであるが、最高裁決定が、地裁決定および高裁決定においては必ずしも明示的に検討されていなかった上記②、③の点についても言及していることは注目される。

(2) 事前の防衛策でない点

　最高裁決定は、本件買収防衛策が事前に定められ、開示されたいわゆる事前防衛策ではないことを指摘しながら、本件買収防衛策がスティールによる突然の公開買付けに対処するための緊急事態の下で株主総会決議によって導入されたものであり、スティールらに対して経済的対価を交付するものであることから、不公正発行に該当するものではないとする。

　指針は、買収防衛策の3原則の第2テーゼとして事前開示・株主意思の原則を掲げ、事前防衛策は、事前にその内容などを開示し、株主等の予見可能性を高めることが望ましいとしており、最高裁が本件買収防衛策が事前防衛策でない点をあえて問題としたのは、この指針の第2テーゼを意識したものと推測される。

　防衛策に事前開示が要求されるのは、予め防衛策の内容を株主に開示させ、防衛策が株主の合理的意思に反しないものであるか否かをチェックさせると

33　ただ、ブルドックの平成19年6月7日付け「スティール・パートナーズ・ジャパン・ストラテジック・ファンドーエス・ピー・ヴィーⅡ・エル・エル・シーによる当社株券等に対する公開買付けへの反対の意見表明並びに新株予約権無償割当て及び関連議案の定時株主総会への付議に関するお知らせ」には、本件買収防衛策を導入する目的やその内容についての記載はあるものの本件買収防衛策が多額の会社財産の流出を招くという最高裁決定も問題とする点についての記載はなく、この点の説明が十分なものであったかについては疑問が残る。

事項索引

欧文索引

MSCB ·································· 82
Cash-out Merger ················ 101, 108
Change of Control Clause ············ 88
Fiduciary Out条項 ············· 410, 411
Golden Parachute ···················· 294
HHIハーフィンダール・ハーシュマン指標
　······································· 99
Investors Relationship ·············· 225
IR ··································· 222
IR活動 ······························· 440
ISS社 ································ 40
LBO ··················· 131, 132, 227, 326, 377
LBO（Leveraged Buyout） ············· 6
M＆A研究会 ·························· 41
M＆Aレシオ ························· 224
MBO ········· 11, 47, 131, 134, 136, 139, 172, 269
MBO報告書 ·························· 144
MEBO ······························· 134
PER ·································· 225
PPM（プロダクト・ポートフォリオ・
　マネジメント） ························· 6
ROE ································· 226
SPC方式による信託型ライツ・プラン ······ 254
Squeeze-out ················· 101, 103, 175
squeeze out ························· 238
Tin Parachute ······················· 295
TOBに関する意見表明書 ············· 438
ToSTNeT ························ 55, 382

和文索引

あ

アクティビスト・ファンド ············· 434
安定株主 ······················· 228, 266
安定株主対策 ··················· 272, 276

い

意見表明報告書 ········· 62, 68, 233, 236
著しく不公正な方法 ···················· 84
　──による発行 ····················· 249
イチヤ事件 ··························· 366
委任状合戦 ··························· 239
委任状勧誘制度 ······················· 240
委任状争奪 ···························· 45
違約金条項（Break-up Fee） ····· 195, 305, 416
インサイダー取引 ····················· 138
インサイダー取引規制 ················· 216
インタビュー ························· 214
インベスター・リレーションズ ········· 442

え

営業権 ······························· 171
営業債権 ····························· 205
営業債務 ····························· 206
エージェンシー（代理人）理論 ··········· 9
閲覧等請求 ··························· 458
　──の拒絶事由 ····················· 460
　──の理由 ························· 459

お

黄金株 ······························· 181
オークション ························· 150
オプション価額 ······················· 386
オプション価値基準説 ················· 385

事項索引

オプション評価方法 …………………… 81
オプション評価理論 …………………… 314

か

海外機関投資家の動向 ………………… 40
外国会社 ………………………………… 94
解散価値 ………………………………… 441
会社情報適時開示ガイドブック ……… 33
会社内部規則 …………………………… 281
会社分割 ……………………… 123, 274, 325
会社法433条2項3号 ………………… 467
買付条件等の変更 ……………………… 61
買付者の行為規制 ……………………… 235
課税繰延要件 …………………………… 96
寡占度指数 ……………………………… 99
合併 ………………………… 98, 276, 323
合併差損 ………………………………… 102
合併対価の柔軟化 ……………………… 100
合併対価の割当て ……………………… 116
合併等対価の柔軟化 ……………… 106, 108
合併類似適格分割型分割 ……………… 177
株価収益率（PER） ………………… 6, 225
株価純資産倍率（PER） ……………… 441
株券上場廃止基準 ……………………… 302
株式
　——の譲渡制限 …………………… 286
　——の相互持合い ………………… 272
　——の持合い ……………………… 8
株式移転 …………………………… 86, 160
株式移転・清算方式 …………………… 162
株式買取請求権 ………………………… 101
株式交換 ……………… 86, 160, 273, 276, 323
株式交換・移転税制 …………………… 166
株式交換・移転制度における交付対価の
　柔軟化 ……………………………… 163
株式取得 …………………………… 51, 230
株式譲渡 …………………………… 51, 170
株式譲渡契約 …………………………… 53
株式振替制度 …………………………… 69
株式分割 …………………… 61, 227, 421

株式無償割当て ………………………… 61
株式持合い ……………………… 228, 266
株主意思の原則 ………………………… 15
株主間契約 ……………………………… 139
株主還元策 ……………………………… 226
株主共同の利益 …………………… 14, 16
株主資本利回り（ROE） ……………… 273
株主総会決議 …………………………… 17
株主代表訴訟 …………………………… 440
株主の課税関係 ………………………… 177
株主平等 ………………………………… 477
株主平等原則 …… 252, 473, 475, 478, 479, 480
　——の例外 ………………………… 482
株主名簿の閲覧・謄写請求 …………… 243
株主割当型ライツ・プラン …………… 247
下方修正条項付転換社債型新株予約権付社債
　………………………………………… 82
借入金 …………………………………… 206
仮の地位を定める仮処分 ……………… 413
仮の地位を定める仮処分命令 ………… 399
簡易会社分割 …………………………… 130
簡易合併 ………………………………… 103
簡易株式交換 …………………………… 94, 164
環境問題 ………………………………… 219
監査報告書 ……………………………… 202
間接損害 ………………………………… 341
完全親会社 ……………………………… 86
完全子会社 ……………………………… 86
完全子会社化 …………………………… 156

き

機関投資家 ……………………………… 434
企業価値 ……………………… 14, 145, 379, 471
　——の毀損 ……………… 474, 487, 488
企業価値・株主共同の利益の確保・向上の
　原則 ………………………………… 478
企業価値・株主共同の利益の確保又は向上
　のための買収防衛策に関する指針 … 471
企業価値基準 ……………… 28, 471, 472, 477
企業価値向上 …………………………… 18

事項索引 | *495*

企業価値の向上及び公正な手続確保の
ための経営者による企業買収（MBO）
に関する報告書 144
企業価値防衛指針 249
企業価値報告書 13, 18, 471
企業価値報告書2006 13
企業グループ内適格組織再編 177
企業結合ガイドライン 99
企業結合審査に関する独占禁止法の運用指針
....99
企業年金連合会 39
議決権制限株式 291, 483
期限の利益喪失事由 142
基準日 74
基本合意書 193, 212, 402, 412
逆三角合併 106
旧自主ルール 357
吸収合併 98
吸収分割 124
強圧的二段階買収 15, 378
競業禁止条項 217
競合提案 150
強制転換条項付新株予約権付社債 81
競争関係 461, 467
拒否権付株式（黄金株・Golden Share） ...287
拒否権付種類株式 281

く

偶発債務 100, 210, 218
クラウン・ジュエル 181, 325
グリーンメイラー 6, 8, 77, 229, 313, 350, 376,
453
グリーンメイル 9, 15
繰越欠損金 172, 177
クロージング 199
グローバルスタンダード 18

け

経営判断の原則 363
経営判断の法理 379

経済的合理性基準説 184
継続開示義務 158
軽微基準 280
契約上の地位の譲渡禁止条項 217
契約の熟度論 415
決議取消しの訴え 88
決議要件の加重（super majority clause）
....281
欠損等法人規制 172
現金合併（キャッシュ・アウト・マージャー）
....238
現金株式交換 91
現金による買収合併 101
権限分配秩序説 374
現地調査 204
現物払込み 81

こ

ゴーイング・プライベート 89, 153
公開買付け（TOB） 55, 56, 231, 437, 446
　──の規制 58
　──の強制 233
　──の撤回 61
公開買付価格 151
公開買付公告 66
公開買付制度 35
公開買付説明書 235
公開買付代理人 66, 234
公開買付手続 66
公開買付届出書 68, 235
公開買付ルール 21
交付株式に係る端数処理 116
交付金合併 108
交付対価の柔軟化 90
衡平の理念 475
子会社による親会社株式の取得 110
国内機関投資家 39
個人情報保護法 216
固定資産 205
5％超買付け 60

事項索引

5％ルール ……………………………………55
個別的否認規定 ……………………………183
コーポレート・ガバナンス …………………9
ゴールデン・パラシュート ………181, 294
コングロマリット ……………………………6
コングロマリット・ディスカウント ……274

さ

債権者保護手続 ……………………………126
在　庫 …………………………………………205
最終契約書 …………………………………198
裁定取引 ………………………………227, 229
財務諸表 ……………………………………201
債務超過会社 ……………………………102, 129
財務デュー・ディリジェンス ……………201
詐害行為取消権 ……………………………126
差別的行使条件付新株予約権 ……………16
鮫よけ（シャーク・リペラント）条項 …277
三角合併 ………………………………101, 105
産活法方式 …………………………………162
産業活力再生特別措置法 ……………90, 169
三項ツリーモデル …………………………386
サンセット条項 ………………………250, 254
3分の1ルール ………………………………59

し

時間外取引 …………………………………382
事業関連性要件 …………………………119, 175
事業再編 ………………………………………4, 136
事業譲渡 ………………………123, 170, 275, 325
事業性要件 …………………………………119
事業の「重要な」一部 ……………………128
事業報告等による開示 ……………………31
事業リスク …………………………………207
資金調達 ………………………………111, 357
自己株式 ……………………………………128
自己株式取得 ……………………………267, 347
自己資本配当率（DOE）…………………226
自己資本利益率（ROE）…………………226
事後設立規制 ………………………………128

資産の含み損 ………………………………177
自社株買い …………………………………226
自主ルール …………………………………311
市場外買付け …………………………………56
市場内買付け …………………………………54
指　針 ………………………471, 478, 486, 490
事前開示・株主意思の原則 …………478, 490
事前開示の原則 ………………………………15
事前警告型 …………………………………180
　──の買収防衛策 ………………………445
実質株主 ………………………………………46
指摘事項報告書 ……………………………202
支配権移転禁止条項 ………………………217
支配プレミアム ………………………382, 387
資本拘束条項（Change of Control）……303
資本再編 ……………………………………326
資本のねじれ ………………………………274
社外取締役 ……………………………………11
ジャンク債 ……………………………………6
従業員に対する多額の退職慰労金 ………295
従業員持株会 …………………………226, 272
重要提案行為 …………………………64, 437
秀和対忠実屋・いなげや事件 …76, 77, 356, 360
授権資本制度 …………………………………72
授権資本枠 …………………………………297
取得条項付株式 ……………260, 288, 316, 317
取得条項付新株予約権 ………263, 316, 317
取得請求権付株式 ……………262, 316, 317
取得請求権付新株予約権 …………………260
主要目的ルール ……77, 84, 310, 360, 372, 490
種類株式 ………………………………285, 287, 318
種類株主総会 …………………………287, 288
消却可能性 ……………………………………21
消却条項 ………………………………17, 253, 386
証券取引所規則 ……………………………248
上場廃止 ………………………………137, 154, 346
上場廃止基準 …………………………………34
上場廃止事由 ………………………………155
少数株主の完全排除 ………………………160
少数株主の強制的追い出し ………101, 103, 175

事 項 索 引 | *497*

少数株主の締出し ……………………91, 238
焦土化経営 ……………………15, 376, 453
焦土作戦 ……………………………326
譲渡損益課税 ………………………169
情報開示 ……………………………114
情報開示規制 ………………………233
処分禁止条項（Lock Up）……………303
ショウ・ストッパー …………………331
資料開示 ……………………………212
新株引受権 ……………………………71, 79
新株予約権 ……………72, 79, 93, 130, 312, 366
　　——の買取請求 ……………………103
　　——の買取請求権 …………………130
　　——の承継 ………………………102
　　——の発行無効の訴え ………………82
　　——の不公正方法 …………………476
新株予約権付社債 ……………………93
新株予約権無償割当て …………61, 472, 481
新自主ルール ……………………354, 357
新設合併 ………………………………98
新設分割 ……………………………124
信託型 ………………………………244
信託型（SPC型）……………………180
信託型（直接型）……………………180
信託型ライツ・プラン ………251, 264, 398
人的分割 ……………………………125, 129
信頼の裏切り …………………………9

す

水平統合 ………………………………5
スクイーズ・アウト ………………147, 238
スタッガード・ボード（staggered board）
　……………………………………297
スティール・パートナーズ対
　ブルドックソース事件 …………320, 471
ステーク・ホルダー ……………256, 452, 487
ステーク・ホルダー論 ………………375
砂袋（サンド・バッグ）………………330
スピン・オフ ……………………275, 325
スプリット・アップ …………………275

スプリット・オフ ……………………275
スロー・ハンド条項 …………………249

せ

請求者 ……………………………461, 467
誠実協議義務 ………………………403
税法上の組織再編 …………………173
誓約条項 ……………………………141
善管注意義務 ……………266, 410, 455
潜在的財務価値 ……………………224
潜在的事業価値 ……………………224
選択的拡大 ……………………………18
全部買付義務 …………………………11
全部取得条項付種類株式 ……159, 167, 175

そ

相互保有株式 ………………………331
相当性確保の原則 ……………………16
増　配 ………………………………314
組織再編 ……………………………323
租税回避（狭義）…………………169, 182
　　——の否認 ………………………183
ソニー・アイワ事件 ……………………76
損益計算書 …………………………202
損　害 ………………………………414
損害賠償額の予定 …………………416
尊重義務 ……………………………279

た

第一紡績事件 …………………………76
対価の柔軟化 ………………………129
第三者との契約 ……………………301
第三者割当株式発行 ……71, 80, 178, 180
第三者割当新株予約権発行 …………180
第三者割当増資 …………308, 353, 359, 446
　　——の取扱いに関する指針 ………354
対質問回答報告書 …………………68, 236
貸借対照表 …………………………202
対象会社の行為規制 …………………235
退職金債務 …………………………206

498 | 事項索引

ダイソー事件 …………………………363
大量保有報告書 ……………55, 63, 436
大量保有報告制度 ………………………36
　　──の特例報告 ……………………59
多角化 ……………………………………6
高値売り抜け …………………………15
立会外取引（TosNET-1） ……………55
タックス・ポイズン・ピル ……275, 325

ち

直接損害 ………………………………342
直接発行型 ……………………………244

て

定　款 …………………………………281
　　──の変更 ………………………282
適格合併 ……………………107, 118, 177
適格株式移転 …………………………166
適格株式交換 …………………………166
適格要件 ………………………………174
適時開示 ………………………………235
適時開示規則 ………………32, 196, 302
敵対的買収の標的 ……………………223
デッド・ハンド型 ……………………280
デッド・ハンド条項 …………………249
デュー・ディリジェンス ……………196
転換社債型新株予約権付社債 …………82

と

東京証券取引所の適時開示による開示 ……32
東証ガイドライン ……………………278
東証株券上場廃止基準 …………280, 288
東証適時開示規則 ………………280, 284
同族会社 ………………………………183
特殊決議 …………………………………52
独占交渉義務 ………402, 403, 408, 409
　　──の失効 ………………………411
独占交渉権 ………………………194, 402
独占交渉権条項 ………………………409
特定承継 ………………………………123

特に有利な払込金額 ……………………75
特別決議 …………………………………52
独立委員会 …………445, 449, 454, 455
独立社外者 ………………………………24
特例報告 …………………………65, 434
取締役
　　──に対する多額の退職慰労金 ………294
　　──の会社に対する責任 ………341
　　──の解任要件の加重 …………282
　　──の期差任期制 ………………297
　　──の資格制限 …………………299
　　──の善管注意義務 …147, 148, 295, 296, 337
　　──の善管注意義務違反 ………169
　　──の第三者に対する責任 ……340, 341
　　──の定員限定 …………………299
　　──の忠実義務 ……………295, 296, 337

な

内外無差別 ………………………………18

に

2項モデル ………………………………81
二段階合併 ……………………………238
二段階買収 ………………………………9
日本精密新株発行差止事件 …………363
ニッポン放送
ニッポン放送事件 …9, 25, 77, 85, 312, 366, 452, 488, 491
ニレコ型ライツ・プラン ……………245
ニレコ事件 ……………26, 84, 366, 382, 388

ね

ネミック・ラムダ事件 …………………77

の

ノー・ハンド条項 ……………………249
ノン・リコース ………………………141
ノン・リコース・ローン …………135, 139

は

買収者による適時開示 …………………37
買収防衛策に関する上場ルール …………29
買収防衛策の開示ルール …………………29
買収防衛指針 ……………………………13
配　当 …………………………………226
配当課税 ………………………………170
端株方式 ………………………………162
白馬の騎士 ……………………………329
発行可能株式総数 ……………………255
発行前の分割新株 ……………………429
パックマン・ディフェンス ……………330

ひ

必要性・相当性の原則 ……………16, 478
非同族会社比準説 ……………………184
秘密保持義務 ……………………215, 409
秘密保持契約書 ………………………212
表明保証 …………………………73, 206 210
表明保証違反 …………………………210
表明保証条項 …………………………199

ふ

フィナンシャル・アドバイザー …………150
フェアネス・オピニオン …………………150
複数議決権株式（super voting stock）
……………………………………181, 285
不公正な発行 ……………………………
不公正発行 ……76, 309, 312, 353, 368, 476, 489
不作為義務 ……………………………406, 408
物的分割 …………………………125, 129
浮動株 …………………………………224
不動産 …………………………………205
プライベート・エクイティ・ファンド ……270
ブラック・ショールズモデル ……………81
フリーキャッシュフロー仮説 …………224
プロキシー・ファイト …………………239

へ

ベア・ハグ ……………………………329
米国のライツ・プラン ………………247
平時導入・内容開示 ……………………20
別途買付け ………………………………61
ヘッジファンド ………………………434
ベルシステム24事件 ……………77, 358, 361
ベンチャー・キャピタル ………………135

ほ

ポイズン・ピル …………………………26
包括承継 ………………………………123
包括的否認規定 …………………183, 185
報告書 …………………………………214
法務デュー・ディリジェンス …………88, 209
簿外債務 …………………………………87
募集株式の発行 ………………………344
保証債務 ………………………………206
保全の必要性 …………………………399, 413
ホールド・アップ …………………………9
ホワイト・ナイト ……………266, 329, 435, 439

ま

マネジメント・バイアウト ……………269
満足的仮処分 …………………………463

み

みなし共同事業要件 …………………178
宮入バルブ事件 ………………………354

む

村上ステルス大作戦 …………………435
村上ファンド …………………………434

め

メザニン・ファイナンス ………………142

も

持株会社化 …………………………272, 273

持分プーリング法 …………………………102

ゆ

有価証券 ……………………………………206
有価証券報告書 ……………………460, 466
　——による開示 ……………………………32
優先交渉権 …………………………………402
有利発行 …………309, 311, 313, 353, 355, 384
ユノカル基準 …………………………………19

よ

予想株価基準説 ……………………………385

ら

ライツ・プラン …159, 180, 244, 280, 281, 482
濫用的買収者 ………………………………487

り

利益相反 ……………………………146, 148
リース債務 …………………………………206

利益相反問題 ………………………………148
リバース・ベア・ハグ ……………………329
リミテッド・リコース ……………………141
リミテッド・リコース・ローン ……135, 139
略式会社分割 ………………………………130
略式合併 ……………………………………103
略式株式交換 …………………………94, 164
略式事業譲渡 ………………………………129

る

累積投票制度 ………………………………284

れ

劣後債・劣後ローン ………………………142
レッサーCB …………………………………82
レブロン義務 …………………………………15
連結納税制度 ………………………………169

ろ

労働者保護手続 ……………………………127

判例索引

【昭和】

東京地判昭26・4・23行集2巻6号841頁 …………………………………………184
東京高判昭26・12・20行集2巻12号2196頁 ………………………………………184
浦和地決昭38・2・15下民集14巻2号214頁 ………………………………………470
東京高判昭38・8・31下民集14巻8号1701頁 …………………………………346, 347
大阪高判昭39・9・24行集15巻9号1716頁 …………………………………………184
東京地判昭39・10・12判タ172号226頁 ……………………………………………343
最判昭40・9・22民集19巻6号1600頁 ………………………………………………126
東京地判昭40・12・15行集16巻12号1916頁 ………………………………………184
新潟地判昭42・2・23判時493号53頁 ………………………………………………359
広島高判昭43・3・27税資52号592頁 ………………………………………………184
最判昭45・6・24民集24巻6号625頁 ………………………………………………337
神戸地判昭45・7・7訟月16巻12号1513頁 …………………………………………184
東京高判昭46・1・28高民集24巻1号1頁 ……………………………………………75
東京地判昭46・3・30行集22巻3号399頁 …………………………………………184
東京高判昭47・4・25行集23巻4号238頁 …………………………………………184
東京地判昭47・4・27判時679号70頁〔ソニーアイワ事件〕 ………………………76
大阪地決昭48・1・31金判355号10頁〔第一紡績事件〕 ……………………………76
大阪地堺支判昭48・1・31金判355号10頁 …………………………………………360
東京高判昭48・3・14行集24巻3号115頁 …………………………………………184
東京地判昭49・10・29行集25巻10号1310頁 ………………………………………184
東京高判昭50・3・20訟月21巻6号1315頁 …………………………………………184
最判昭50・4・8民集29巻4号350頁 ……………………………………………354, 356
最判昭51・4・30判時827号107頁 ……………………………………………………356
東京地決昭52・8・30金判533号22頁〔弥栄工業事件〕 ………………………360, 361
東京地判昭56・6・12判タ453号161頁 ……………………………………………344
大阪高判昭59・6・29行集35巻6号822頁 …………………………………………184
大阪地判昭61・10・8判時1223号96頁 ……………………………………………416
大阪地決昭62・11・18民商100巻1号30頁・判時1290号144頁・判タ978号178頁〔タクマ事件〕
………………………………………………………………………356, 358, 360, 373

【平成】

広島地判平元・1・25公刊物未登載 …………………………………………………184
東京地決平元・7・25判時1317号28頁・判タ704号84頁〔秀和対忠実屋・いなげや事件〕
………………………………………………………76, 77, 310, 360, 361, 362, 372
東京地決平元・9・5判時1323号48頁 ………………………………………………357
大阪地決平2・7・12判時1364号100頁 …………………………………………357, 360
最判平2・11・8金判863号20頁 ……………………………………………………465
東京地判平3・4・18判タ763号164頁 ………………………………………………348
京都地判平4・8・5金判918号27頁 …………………………………………………345
東京地判平4・9・1判タ831号202頁 ……………………………………………344, 345
最判平5・9・9資料版商事法務114号167頁 ………………………………………349
大阪高判平5・11・18金判1036号27頁 ……………………………………………345

東京地決平 6・3・4 判時1495号139頁 ……………………………………………………462, 468
東京地決平 6・3・28判時1496号123頁 …………………………………………………………355
東京高判平 6・8・29金判954号14頁 ……………………………………………………………349
東京地判平 6・11・24資料版商事法務130号89頁 ……………………………………………343
東京高判平 7・6・14資料版商事法務143号161頁 ……………………………………………343
最判平 8・1・23資料版商事法務143号158頁 ………………………………………………343
最判平 9・1・28民集51巻 1 号71頁 ……………………………………………………………309
東京地判平9・4・25訟月44巻11号1952頁〔平和事件〕 …………………………………184
最判平 9・9・9 金判1036号19頁 ………………………………………………………………345
東京地判平10・5・13判時1656号72頁 …………………………………………………………187
東京地判平10・6・11資料版商事法務173号192頁〔ネミック・ラムダ事件〕 ……………77
大阪高判平11・6・17金判1088号38頁 …………………………………………………………344
東京高判平11・6・21訟月47巻 1 号184頁 ……………………………………………184, 187
大阪高判平12・1・18訟月47巻12号3767頁 ……………………………………………………187
大阪地判平12・5・31判タ1061号246頁 ……………………………………………………343
東京地判平15・1・17判時1823号82頁 …………………………………………………………210
東京高判平15・3・27判タ1133号271頁 ……………………………………………………………10
東京地決平16・6・1 判時1873号159頁・金判1201号15頁・資料版商事法務243号130頁
〔宮入バルブ事件〕 ……………………………………………………………76, 312, 354
最判平16・7・1民集58巻 5 号1214頁 ………………………………………………………464
高知地決平16・7・8 商事法務251号216頁〔イチヤ事件〕 …………………………………366
東京地決平16・7・27商事法務1708号22頁 ……………………………………………194, 403
東京地決平16・7・30金判1201号 4 頁〔ベルシステム24事件〕 ………………………310
東京高決平16・8・4金判1201号 4 頁・資料版商事法務245号129頁〔ベルシステム24事件〕
……………………………………………………………77, 194, 310, 358, 372, 490
東京地決平16・8・4 商事法務1708号22頁 …………………………………………………403
東京高決平16・8・11商事法務1708号22頁 ……………………………………………194, 404
最決平16・8・30民集58巻 6 号1763頁・判タ1166号131頁・金判1205号43頁 ………194, 403
大阪地判平16・9・27金判1204号 6 頁〔ダイソー事件〕 ……………………………………363
名古屋地判平16・10・29判時1881号122頁 ……………………………………………………127
東京地決平17・3・11判タ1173号125頁・金判1213号 2 頁 …………………………25, 313, 314
東京地決平17・3・11判タ1173号143頁 ………………………………………………………384
東京地決平17・3・16判タ1173号125頁・金判1213号 2 頁 …………………………25, 313, 368
東京高決平17・3・23判時1899号56頁・判タ1173号125頁・金判1214号 6 頁〔ニッポン放送事件〕
………………………………………………10, 25, 77, 85, 311, 362, 367, 368, 488
東京地決平17・6・1 判時1218号 8 頁・金判1218号 8 頁・商事法務1734号37頁〔ニレコ事件〕
……………………………………………………23, 26, 84, 246, 365, 382, 392, 394
東京高決平17・6・15判時1900号156頁・判タ1186号254頁〔ニレコ事件〕 ……26, 245, 366, 382, 394
東京地判平17・7・29金判1222号 4 頁 ……………………………………………………427, 488
名古屋高判平17・10・27公刊物未登載 …………………………………………………………188
東京地判平18・1・17判時1920号136頁 ………………………………………………………199
東京地判平18・2・13判タ1202号212頁・金判1237号 7 頁 …………………………194, 403
東京地決平18・6・30金判1247号 6 頁〔サンテレホン事件〕 ………………………………314
東京高判平18・8・29判タ1209号266頁 …………………………………………………464, 465
大阪地決平18・12・13金判1259号40頁 …………………………………………………………313
札幌地決平18・12・13金判1259号14頁〔オープンループ事件〕 ……………………………314
仙台地決平19・6・1 金判1207号63頁 …………………………………………………………357

東京地決平19・6・15商事法務1803号31頁・金判1270号40頁 …………………………458
さいたま地決平19・6・22金判1270号52頁〔日本精密新株発行差止請求事件〕……………363
東京高決平19・6・27商事法務1804号42頁・金判1270号52頁 ……………………………458
東京地決平19・6・28金判1271号12頁 ………………………………………………………473
東京高決平19・7・9金判1272号17頁 ………………………………………………………473
東京地判平19・7・19公刊物未登載 …………………………………………………………443
最決平19・8・7金判1273号2頁 ……………………………………………………26, 367, 473
東京地判平19・9・20公刊物未登載 …………………………………………………………470

■編著者

奈良　輝久（なら　てるひさ）
　　弁護士〔四樹総合法律会計事務所〕

山本　浩二（やまもと　こうじ）
　　公認会計士・税理士〔四樹総合法律会計事務所〕

清水　建成（しみず　たけなり）
　　弁護士、ニューヨーク州弁護士
　　〔神谷町法律事務所〕

日下部　真治（くさかべ　しんじ）
　　弁護士、ニューヨーク州弁護士
　　〔アンダーソン・毛利・友常法律事務所〕

Ｍ＆Ａ法制の羅針盤

2007年 9月28日　初版第1刷印刷
2007年10月15日　初版第1刷発行

　　　　　　　　　　　　　　　　　　　奈　良　輝　久
　廃　検
　　　　　　　　　　　　　　　　　　　山　本　浩　二
　止　印　　　　　　　　　ⓒ編著者
　　　　　　　　　　　　　　　　　　　清　水　建　成

　　　　　　　　　　　　　　　　　　　日下部　真　治

　　　　　　　　　　　　発行者　逸　見　慎　一

　発行所　東京都文京区　株式　青林書院
　　　　　本郷6丁目4の7　会社

　振替口座　00110-9-16920／電話03(3815)5897～8／郵便番号113-0033

印刷・モリモト印刷株式会社　落丁・乱丁本はお取り替え致します。

Printed in Japan　ISBN978-4-417-01440-9

JCLS 〈㈳日本著作出版権管理システム委託出版物〉
本書の無断複写は著作権法上での例外を除き禁じられています。
複写される場合は、そのつど事前に、㈳日本著作出版権管理システム (TEL 03-3817-5670, FAX 03-3815-8199, e-mail:info@jcls.co.jp)の許諾を得てください。